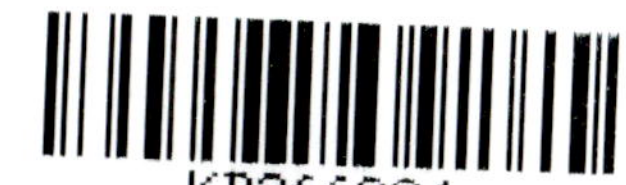

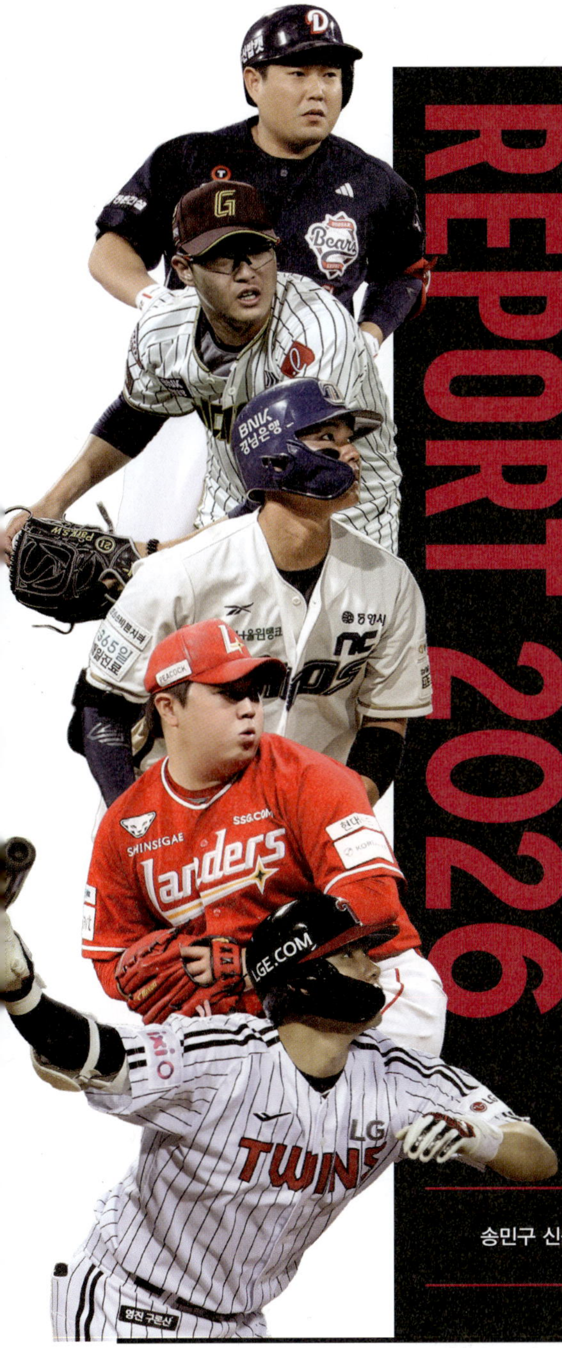

KBO SCOUTING REPORT 2026

프로야구 스카우팅 리포트 2026

송민구 신동윤 심진용 이용균 최민규 지음

대원씨아이

Contents

LG 트윈스 LG TWINS — 082

주요 이슈 | 구단 프로필 | 2025시즌 좋았던 일 | 2025시즌 나빴던 일
감독2026 팀 이슈 | 2026 최상 시나리오 | 2026 최악 시나리오
스카우팅 리포트 | 홈구장

한화 이글스 HANWHA EAGLES — 122

주요 이슈 | 구단 프로필 | 2025시즌 좋았던 일 | 2025시즌 나빴던 일
감독2026 팀 이슈 | 2026 최상 시나리오 | 2026 최악 시나리오
스카우팅 리포트 | 홈구장

SSG 랜더스 SSG LANDERS — 162

주요 이슈 | 구단 프로필 | 2025시즌 좋았던 일 | 2025시즌 나빴던 일
감독2026 팀 이슈 | 2026 최상 시나리오 | 2026 최악 시나리오
스카우팅 리포트 | 홈구장

삼성 라이온즈 SAMSUNG LIONS — 202

주요 이슈 | 구단 프로필 | 2025시즌 좋았던 일 | 2025시즌 나빴던 일
감독2026 팀 이슈 | 2026 최상 시나리오 | 2026 최악 시나리오
스카우팅 리포트 | 홈구장

대전 한화생명 볼파크
Daejeon Hanwha Life Ballpark
KOREAN SERIES
K-water
한국수자원공사
IT IS TIME
한화생명

LG TWINS
The Return of Champions! 팬과 함께 다시 한번 이

20241031 vs 한화 한국시리즈우승현수막 팬인사

_최민규

데이터로 보는

2025시즌

스트라이크와 볼을 기계가 판정하는 ABS는 2024년 시즌부터 도입됐다. 타자가 다소 유리할 것이라는 전망이 있었다. 하지만 2024년은 리그 평균 OPS가 0.772에 이른 타고투저 시즌이었다. 역대 9번째로 높았다. 사람 심판이 규칙보다 후하게 줬던 낮은 코스 판정이 박해지자 투수들의 안마당이 좁아졌다. 지난해에는 ABS 기준을 조정해 존을 낮췄다. 존 상한선도 따라서 내려왔지만 이전 사람 심판보다는 높았다. 대부분 선수 출신인 심판들이 어려서부터 '높은 공은 나쁜 공'이라고 배워왔다는 게 한 이유일 것이다. 그래서 투수에게 유리한 환경이 조성됐다. 2025년 리그 OPS는 0.727로 역대 22위에 그쳤다.

한국시리즈 5차전 우승순간 LG 트윈스 선수들 ©LG 트윈스

CHAPTER 1

● 순위 시즌 전체 총평

2=LG가 2023년에 이어 2년 만에 한국시리즈 정상을 탈환했다. 1990년 첫 우승 뒤 두 번째 우승까지는 4년이 걸렸다. 이번에 절반으로 단축됐다. 최근 세 시즌 동안 두 번째 우승. 올해 다시 우승에 성공하면 '왕조'로 불릴 자격을 얻는다.

17=한화는 2024년 8위에서 지난해 2위로 순위가 수직상승했다. 모든 하위 팀 팬들은 다음 시즌 가을야구를 노리지만 실제로 팀 승리가 크게 늘어나는 일은 드물게 일어난다. 지난해 한화는 2024년보다 무려 17승을 더 거뒀다. 홈 관중은 전년 대비 52%나 증가했다. 새 야구장 효과에 홈 승률은 자랑스러운 1위(0.620)였다.

8=10개 구단 중 8개 구단이 홈에서 5할이 넘는 승률을 기록했다. 2024년엔 다섯 개. 승리의 기억은 야구장으로 향하는 발길을 가볍게 한다.

1.5=4위 삼성과 6위 KT의 승차. 세 팀이 시즌 막판까지 포스트시즌 티켓 두 장을 놓고 치열한 경쟁을 펼쳤다. 2023년과 2024년엔 2경기 차. KBO는 2015년부터 5위 팀에게도 포스트시즌 진출권을 주는 와일드카드 결정전을 도입했다. 프로야구가 더 흥미로워졌다. 이 제도를 발안한 KBO 직원은 상을 받아야 한다.

3=포스트시즌 진출에 성공한 비수도권 구단. 수도권 집중과 양극화가 심한 한국 사회에서 2025년 프로야구는 예외였다. 2023년엔 1개, 2023년 2개로 매년 한 팀씩 늘었다. 롯데만 예외였다.

12=2025년 최장 연승과 최장 연패 경기수는 같았다. 한화는 4월 25일부터 5월 11일까지 12연승, 롯데는 8월 8일부터 23일까지 12연패였다.

22=2024년 챔피언 KIA는 22승 모자란 8위에 그쳤다. 기시감이 있다. KIA는 2009년에서 해태 인수 뒤 첫 우승을 차지했다. 이듬해엔 22승을 덜 거뒀다.

15=키움은 3년 연속 꼴찌로 떨어졌다. 9위 두산과 승차는 15경기. 바로 위 순위 팀과 승차는 2023년 1.5경기, 2024년 4경기였다. 중력가속도가 붙었다. 꼴찌도 서러운데 더 외톨이가 되고 있다.

전체순위									
순위	팀	승	패	무	승차	승률	홈	원정	연승	연패
1	LG	85	56	3	0.0	0.603	41-29-1 (0.586)	44-27-2 (0.620)	7	5
2	한화	83	57	4	1.5	0.593	44-27-2 (0.620)	39-30-2 (0.565)	12	6
3	SSG	75	65	4	9.5	0.536	38-31-4 (0.551)	37-34-0 (0.521)	5	6
4	삼성	74	68	2	11.5	0.521	41-30-0 (0.577)	33-38-2 (0.465)	7	7
5	NC	71	67	6	12.5	0.514	36-34-1 (0.514)	35-33-5 (0.515)	6	5
6	KT	71	68	5	13.0	0.511	36-35-2 (0.507)	35-33-3 (0.515)	4	6
7	롯데	66	72	6	17.5	0.478	35-34-4 (0.507)	31-38-2 (0.449)	6	12
8	KIA	65	75	4	19.5	0.464	35-34-2 (0.507)	30-41-2 (0.423)	6	7
9	두산	61	77	6	22.5	0.442	29-40-4 (0.420)	32-37-2 (0.464)	7	6
10	키움	47	93	4	37.5	0.336	23-46-2 (0.333)	24-47-2 (0.338)	4	10

🔴 득실점

챔피언 LG가 득점 1위에 올랐다. 한국시리즈 정상에 올랐던 2023년에도 1위였다. 유일하게 평균 5점을 넘겼다. 꼴찌 키움은 유일하게 600 득점에 미달했다. 800실점 이상 팀도 키움 하나뿐. LG는 경기당 득실 차가 1.41점이다. 키움은 -1.94점. LG가 잘한 정도보다 키움이 못한 정도가 더 컸다.

득실점				
팀	득점	경기당득점	실점	경기당실점
LG	788	5.47	584	4.06
한화	689	4.78	554	3.85
SSG	609	4.23	576	4.00
삼성	775	5.38	647	4.49
NC	732	5.08	766	5.32
KT	648	4.50	657	4.56
롯데	676	4.69	749	5.20
KIA	668	4.64	734	5.10
두산	647	4.49	686	4.76
키움	581	4.03	860	5.97

🔴 타격

'피처스 파크'인 잠실야구장을 홈으로 사용하는 LG가 가장 많은 점수를 냈다는 건 대단하다. OPS로는 삼성에 이어 2위다. 하지만 wRC+는 118.7점으로 삼성(108.2)을 제치고 1위다. 타격 WAR도 역시 1위. wRC+와 WAR은 구장 효과를 중립화한다. 잠실의 불리함을 제거하면 LG 타선의 실제 위력이 보인다.

타격									
팀	타율	출루율	장타율	OPS	볼넷%	삼진%	IsoP	IosD	AB/HR
LG	0.278	0.361	0.409	0.770	10.6	17.1	0.131	0.083	37.84
한화	0.266	0.335	0.395	0.730	7.9	18.7	0.129	0.069	42.17
SSG	0.256	0.330	0.376	0.706	8.9	21.0	0.120	0.074	38.39
삼성	0.271	0.353	0.427	0.780	9.9	19.2	0.156	0.082	30.43
NC	0.260	0.344	0.399	0.743	9.0	19.6	0.139	0.084	37.63
KT	0.253	0.337	0.369	0.706	9.9	18.7	0.116	0.084	46.59
롯데	0.267	0.346	0.372	0.718	9.3	18.1	0.105	0.079	65.92
KIA	0.258	0.335	0.399	0.734	9.4	21.6	0.141	0.077	34.33
두산	0.262	0.331	0.383	0.714	8.4	20.9	0.121	0.069	48.55
키움	0.244	0.312	0.359	0.671	8.0	22.2	0.115	0.068	47.45

● 타순

최약체 타선인 키움이지만 1번 타순만은 최강이었다. 지난해 WAR 1위 송성문이 이 타순을 지켰기 때문이다. '강한 2번'이라는 현대 야구 트렌드는 삼성이 가장 잘 따랐다. 최고의 3번은 잠실 라이벌 LG와 두산이 다퉜다. 4번은 디아즈의 삼성이 가장 강했다. '클린업 트리오'라는 이름이 무색하게 5번은 집단적으로 부진했다. LG 9번의 OPS를 넘는 5번 타순을 운영한 팀은 한화 단 하나였다.

타순(타율/OPS)

타순	LG	한화	SSG	삼성	NC	KT	롯데	KIA	두산	키움
1	0.291 / 0.757	0.250 / 0.688	0.268 / 0.686	0.266 / 0.738	0.283 / 0.808	0.269 / 0.713	0.252 / 0.660	0.275 / 0.712	0.253 / 0.697	0.296 / 0.848
2	0.292 / 0.756	0.282 / 0.789	0.252 / 0.683	0.309 / 0.823	0.251 / 0.692	0.251 / 0.649	0.271 / 0.708	0.260 / 0.745	0.246 / 0.641	0.242 / 0.700
3	0.297 / 0.904	0.315 / 0.813	0.253 / 0.795	0.314 / 0.886	0.301 / 0.806	0.301 / 0.885	0.280 / 0.795	0.266 / 0.799	0.316 / 0.902	0.256 / 0.721
4	0.279 / 0.833	0.253 / 0.824	0.286 / 0.796	0.314 / 0.996	0.274 / 0.852	0.277 / 0.833	0.301 / 0.804	0.297 / 0.881	0.285 / 0.791	0.235 / 0.650
5	0.271 / 0.744	0.282 / 0.787	0.264 / 0.732	0.240 / 0.754	0.240 / 0.691	0.233 / 0.674	0.254 / 0.717	0.261 / 0.776	0.258 / 0.745	0.251 / 0.669
6	0.259 / 0.744	0.259 / 0.688	0.284 / 0.791	0.250 / 0.729	0.259 / 0.694	0.264 / 0.729	0.250 / 0.660	0.228 / 0.644	0.251 / 0.685	0.225 / 0.601
7	0.254 / 0.710	0.262 / 0.675	0.243 / 0.629	0.246 / 0.706	0.268 / 0.786	0.235 / 0.645	0.255 / 0.667	0.244 / 0.681	0.246 / 0.681	0.210 / 0.600
8	0.256 / 0.695	0.243 / 0.661	0.236 / 0.634	0.234 / 0.623	0.219 / 0.672	0.203 / 0.582	0.269 / 0.745	0.237 / 0.685	0.238 / 0.606	0.240 / 0.625
9	0.299 / 0.776	0.244 / 0.613	0.212 / 0.582	0.264 / 0.737	0.243 / 0.660	0.237 / 0.616	0.266 / 0.697	0.249 / 0.665	0.264 / 0.669	0.230 / 0.584

● 선발투수

KBO 리그에는 4선발도 구하지 못해 허덕이는 팀이 많다. 챔피언 LG는 5인 로테이션이 거의 완벽하게 돌아갔다. 선발승 비율이 70%를 넘었던 이유다. 이 비율이 가장 높았던 KT는 QS도 가장 많았다. 선발 평균자책점 1위 한화의 선발승 비율은 최하위 키움보다 낮았다. 키움의 선발승 비율이 70%인 첫 번째 이유는 승리 자체가 적었기 때문이다.

선발투수

팀	ERA	선발이닝	IP/G	선발승	선발승/승(%)	QS	QS%	QS+	Q-Hook	S-Hook
LG	3.52	782.0	5.43	57	0.713	69	0.479	24	39	4
한화	3.51	754.2	5.24	56	0.675	68	0.472	24	40	2
SSG	3.86	696.2	4.84	43	0.573	45	0.313	9	61	3
삼성	3.88	754.1	5.24	46	0.657	59	0.410	26	48	4
NC	5.12	659.1	4.58	37	0.521	38	0.264	12	56	6
KT	3.89	785.0	5.45	50	0.735	74	0.514	21	32	10
롯데	4.87	742.1	5.16	37	0.698	52	0.361	12	38	9
KIA	4.28	736.2	5.12	34	0.523	58	0.403	15	43	7
두산	4.28	751.0	5.22	32	0.525	52	0.361	18	48	6
키움	5.13	715.2	4.97	28	0.700	47	0.326	19	43	16

● 구원

키움의 선발승 비율이 높은 두 번째 이유. 구원투수들이 너무 못 던졌기 때문이다. 키움 불펜은 지난해 구원 WAR에서 역대 최저 기록을 세웠다. 역사적인 부진이었다. '2025년의 불펜'은 SSG다. 불펜의 힘으로 이룬 포스트시즌 진출이라고 해도 지나치지 않다. NC도 불펜 의존도가 높았다. NC에는 17경기 이상 선발 등판한 투수가 세 명뿐이었다. 그 결과 불펜 이닝이 가장 많았다.

구원투수							
팀	ERA	구원이닝	IP/G	세이브	홀드	블론세이브	세이브성공율
LG	4.25	497.1	3.45	42	77	15	0.737
한화	3.63	535.2	3.72	41	57	16	0.719
SSG	3.36	586.2	4.07	36	102	14	0.720
삼성	4.48	514.1	3.57	25	76	19	0.568
NC	4.55	610.2	4.24	39	103	18	0.684
KT	4.45	493.1	3.43	37	60	13	0.740
롯데	4.65	537.2	3.73	36	69	20	0.643
KIA	5.22	538.0	3.74	30	82	21	0.588
두산	4.34	529.0	3.67	29	69	29	0.500
키움	5.79	553.1	3.84	31	55	20	0.608

● 수비

KBO리그는 타구를 아웃시키는 확률, 즉 DER이 메이저리그나 일본 프로야구에 비해 현저히 낮다. 지난해 DER 순위 상위 5개 팀 중 넷은 포스트시즌에 진출했다. 1위는 삼성, 꼴찌는 단골인 롯데. 사직구장이 범인일 가능성이 높다.

수비	
팀명	전체 DER
LG	0.673
한화	0.665
SSG	0.676
삼성	0.680
NC	0.668
KT	0.654
롯데	0.650
KIA	0.655
두산	0.674
키움	0.652
전체	0.665

● 주루

2024년 베이스 확대 이후 도루의 중요성은 높아지고 있다. 과거와 비교하면 도루 수 자체는 많지 않다. 지난해 타석당 도루는 통산 44시즌에서 32위에 그쳤다. 하지만 도루성공률은 역대 1위였다. 2위는 베이스가 처음 커진 2024년.

주루				
팀명	도루	도루성공%	도루시도%	도루자%	추가진루%
LG	121	71.18	8.65	28.82	21.94
한화	101	72.66	7.79	27.34	21.75
SSG	129	73.3	9.6	26.7	19.70
삼성	98	75.38	6.74	24.62	20.52
NC	186	74.4	14.16	25.6	22.10
KT	48	66.67	3.66	33.33	20.74
롯데	91	76.47	6	23.53	20.57
KIA	77	77.78	5.14	22.22	20.41
두산	144	77.01	10.21	22.99	21.51
키움	83	84.69	5.4	15.31	20.06

염경엽무수우독상 20241031 vs 한화 한국시리즈 5차전 우승

_이용균

2026시즌 KBO 리그

10대 키워드

2025시즌 KBO 리그는 리그 역사에서도 중요한 한 해로 남을 가능성이 높다. 이전 시즌의 1,000만 관중 돌파가 코로나19 이후 야외 활동에 대한 대중의 열망 덕분에 이뤄진 '우연한 성과'였다는 평가를 깨끗이 지웠다. 2025시즌 KBO 리그에는 무려 1,231만 명의 팬들이 야구장을 찾았다.

프로야구의 뜨거운 인기는 사회가 야구를 바라보는 시선을 바꿨다. 구단을 향한 마케팅 협업 요청이 쏟아졌고, 야구장에서 벌어지는 이벤트의 종류가 달라졌다. 야구는 일상과 가까워졌고, 산업의 확장 가능성을 확인했다.

품격이 느껴지는 플레이, 팬들을 의식한 최선의 노력과 헌신, 팀이 하나 돼 보여주는 승리에 대한 열망이 모여 멋진 야구를 만들어낸다. 2026시즌은 이를 보여주기 위한 모든 준비를 마쳤다. 최근 3~4년 사이 쑥 성장한 젊은 선수들이 리그의 중심을 잡는 가운데, 부상과 군 복무 등에서 돌아오는 '미완의 스타'들에 대한 기대도 크다. 무엇보다 팀 전력의 격차가 그 어느해 보다 줄어들었다. 누구든 해볼 만한 시즌이다. 두근두근 2026, 한국야구의 중요한 새 시즌이 준비를 마쳤다.

1
엘지와 삼성, 재용과 광모, 경엽과 진만
: 왕좌의 게임

10개 구단 전력 격차의 폭이 어느 해보다 줄었다는 평가를 받지만 전문가들의 시선은 '양강'으로 모아진다. 지난해 우승 팀이자 최근 3년간 두 번 챔피언에 오른 LG는 올 시즌에도 강력한 우승 후보다. 김현수가 FA로 떠났지만 군과 부상에서 돌아오는 전력이 상당하다. 투구 김윤식, 이민호에 내야수 이재원이 돌아온다. 오히려 기본 전력은 지난해 우승 때보다 더 낫다는 평가가 나온다.

LG의 '리핏'을 저지할 가장 강력한 대항마는 삼성이다. 최근 2년간 가을야구를 치르면서 팀 주축인 젊은 선수들의 성장이 가속화된 가운데 경험까지 쌓였다. 여기에 KIA에서 FA 자격을 얻어 돌아온 베테랑 최형우의 가세는 팀 전체의 분위기까지 끌어올린다. 젊어진 불펜이 힘을 낸다면, 리그 최상급의 타선과 어우러져 상당한 시너지를 낼 가능성이 높다.

LG와 삼성의 양강 구도는 2026시즌 프로야구의 '메인 스토리'를 풍성하게 만든다. 아주 오래전부터 치열한 '가전 라이벌'이었다. 전통적으로 두 팀의 맞대결은 '절대 지면 안되는' 경기로 평가를 받았다. 상대와의 경기 결과가 좋지 않아 감독이 바뀐 경우도 있었다. 2010년대까지도 두 팀 사이에는 트레이드도 좀처럼 이뤄지지 않았다.

올 시즌 야구는 이재용 삼성전자 회장과 구광모 회장의 대리전으로 비춰지며 관심을 끌 가능성이 높다. 그룹들은 겉으로 내색하진 않겠지만 속으로는 신경 쓰일 수밖에 없다. LG 염경엽 감독과 삼성 박진만 감독의 스토리도 특별하다. 선수 시절 고졸 신인 박진만이 유격수 염경엽을 밀어내고 주전이 됐다. 두 팀의 마지막 한국시리즈는 2002년이었고, 역대 최고의 명승부 중 하나였다.

2
백호와 찬호, 팀의 운명을 쥔다

2025시즌이 끝난 뒤 열린 스토브리그 최고의 화제는 강백호와 박찬호였다. 메이저리그 도전을 우선 옵션으로 두고 있던 강백호는

CHAPTER 2

강백호 ⓒ한화 이글스

박찬호 ⓒ두산 베어스

미국 출국 당일 한화와 4년 최대 100억 원에 계약하며 이글스 유니폼을 입었다 .

유격수 박찬호는 KT와 두산의 치열한 영입전 속에 몸값이 크게 올랐고, 두산과 4년 최대 80억 원에 계약했다.

금액 규모에서 드러나듯 '백호'와 '찬호' 모두 구단의 '우승 의지'가 크게 투입된 계약이다. 백호와 찬호에게 거는 기대가 큰 것은 물론 둘 다 성적에 대한 부담이 상당할 수밖에 없다. 한화와 두산, 모두 구단주의 야구 사랑이 뛰어나고, 그 사랑이 돈으로 드러났다. 조금이라도 성에 차지 않는다면 팬들의 성화가 커질 수 있는 조건을 갖췄다.

물론 팀 전력 강화 기대감이 크다. 한화의 지명타자 WAR은 지난해 리그 바닥권이었다. 강백호가 데뷔 초기 폭발력을 보여준다면 한화의 공격력이 확 달라진다. 박찬호는 두산의 왕조 시절 장점이던 내야 수비와 스피드를 동시에 갖췄다. LG—삼성 양강 구도에 한화—두산이 더해지면 리그가 더 뜨거워진다.

3
형우와 현수도 팀의 운명을 쥐었다

KBO 리그에서 몇몇 팀이 오랜 '암흑기'를 거치는 동안 깨달은 교훈 하나. 팀을 바꾸는 데에는WAR 7~8을 찍는 쏠쏠한 외인을 영입하는 것보다 팀 장악력을 갖춘 '분위기 체인저' 베테랑 영입이 효과적이라는 것이다. LG를 매년 가을야구에 오르는 강팀으로 바꾼 건 김현수(38)의 역할이 적지 않았다. KIA가 2017년에 이어 2024년에 우승한 것 역시 최형우(43)가 타선에서 중심을 잡아준 덕분이다.

'현수'와 '형우'가 스토브리그 동안 팀을 옮겼다. 김현수는 장고 끝에 KT의 제안을 받아들였다. 3년 총액 50억 원을 모두 보장하는 계약이었다. KT는 전체적으로 야수진의 나이가 많고, 젊은 선수들의 성장이 필요한 팀이다. 김현수가 LG에서 했던 역할 그대로 KT의 팀 분위기 전환을 기대한다.

김현수가 젊은 선수 성장을 앞에서 끌어가는 쪽이라면 최형우는 젊은 선수들을 뒤에서 밀어주는 역할을 KIA에서 해 왔다.

삼성이 이번 시즌 LG와 함께 2강으로 꼽히는 배경에는 최형우의 영입이 결정적이었다. 젊은 선수들을 이끌고 '우승'에 도전하는 그

삼성 유니폼을 다시 입은 최형우 ©삼성 라이온즈

림이 만들어졌다. KT 역시 현수+현민의 시너지가 기대된다. 중상위권의 전력 차가 빡빡해진 것은 겨울 동안 이뤄진 이런 무브 때문이다.

4
달-튼-철의 계약 마지막 해 싸움, 누가 높이 설까

KBO 리그의 감독 나이 구도는 4:6으로 나뉜다. SSG 이숭용, 삼성 박진만, NC 이호준, KIA 이범호, 두산 김원형, 키움 설종진 감독은 모두 젊은 축에 속한다. 1980년생 이범호 감독을 빼면 모두 70년

대생이다.

LG 염경엽, 한화 김경문, KT 이강철, 롯데 김태형 감독은 노장에 속한다. 그리고 이 중 3명은 올해가 감독 계약 마지막 해다. '달감', '튼동', '철동'은 그 어느 해 보다 중요한 시즌을 앞두고 있다. 자칫 실패할 경우 커리어의 마지막이 될 가능성도 점쳐진다.

특히 한화 김경문 감독은 '우승'에 도전하는 시즌이다. 감독으로 1,000승을 거둔 한국 프로야구 3번째 감독이 됐지만 아직 '우승'이 없다. 지난해 아쉬움은 오히려 올 시즌의 가능성을 높인다. 한화 선수들에 대한 파악도 모두 끝났다.

롯데 김태형 감독은 일단 2017년 이후 없는 롯데의 '가을야구'를 만들어야 한다. 지난 시즌 중반까지 유력해 보였던 가을야구가 모래성 무너지듯 사라졌다. 스토브리그 동안 모기업의 '선물'도 없었

류현진과 대화 중인 김경문 감독 ⓒ한화 이글스

다. 있는 전력을 짜내야 하는데, 계약 마지막 해라는 점은 장점과
함께 단점이 될 수도 있다.

KT를 강팀으로 변화시킨 이강철 감독 역시 변곡점을 맞는다. 롯데
와 달리 모기업은 상당한 수준의 투자와 함께 김현수, 최원준이라
는 큰 선물을 안겼다. 목표가 가을야구 진출 수준에 머물 리 없다.
달-톤-철 모두 오랜 경험에 따른 노하우가 장점이다. 오랜 야구팬
이라면 베테랑 감독의 자존심을 건 시즌 운영 전략은 2026시즌 최
고의 관전포인트다.

5
도영이가 돌아왔다,
진짜 최고 타자를 가린다

지난 시즌 타자들의 공격 WAR 순위는 다음과 같다. 송성문(7.54),
안현민(6.63), 양의지(6.60), 김주원(6.27), 김성윤(5.12), 오스틴(5.11).
2024시즌 이 순위 톱에 있던 선수는 KIA 김도영이었고, 숫자는 무
려 8.78이었다.

김도영이 연이은 부상으로 빠진 가운데 리그 최고 타자들의 상위
권 순위가 요동쳤다. 양의지가 베테랑으로서 자존심을 지킨 가운
데 새 얼굴들이 쑥쑥 자라났다. 특히 안현민의 등장은 새로운 스타
일의 한국산 거포 성장 기대감을 높였다.

이제 건강한 김도영이 돌아온다. 겨우내 땀을 흘렸고 1월 초 사이
판에 모인 WBC 대표팀 가운데에서도 유독 컨디션이 좋았다. 김도
영은 "내 몸 상태는 내가 제일 잘 안다. 몸 상태는 100%"라며 자신
감을 보였다.

김도영이 가세한 KBO 리그 최고 타자 경쟁은 그 어느 해보다 뜨거
워진다. 위 순위표에는 없지만 삼성 김영웅과 한화 문현빈이 가을
야구에서 보여준 절정의 타격감은 새 시즌 팬들을 두근거리게 만
든다. 군에서 돌아오는 롯데 한동희(퓨처스 OPS 1.155)와 LG 이재
원(1.100)의 장타력도 리그에 새 바람을 불러일으킨다.

특히 시장 상황 변화에 따라 외인 투수와 달리 외인 타자의 성적은
해가 갈수록 줄어들고 있다. 국내 타자들의 성적이 팀 순위에 더
큰 영향을 미친다. 이제 '도니살(도영아 니땀시 살어야)'이 돌아왔고
진짜 경쟁이 시작됐다.

김도영이 돌아왔다 ⓒKIA 타이거즈

강속구의 시대, 더 빨라진다

2021시즌 KBO 리그에서 규정이닝을 채운 투수 중 포심 패스트볼 평균 구속이 시속 150km를 넘은 선수는 한 명도 없었다. 2022시즌 키움 안우진이 153.5km를 기록하면서 이름을 올렸고, 외국인 투수 2명이 더해졌다. 안우진이 부상으로 빠진 뒤 2024년에는 '규정이닝 150클럽'이 사라졌지만, 2025년 확 달라졌다. 한화 폰세(153.6), SSG 앤더슨(153.1), 한화 와이스(151.7), LG 치리노스(150.0), KIA 올러(150.0) 등 5명의 외국인선수들이 이 클럽에 가입했다.

강속구를 던지는 외국인 투수들의 대거 등장은 리그의 '투타 밸런스'를 투고 쪽으로 옮길 정도였다. 강속구 외국인 투수의 가능성을 확인한 구단들은 새 외국인 투수 고용에서 '구속'에 확실히 방점을 찍었다. 2026시즌은 더 강력한 '강속구'의 시대가 된다.

외국인뿐만 아니라 국내 투수들의 구속도 빨라지고 있다. 규정이닝의 30% 이상 던진 투수로 폭을 넓히면 한화 김서현이 153.4km로 폰세 바로 뒤를 잇는다. LG 김영우도 평균 152.7km를 기록했다. 문동주는 선발이면서도 평균 구속 152.3km를 찍었다. 150km 이상 국내 투수가 무려 10명이다.

KBO 리그는 이미 150km의 시대에 접어들었고, 더 빨라진 강속구는 야구 보는 재미를 높인다.

김서현 ⓒ한화 이글스

7
우주 라이크 유?
영건의 성장과 대결 03즈와 06즈

리그의 강속구 경쟁을 더욱 재미있게 만드는 건, 영건의 성장이다. KBO 리그의 강속구 레이스는 '03즈'와 '06즈'의 대결로 압축된다. 2022년 신인 드래프티들과 2025년 신인 드래프티들이 강속구 레이스를 후끈 달아오르게 만든다.

03즈의 선두주자는 한화의 문동주다. 문동주는 최고구속 시속 160km를 넘기면서 국내 투수 중 가장 빠른 공을 던진다. 문동주와 함께 2022년 드래프트에서 뽑힌 KT 박영현, 두산 이병헌, 롯데 이민석 등은 모두 150km가 넘는 공을 가볍게 던진다. 2차 1라운드에 뽑힌 KIA 최지민도 03즈 강속구 투수 멤버다.

지난해 신인이었던 '06즈'도 데뷔 첫 해 강한 인상을 남겼다. 포심 평균구속 1위는 LG 김영우로 152.7km를 기록했다. 삼성 배찬승이 151.7km로 바로 뒤를 잇는다. 정우주의 구속은 151.2km로 살짝 뒤처지는 듯 보이지만 포심 구사율이 77%로 압도적이다. 속구의 구위만으로 상대를 압도한다. LG 박시원(6라운더)은 1군에서 1.1이닝만 던졌지만 평균 구속 151.2km를 기록했다. 전체 1순위 키움 정현우는 포심 평속 141.2km로 다소 처지지만 완성형 투수라는 평가를 받는다.

중간에 끼어 있는 한화 김서현(2004년생), 두산 김택연(2005년생)의 강속구도 리그 최상급이다.

문동주 ⓒ한화 이글스

8

공만 빨라진 게 아니다,
피치클락 2.0 / 도루의 시대

투수들의 공만 빨라진 게 아니다. 2026시즌 빨라지는 건 또 있다. 지난해 처음 도입된 피치클락이 한 단계 업그레이드된다.

지난해 주자 없을 때 20초, 주자 있을 때 25초였던 피치클락은 2초씩 줄어들어 올 시즌 주자 없을 때 18초, 주자 있을 때 23초로 줄어든다. 메이저리그의 15초, 18초와 비교하면 여전히 '넉넉한' 편이지만, 한국프로야구 특유의 '작전 및 사인 교환 시간'을 고려하면 2초의 단축은 체감상 다르게 느껴질 수 있다.

메이저리그의 피치클락은 도루의 급격한 증가로 이어졌지만 KBO 리그의 피치클락이 도루 증가로 이어지지는 않았다. 2024시즌 리그 총 도루는 1,152개였고, 지난해에는 오히려 총 도루 숫자가 1,078개로 줄어들었다. 메이저리그와 달리 투수의 견제 제한 조항이 없기 때문이다. 피치클락 2초 추가 단축 역시 리그 주루 환경을 크게 바꾸지는 못할 가능성이 높다.

오히려 공격 쪽에서 '생각할 시간'이 줄어드는 효과를 낳았다. 타석 이탈 횟수 제한과 벤치의 작전 전달 시간의 축소는 선수 개인의 'BQ(Baseball Quotient, 야구 아이큐)' 중요성을 높인다. 그라운드에서 경기의 흐름과 상황을 파악한 뒤 스스로 알아서 움직이는 야구가 얼마나 강해질 수 있는지는 LG의 우승으로 확인됐다. 똑똑한 야구가 승리 가능성을 높인다.

9

순위 싸움 가를 아시아쿼터

리그의 변화는 제도의 변화로부터 비롯된다. 2026시즌 도입되는 제도상 가장 큰 변화는 '아시아쿼터'다. 일본, 대만 출신은 물론 호주 선수까지 아시아쿼터의 대상이 된다. 단순히 평가하자면 '저비용 외국인'이라고 할 수 있다. 뚜껑을 열어 본 결과 일본 7명, 호주 2명, 대만 1명이 아시아 쿼터로 계약했다.

KIA를 제외한 모든 팀이 투수를 뽑았고, 선발 기용을 고려하고 있다. 5선발 시스템 중 3명이 외국인으로 채워지는 셈이다. 감독들은 2027년 시즌부터 아시아쿼터 투수의 선발 기용 제한 규칙을 고려 중이다. 국내 투수들의 선발 기회가 줄어들지 않겠냐는 우려다. 하지만 오히려 경쟁 압력을 높임으로써 국내 투수들의 성장에 도움이 될 수 있다는 반론도 만만치 않다.

전문가들은 아시아쿼터 투수들이 어느 정도의 활약을 펼치느냐에 따라 2026시즌 팀 순위가 갈릴 것으로 전망한다. 아시아쿼터 투수가 국내 에이스의 뒤를 받치는 4선발 정도에서 10~12승 정도를 해줄 수 있다면 정규시즌 레이스에서 상당한 추진력을 얻을 수 있다. 아시아쿼터 도입으로 각 구단의 선발진 구성이 상향 평준화된 가운데 승부를 가르는 변수는 타선의 힘이 될 가능성도 있다. FA 시장에서 투수보다는 타자 쪽 투자가 집중된 이유다.

10

9월의 아겜 변수, 무조건 스타트 싸움이다.

2026시즌은 빅이벤트의 한 해다. 굵직한 국제 대회가 이어지는 가운데 야구도 WBC와 아시안게임이 시즌 앞뒤로 이어진다. 특히 9월 열리는 아이치·나고야 아시안게임은 주축 선수들이 출전하지만 리그가 중단되지 않는다는 점에서 시즌 막판 순위 싸움의 변수가 될 수 있다. 특히 한화의 경우 현재 분위기라면 마운드의 핵심 자원들이 대표팀에 대거 빠져나갈 가능성이 높다.

그래서 2026시즌은 더더욱 '닥치고 초반 스타트'의 싸움이다. 일단 시즌 초반 승리를 벌어둬야 중후반 추격을 따돌리거나 9월 아시안게임 시즌을 버틸 여유가 생긴다. 계약 만료를 앞둔 감독을 보유한 팀의 경우 더욱 초반 승리가 중요하다. 조금이라도 밀리면 레임덕이 벌어질 수 있다. 롯데는 지난해 초반 벌어둔 승리를 후반에 까먹었는데, 이를 대비할 여유는 없다. 이번 시즌 역시 초반 질주가 중요하다.

컨디션을 일찍 끌어올린 WBC 대표팀 멤버들이 시즌 초반 각자의 팀에서 어떤 활약을 보여주느냐도 시즌 전체의 향방을 가르는 요소다. 그래서 시즌 초반 불펜의 부담이 가중될 수 있다. 아시아쿼터로 벌어 둔 투수 슬롯으로 불펜을 어떻게 강화할지도 중요한 전술적 요소가 된다. 마무리 투수를 전반기와 후반기로 교체해 쓰는 전략도 주목받는다.

왕옌청 ©한화 이글스

_최민규

KBO 리그 스트라이크존은 이렇게 변해왔다

최근 2시즌 동안 KBO 리그 스트라이크존은 모두 변했다.

2024년엔 자동투구판정시스템(ABS) 도입으로 혁명적인 변화를 겪었다. 그런 만큼 반작용이 없을 수 없었다. 한국야구위원회(KBO)는 ABS 도입 2년째에 존을 손봤다.

프로야구 역사에서 존 변화는 최근만의 일이 아니다. 정도는 차이는 있지만 1990년 이후에만 11번 존 모양이 달라졌다. 선수들의 플레이와 심판 성향에 따른 자연스러운 변화는 제외한 횟수다. 지금까지 어떤 이유로 어떻게 스트라이크존이 변해왔는지, 그리고 그 영향은 어땠는지를 정리한다.

🔴 1990년=존 축소

존 변화 전후 시즌 평균자책점과 9이닝당 볼넷 변화

연도	존 변화방향	ERA 증감	BB/9 증감	비고
1990	축소	+3.5% 순방향	+2.1% 순방향	야구규칙 개정

존 변화 전후 시기 평균자책점과 9이닝당 볼넷 변화

시기	존 변화방향	ERA	BB/9
1982~1989	–	3.52	3.31
1990~1995	축소	3.81	3.50
증감		+8.2% 순방향	+2.1% 순방향

KBO는 1990년 시즌을 앞두고 존을 축소했다. 야구규칙이 변경됐다는 게 이 변화의 가장 큰 변화였다.

야구규칙 정의에 따르면 스트라이크존은 '유니폼 어깨 윗부분과 바지 윗부분 중간의 수평선을 상한으로 하고, 무릎 아랫부분을 하한선으로 하는 홈 플레이트 상공'이다. 이 규칙이 1990년부터 적용됐다. 종전에는 존 상한선이 '겨드랑이'였다. 1988년 메이저리그의 규칙 변경을 그대로 따랐다. 이해부터 KBO 리그와 일본프로야구(NPB)에도 적용됐다.

존이 좁아지면 볼 판정이 늘어나고, 점수가 날 확률이 높아진다. 확대된다면 그 반대다. 그래서 평균자책점과 9이닝당 볼넷(BB/9)을 존 변화 영향을 판단하는 지표로 삼을 수 있다.

1990년 평균자책점은 전년 대비 3.5%, BB/9은 2.1% 증가했다. '이론적인' 증감 방향과 일치한다. 범위를 넓혀 변경 이전인 1982~1989시즌과 다음 변경까지 기간인 1990~1995시즌을 비교해도 마찬가지다. 두 기간 평균자책점은 8.2%로 크게 증가했다. BB/9은 2.1% 증가로 상대적으로 변동폭이 작았다.

리그 평균자책점은 1989년 3.74에서 존이 축소된 1990년 3.87, 1991년 3.99로 상승했다. 1992년에는 4.32으로 사상 최초로 4점대였다. 이해 잠실구장을 홈으로 쓰는 LG 유격수 송구홍은 20홈런을 때려냈다. 프로야구 최초의 '타고투저'는 이렇게 존 변화와 함께 왔다.

CHAPTER 3

메이저리그에선 반대 결과가 나왔다. 존 축소 첫 시즌인 1988년 내셔널리그(NL) 평균자책점은 4.08에서 3.45로 -15.4%, 아메리칸리그(AL)는 4.46에서 3.97로 -11.0% 감소했다. 여기에는 이유가 있다. 메이저리그의 1988년 규칙 변경은 타고투저 완화가 목표였다. 전해인 1987년 메이저리그에는 사상 가장 높은 빈도로 홈런이 터져 나왔다. 그런데도 존을 축소한 건 모순처럼 보인다. 하지만 명문상 '존 축소'였지만 실질적으로는 '존 확대'였다. 규칙 상한선인 '어깨 높이'는 사문화된 지 오래였다. 어떤 심판도 어깨 높이 공에 스트라이크 콜을 하지 않았다. 한 심판은 "규칙대로 판정하면 리그 타율이 0.190이 될 것"이라고 했다. 새 규칙의 존 상한선은 1987년까지 메이저리그 심판들이 적용하던 '실제' 스트라이크존보다는 높았기 때문 규칙 변경은 이듬해 존 확대 효과를 냈다.

반면 KBO 리그는 메이저리그와 달리 타고투저를 완화해야 할 이유가 없었다. 원년 이후 1989년까지 프로야구는 투고타저였다. 이 기간 리그 평균자책점은 3.52로 전 시즌(1982~2025년) 평균(4.26)에 크게 못 미쳤다. '투수들의 리그'에서 '야구의 꽃'인 홈런이 적다는 아쉬움이 나오기도 했다. 1988년 해태 김성한의 30홈런이 이 시기 시즌 최다 홈런 기록이었다.

존 축소보다 더 큰 영향을 미쳤을지도 모를 변화가 있었다. 1990년부터 마운드가 종전 15인치(38.1cm)에서 10인치(25.4cm)로 낮아졌다. 마운드가 낮아지면 특히 오버핸드 투수에게 불리해진다. 존과는 달리 마운드 규칙은 1969년 메이저리그 규칙 개정을 21년 뒤에 받아들였다는 게 특기할 점이다. KBO 리그 심판들도 1980년대에 규칙의 '겨드랑이 높이 상한선'을 잘 지키지 않았다. 그래서 사람 주심의 성향이 개입하지 않는 순수한 물리적인 변화인 마운드 높이가 첫 타고투저에 더 영향을 미쳤을 수도 있다.

● 1996년=존 축소

두 번째 존 변경은 1990년과는 달랐다. 야구규칙 개정 없이 심판 판정 지침이 달라진 첫 사례였다.

존 변화 전후 시즌 평균자책점과 9이닝당 볼넷 변화

연도	존 변화방향	ERA 증감	BB/9 증감	비고
1996	축소	-0.8% 역방향	+5.4% 순방향	판정지침 변경

존 변화 전후 시기 평균자책점과 9이닝당 볼넷 변화

시기	존 변화방향	ERA	BB/9
1990~1995	축소	3.81	3.50
1996-1997	축소	3.85	3.35
증감		+1.0% 순방향	-4.3% 역방향

1996년 시즌을 앞두고 김기춘 당시 KBO 총재는 시즌 전 심판위원회에 '야구의 세계화'를 강조하며 "메이저리그처럼 공격야구가 득세할 수 있도록 존을 좁히라"고 지시했다. '세계화'는 김 총재가 대선 승리에 공을 세웠던 김영삼 정부의 캐치프레이즈기도 했다.

심판위원회는 3월 심판 합동훈련에서 좌우 폭을 좁힌 스트라이크존을 처음 적용했다. 실제 시즌에서 효과는 분명하지 않았다. 1996년 BB/9은 2.1% 상승했지만 평균자책점은 오히려 0.8% 감소했다. '존 축소=득점 증가'라는 이론적인 방향과 일치하지 않았다.

첫 존 변화가 적용된 1990~1995년과 다음 존 변경까지 기간인 1996~1997년을 비교해도 비슷하다. 평균자책점은 1.0% 소폭 증가했지만 9이닝당 볼넷은 -4.3% 감소했다. 총재의 존 확대 지시가 실제로 얼마나 관철됐는지에는 물음표가 붙어있다. 김 총재는 존 변경 지시 직후인 1996년 4월 총선에 출마하며 KBO 행정에 거의 관여하지 않았고 당선 뒤인 6월 사임했다.

● 1998년 존 확대

존 변화 전후 시즌 평균자책점과 90이닝당 볼넷 변화				
연도	존 변화방향	ERA 증감	BB/9 증감	비고
1998	확대	-0.7% 순방향	-6.5% 순방향	야구규칙 개정

존 변화 전후 시기 평균자책점과 90이닝당 볼넷 변화			
시기	존 변화방향	ERA	BB/9
1996-1997	축소	3.85	3.35
1998~2001	확대	4.58	3.68
증감		+19.0% 역방향	+9.9% 역방향

1998년에는 스트라이크존 확대가 결정된다. 첫 번째 경우처럼 메이저리그의 규칙 변경을 따랐다.

메이저리그는 1996년부터 존 하한선을 종전 '무릎 윗부분'에서 '무릎 아랫부분'으로 낮췄다. 투수에게 유리한 개정이다. 존을 넓힐 이유는 충분했다. 메이저리그에서 타고투저가 워낙 심했다. 본격적인 홈런 인플레이션이 시작된 시기다. 1992년과 1994년 평균자책점을 비교하면 내셔널리그(NL)는 3.50에서 4.18, 지명타자제도가 있는 아메리칸리그(AL)는 3.94에서 4.80으로 급증했다. 실제로 타자들이 득세한 이유는 약물복용이었지만, 당시에는 밝혀지지 않았다.

KBO 리그에서도 1997년 리그 평균자책점이 1992년에 이어 두 번째로 높은 4.02로 올라갔다. 타고투저를 완화할 동기가 있었다. 확대 첫 해인 1998년 평균자책점은 3.99로 0.7% 감소했다. BB/9도 역시 -6.5% 감소했다. 볼넷에 대해서는 확실히 효과가 있었다.

하지만 존 확대 효과는 이내 사라졌다. 1999년 평균자책점은 4.98로 치솟았다. 전년 대비 24.8% 증가로 사상 최고 증가율을 기록했다. 존 변화가 적용된 1998~2001년 시기 KBO 리그 평균자책점은 무려 4.58이었다. 리그 역사에서 두 번째 타고투저이자 가장 타자들이 득세했던 시기다. 1996~1997년 시즌과 비교하면 평균자책점은 무려 19.0%, BB/9은 9.9%나 상승했다.

존이 확대된 1998년은 KBO 리그가 외국인 선수를 받아들인 첫 해기도 하다. 이 해 OB의 타이론 우즈는 42홈런으로 1992년 장종훈의 프로야구 통산 최다 41홈런 기록을 6년 만에 경신했다. 1999년에 40홈런 타자는 네 명으로 늘어났고 이승엽을 제외한 세 명은 외국인 선수였다. '2차 타고투저'는 홈런의 시대였다. 1999년 90이닝당 홈런 1.22개는 역대 2위 기록이다. 2018년에야 새 기록이 나왔다. 종전 최고 기록은 1998년의 0.90개였다. 1999~2003년 5년 연속으로 이 수치는 1.00개를 넘었다.

홈런 증가 이유는 메이저리그를 닮았다. 외국인 선수와 함께 약물도 들어왔고, 확산됐다. 전모가 밝혀진 적은 없지만 프로야구 종사자 다수는 이 시기 KBO 리그에 스테로이드와 성장호르몬 등 기량 향상용 약물이 만연했다고 믿는다. 갑자기 덩치가 커진 선수가 늘어났고, 커진 근육을 이기지 못해 햄스트링 부상이 빈번해졌다. 어떤 구단은 라커룸에 '그리니'로 불리는 암페타민 성분을 탄 커피 주전자를 들여놓기도 했다.

스트라이크 존 조정 정도로 타고투저를 막기는 역부족이었다. '스테로이드 시대'가 한창이던 메이저리그도 스트라이크존 확대가 투수들을 구원하지 못한 건 마찬가지였다. KBO는 2000년 마운드 높이를 10인치에서 13인치(33.0cm)로 높였지만 역시 큰 소용이 없었다. 2000년 마운드 조정은 메이저리그나 NPB의 규칙 변경을 따르지 않고 독자적으로 추진했다는 특징이 있었다. 1996년 시즌 뒤 메이저리그 단장 회의에서 마운드를 13인치로 높이자는 결정을 했지만 규칙위원회에서 거부됐다. KBO 리그의 약물 문제는 2006년 도핑테스트가 실시되면서부터 사그러들었다.

● 2002년=존 확대

존 변화 전후 시즌 평균자책점과 9이닝당 볼넷 변화

연도	존 변화방향	ERA 증감	BB/9 증감	비고
2002	확대	-10.2% 순방향	-22.4% 순방향	판정지침 변경

존 변화 전후 시기 평균자책점과 9이닝당 볼넷 변화

시기	존 변화방향	ERA	BB/9
1998~2001	확대	4.58	3.68
2002~2006	확대	4.14	3.45
증감		-9.6% 순방향	-6.3% 순방향

타고투저를 견디다 못한 KBO는 다시 스트라이크존에 손을 댔다. 2002년 1월 스트라이트존 상한선을 15cm 가량 높이기로 했다. 규칙 개정 없이 판정 지침에 변화를 줬다.

역시 타고투저 문제를 겪던 메이저리그를 따랐다. 메이저리그는 2001년 시즌부터 스트라이트존 상한선을 엄격하게 적용하기 시작했다. 1988년 규칙 개정으로 상한선이 젖꼭지 높이로 올라갔지만 갈수록 내려갔다. 타자 바지 벨트보다 높은 공은 스트라이크로 잡아주지 않는 심판도 여럿이었다.

효과는 확실했다. 지독했던 타고투저가 잡혔다. 3월 시범경기에서 두 팀 합산 경기당 삼진 13.5개, 볼넷 5.4개가 나왔다. 전해인 2001년 페넌트레이스에선 각각 12.2개, 8.3개였다. 삼진이 늘어나고 볼넷이 줄어드니 합산 득점도 평균 10.4점에서 0.7점 감소했다. 존 변경 수혜를 입은 투수들의 분발은 정규시즌에도 이어졌다.

2002년 페넌트레이스 평균자책점 증가율은 전년 대비 -10.2%, 9이닝당 볼넷은 -22.4%였다. 범위를 확해도 존 확대 효과는 두드러진다. 2002년부터 다음 존 변경이 있던 2006년까지 5시즌 평균자책점은 4.14로 앞 시기(1998~2001년) 대비 9.6% 감소했다. 9이닝당 볼넷도 6.3% 줄어들었다.

메이저리그도 존 확대 효과가 나타났다. 존을 '규정대로' 보기 시작한 첫 해인 2001년 NL 평균자책점은 4.36으로 떨어졌다. 2000년엔 4.63이었다. AL에서도 4.91에서 4.47로 낮아졌다.

● 2007년=존 축소

존 변화 전후 시즌 평균자책점과 9이닝당 볼넷 변화

연도	존 변화방향	ERA 증감	BB/9 증감	비고
2007	축소	+8.9% 순방향	+8.7% 순방향	판정지침 변경

존 변화 전후 시기 평균자책점과 9이닝당 볼넷 변화

시기	존 변화방향	ERA	BB/9
2002~2006	확대	4.14	3.45
2007~2009	축소	4.28	3.77
증감		+3.4% 순방향	+9.3% 순방향

2007년의 변화는 앞 두 번과 반대 방향이었다. 존 좌우폭을 좁혔다.

국가대표 '드림팀'은 전해 겨울 카타르 도하 아시안게임에서 망신을 당했다. 3월 WBC 4강의 명예가 무색하게 동메달에 그쳤다. 6개 팀 풀리그로 진행된 일정에서 3승 2패로 동메달에 그쳤다. 대만에 2-4로 패한 데 이어 사회인과 대학야구 선수로 구성된 일본에게도 7-10로 역전패했다.

'도하 참사' 이후 KBO는 기술위원회를 신설하며 국제대회 경쟁력 제고에 나섰다. 국제대회와 같은 환경을 리그에도 적용하기로 했다. 공인구 규격을 국제기준에 맞춰 키웠고, 13인치로 올렸던 마운드 높이도 메이저리그와 국제 규격에 따라 10인치로 환원했다. '담뱃갑을 눕힌 모양'이라는 말을 듣던 스트라이크존 좌우 폭도 좁혔다. 특히 바깥쪽 스트라이크 판정을 엄격하게 하기로 했다. 2006년 프로야구가 갑자기 투고타저를 맞았다는 사정도 있었다. 리그 평균자책점이 3.59로 8년 만에 3점대로 떨어졌다. 1993년(3.27) 이후 최저 기록이기도 했다. 리그 행정가들은 대체로 화끈한 타격전이 투수전보다 더 많은 관중을 불러모은다고 믿는 경향이 있다.

존 축소와 마운드 하향 조정은 모두 타자에게 유리하다. 결과도 그렇게 나왔다. 2007년 평균자책점은 3.91로 전년 대비 8.9% 상승했다. BB/9도 8.7% 늘어났다. 2007년의 존 변화는 2009년까지 이어진다. 3시즌 평균자책점은 4.28, BB/9은 3.77이었다. 앞 시기(2002~2006년)에 비해 3.4%, 9.3% 올라갔다.

● 2010년=존 확대

존 변화 전후 시즌 평균자책점과 9이닝당 볼넷 변화				
연도	존 변화방향	ERA 증감	BB/9 증감	비고
2010	확대	-4.6% 순방향	-6.4% 순방향	판정지침 변경

존 변화 전후 시기 평균자책점과 9이닝당 볼넷 변화			
시기	존 변화방향	ERA	BB/9
2007~2009	축소	4.28	3.77
2010~2014	확대	4.43	3.75
증감		+3.5% 역방향	-0.5% 순방향

2007년의 존 축소는 효과적이었다. 너무 효과적이었던 게 문제였다. 리그 평균자책점은 2007년 3.91에서 2008년 4.11로 3시즌 만에 4점대를 회복했다. 그리고 2009년에는 4.80까지 치솟았다. 1999년(4.98)에 이은 당시까지 역대 두 번째 기록이었다. 투수들 사이에선 "KBO 리그 스트라이크존이 세계에서 가장 좁다"는 불만이 나왔다. 타고투저에 대한 비난도 나왔다. 한국 야구 미디어는 대체로 '점수가 많이 나는 야구=수준이 떨어지는 야구'라고 생각하는 경향이 있다.

타고투저에 대한 우려가 높아지자 KBO는 2010년 시즌을 앞두고 다시 존에 손을 댔다. 조종규 당시 심판위원장의 설명에 따르면 좌우 존이 공 반 개 가량 넓어졌다. 경기시간 단축에 대한 요구가 높아진 것도 이유 중 하나다. 존이 좁으면 경기 투구수와 타석수가 함께 늘어난다. 이러면 경기 시간을 줄이기 어렵다. 2007년 존 축소를 주도했던 하일성 사무총장은 이미 KBO를 떠난 뒤기도 했다.

첫 해에 효과는 바로 나타났다. 리그 평균자책점은 4.58로 2009년 대비 4.6% 감소했고, BB/9도 6.4% 줄었다. 존이 확대되면 투수가 유리해진다는 이론이 다시 맞아 떨어졌다. 리그 평균자책점은 2011년 4.14, 2012년엔 3.82까지 내려왔다. 5시즌 만인 3점대 기록이었다. 2013년에 4.32로 올라갔지만 통상적인 변화처럼 보였다. 문제는 그 다음 시즌이었다. 2014년 리그 평균자책점은 5.21로 사상 최고치를 찍었다. 아직 이 기록은 깨지지 않고 있다. 평균자책점 증가율 21.8%도 1999년에 이은 역대 2위. 시기별 비교에서도 2010~2014년 평균자책점은 4.43으로 존이 더 좁았던 앞 시기(2007~2009년)에 비해 3.5% 올라가는 역방향 변화가 나타났다. BB/9은 -0.5%로 미미하게 감소했다.

● 2015년=존 확대

2014년 KBO 리그 평균자책점 기록은 얼마나 대단했을까. 메이저리그 NL의 역대 최고 기록은 1894년의 5.33이다. 이 해는 투포수간 거리가 15.24m에서 18.44m로 늘어난 두 번째 시즌이었다. 급격한 환경 변화로 투수들이 고전할 수밖에 없었다. 20세기 이후에는

존 변화 전후 시즌 평균자책점과 9이닝당 볼넷 변화			
연도	존 변화방향	ERA 증감	BB/9 증감	비고
2015	확대	-7.0% 순방향	-3.6% 순방향	판정지침 변경

존 변화 전후 시즌 평균자책점과 9이닝당 볼넷 변화			
연도	존 변화방향	ERA 증감	BB/9 증감	비고
2017	확대	-4.0% 순방향	-15.9% 순방향	판정지침 변경

존 변화 전후 시기 평균자책점과 9이닝당 볼넷 변화			
시기	존 변화방향	ERA	BB/9
2010~2014	확대	4.43	3.75
2015~2016	확대	5.04	3.74
중감		+13.8% 역방향	-0.3% 순방향

존 변화 전후 시기 평균자책점과 9이닝당 볼넷 변화			
시기	존 변화방향	ERA	BB/9
2015~2016	확대	5.04	3.74
2017~2021	확대	4.70	3.54
중감		-6.7% 순방향	-5.3% 순방향

1930년의 4.97이 최고 기록이다. AL에서는 1936년 5.04로 딱 한 번 5점대를 넘었다.

KBO는 2015년 시즌을 앞두고 다시 존 확대 방침을 세웠다. 2010년에 좌우를 넓혔으니 이번엔 위아래에 변화를 줬다. 높은 쪽 상한선을 종전 대비 공 반 개에 하나 정도로 높이기로 했다.

결과는 앞 시기 존 변화와 유사했다. 효과가 일시적이었다. 첫 시즌 평균자책점은 4.87로 떨어졌지만 다음 시즌엔 5.17로 다시 상승했다. 그래서 2015~2016년 평균자책점은 5.04로 앞 시기(2010~2014년) 4.43에 비해 무려 13.8%나 증가했다. 2014년에 시작된 '3차 타고투저' 흐름은 꺾이지 않았다.

● 2017년=존 확대

2017년 WBC 아시아 라운드는 서울 고척돔에서 열렸다. 초대 대회 3위, 2회 대회 준우승을 차지한 한국은 2013년 3회 대회에선 1라운드 통과에 실패했다. 최대 난적으로 꼽은 홈 팀 대만을 3-2, 야구 강국 호주를 6-0으로 이겼다. 하지만 복병 네덜란드에 0-5로 완패한 게 탈락으로 이어졌다. 1라운드 개최권을 따낸 4회 대회에

선 4강 복귀가 목표였다. 하지만 결과는 1승 2패 탈락이었다. 12득점은 참가 4개국 가운데 최소였다.

전해 KBO 리그는 평균 타율 0.290, OPS 0.801이라는 타고투저 시즌이었다. 규정타석을 채운 3할 타자 40명에 홈런 20개 이상을 친 타자는 27명이었다. 하지만 WBC 108타수에서 홈런은 단 1개만 나왔다. '좁은 스트라이크존 덕을 본 거품 타격'이라는 비난이 이어졌다.

새 시즌을 앞두고 KBO는 다시 스트라이트존을 넓히겠다고 발표했다. 2010년엔 좌우를 넓혔고 2015년엔 상하를 높였다. 더 늘릴 데가 없었다. 그래서 김풍기 심판위원장은 "야구규칙상 스트라이크존을 적극적으로 판정하겠다"고 했다.

평균자책점과 BB/9 기준으로 효과적이었다. 2017년 리그 평균자책점은 전년 대비 4.0% 떨어졌다. BB/9은 15.3%나 대폭 감소했다. 2017~2021년 4시즌 평균자책점은 4.72로 앞 시기(2015~2016년)에 비해 -6.2%, BB/9은 3.74에서 3.54로 -5.3% 변화를 나타냈다. 2019년 공인구 반발력을 낮춘 결정도 타고투저 흐름을 꺾은 데 영향을 미쳤다. 여기까지는 효과적이었다.

● 2022년=존 확대

존 변화 전후 시즌 평균자책점과 9이닝당 볼넷 변화				
연도	존 변화방향	ERA 증감	BB/9 증감	비고
2022	확대	-8.6% 순방향	-17.7% 순방향	판정지침 변경

존 변화 전후 시기 평균자책점과 9이닝당 볼넷 변화			
시기	존 변화방향	ERA	BB/9
2017~2021	확대	4.70	3.54
2022-2023	확대	4.10	3.53
증감		-12.8% 순방향	-0.3% 순방향

그런데 2021년에 9이닝당 볼넷이 4.19개로 역대 최고치를 찍어버렸다. 존이 넓어지면 볼넷이 줄어든다는 이론적인 방향과 반대였다. 그래서 KBO는 2022년 다시 스트라이크존을 확대한다는 결정을 내려야 했다. 네 번 연속 확대 방침이 나온 것이다.

결과는 다시 효과적이었다. 2022년 평균자책점은 전년 대비 8.6%, 볼넷은 17.7%나 하락했다. 2023년까지 2시즌을 2017-2021년 기간과 비교하면 평균자책점은 12.8%, BB/9는 0.3% 감소했다. 전체적으로 투수에게 유리해졌지만 볼넷에는 거의 변화가 없었다. 이는 존 확대를 부른 2021년 BB/9이 이 존이 적용된 기간에 유독 튀었던 수치라는 점과 무관치 않다.

존 확대가 효과를 냈음에도 KBO는 2024년 시즌을 앞두고 다시 존을 바꾼다는 결정을 내렸다. 타고투저나 투고타저의 문제가 아니었다. 세계 프로야구 최초 ABS 도입이라는 과거 야구규칙 변경보다 더 큰 변화에 도전했다. 여러 우려가 있었지만 KBO는 심판 판정에 대한 팬들의 불신을 해결해야 한다는 판단을 했다. 한국 야구 팬들은 미국이나 일본과는 달리 ABS에 대한 선호가 매우 높다. 심판은 야구에서 법관이다. 한국이 사법신뢰도가 낮은 나라라는 점이 야구 팬들의 성향에 영향을 미쳤는지도 모른다.

● 2024년=존 확대(ABS)

존 변화 전후 시즌 평균자책점과 9이닝당 볼넷 변화				
시기	존 변화방향	ERA	BB/9	비고
2022-2023	확대	4.10	3.53	
2024	확대(ABS)	4.91	3.71	2024년 ABS 도입
중감		+19.8% 역방향	+5.1% 역방향	

존 변화 전후 시기 평균자책점과 9이닝당 볼넷 변화				
시기	존 변화방향	ERA	BB/9	비고
2024	확대(ABS)	4.91	3.71	
2025	하향(ABS)	4.31	3.61	2024년 ABS 도입
중감		-12.2% 순방향	-2.7% 순방향	

ABS 원년을 앞두고 ABS가 투수와 타자 중 어느 집단에 유리하게 작용할지는 구단이나 선수 뿐 아니라 팬들의 관심사기도 했다. 세 가지 전망이 가능했다.

첫째, 투수에게 유리하다. ABS 이전 KBO 리그 스트라이크존은 야구규칙에 비해 좁았다. KBO가 2010년부터 무려 네 번이나 존 확대 지침을 내렸지만 실제는 잘 작동하지 않았다. 시기별 평균자책점과 BB/9 변화에서 보듯 대체로 존이 확대되면 투수에게 유리해졌다. 하지만 존 변화가 일관적으로 관철되지 않았다. 선수 사이에서는 "존이 커지는 듯 하다 다시 좁아졌다"는 말이 자주 나왔다. 따라서 ABS는 존 확대 효과를 부른다.

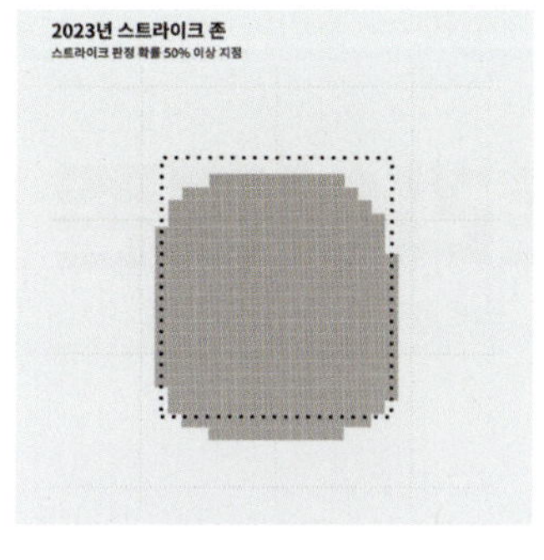

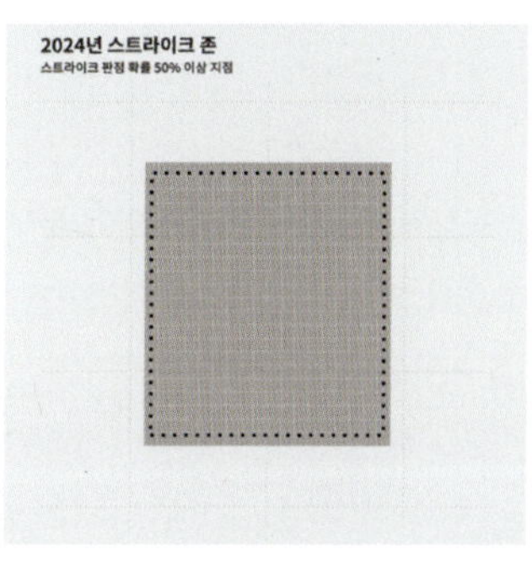

제거로 인한 타격 상승 효과가 더 컸다고 해석할 수 있다. KBO 리그에서 오랫동안 승부 코스로 여겨졌던 낮은 존 면적이 줄어든 건 투수들을 당황케 했다. 그리고 존 꼭지점으로 정확하게 공을 던질 수 있는 투수는 언제나 극소수다. 그래서 KBO는 ABS 두 번째 시즌에 다시 존을 변경했다. 축소나 확대는 아니다. 대신 존 상하단을 모두 1cm 가량 내렸다.

● 2025년=존 하향 조정(ABS)

2025년의 조정은 야구규칙에 충실하기보다는 KBO 리그 선수들이 익숙해왔던 존에 더 가깝게 존을 바꾼 것이다. 예전에 가까워진 2025년의 스트라이크존은 투수에게 유리하게 작용했다. 평균자책점은 ABS 원년보다 12.2%, BB/9은 2.7% 감소했다. 조정 이유 중 하나가 "리그의 타고투저 성향"(2024년 12월 실행위원회)이었다는 점에서 의도한 대로 결과가 나온 '순방향' 변화로 볼 수 있다.

ABS는 스트라이크존을 설정값 변화로 손쉽게 조정할 수 있다. 인간 심판은 바뀐 존에 적응하는 시간과 노력이 필요하다. 그리고 ABS는 한 번 바뀐 존을 일정하게 유지된다. 그래서 존 변화 영향이 인간 심판 시대보다는 더 잘 나타난다. 영향이 어느정도인지 측정하고 판단하기도 쉽다.

2017년 스트라이크존 확대를 예로 들어보자. 트래킹시스템이 국내에 도입된 시기라 실제로 어떤 변화가 일어났는지를 파악할 수 있었다. 첫 해인 2018년에는 확실히 존이 커졌고, 야구규칙상 존과 비슷해졌다. 하지만 다음 시즌부터 존이 좁아졌고, 이후 지속적으로 축소됐다. 2021년 존은 2018년에 비해 상화, 좌우가 모두 좁았다. 이 시즌에 볼넷이 역대 최악 수준으로 남발됐던 이유였다.

둘째, 타자에게 유리하다. ABS에는 기술적인 오류가 발생하지 않는 이상 오심이 나오지 않는다. 오심이 확 줄어든다면 타자에게 이점이 생긴다. 타자는 스트라이크 3개를 당하면 아웃, 투수는 볼 네 개로 출루 허용이다. 1S에서 볼이 스트라이크로 오심이 되면 타자는 2S 상황에 몰린다. 투수는 1B에서 오심으로 스트라이크가 볼이 되면 2B가 된다. 타자는 2S에서 스트라이크를 더 당하면 안 된다. 하지만 투수는 볼 하나 여유가 있다.

셋째, 공평할 것이다. ABS에서는 주심이 누구인지에 관계없이 존이 일정하게 유지된다. 심판의 성향을 염두에 둘 이유가 없어진 투수와 타자 모두 자기 능력대로 플레이를 할 수 있다.

지난해 〈넘버스북〉에서 확인했듯, 2024년 스트라이크존은 2023년보다 넓어졌다. 존 아래 쪽이 다소 좁아진 반면 하이존은 크게 넓어졌다. 무엇보다 타자가 가장 치기 어렵다는 존 꼭지점 코스 스트라이크율이 높아졌다.

그럼에도 2024년은 타자들의 해였다. 평균자책점은 2022–2023시즌과 비교해 19.8%, BB/9은 5.1%나 올라갔다. 존 확대보다는 오심

앞으로도 스트라이크존은 달라질 가능성이 있다. 리그 내 투타 균형 뿐 아니라 국제대회에 적용되는 존도 변수가 된다. KBO 리그 뿐 아니라 메이저리그에서도 스트라이크존은 투타 균형을 맞추기 위해 여러 차례 변해 온 역사가 있다. ABS는 과거보다 훨씬 적은 노력으로 더 확실하게 존을 변경할 수 있는 수단이다. 이 도구를 더 좋은 야구를 위해 현명하게 사용하는 건 KBO를 포함한 의사결정권자들의 몫이다.

1858년 '최초의 유격수'인 니커보커 클럽의 닥 애덤스가 1858년 뉴욕에서 열린 제1회 베이스볼 컨벤션에서 콜드스트라이크(Called Strike)를 제안해 경기 규칙의 일부로 승인됐다. 스트라이크존에 대한 명문 규정은 없었다. 일반적으로 통용된 존 하한선은 지면으로부터 12인치(약 30cm) 높이, 상한선은 타자 어깨 높이였다. 타자가 방망이로 칠 수 있는 '정당한 범위'가 존 너비였다.

1871년 최초의 메이저리그인 내셔널어소시에이션(NA)에서 '타자가 요구한 높이로 홈 플레이트를 통과했지만 타자가 휘두르지 않은 공'을 콜드 스트라이크로 정의. 타자는 1871년부터 타자는 '높은 공'과 '낮은 공'을 요구할 수 있었다. 낮은 공은 타자와 무릎과 허리 사이, 높은 공은 허리와 어깨 사이였다. 초구는 헛스윙이나 파울을 제외하고는 볼/스트라이크 판정이 내려지지 않았다.

1872년 '낮은 공' 규정이 '지면으로부터 12인치 높이에서 타자의 허리 사이'로 변경됐다.

1874년 초구에도 콜드스트라이크 판정이 가능해졌다.

1877년 NA는 1875년 해체되고 이듬해 내셔널리그(NL) 창설. NL은 '낮은 공' 규정을 '타자와 무릎과 허리 사이'로 환원했다.

1887년 콜드스트라이크가 '투수가 정당하게 투구한 공으로서, 무릎 아래나 어깨 위를 벗어나지 않고 홈 플레이트 위를 통과했으나 타자가 방망이를 휘두르지 않은 공'으로 정의됐다. NL과 1882년 창설한 아메리칸어소시에이션(AA)은 이해부터 동일한 야구규칙을 사용했다.

1950년 스트라이크존 하한선이 '무릎 위쪽', 상한선이 '겨드랑이'로 변경됐다.

1963년 스트라이크존 하한선이 '무릎 위쪽', 상한선이 '어깨 위쪽'으로 변경됐다. 로저 매리스가 1961년 베이브 루스의 홈런 기록을 깨자 포드 프릭 커미셔너가 존을 확대하라는 지침을 내렸다.

1969년 스트라이크존 상한선이 '겨드랑이'로 환원. 존 확대 이후 지독한 저득점 시대를 맞자 메이저리그는 존을 다시 축소했다.

1988년 존 상한선이 '유니폼 어깨 윗부분과 바지 윗부분 중간의 수평선'으로 변경됐다. 타자가 스윙을 준비할 때 자세가 기준이다.

1996년 존 하단선이 '무릎 위쪽'에서 '무릎 아래쪽'으로 변경됐다.

CHAPTER 4

2025시즌 월드시리즈 6차전 야마모토 요시노부의 투구 출처 gettyimages.com

_최민규

구속과 제구

"구속과 제구 중 뭐가 더 중요한가?"

미국 야구에서는 오래전부터 그저 공만 빠른 투수는 투수도 아니라는 뉘앙스로 '스로워'라고 불렸다. 투수의 투구가 '피치', 야수 송구가 '스로우'다. 박찬호가 메이저리그에서 제구 문제를 겪을 때 국내 언론에서 인용되곤 했다. "스피드(벨로시티)보다는 로케이션이 중요하다"라는 표현도 비슷한 시기에 소개됐다. 2025년 한국 야구에서 구속과 제구의 대비는 자주 이루어졌다. "제구가 더 중요하다"라는 목소리가 높았다. 여기에는 두 가지 맥락이 있다.

첫째, KBO 리그 패스트볼이 빨라졌다. 2000년대 메이저리그에서 시작한 '구속 혁명'은 2010년대 일본에 본격적으로 전파됐고, 2020년대에는 한국과 대만 야구에도 영향을 미치고 있다. 빨라진 구속은 2025년에 더 돋보였다. 이해 한국야구위원회(KBO)는 공식 구속 측정 시스템을 기존 PTS에서 트랙맨으로 교체했다. 측정 방식 차이로 인해 트랙맨의 구속이 더 높게 나온다. 투수 개인차는 있지만 평균적으로 시속 1.7km 정도다. 그래서 '시속 150km 강속구'가 흔해졌다. 트랙맨 효과를 제외하면 전년 대비 리그 구속 증가분은 시속 0.9km다. 얼마 되지 않는 것처럼 보이지만 '리그 전체' 수치다. 엄청난 향상이다.

둘째, 2025년 11월 일본과의 국가대표 평가전. 대표팀 투수들은 1, 2차전 17이닝 동안 볼넷 21개를 내줬다. 힛바이피치 2개는 덤이다. 9이닝당 볼넷(BB/9)은 11.12개에 달했다. 2차전에선 밀어내기로만 네 점을 줬다. "공이 빨라져도 소용없다"라는 탄식이 나올 수밖에 없다.

이 책 《프로야구 스카우팅 리포트》의 자매 격인 《프로야구 넘버스 북》은 2026년 판에서 이 주제를 다뤘다. 한국 야구의 현재를 파악하고, 더 발전하기 위해 무엇이 필요한가라는 문제의식에서다.

'구속과 제구 중 뭐가 더 중요한가'라는 글머리의 질문부터 시작하자. 2020~2025시즌 KBO 리그에서 한 시즌 50이닝 이상 등판해 포심패스트볼을 1구라도 던진 투수는 누적 438명이다. 이들을 대상으로 포심 구속이 투수 성적에 얼마나 영향을 미치는지 분석했다. 평균자책점은 가장 널리 알려진 투수 성적 평가 지표다. 시즌별로 득점 환경에 차이가 있기 때문에 ERA+(리그 평균자책점/투수 개인 평균자책점)를 지표로 삼았다. P-값 검정 결과 포심 구속이 ERA+에 영향을 미친다는 점은 확실했다. 하지만 그 자체로 영향력은 미미헸다. 결정계수(R^2) 0.05로, 포심 구속은 ERA+에 대해 5% 설명력만 가진다. 상당히 낮은 수치다.

제구는 어떨까. 제구는 컨트롤과 커맨드로 구분할 수 있다. 컨트롤은 스트라이크를 던지는 능력이다. BB/9은 이 컨트롤을 보여주는 지표로 애용돼 왔다. 커맨드는 원하는 곳에 공을 던지는 능력이다. 투수와 포수가 어느 코스를 원했는지 제삼자는 알기 어렵다. 그래서 측정이 쉬운 BB/9을 지표로 삼았다. 같은 방식으로 분석한 결과 BB/9은 ERA+를 7%만큼 설명했다. 제구가 구속보다 조금 더 중요한 것 같지만 유의미한 차이로 보기 어렵다.

포심 구속과 BB/9도 매 시즌 리그 평균값이 변한다. 그래서 ERA+처럼 시즌별 가중치를 줘서 다시 분석했다. 결과는 구속 6%, 제구

7%로 차이가 더 줄어들었다. 제구는 많은 이가 "중요하다"라고 강조하는 것에 비해 훨씬 덜 중요했다.

당연한 결과기도 하다. 투구의 위력(구위=스터프)에는 구속 외에도 중요한 게 많다. 그래서 질문을 "구위와 제구 중 뭐가 더 중요한가'로 바꿔 보자.

구위를 나타내기 위해 스터프+라는 지표를 가져왔다. 패스트볼뿐 아니라 보조 구종까지 포함해 구속, 수직·수평 무브먼트, 회전 효율, 투구 각도, 릴리스포인트, 익스텐션(투구판에서 공을 놓는 지점까지 거리) 등을 토대로 산출한다. 제구에는 BB/9 대신 로케이션+라는 지표를 사용한다. 투수와 포수의 마음속을 들여다볼 수는 없지만 어떤 상황에서 어떤 코스가 가장 효과적인지는 통계적으로 산출할 수 있다. 효과적인 코스로 던질수록 높은 점수를 받는다. 가령 볼카운트 0-2에서 던진 원바운드 커브는 헛스윙을 유도할 수 있다. 이 상황에서는 존을 벗어나더라도 '제구가 나쁜' 공이 아니다.

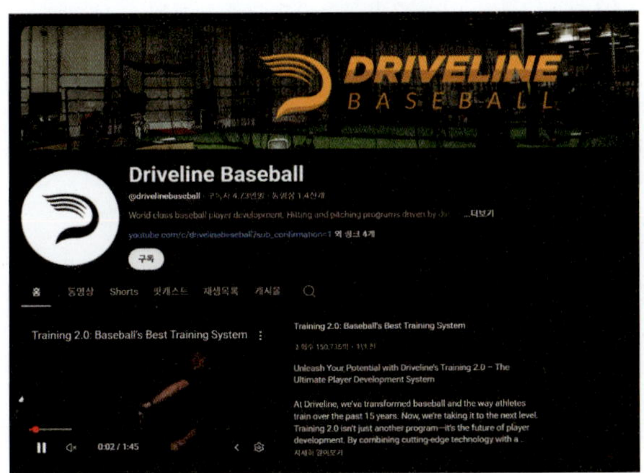

드라이브라인 유튜브 채널

트래킹데이터의 측정과 공개로 이런 분석이 가능해졌다. 한국 선수들도 자주 찾는 미국의 피칭아카데미인 '드라이브라인'에서 이 둘과 비슷한 지표를 쓰고 있다. 다만, KBO 리그에선 아직 구속 외에는 투구에 대한 물리적 데이터가 거의 공개되지 않는다. 그래서 2015~2025년 메이저리그에서 50이닝 이상 던진 투수 745명을 대

상으로 스터프+와 로케이션+가 투구 결과에 미치는 영향을 분석했다. 투구 결과 지표는 FIP, 즉 수비 요인을 제거한 평균자책점으로 삼았다.

분석 결과 구위가 제구보다 훨씬 큰 영향을 미쳤다. 스터프+가 1 표준편차만큼 좋아지면 FIP는 0.60만큼 줄었다. FIP는 평균자책점처럼 낮을수록 좋다. 로케이션+는 그 절반인 0.30점 감소에 그쳤다. 최근 11년 동안 메이저리그에서 구위는 제구보다 두 배나 중요했다. 스터프+와 로케이션+를 통합한 지표가 피칭+다. 피칭+에서 스터프+의 기여도는 60~70%, 로케이션+는 20~30%다.

'제구력'이라는 단어에는 '환상'이 포함돼 있다. 스트라이크존 가장자리 근처에 꽂힌 공이 한가운데로 들어간 공보다 더 치기 어렵다는 믿음이 있다. 구속이 느려도 코너워크된 공이 가운데로 몰린 강속구보다 더 좋다는 것이다. 코너워크에서 '코너'는 주로 스트라이크존 낮은 쪽 두 꼭지점 근처를 가리킨다. 한국 투수들은 어려서부터 '높은 코스는 위험하고 나쁘다'라고 배워왔다. 실제로는 그렇지 않다.

자동판정시스템(ABS)이 적용된 2024~2025시즌 KBO 리그에서 나온 패스트볼(포심+투심)은 모두 20만5111구다. 투구 로케이션별로 어떤 결과가 나왔는지를 분석했다. 한가운데로 던진 강속구는 코너워크된 느린 직구보다 피치밸류가 더 높았다. 즉, 더 효과적이었다. 그뿐만이 아니었다. 모든 패스트볼 구속대에서 존 가운데가 보더라인 낮은쪽 경계 구역보다 투수에게 더 좋은 결과를 가져다줬다.

제구력에는 '신화'도 있다. 그렉 매덕스 같은 전설적인 투수는 원하는 곳에 마음대로 공을 던졌다고 여겨진다. 하지만 '핀포인트 컨트롤'이란 존재하지 않는다. 미국 듀크대 야구부 코치인 크리스 폴라드와 더스티 블레이크는 메이저리그 투수들의 커맨드에 대한 발표를 한 적이 있다. 이에 따르면 수평 기준으로 던지려 한 지점과 실제 공이 들어온 지점 차이가 평균 15cm다. 야구공 두 개 차이에 해당한다. 전체 투구의 고작 25%만이 5cm 오차 범위 안으로 들어왔다. 그 매덕스조차도 현역 시절 영상에서 포수가 미트를 크게 움

코디 폰세와 라이언 와이스가 한국시리즈 3차전 도중 포옹하고 있다.
두 선수는 한화 이글스 소속으로 한국시리즈에 출전한 유이한 외국인 투수다 ⓒ한화 이글스

직여 포구하는 장면이 많았다.

그리고 이렇게 말한다. "우리는 커맨드를 존재하지 않는, 그 누구도 실현할 수 없는 수준에서 가르쳐 왔다. 최고의 투수라도 하지 못하는 일을 우리 투수들에게 주문했다. 이런 불가능한 과제를 주는 건 투수의 자신감을 떨어뜨리는 지름길이다." 그리고 커맨드를 다른 방식으로 정의했다. 그들에 따르면 '볼카운트 싸움에서 이기는 능력'이다.

투구의 제구력은 단순한 과녁 맞추기와는 다르다. 상대 타자가 어떤 타석에 서는지, 볼카운트가 무엇인지에 따라 스트라이크존을 분할한 구역에는 각기 다른 피치밸류 값이 존재한다. 투수가 던질 공이 패스트볼이냐, 변화구냐에 따라서도 다르다. 그래서 투수가 유리한 볼카운트를 잡기 위해서는 상황에 대한 통계적, 전술적 이해가 필요하다. 보더라인 근처로 공을 던지면 어떤 투수라도 볼 판정을 받을 확률이 높다. 리스크를 감수하고 더 나은 결과를 추구하는 모험이다. 어려운 상황에도 주눅 들지 않는 용기가 필요해진다. 그래서 제구력을 향상시키기 위한 훈련에는 투구 메커니즘 외에 이런 점도 고려돼야 한다. 어린 나이에 나쁜 결과로 코치에게 받은 질책이 트라우마로 남은 투수라면 성인이 돼서도 담대한 투구를 하기 어려울 것이다.

KBO 리그 투수들의 제구력이 나빠 보이는 데는 이런 이유도 있다. 2025년 리그 전체 스트라이크율은 63.6%로 메이저리그(63.9%)와 차이가 거의 없었다. 하지만 존안으로 들어온 공 비율(존%)은 42.2%로 메이저리그(52.4%)보다 훨씬 낮다.

하지만 이를 근거로 '한국 투수는 제구력이 나쁘다'는 결론을 내리는 건 성급하다. 이 차이에는 커맨드보다는 두 리그 타자 성향 차이가 더 크게 작용한다. KBO 리그에서 존을 벗어나는 공에 콘택트가 이뤄진 비율(O-콘택트%)은 64.1%, 메이저리그는 55.2%로 차이가 크다. 스윙 비율에는 큰 차이가 없다. 즉, 한국 타자들은 존을 벗어나는 공에도 어떻게든 배트를 갖다 맞춘다. '존을 벗어나는 공'에는 투수가 2S에서 헛스윙을 유도하기 위해 던지는 변화구가 많다. 그래서 O-콘택트%가 낮은 메이저리그는 삼진이 훨씬 많다. 리그와 관계없이 회귀분석에서 O-콘택트%가 높을수록 존%가 낮아지는 관계는 명확하게 드러난다. 제구력이 뛰어난 투수가 많다는

NPB를 보자. 지명타자가 있는 퍼시픽리그에서 2025시즌 존%는 44.9%로 KBO 리그보다 살짝 높고, 메이저리그보다는 크게 낮다. O-콘택트%도 61.6%로 KBO 리그보다 살짝 낮고, 메이저리그보다 크게 높았다. 타자 성향이 미국보다는 한국과 비슷하기 때문이다.

KBO 리그 투수들의 제구력은 국제대회에서 더 나빠진다. 투구가 과녁 맞추기와 다른 또 다른 이유는 타자라는 상대가 있기 때문이다. 제구력은 투수 개인의 능력 외에 타자와의 상호 작용 결과이기도 하다. 2025년 11월 15~16일 일본 상대로 BB/9 11.12개를 찍은 대표팀 투수들은 그 1주일 전 체코 국가대표팀을 상대했다. 볼넷 수는 1차전 9이닝 5개, 2차전 9이닝 3개로 훨씬 적었다. 대표팀 투수 정규시즌 평균 BB/9 3.90개과 비슷했다. 투수들이 상대한 두 팀 타선 능력 차이가 달라진 볼넷 수를 가장 잘 설명할 것이다. 2023년 월드베이스볼클래식(WBC) 일본전에서도 한국 투수들은 8이닝 동안 볼넷 8개를 내주며 자멸했다. 제구력에 대한 비난은 엄청났다. 그런데 호주 체코 중국 상대로는 23이닝 동안 볼넷 3개만 내줬다. 현역 시절 탁월한 컨트롤로 유명했던 임호균 을지대학 평생교육원 교수는 국제대회에서 세계 최강 쿠바를 상대한 적이 있다. 그는 "던질 곳이 없었다"라고 당시를 회상했다.

강타자를 만나면 투수는 마음 놓고 존을 공략하기 어렵다. 구위에 자신감이 없다면 더욱 그럴 것이다. 《프로야구 넘버스 북 2025》는 2023년 WBC에서 한국 대표팀의 패스트볼 평균 구속이 시속 145.7km로 참가 20개국 중 16위였다고 지적했다. 일본(시속 153.7km)과는 매우 큰 차이가 났다. 2026년판에선 더 확장된 분석을 했다. 이 대회에서 한국 투수들의 패스트볼은 느릴 뿐 아니라 밋밋했다. 수직 무브먼트가 20개국 중 15위에 그쳤다. 1위 일본과는 15.5cm나 차이가 났다. 야구공 두 개 차이이다. 그래서 패스트볼 피안타율이 0.345(16위)에 피장타율은 0.546(17위)에 달했다. 변화구 구사 능력도 떨어졌다.

CSW율은 전체 투구 중 콜드(루킹)스트라이크와 헛스윙의 비율이다. 달리 표현하면 '좋은 스트라이크' 비율이다. 이 비율이 높은 투수가 좋은 투수이고, 이 비율이 높은 공이 좋은 공이다. 2023년 WBC 모든 투구를 분석한 결과 CSW율이 가장 높은 공은 스위퍼, 스플리터, 너클커브, 슬러브 순이었다. 스탯캐스트에 따르면 한국

오타니 쇼헤이 출처 Gettyimages.com

투수 전체는 이 공을 딱 세 개만 던졌다. 슬라이더는 수직, 수평 방향으로 모두 밋밋했다. 커브는 KBO 리그에서도 외국인 투수에 비해 피치밸류가 현격하게 떨어지는 공이다. 그나마 체인지업 하나로 버텼다.

메이저리그는 '구속 혁명'을 넘어 '구종 혁명'이 진행되고 있다. 오타니 쇼헤이에게 2023년 WBC 결승전 마지막 아웃을 선사한 스위퍼, 코디 폰세를 2025년 KBO 리그 MVP로 만든 킥체인지는 미국의 피칭랩(연구소)에서 개발(또는 재발견)된 공이다. 두 공은 외국인 투수들을 통해 KBO 리그에도 전파됐다. 하지만 지난해 스위퍼와 킥체인지를 투구 레퍼토리에 장착한 내국인 투수는 아무도 없었다. 패스트볼 구속은 세계 야구를 따라가고 있지만 변화구는 그렇지 않다. 그래서 전체적인 '구위'에서 격차는 여전히 크다. 구속 향상도 프로 구단들의 육성 능력 향상으로 보기는 어렵다. 아마추어에 공이 빠른 투수가 크게 늘어난 덕이 더 크다. 일본 국가대표 사무라이재팬은 한국 대표팀을 1년 내내 영상과 데이터를 통해 관찰하고 있다. 대표팀 후보군에 들 투수라면 수시로 정보를 업데이트한다. 이들이 한국 투수에 대해 내린 평가 중에는 "변화구 구사 능력이 떨어진다"가 있다. 막연한 느낌이 아니라 수치로 평가한 결과다.

그래서 지금 한국 야구가 세워야 할 목표는 구속을 포함한 구위의 향상이다. "구속보다는 제구가 더 중요하다"라고 말하는 이가 많을수록 목표 달성은 더 어려워질 것이다. LG 우완 임찬규는 《프로야구 넘버스 북 2026》을 위해 인터뷰 시간을 냈다. 젊을 때에 비해 크게 떨어진 구속으로도 타자를 잡을 수 있는 투구를 설계하기 위해 연구를 아끼지 않는 투수다. '구속보다는 제구'의 예시로도 자주 거명된다. 하지만 임찬규는 이렇게 말했다.
"투수는 제구보다 구위입니다."

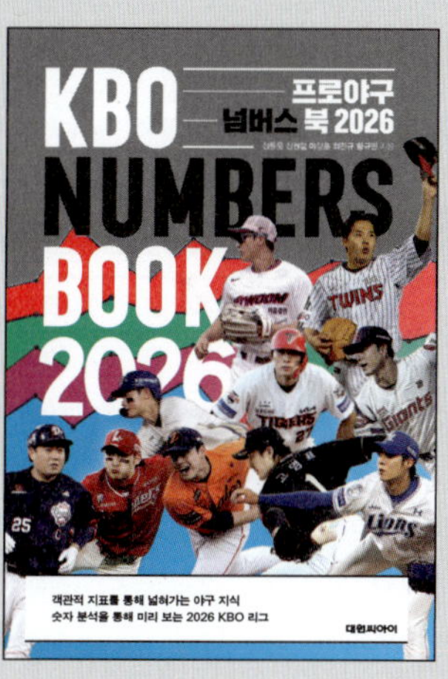

《프로야구 넘버스북 2026》에서 참고한 글

신동윤, 스트라이크존에는 확률과 전략이 있다
이성훈, 한국 투수들은 세계와의 격차를 좁히고 있는가
최민규, 구속과 제구
최민규, CSW, '좋은 스트라이크'가 중요하다
황규인, 제구력이 나쁜 게 아니라 구위를 못 믿는 것
황규인, 2023년 WBC 투구 데이터가 증명한 '시대 정신'
황규인, 임찬규가 말한다, "투수는 제구보다 구위"

_최민규

아시아쿼터는 리그 판도를 바꾼다

올해 KBO 리그의 가장 큰 변화는 아시아쿼터다.

아시아쿼터는 2025년 1월 한국야구위원회(KBO) 이사회가 규약 개정으로 도입한 제도다. '리그 경쟁력 강화와 원활한 외국인선수 수급'을 목표로 한다. WBSC(세계야구소프트볼연맹) 아시아 회원국 및 호주 국적으로 직전, 혹은 당해 시즌 아시아 프로야구리그 소속으로 뛴 선수가 대상이다. 시즌 중 교체도 1회 허용된다. 신규 영입 시 최대 비용(연봉+계약금+옵션+세전 이적료)은 20만 달러에 재계약 때 최대 10만 달러 인상할 수 있다. 전체 외국인선수 정원이 한 명 늘어나는 대신 1군 경기 현역 로스터도 29명 등록·27명 출장으로 1명씩 늘어났다.

구단	선수	나이	포지션	국적	연봉(만$)	주요 경력
LG	라클란 웰스	29	선발투수	호주	20	마이너리그 6시즌. 2017년 WBC 국가대표
한화	왕옌청	25	선발투수	대만	10	NPB 2군 5시즌. 2023년 아시아드, APBC 국가대표
SSG	타케다 쇼타	33	선발투수	일본	20	NPB 통산 66승. 2015년 프리미어12, 2017년 WBC 국가대표
삼성	미야지 유라	27	구원투수	일본	15	일본 사회인야구, 독립리그
NC	토다 나쓰키	25	선발투수	일본	13	NPB 1군 통산 19경기
KT	스기모토 고키	25	구원투수	일본	12	일본 독립리그
롯데	쿄야마 마사야	28	선발투수	일본	15	NPB 1군 6시즌 84경기
KAI	제리드 데일	25	내야수	호주	15	마이너리그 5시즌. 2023년 WBC 국가대표
두산	타무라 이치로	31	구원투수	일본	20	NPB 1군 9시즌 150경기
키움	가나쿠보 유토	26	선발투수	일본	13	NPB 1군 6시즌 34경기

KBO리그 2026시즌 아시아쿼터 선수

* 연봉은 계약금와 옵션 포함. 단위는 만 달러

지난해 11월 31일 한화가 계약한 대만 투수 왕옌청과 1호 아시아쿼터 계약을 했다. 12월 24일 KIA가 호주 국가대표 출신 내야수 제리드 데일 입단을 발표하며 10명이 채워졌다. 10명 가운데 일본 국적이 역시 7명으로 가장 많다. 호주가 2명, 대만이 1명이다. 구단들은 역시 투수를 선호했다. 야수는 데일 단 한 명이다. 투수 9명 중 선발로 분류할 수 있는 투수는 6명.

수준은 만만치 않다. SSG가 뽑은 타케다 쇼타는 부상으로 지난 두 시즌 일본프로야구(NPB) 1군 등판이 없었다. 하지만 2015~2016년 최강 소프트뱅크에서 27승으로 팀내 다승 1위에 올랐다. 월드베이스볼클래식(WBC)과 프리미어12 일본 국가대표팀에도 뽑혔다. 두산 구원투수 타무라 이치로는 NPB 9시즌 150경기에서 평균자책점 3.40을 기록했다. 지난 세 시즌 세이부 불펜에서 20경기 이상씩 등판했다. 롯데 쿄야마 마사야와 키움 가나쿠보 유

CHAPTER 6

01 왕옌청 ©한화 이글스

토도 NPB 1군 6시즌 경력이 있다. NC 토다 나쓰키는 1군에서 통산 18경기만 뛰었지만 제구력과 독특한 투구 폼이 강점이다. 왕옌청은 NPB 2군, 삼성 미야지 유라와 KT 스기모토 고키는 독립리그 출신이다. 하지만 모두 시속 150km대 패스트볼을 던진다. 라클란 웰스와 데일은 WBC 호주 국가대표 경력이 있다.

한 국내 구단은 2000년대에 일본 사회인야구 선수들의 KBO 리그 입단 가능성을 타진한 적이 있다. 어렵다는 결론을 내렸다. 기량에 비해 기대 연봉 수준이 높았기 때문이다. 안정적인 직장을 버릴 정도의 동기부여를 해주기 어려웠다. 하지만 지금은 사정이 달라졌다. 이유는 두 개다.

첫째, 경제적인 이유. 국제통화기금(IMF)에 따르면 KBO 리그 원년인 1982년에 일본의 1인당 GDP는 한국의 5.5배였다. 하지만 2022년부터 한국이 역전했다. 프로야구 산업에서 NPB는 KBO 리그보다 훨씬 규모가 크다. 1997년 NPB 평균연봉은 KBO 리그의 11.3배에 달했다. 하지만 지난해엔 2.9배로 격차가 크게 줄었다. 2000년대 10년 동안 NPB 평균연봉은 고작 16%만 올랐다. 2010년대엔

4%로 사실상 10년 동안 동결됐다. 장기 경제침체가 프로야구 산업에도 영향을 미친 것이다. 이 기간 KBO 리그는 각각 89%, 73% 올랐다. 일본프로야구선수회가 집계한 지난해 NPB 연봉 중앙값은 1,900만 엔이다. 올해 타케다가 SSG가 받을 20만 달러가 더 큰 금액이다. 타무라의 올해 연봉은 지난해 세이부에서 받은 금액의 1.7배 가량이다. 요미우리 출신 토다는 세 배 이상, 2군에서만 뛰었던 왕옌청은 무려 5.2배 인상됐다. 이 정도라면 KBO 리그에 도전할 충분한 이유가 된다. 최저 생계비에도 못 미치는 급여를 받는 독립리그 선수라면 더욱 그렇다.

대만프로야구(CPBL)의 2018년 평균연봉은 6,732만 원으로 KBO 리그의 45% 수준이었다. 최근 호황으로 연봉이 상승하는 추세다. 하지만 여전히 KBO 리그와 차이가 있다. 대만 야구 전문가 김윤석 씨에 따르면 왕옌청의 올해 연봉 10만 달러는 CPBL 1군에서 3, 4년은 꾸준히 뛰어야 받을 수 있는 금액이다. 호주 국가대표팀은 2023년 WBC에서 한국을 꺾고 2라운드에 진출했다. 하지만 호주 프로야구(ABL)는 팀당 연봉 총액이 1억 원 가량에 불과하다. 미국 마이너리그에 재도전할 생각이 없는 선수라면, KBO 리그가 제시

타케다 쇼타 ©SSG 랜더스

하는 몸값은 매력적이다.

둘째, 야구적인 이유. 2000년대에 NPB에서 방출되거나, 독립리그 소속인 선수는 KBO 리그 구단의 흥미를 크게 끌지 못했을 것이다. 하지만 NPB는 2010년대 이후 급격한 기량 향상이 이뤄졌다. 포심패스트볼 구속에서 단적으로 보인다. 2014년 NPB 포심 평균 구속은 시속 141.5km였다. KBO 리그(141.0)와 거의 차이가 없었다. 하지만 이후 매년 상승해 2025년엔 시속 147.2km까지 올라왔다. 지난해 KBO 리그에서 10이닝 이상 던지고 포심 평균구속이 시속 150km를 넘은 투수는 14명이었다. NPB는 43명에 달했다. 오랫동안 한국보다 더 보수적이었던 일본야구계가 스포츠과학을 받아들인 결과다. 메이저리그에서 2000년대 시작된 '구속 혁명'이 일본에도 영향을 미쳤다. 일본 국가대표팀 사무라이재팬 관계자는 "우리는 '데이터 혁명'이라고 부른다"고 전했다.

대만도 2024년 프리미어12 우승에서 보듯 투수 기량이 좋아지고 있다. 야구는 투구가 발전하면 타격과 수비 기량이 뒤따라 올라오는 경기다. 호주 국가대표급 선수는 거의 대부분 미국 메이저리그

코야마 마사야 ⓒ롯데 자이언츠

나 마이너리그 경험이 있다. 가정을 이뤘거나, 이룰 나이인 선수에게 박봉인 마이너리그 재도전보다는 KBO 리그가 더 매력적이다. 그리고 아시아쿼터에서는 북미나 중남미 출신 선수라는 강력한 경쟁자가 원천 배제된다.

그래서 수요자인 KBO 리그 구단들은 과거보다 훨씬 금액 대비 기량이 뛰어난 선수를 영입할 수 있게 됐다. 과거 어느 시기보다 이 제도를 시행하기에 좋은 여건이다.

첫해 아시아쿼터 선수 평균연봉은 15만3000달러다. 원화로는 2억 2000만 원 정도. 지난해 KBO 리그 구단은 샐러리캡 산정 기준이 되는 몸값 상위 40명 선수에게 평균 111억498만 원을 지출했다. 1승당 비용은 1억5910만 원. 따라서 연봉 대비 아시아쿼터 선수에 대한 기대치는 WAR 1.4정도다.

WAR 1.4승은 어떤 수준일까. 지난해 1군에서 한 경기라도 등판한 투수 281명 중 47명(16.7%)만이 이 기준을 넘겼다. 선발투수로는 키움 하영민(1.41), 두산 최민석(1.43승) 수준이다. 구원투수라면 NC 김진호(1.38승), KIA 전상현(1.36승)이 여기에 해당한다. 야수 297명 가운데 1.4승 이상 선수는 61명으로 20.6%였다. 지난해 롯데 전준우(1.39승)와 SSG 최정(1.41승) 레벨이다. 두 선수는 모두 부상으로 고생했다. 정상 출장한 선수라면 한화 채은성(1.37승)이 비슷하다.

2025시즌 KBO리그 5선발 투수 기록			
	ERA	WHIP	BB/9	K/9
5선발	5.18	1.60	4.55	6.70
리그_선발	4.21	1.35	3.16	7.84
리그	4.31	1.40	3.61	7.77

아시아쿼터 선수들에게 낮아 보이는 허들은 아니다. 하지만 구단이 FA 시장에서 WAR 1.4승급 선수를 구하는 데는 훨씬 큰돈이 든다. 채은성은 FA 3번째 시즌이던 지난해 연봉이 6억 원이었다. 외야수 최원준은 지난 오프시즌 KT와 4년 최대 48억 원에 FA 계약을 했다. 연평균으론 12억 원이다. 최원준의 지난 4시즌 WAR 평균

은 1.05승에 불과했다. FA 시장이 비효율적인 연봉 구조를 만든다는 건 KBO 리그뿐 아니라 메이저리그와 NPB에서도 공통적으로 나타나는 현상이다. FA 자격 취득 기간이 길고, FA 시장에서 선수 공급이 적은 KBO에는 '시장비효율'이 더 심하다.

새 제도가 프로야구에 나쁜 영향을 미칠 가능성도 무시할 수 없다. 아마추어 야구계에서는 "우리를 죽이려는 제도"라는 다소 과장된 반응도 나온다. 프로야구단 등록 정원은 보류선수 포함 65명이다. 아시아쿼터로 한 명이 추가될 뿐이지만 이 한 명이 '좋은 일자리' 하나를 줄인다. 아시아쿼터 선수가 너무 잘 하면 프로 구단은 유망주를 육성할 동기가 줄어든다.

KBO 리그는 이미 외국인선수가 전력에서 차지하는 비중이 너무 높다. 2024년 외국인선수가 리그 전체 WAR에서 차지하는 비중은 30%로 역대 최고였다. 같은 해 NPB의 12%와 비교된다. 외국인선수는 FA보다는 성공 확률이 높은 투자지만 구단이 사실상 보류권을 행사할 수 없다. 그래서 상위 리그로의 이적을 막지 못한다. 리그 전체로는 대형 스타가 상시 유출되는 구조다. 프로스포츠는 스타가 중요한 산업이다. 과거 CPBL의 흥행 부진 이유 중 하나가 지나치게 높은 외국인 의존도였다.

5인 선발 로테이션에서 1, 2번은 대개 외국인 투수가 맡는다. FA 등으로 고액 장기 계약을 한 투수가 팀마다 한두 명씩은 있다. 한 자리는 이런 투수에게 돌아가야 한다. 두 자리 중 하나를 아시아쿼터 선수가 차지한다면 남은 자리는 하나뿐이다. 젊은 선발투수를 키우기 어려워진다. 장기적으로 구단에게도 좋은 일이 아니지만, 구단 사장은 짧은 임기 안에 성적을 내는 쪽으로 의사결정을 할 동기가 크다. KBO는 아시아쿼터 선수에 대한 선발 출장 횟수를 제한하는 등 방안을 검토했지만 없던 일로 했다. 어떤 제약 조건을 걸더라도 루프홀을 찾아낼 구단이 나오기 때문이다.

하지만 아시아쿼터가 잘 작동한다면 KBO 리그는 더 발전할 수 있다. 구단은 낮은 가격에 우수한 선수를 확보할 수 있다. 경기력은 프로야구라는 상품의 질로 볼 수 있다. 경기력 향상은 소비자인 팬의 만족도와 재구매 가능성을 높인다. 구단들이 아시아쿼터 선수에게 가장 기대하는 역할은 선발투수다. 지난해 KBO 리그 전체 평

제리드 데일 ⓒKIA 타이거즈

균자책점 4.31, 선발투수는 4.21이었다. 5선발급으로 분류할 수 있는 투수 19명은 5.24로 훨씬 높았다. 9이닝당 볼넷은 전체 선발투수보다 44% 많았고, 삼진은 15% 적었다. 5선발급 투수가 리그 평균보다 성적이 떨어지는 건 당연한 일이다. 하지만 KBO 리그는 주전급과 비주전급 선수 기량 차이가 크다는 지적은 오래 전부터 나왔다.

경쟁 압력이 낮은 리그 환경에서는 선수가 기량을 향상시킬 동기가 적다. 그래서 아시아쿼터로 높아진 경쟁 압력은 국내 선수 경기력 향상으로 이어질 수 있다. 이미 중학교와 고등학교 투수들은 5년이나 10년 전보다 훨씬 빠른 공을 던지고 있다. 한국 야구를 대표하는 유망주들이 NPB 2군이나, 1군에서 밀려난 선수에게 밀린다는 건 자존심 문제기도 하다. 한국 야구는 외부로부터의 충격을 두려워하지 않고 발전해온 역사가 있다. 1960~1970년대 실업야구와 1980년대 초반 프로야구는 재일동포 선수를 받아들였다. 1990년대에는 프로야구 외국인선수 제도가 생겼다. 이방인들은 한국 야구가 발전하는 데 상당한 영향을 미쳤다.

_최민규

롯데 자이언츠는 왜 야구를 못 할까?

《프로야구 스카우팅 리포트 2026》 기획 회의에서 출판사 담당자가 '롯데는 어떻게 약해졌나'라는 아이템을 제안했다. "질문이 잘못 됐습니다"라고 답했다. 롯데 자이언츠는 약해진 게 아니다. 훨씬 전부터 약했던 팀이다. 강한 팀이었던 적이 거의 없다. 이 말에 분개할 롯데 팬 독자가 많을 것이다. 하지만 45년 롯데 팬의 한 서린 견해이니 존중해주셨으면 좋겠다.

2월 22일 스프링캠프 연습경기 후 미팅 중인 1롯데 자이언츠 선수단 ⓒ롯데 자이언츠

CHAPTER 7

● 롯데는 야구를 못한다

프로야구 역사도 거의 비슷한 답을 할 것이다.

1982년 KBO 리그 원년은 6개 구단으로 출범했다. 여섯 팀 가운데 삼성이 통산 승률 0.547로 가장 높다. 윗동네 구단이지만 어쩐지 정이 가지 않았다. '우리가 남이가?' 성적으로는 남도 아니고 상전 같다. 하지만 1984년 한국시리즈가 자존심을 세워준다. 펠릭스 호세가 날아다녔던 1999년 플레이오프도 있다. 2000년대 이후 포스트시즌에서 두 번 모두 패했다는 기억은 굳이 떠올리지 않기로 하자. 삼성이 서른 두 번 가을야구를 하는 동안 롯데는 딱 12번만 했다.

KIA(+해태)의 정규시즌 승률(0.531)은 삼성 다음이다. 선동열은 롯데 상대로 20연승을 했다. 1988년 7월 31일부터 40경기 동안 단 한 번도 지지 않았다. 21연승이나 22연승이 아닌 이유는, 1995년 9월 26일 무등경기장에서 2⅔이닝 퍼펙트로 구원승을 따낸 뒤 주니치에 입단했기 때문이다. 다행히 KBO 리그로 돌아오지 않고 은퇴했다. 롯데는 한국시리즈에 네 번 진출해 두 번 우승했다. 호랑이들은 열 두 번 시리즈에서 모두 트로피를 들어올렸다. 솔직히 급이 다른 팀이다.

두산은 원년 OB 시절부터 1994년까지 한국시리즈 우승을 딱 한 번만 했다. 롯데는 두 번으로 무려 두 배나 많다. 하지만 이 팀은 1995년부터 다섯 번 우승을 더 했다. 열네 번 올라갔으니 이 기간 시리즈 우승률은 35.7% 밖에 안 된다. 그런데 롯데는 두 번 나가서 모두 졌다. 1995년 이후 31시즌 정규시즌 승률은 저 팀이 0.533, 롯데는 0.467이다. 그 이전까지는 비슷했던 것 같은데.

LG는 전신 MBC를 포함해 롯데 팬들이 얄미워하면서도 왠지 정감을 느끼는 팀이다. 야구 못 한 기간이 길었기 때문이다. 2024년까지는 통산 승률이 같은 4할대였다. 수치 차이는 꽤 크지만 5할이 안 되면 어차피 같은 '루저'라고 우길 수 있다. 그런데 지난해 정규시즌 우승을 하며 통산 2,753승 2,747패가 됐다. 올해 한국시리즈에서 우승하면 '왕조'라는 이름을 붙여도 될 것 같다. '엘롯기'로 함께 묶여줘서 고마웠다.

삼미 슈퍼스타즈. 전설의 원년 승률 1할대 팀. 롯데가 정규시즌 꼴찌를 9번밖에 하지 않은 데는 이 팀과 그 후신인 청보, 태평양 덕이 크다. 1993년까지 12시즌 동안 롯데가 두 번, '삼청태'가 여섯 번 꼴찌였다. 그런데 태평양을 현대그룹이 인수해 버렸다. 첫 시즌

인 1996년 자산총액 1위 재벌이 현대였다. 돈도 많았고, 야구도 잘했다. 현대가 2007년을 끝으로 문을 닫기까지 '삼청태현'의 27시즌 통산 승률은 0.484. 그래서 롯데는 원년 6개 프랜차이즈 중 정규시즌 승률 꼴찌(0.470)다.

1986년에 제7 구단 빙그레가 창단했다. 롯데와 같은 페넌트레이스 최하위 9번을 했다. 공동 최다. 한화 이글스로 이름을 바꾼 뒤에만 여덟 번이다. 통산 승률 0.466으로 롯데에 뒤진다. 예의를 아는 후배 같다. 하지만 승률 5할 이상 시즌은 15번으로 역사가 4년 더 긴 롯데보다 1시즌 많다. 가을야구도 독수리들이 더 많이 했다. 모두 14번 나갔다. 롯데는 12번이다. 포스트시즌 진출률은 이글스 35.0%, 자이언츠 27.3%다.

SSG. 2000년 창단한 SK를 2021년 인수한 팀이다. 예의가 없다. 롯데는 이 팀 상대로 통산 승률이 0.417이다. 삼성(0.413) 다음으로 나쁘다. 2011, 2012년 플레이오프에선 연속으로 2승 3패로 패했다.

2008년이 창단 시즌인 히어로즈. 현대라는 강팀을 사실상 인수하긴 했지만 모기업이 없는 팀이다. 그럼에도 통산 승률이 0.488이다. 지난해 재계 서열 5위 롯데그룹을 뒷배에 두고 있는 구단보다 1푼 8모 높다. 18시즌 동안 딱 절반인 9시즌 가을야구를 했다. 올해는 4년 연속 최하위 수모를 겪지 않는 게 이 팀의 최대 과제다. 2001-2004년에 롯데가 먼저 해 봤다.

NC. 역시 예의가 없다. 롯데 상대 통산 승률 0.564로 삼성, SK+SSG 다음이다. 이 팀은 창원과 경남 지역 롯데 팬을 기반으로 2013년 1군 리그에 합류했다. 통산 승률 0.514로 롯데보다 44 포인트 앞선다. 13시즌 동안 8번 포스트시즌에 진출했다. 진출률 61.5%는 삼성 다음인 통산 2위다. '갈아타기'에 성공하신 분들은 좋겠다.

막내 KT. 2015년 창단 시즌부터 3년 연속 최하위를 했다. 2018년엔 9위. 그런데 이 팀의 통산 승률은 0.479로 롯데를 앞선다. 포스트시즌 진출률도 45.5%다. 다시 강조하지만 롯데는 27.3%다. 그래도 예의는 있다. 통산 롯데전 승률이 0.459다.

프로야구 역대 12개 프랜차이즈 가운데 롯데보다 못한 팀은 지금은 소멸한 쌍방울밖에 없다. 야구를 너무 못해서 SK는 창단 당시 이 팀 선수단을 물려받고도 공식적으로는 승계 관계를 끊었다. 하지만 쌍방울은 9시즌만 뛰었다. 롯데 팬이 고통받았던 시간에 비할 바 아니다. 그리고 쌍방울 팬 다수는 '타이거즈 팬'이기도 했다.

통산 승률			
순위	구단	승률	시즌
1	삼성	0.547	44
2	해태+KIA	0.531	44
3	SK+SSG	0.525	26
4	OB+두산	0.520	44
5	NC	0.514	13
6	MBC+LG	0.500	44
7	히어로즈	0.488	18
8	삼청태현	0.484	26
9	KT	0.479	11
10	롯데	0.470	44
11	빙그레+한화	0.466	40
12	쌍방울	0.410	9

포스트시즌 진출률				
순위	구단	PS	시즌	%
1	삼성	31	44	70.5%
2	NC	8	13	61.5%
3	SK+SSG	15	26	57.7%
4	OB+두산	25	44	56.8%
5	해태+KIA	23	44	52.3%
6	히어로즈	9	18	50.0%
7	KT	5	11	45.5%
8	MBC+LG	19	44	43.2%
9	삼청태현	10	26	38.5%
10	빙그레+한화	14	40	35.0%
11	롯데	12	44	27.3%
12	쌍방울	2	9	22.2%

승률 5할 이상 시즌 비율				
순위	구단	5할 이상	시즌	%
1	삼성	32	44	72.7%
2	OB+두산	29	44	65.9%
3	KT	7	11	63.6%
4	SK+SSG	16	26	61.5%
5	NC	8	13	61.5%
6	해태+KIA	24	44	54.5%
7	히어로즈	9	18	50.0%
8	MBC+LG	21	44	47.7%
9	삼청태현	12	26	46.2%
10	빙그레+한화	15	40	37.5%
11	롯데	14	44	31.8%
12	쌍방울	2	9	22.2%

한국시리즈 우승 횟수				
순위	구단	KS진출	KS우승	%
1	해태+KIA	12	12	100.0%
2	삼성	18	7	44.4%
3	OB+두산	15	6	40.0%
4	SK+SSG	9	5	55.6%
5	MBC+LG	8	4	50.0%
5	삼청태현	6	4	66.7%
7	롯데	4	2	50.0%
8	빙그레+한화	7	1	14.3%
8	NC	2	1	50.0%
8	KT	2	1	50.0%
11	히어로즈	3	0	0.0%
11	쌍방울	0	0	-

🔴 롯데는 수비를 못한다

롯데가 야구를 오랫동안 못하다 보니, 야구를 못한 이유도 엄청나게 많다. 시기별로도 다른 이유가 있다. 그래서 10개 구단 체제가 시작된 2015년 이후로 범위를 좁혔다. 이 11년 동안 롯데의 승률은 통산 기록보다 낮은 0.469에 포스트시즌은 딱 한 번만 올랐다. 뭐가 가장 문제였을까. 야구는 득점보다 실점이 많으면 이기는 경기다. 상대보다 점수를 덜 내고 많이 주면 진다. 그래서 득·실점이 중요하다. 득점 생산은 타자, 실점 저지는 투수와 수비수의 몫이다.

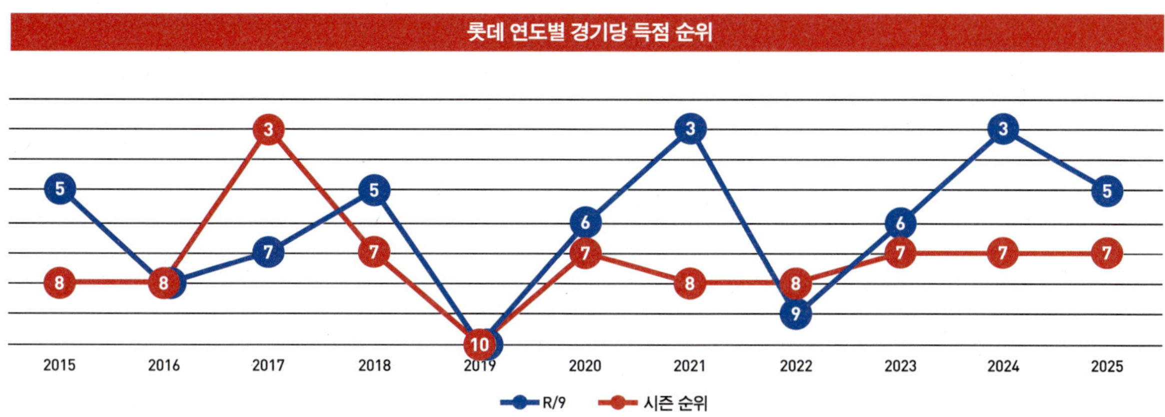

득점력은 이름에서 보듯 득점에서 잘 나타난다. 그래서 9이닝당 득점(R/9)를 지표로 삼았다. 1등은 한 번도 못해 봤지만 3등은 두 번 했다. 11시즌 평균 순위는 6.1위. 중간 수준은 됐다.

이 기간 정규시즌 순위 평균인 7.3위보다 더 좋았다. 그런데 R/9 3위였던 2021년과 2024년 페넌트레이스 순위는 모두 7위였다.
실점에는 투수와 수비의 역할이 모두 들어간다. 그래서 투수력을 수비에서 분리하기 위해 FIP를 사용했다. 수비 무관 평균자책점의 약자로 인플레이 타구를 제외한 삼진, 4사구, 홈런으로만 계산한다. 리그 FIP는 리그 평균자책점과 언제나 같은 값이다. FIP가 평균자책점보다 높은 투수는 수비수 덕을 덜 봤다. 낮다면 그 반대다.

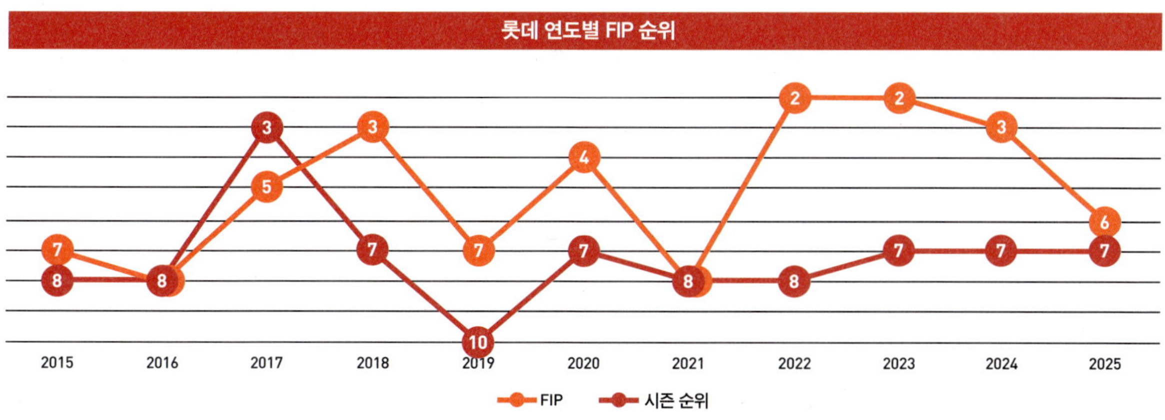

해당 기간 롯데 마운드의 FIP 평균 순위는 5.0위. 롯데 투수들은 타자들보다 더 나았다. FIP 기준으론 롯데는 평균적으로 와일드카드 결정전에는 나갈 수 있는 팀이었다. 2위 시즌이 두 번, 3위 시즌이 두 번이었다. FIP 순위가 팀 순위보다 낮은 적은 2017년 한 해밖에 없었다.
FIP는 파크팩터를 고려하지 않은 값이다. 그래서 홈런이 자주 나오는 구장에서 뛰는 투수에겐 불리하다. 사직구장은 이 11년 중 첫 7시즌 동안 언제나 리그 평균보다 홈런에 유리했다. 2022년 펜스 높이를 올린 뒤에는 반대로 변했고, 낮춘 지난해엔 리그 평균에 가깝게 돌아갔다. 그래서 구장 효과를 고려하면 롯데 투수진의 FIP 기록은 더 좋아질 것이다. 즉, 투수들은 웬만큼은 했다.

정리하자면, 11년 동안 롯데는 평균적으로 10개 구단 중 6.1위 수준 타력과 5.0위 수준 투수력을 가진 팀이었다. 종합하면 5.6위 수준이다. KBO 리그는 10개 구단 중 다섯 팀이 포스트시즌에 올라간다. 평균 5.6위 수준 팀이 11년 동안 딱 한 번만 가을야구 맛을 봤다면 다른 문제가 있다는 얘기다.

그리고 이제 수비를 보자. 수비는 21세기 야구 통계에서 가장 발전한 분야 중에 꼽힌다. 그리고 수비력의 차이가 팀 전력에 중요한 영향을 미친다는 사실도 드러났다. 지난해 메이저리그 월드시리즈에 오른 토론토는 수비로 3.9승을 더 거뒀다. 반면 아메리칸리그 서부지구 꼴찌 LA 에인절스는 6.2승을 수비 때문에 잃었다.

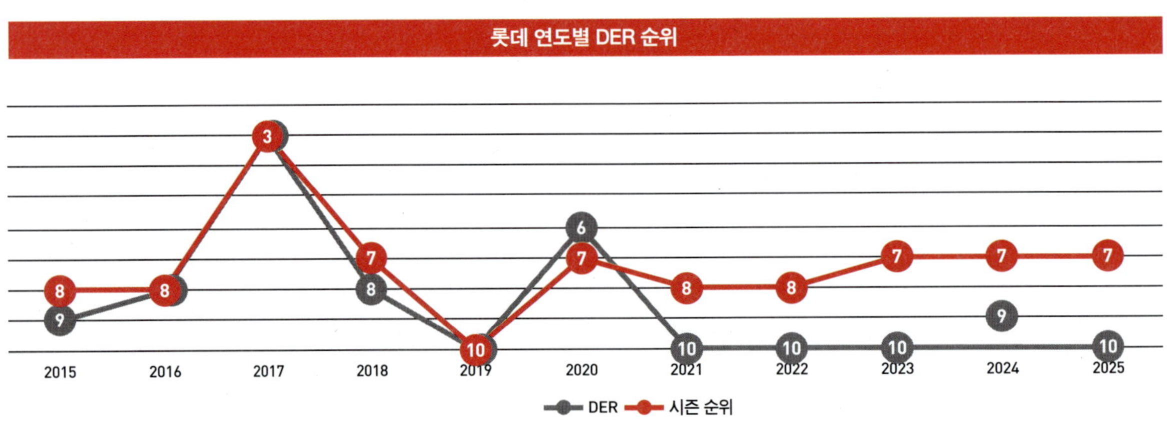

롯데의 정규시즌 순위와 놀랍도록 비슷한 그래프가 나온다. 2020년까지는 거의 일치한다. 2021년 이후엔 수비 순위가 더 낮지만 기울기는 거의 같다. 수비력을 평가한 지표는 DER(Defensive Efficiency Ratio·수비 효율)이다. 공식은 '1−(안타−홈런+실책 출루) / (타석−삼진−볼넷−몸에 맞는 공−홈런)'. 즉, 인플레이 타구를 아웃시킨 비율이다.

수비력을 정량적으로 평가하는 건 쉽지 않다. 타구 위치와 속도, 수비수의 움직임에 대한 데이터가 생산되면서 실제 수비력과 가까운 지표가 미국에서는 만들어지고 있다. KBO 리그에선 아직 그렇지 않다. 하지만 DER은 개인이 아닌 팀을 대상으로 한다면 고전적인 야구통계로 만들 수 있는 신뢰할 만한 수비력 측정 수단이다. 수비의 가장 큰 목적은 인플레이 타구를 아웃으로 변환시키는 것이기 때문이다. DER 값이 클수록 높은 비율로 아웃을 만들어냈고, 따라서 수비가 좋은 팀이라고 평가할 수 있다.

롯데가 수비가 나쁜 팀이라는 점이 여실히 드러난다. 11시즌 동안 꼴찌 5번, 9위 2번, 8위 2번을 했다. 정규시즌 순위보다 DER 순위가 높았던 적은 2020년 딱 한 번이다. 5위 이상 시즌도 2017년 한 번. 11시즌 순위 평균은 8.5다. '행복 수비'로 유명한 한화가 더 수비를 잘 했다. 특히 최근 5시즌 기간 한화의 평균 순위는 6.2위, 롯데는 9.8위다. 수비를 잘 하든, 못 하든 롯데처럼 꾸준한 팀은 없다. 이 기간 다른 9개 구단 DER 순위 표준 편차는 1.87(KIA)에서 3.56(삼성) 사이다. 롯데는 0.45다. 거의 변동 없이 바닥 수준이었다.

롯데가 수비로 얼마나 큰 손실을 입었는지를 계산해보자. 2022년 롯데의 DER은 0.646으로 이 기간 최하위였다. 리그 평균은 0.679, 최고는 LG의 0.698이었다. 롯데가 평균 수준의 수비력을 갖춘 팀이었다면 아웃 128개를 더 잡아낼 수 있었다. 아웃 3개면 1이닝이므로 42⅔이닝 무실점으로 계산된다. 롯데는 2022년 1280⅔이닝 동안 수비를 했다. 여기에서 42⅔이닝을 빼고 롯데의 시즌 실점률(이닝당 0.56점)을 곱하면 '평균적인 수비력인 팀일 때' 실점을 계산할 수 있다. 24점을 덜 줄 수 있었다는 계산이 나온다. LG 수준의 수비력이었다면 37점 세이브. 세이버메트릭스에서 10점은 1승이다. 즉 이해 롯데 수비가 평균 수준이었다면 2.4승, 최고 수준이었다면 3.7승을 더할 수 있었다.

● 롯데는 수비를 왜 못할까

그런데 롯데는 왜 수비를 꾸준하게 못할까. 10개 구단 체제 이전에도 롯데가 수비를 잘 한다는 평가는 거의 들어본 적이 없었다. '수비를 못하는 선수가 많아서'라는 답을 우선적으로 떠올릴 수가 있다. 하지만 프로야구 팀에는 매해 새로운 선수가 들어오고, 있던 선수가 나간다. 수비 문제가 장기간 지속적으로 나타났다면 선수 탓만 하기 어렵다. 구단이 수비 문제를 심각하게 생각하지 않아서? 그럴 리는 없다. 롯데는 사상 최초로 '외야 수비 코치'를 고용했던 팀이다. 훈련량이 적지도 않았다.

많은 야구 종사자에게 오랫동안 이 질문을 했지만 만족할 만한 설명을 듣지 못했다. 《프로야구 스카우팅 리포트》의 자매지인 《프로야구 넘버스 북》 2025년 판에서 비로소 설득력 있는 답을 찾았다. 팀이 아닌 야구장의 DER을 구한 분석이었다. 분석은 신동윤 한국야구학회 이사가 수행했다.

2015~2024시즌 10년 동안 9개 메인 홈 구장(잠실은 LG와 두산이 공동 사용) 가운데 사직구장의 DER이 0.655로 가장 낮았다. 1위(문학)와 6위(고척돔) 간 차이(0.014)보다 8위(수원)와 9위 사직의 차이(0.015)가 더 컸다.

물론, 홈 구장에선 홈 팀이 원정 팀 하나보다 9배 많은 경기를 한다. 홈 팀 수비력이 나쁘다면 해당 구장 DER이 떨어지는 게 당연하다. 그래서 홈 팀과 원정 팀 DER을 나눠서 봤다. 사직은 9개 구장 중 홈 팀 DER이 가장 낮은 구장이었다. 그리고 원정 팀 DER도 가장 낮았다. 롯데 뿐 아니라 멀쩡한 다른 팀들도 사직에만 오면 수비를 못했다. 홈 팀 DER은 원정 팀보다 높게 나오는 게 일반적이다. 선수에게 더 익숙한 환경이기 때문이다. 그런데 사직은 유일하게 홈 팀 DER이 원정 팀 DER보다 낮은 구장이었다.

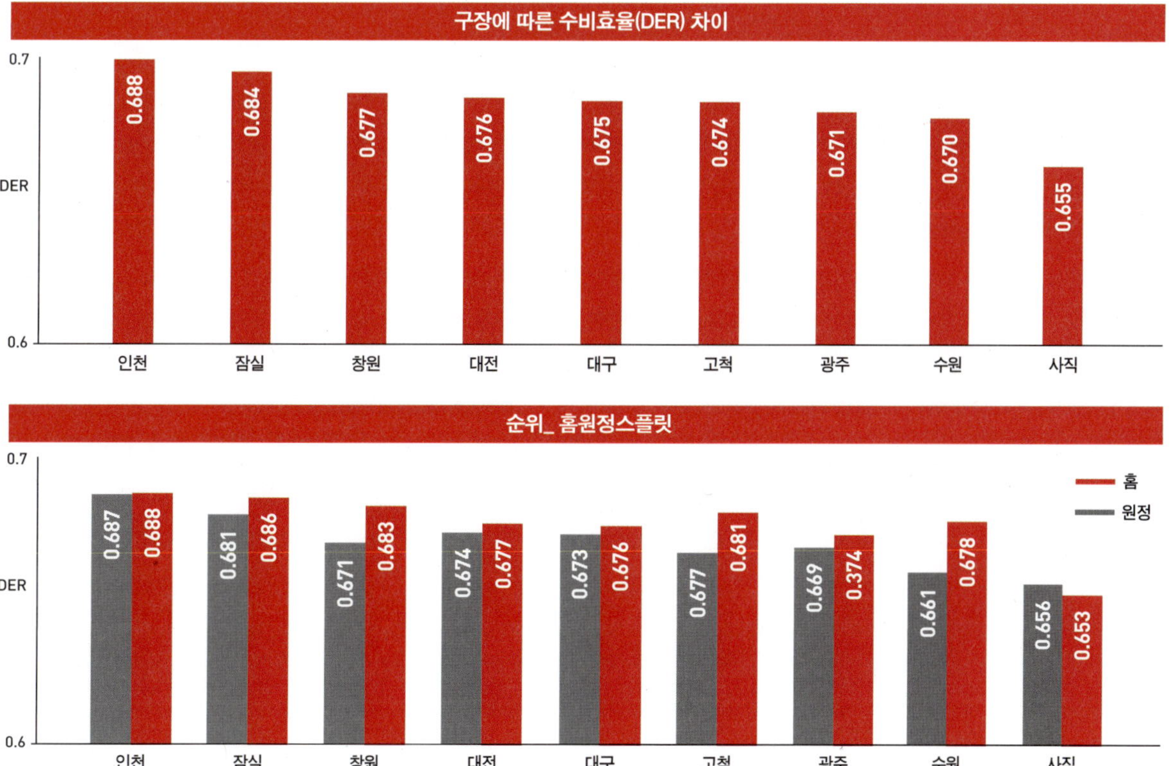

강한 투수를 만나면 타자 타율이 떨어지듯이, 빠르고 강한 타구를 날리는 타선을 갖춘 팀의 홈 구장에서는 DER이 낮아진다. 그래서 다시 조정을 했다. 원정 팀의 해당 구장 DER과 나머지 구장에서의 DER 차이, 그리고 홈 팀의 홈 구장 DER와 나머지 구장 DER을 비교했다. 이렇게 하면 홈 팀 타선 특징에 따른 영향이 어느정도 완화된다.

원정 팀들은 사직에서 DER 0.656을 기록했다. 사직 외 8개 구장에선 0.678로 매우 좋았다. 이 차이가 가장 큰 구장이 사직이었다. 홈 팀인 롯데는 사직에서 DER이 0.653이었지만 원정에선 0.667로 향상됐다. 이해 리그 평균(0.662)보다 높았다. 즉 롯데의 수비는 사직에서 리그 최악이었지만 원정에선 평균 이상이었다.

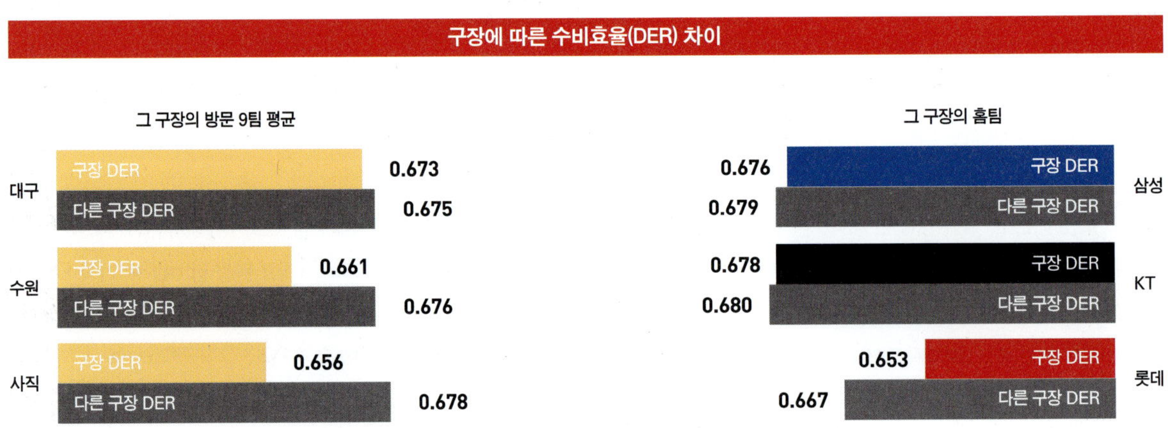

사직구장에서 실제 뛰어본 사람은 어떻게 생각할까. 롯데 내야수 출신인 한 구단 코치는 사직구장에 대해 "평균이란 게 없다"라고 말했다. 그는 "구장마다 타구 특성이 있다. 어떤 구장에선 땅볼 타구가 안정적이고 빠르게 날아온다. 그렇지 않은 구장도 있다. 선수들은 경험을 통해 '이 구장에선 어떻게 수비를 해야 한다'고 준비한다. 그런데 사직구장은 들쭉날쭉하다. 어떤 날은 내야 그라운드 흙이 단단하고, 어떤 날은 푸석푸석하다"라고 설명했다.

그렇다면 롯데가 꾸준하게 수비를 못하고, 그래서 수비로 잃어버린 점수가 많아 11년 동안 포스트시즌에 한 번 밖에 못 갔다는 '범행'의 유력 용의자로 사직구장을 지목할 수 있다. 롯데 뿐 아니라 KBO 구단은 전체적으로 그라운드 관리에 비용을 크게 들이지 않는다. 김종문 전 NC 단장은 "1년에 2억 원 수준을 썼다. 10개 구단 중간 수준이다. 더 쓰는 구단도 있지만 적은 팀은 연간 1억 원 중반대"라고 말했다. 메이저리그 시애를 구단의 2022년 그라운드 관리 예산이 43만 달러(약6억 3000만 원)였다는 점과 비교된다.

예산 규모가 상대적으로 작은 KBO 리그 구단 입장에서 몇 억 원은 작은 돈이 아니다. 하지만 아주 큰 돈도 아니다. 위에서 '2022년 롯데가 평균적인 수비력을 갖춘 팀이었다면 2.4승을 더 거뒀을 것'이라는 계산을 했다. 롯데는 지난 3년 동안 한현희에게 FA 계약금과 연봉으로 18억 원을 지급했고, WAR 1.9승을 얻었다. 최근 2시즌 평균 WAR 1.9승인 강백호의 지난 오프시즌 FA 계약 규모는 4년 100억 원이다.

3월 17일 시범경기에서 장두성이 동점득점을 올리고 있다 ⓒ롯데 자이언츠

2025시즌

개인순위

투수 부문

평균자책점 순위

순위	이름	팀	기록
1	폰세	한화	1.89
2	네일	KIA	2.25
2	앤더슨	SSG	2.25
4	후라도	삼성	2.60
5	잭로그	두산	2.81
6	와이스	한화	2.87
7	임찬규	LG	3.03
8	원태인	삼성	3.24
9	소형준	KT	3.30
9	고영표	KT	3.30

다승 순위

순위	이름	팀	기록
1	폰세	한화	17
1	라일리	NC	17
3	와이스	한화	16
4	후라도	삼성	15
5	치리노스	LG	13
6	앤더슨	SSG	12
6	원태인	삼성	12
8	임찬규	LG	11
8	고영표	KT	11
8	손주영	LG	11

삼진 순위

순위	이름	팀	기록
1	폰세	한화	252
2	앤더슨	SSG	245
3	라일리	NC	216
4	와이스	한화	207
5	올러	KIA	169
6	헤이수스	KT	165
7	박세웅	롯데	156
7	잭로그	두산	156
9	고영표	KT	154
10	네일	KIA	152

9이닝 당 삼진 순위

순위	이름	팀	기록
1	앤더슨	SSG	12.84
2	폰세	한화	12.55
3	라일리	NC	11.30
4	와이스	한화	10.43
5	올러	KIA	10.21
6	헤이수스	KT	9.07
7	박세웅	롯데	8.74
8	김광현	SSG	8.62
9	고영표	KT	8.61
10	네일	KIA	8.32

CHAPTER 8

세이브 순위

순위	이름	팀	기록
1	**박영현**	**KT**	**35**
2	김서현	한화	33
3	김원중	롯데	32
4	조병현	SSG	30
5	류진욱	NC	29
6	정해영	KIA	27
7	김택연	두산	24
8	유영찬	LG	21
9	김재윤	삼성	13
10	장현식	LG	10

홀드 순위

순위	이름	팀	기록
1	**노경은**	**SSG**	**35**
2	이로운	SSG	33
2	김진성	LG	33
4	조상우	KIA	28
5	전상현	KIA	25
6	배재환	NC	24
7	김민	SSG	22
8	김영규	NC	21
8	정철원	롯데	21
10	김진호	NC	20

출장경기 순위

순위	이름	팀	기록
1	**정현수**	**롯데**	**82**
2	김진성	LG	78
3	노경은	SSG	77
4	김진호	NC	76
5	정철원	롯데	75
5	이로운	SSG	75
7	전사민	NC	74
7	박상원	한화	74
7	전상현	KIA	74
10	이영하	두산	73

선발출장 순위

순위	이름	팀	기록
1	**로건**	**NC**	**31**
2	헤이수스	KT	30
2	와이스	한화	30
2	앤더슨	SSG	30
2	라일리	NC	30
2	치리노스	LG	30
2	후라도	삼성	30
2	양현종	KIA	30
9	폰세	한화	29
9	잭로그	두산	29

완봉 순위

순위	이름	팀	기록
1	**후라도**	**삼성**	**2**
2	고영표	KT	1
2	임찬규	LG	1

이닝 순위

순위	이름	팀	기록
1	**후라도**	**삼성**	**197.1**
2	폰세	한화	180.2
3	와이스	한화	178.2
4	치리노스	LG	177.0
5	잭로그	두산	176.0
6	로건	NC	173.0
7	라일리	NC	172.0
8	앤더슨	SSG	171.2
9	원태인	삼성	166.2
10	네일	KIA	164.1

타격 부문

타율 순위

순위	이름	팀	기록
1	양의지	두산	0.337
2	안현민	KT	0.334
3	김성윤	삼성	0.331
4	레이예스	롯데	0.326
5	문현빈	한화	0.320
6	구자욱	삼성	0.320
7	송성문	키움	0.315
8	디아즈	삼성	0.314
9	신민재	LG	0.313
10	오스틴	LG	0.313

출루율 순위

순위	이름	팀	기록
1	안현민	KT	0.448
2	김성윤	삼성	0.419
3	양의지	두산	0.406
4	구자욱	삼성	0.402
5	최형우	KIA	0.399
6	신민재	LG	0.395
7	오스틴	LG	0.393
7	권희동	NC	0.393
9	송성문	키움	0.387
10	레이예스	롯데	0.386

장타율 순위

순위	이름	팀	기록
1	디아즈	삼성	0.644
2	오스틴	LG	0.595
3	안현민	KT	0.570
4	위즈덤	KIA	0.535
5	양의지	두산	0.533
6	송성문	키움	0.530
7	최형우	KIA	0.529
8	구자욱	삼성	0.516
9	노시환	한화	0.497
10	레이예스	롯데	0.475

안타 순위

순위	이름	팀	기록
1	레이예스	롯데	187
2	송성문	키움	181
3	디아즈	삼성	173
4	문현빈	한화	169
4	구자욱	삼성	169
6	케이브	두산	161
7	김주원	NC	156
8	양의지	두산	153
9	김성윤	삼성	151
10	박찬호	KIA	148

홈런 순위

순위	이름	팀	기록
1	디아즈	삼성	50
2	데이비슨	NC	36
3	위즈덤	KIA	35
4	노시환	한화	32
5	오스틴	LG	31
6	송성문	키움	26
7	최형우	KIA	24
7	문보경	LG	24
9	최정	SSG	23
10	안현민	KT	22

득점 순위

순위	이름	팀	기록
1	구자욱	삼성	106
2	송성문	키움	103
3	김주원	NC	98
4	노시환	한화	97
5	디아즈	삼성	93
6	김성윤	삼성	92
7	문보경	LG	91
8	정수빈	두산	89
9	신민재	LG	87
10	오스틴	LG	82

타점 순위

순위	이름	팀	기록
1	디아즈	삼성	158
2	문보경	LG	108
3	레이예스	롯데	107
4	노시환	한화	101
5	데이비슨	NC	97
6	구자욱	삼성	96
7	오스틴	LG	95
8	송성문	키움	90
8	김현수	LG	90
10	양의지	두산	89

1루타 순위

순위	이름	팀	기록
1	레이예스	롯데	129
2	문현빈	한화	125
3	박찬호	KIA	123
4	신민재	LG	122
5	문성주	LG	120
5	최지훈	SSG	120
7	송성문	키움	114
8	케이브	두산	111
9	김현수	LG	108
10	김성윤	삼성	107

2루타 순위

순위	이름	팀	기록
1	레이예스	롯데	44
2	구자욱	삼성	43
3	송성문	키움	37
4	디아즈	삼성	32
5	최주환	키움	31
6	최형우	KIA	30

3루타 순위

순위	이름	팀	기록
1	김성윤	삼성	9
2	김주원	NC	8
2	박민우	NC	8
4	신민재	LG	7
5	케이브	두산	6
6	안현민	KT	4

도루 순위

순위	이름	팀	기록
1	박해민	LG	49
2	김주원	NC	44
3	정준재	SSG	37
4	조수행	두산	30
4	최정원	NC	30
6	최지훈	SSG	28
6	박민우	NC	28
8	박찬호	KIA	27
9	정수빈	두산	26
9	최원준	NC	26

루타 순위

순위	이름	팀	기록
1	디아즈	삼성	355
2	송성문	키움	304
3	구자욱	삼성	273
4	레이예스	롯데	272
5	노시환	한화	268
6	오스틴	LG	253
7	케이브	두산	249
8	최형우	KIA	248
9	김주원	NC	243
10	양의지	두산	242

OPS 순위

순위	이름	팀	기록
1	디아즈	삼성	1.025
2	안현민	KT	1.018
3	오스틴	LG	0.988
4	양의지	두산	0.939
5	최형우	KIA	0.928
6	구자욱	삼성	0.918
7	송성문	키움	0.917
8	김성윤	삼성	0.893
9	레이예스	롯데	0.861
10	위즈덤	KIA	0.856

수비 부문

투수 순위

(1440이닝 이상 선수 기준)

순위	이름	팀	수비율
1	후라도	삼성	1.000
1	폰세	한화	1.000
1	잭로그	두산	1.000
1	네일	KIA	1.000
1	하영민	키움	1.000
2	박세웅	롯데	0.969
3	와이스	한화	0.958
3	로건	NC	0.958
4	고영표	KT	0.957
4	소형준	KT	0.957

포수 순위

(6500이닝 이상 선수 기준)

순위	이름	팀	수비율
1	강민호	삼성	0.997
2	김형준	NC	0.995
2	최재훈	한화	0.995
3	조형우	SSG	0.994
4	장성우	KT	0.993
4	양의지	두산	0.993
5	김건희	키움	0.992
6	박동원	LG	0.991
7	김태군	KIA	0.989

1루수 순위

(7200이닝 이상 선수 기준)

순위	이름	팀	수비율
1	고명준	SSG	0.997
2	디아즈	삼성	0.996
3	채은성	한화	0.993
4	최주환	키움	0.992
5	오스틴	LG	0.990
6	나승엽	롯데	0.989

2루수 순위

(7200이닝 이상 선수 기준)

순위	이름	팀	수비율
1	류지혁	삼성	0.991
2	김상수	KT	0.986
3	정준재	SSG	0.983
4	신민재	LG	0.979
4	박민우	NC	0.979

3루수 순위

(7200이닝 이상 선수 기준)

순위	이름	팀	수비율
1	김영웅	삼성	0.963
2	허경민	KT	0.959
2	송성문	키움	0.959
3	노시환	한화	0.949
4	김휘집	NC	0.940
5	문보경	LG	0.935

유격수 순위

(7200이닝 이상 선수 기준)

순위	이름	팀	수비율
1	오지환	LG	0.980
2	박찬호	KIA	0.973
3	박성한	SSG	0.966
4	권동진	KT	0.963
5	이재현	삼성	0.960
6	전민재	롯데	0.956
7	김주원	NC	0.953
8	어준서	키움	0.928

좌익수 순위

(5000이닝 이상 선수 기준)

위	이름	팀	수비율
1	**레이에스**	**롯데**	**0.993**
1	**권희동**	**NC**	**0.993**
2	김민혁	KT	0.992
3	에레디아	SSG	0.990
4	김현수	LG	0.983
5	구자욱	삼성	0.982
6	문현빈	한화	0.980

중견수 순위

(7200이닝 이상 선수 기준)

순위	이름	팀	수비율
1	**박해민**	**LG**	**0.997**
1	**이주형**	**키움**	**0.997**
2	정수빈	두산	0.989
3	최지훈	SSG	0.981
4	김호령	KIA	0.974

우익수 순위

(5000이닝 이상 선수 기준)

순위	이름	팀	수비율
1	**나성범**	**KIA**	**1.000**
2	문성주	LG	0.993
3	케이브	두산	0.992
4	김성윤	삼성	0.990
5	이진영	한화	0.985
6	한유섬	SSG	0.984
7	윤동희	롯데	0.978
8	안현민	KT	0.959

_송민구

데이터로 예측해 보는 2026 KBO 리그 순위

야구를 좀 봤다는 사람이라면 '프로젝션'이라는 단어를 한 번쯤 접해 봤을 것이다. 팀 순위를 미리 점쳐보기도 하고, 개별 선수의 시즌 성적을 예상해 보기도 한다. 메이저리그에서는 이미 오래전부터 개막 전 성적 예측치를 뽑아내는 시스템들이 자리를 잡았다. 대표적으로 팬그래프의 Steamer가 있다. 지난 몇 년간의 선수 기록을 토대로 다가올 시즌의 성적을 계산해 내고, 이 수치는 미디어에 인용되고, 판타지 야구에서 선수의 몸값을 매기는 기준이 되기도 한다. 그렇다면 한국에서는 왜 이런 예측 시스템을 보기 어려웠을까. 여러 이유가 있겠지만, 근본적으로는 기록의 문제였다. 정밀한 예측 모델을 돌리려면 충분히 정제된 데이터가 필요한데, 그것을 완벽하게 수집하기가 쉽지 않았다. 이번에 스탯티즈로부터 데이터를 제공받아, 메이저리그에서 검증된 예측 방법론을 KBO에 직접 적용해 볼 수 있었다.

● 시뮬레이션의 기본 흐름

야구는 시즌 단위로 진행된다. 한 팀당 144경기, 리그 전체로는 총 720경기를 치른다. 경기는 이닝으로 나뉘고, 이닝은 다시 개별 타석으로 쪼갤 수 있다. 이번 예측의 가장 작은 단위는 바로 이 '타석'이다.

핵심 도구는 빌 제임스가 《Baseball Abstract》에서 소개한 Log5 공식이다. 타자와 투수의 맞대결을 리그 평균으로 보정하여 결과를 예측한다. 원리는 직관적이다. 타율 2할인 타자가 피안타율 2할인 투수를 만나면, 안타가 나올 확률은 리그 평균보다 훨씬 낮아진다. 평균적인 타자와 평균적인 투수가 붙으면 리그 평균 그대로의 결과가 나온다. 여기서 단순히 '안타 확률'만 구하는 것이 아니다. 투수와 타자의 다양한 기록을 바탕으로, 타석에서 일어날 수 있는 모든 결과—홈런, 볼넷, 안타, 삼진, 내야 땅볼—를 확률로 변환한다. 매 타석마다 투수–타자 매치업에 따라 서로 다른 확률표가 만들어지는 셈이다.

시뮬레이션 엔진은 이 확률표에서 무작위로 결과를 하나 뽑는다. 100장의 종이가 든 상자에서 눈을 감고 한 장을 꺼내는 것과 같다. 어떤 상자에는 홈런이 적힌 종이가 3장 들어 있고, 어떤 상자에는 10장이 들어 있다. 매 타석마다 상자의 구성이 달라지고, 엔진은 그 안에서 한 장을 뽑아 결과로 판정한다. 이렇게 타석의 결과가 이닝으로 연결되고, 이닝이 경기로 묶이고, 경기가 시즌으로 쌓인다.

이 과정을 수만 번 반복한다. '충분히 많이 반복하면, 결과가 진짜 확률에 수렴한다'는 대수의 법칙을 이용하는 것이다. 이것을 몬테카를로 시뮬레이션이라고 부른다. 동전을 10번 던지면 앞면이 7번 나올 수도 있지만, 10만 번 던지면 거의 정확히 절반에 수렴하는 것과 같은 원리다.

아래에서는 이 시뮬레이션의 결과를 통해 2026 KBO의 풍경을 그려본다. 팀 순위와 개인 타이틀, 그리고 데이터가 그려내는 의외의 시나리오까지. 10만 번의 시즌을 치른 끝에 나온 확률적 분포를, 숫자로 펼쳐 보겠다.

● 순위 예측 : 투수력으로 정상에 선 LG

시뮬레이션 10만 회가 그려낸 2026 KBO의 그림은 꽤 선명하다. LG 트윈스가 평균 80.2승으로 단독 선두에 서고, 한화 이글스

(78.4승)가 1.8승 차로 뒤를 쫓는 양강 구도다. 3위 삼성 라이온즈 (74.6승)부터는 1위와 5승 이상 벌어지며, 상위 2팀과 나머지 사이에 뚜렷한 단층이 형성된다.

LG의 강점은 압도적인 투수력이다. 예상 실점 591은 2위 한화(628)와도 37점 차이가 난다. 리그에서 혼자만 500점대 실점을 기록하는 셈이다. 득점(697) 역시 삼성(700)에 이은 리그 2위로, 공격력까지 갖추고 있다. 피타고리안 기대승수 83.7은 전 구단을 통틀어 압도적 최고치다. 치고 막는 것 모두 되는 팀에게 시뮬레이션 엔진이 80승을 예상한 것은 당연한 결과다. 게다가 정규시즌 1위 확률 40.7% 즉, 열 번 중 네 번은 LG가 페넌트레이스의 정상에 선다는 결론이다.

한화는 LG와는 다른 방식으로 2위를 지킨다. 득점(684)과 실점(628)의 밸런스가 좋고, 승범위의 하한선이 55승으로 10개 구단 중 가장 높다. 바닥이 높다는 것은 시즌이 극단적으로 나빠질 가능성이 작다는 뜻이다. 최악의 시즌에도 5할 근처를 유지하는 안정감이 한화의 무기다. 정규시즌 1위 확률은 24.2%로, 네 번 중 한 번은 LG를 제치고 정상에 올라서는 시나리오가 존재한다.

LG와 한화, 두 팀의 정규시즌 1위 확률을 합치면 64.9%다. 세 번 중 두 번은 이 둘 중 하나가 페넌트레이스를 제패한다는 뜻이다. 반대로 말하자면, 세 번 중 한 번은 다른 팀이 1위를 가져간다. 야구의 불확실성은 양강 구도 속에서도 살아 있다.

3위부터 6위까지가 이번 시뮬레이션의 가장 뜨거운 전장이다. 삼성(74.6승), SSG(73.7승), KIA(73.5승), 두산(72.3승)—네 팀이 불과 2.3승 안에 몰려 있다. 이 중 삼성은 리그 최다 득점(700)을 쏟아내는 화력형 팀이지만, 실점(655)도 만만치 않아 경기당 편차가 크다. 폭발하는 날엔 대승, 투수진이 무너지는 날엔 대패하는 롤러코스터를 타게 될 것이다. 그래도 정규시즌 1위 확률 9.9%는 삼성 팬에게 꿈을 허락하는 수치다. 열 번 중 한 번은 삼성이 모두를 제치고 꼭대기에 올라선다. 이는 매닝의 조기 이탈, 이호성의 시즌아웃, 원태인의 4월 복귀 등을 상정했을 때의 이야기. 즉 매닝의 대체 선수가 빠른 시일 내에 합류하여 압도적 성적을 낸다면 더 높은 곳으로 올라갈 만한 여지가 충분하다.

KIA는 이 구간에서 가장 독특한 팀이다. 득점(609)과 실점(616) 모두 리그 하위권인데도 5위에 자리한다. 로 스코어 게임에서 버티는 힘이 있다는 의미다. 스토브리그 동안 불펜 영입에 힘을 쏟은 것이

2026년의 결과로 나타날 수도 있다는 뜻이다. 두산은 피타고리안 기대승수(73.5)가 시뮬레이션 평균승(72.3)보다 높아, 득실차 대비 운이 따르지 않는 시즌이 잦은 것으로 나타난다. 접전 승률만 개선되면 중위권 경쟁에서 한 단계 올라설 여력이 있는 팀이다.

7위 이하로 내려가면 분위기가 확 달라진다. 롯데(68.4승), NC(67.7승), KT(67.5승)는 70승의 벽 아래에 나란히 선다. 특히 KT는 피타고리안 기대승수(69.6)가 롯데(67.3)나 NC(67.0)보다 오히려 높다. 득실 차만 보면 7위급 전력인데, 시뮬레이션은 9위를 부여한다. 이는 접전에서의 약세, 혹은 득점이 특정 경기에 몰리는 구조적 비효율이 숨어 있을 가능성을 보여준다. NC는 실점(680)이 득점(635)을 크게 앞지르며 투수진 재건이 시급하고, 롯데 역시 비슷한 구조의 마이너스 득실차 팀이다. 이 세 팀의 정규시즌 1위 확률은 모두 합쳐도 3.6%에 불과하다.

10위 키움(63.6승)은 나머지 구단과 한 계단 더 아래에 위치한다. 리그 최저 득점(568)이라는 수치가 모든 것을 말해준다. 정규시즌 1위 확률 0.1%—천 번 중 한 번의 기적이다.

정리하면, 2026 KBO는 'LG·한화의 양강 체제' 위에 삼성·SSG·KIA·두산의 4파전이 포스트시즌 티켓을 놓고 벌어지는 구도다. 그리고 그 아래에서 롯데·NC·KT가 생존을 다투는, 세 개의 층위로 나뉘는 시즌이 될 전망이다.

● 플레이오프 진출 확률: 여섯 팀의 전쟁

KBO 포스트시즌은 상위 5개 팀의 무대다. 그런데 이번 시뮬레이션 결과를 보면, 사실상 여섯 팀이 다섯 자리를 두고 싸우는 구도가 그려진다.

먼저 확정에 가까운 두 팀이 있다. LG(91.9%)는 열 번 중 아홉 번 이상 포스트시즌에 간다. 한화(83.9%)도 열 번 중 여덟 번 이상이다. 이 두 팀은 시즌이 극단적으로 무너지지 않는 한 가을야구가 보장된 수준이다.

나머지 세 자리를 놓고 네 팀이 엎치락뒤치락한다. 삼성(65.2%), SSG(61.2%), KIA(60.7%), 두산(54.9%)—모두 55% 이상의 진출 확률을 갖고 있다. 네 팀 중 세 팀만 가을을 맞이할 수 있으니, 반드시 한 팀은 탈락한다. 이 경쟁이 시즌 최대의 드라마가 될 것이다.

삼성과 SSG·KIA 사이의 격차는 4~5%p에 불과하고, KIA와 두산의 차이도 6%p밖에 되지 않는다. 시즌 중반의 연승 한 번, 주전 선수의 부상 한 건이 이 숫자를 쉽게 뒤집을 수 있다.

감을 잡기 위해 비유하자면, 두산의 54.9%는 동전을 던져 앞면이 나오는 것보다 약간 높은 확률이다. KIA의 60.7%는 주사위를 굴려 1~4가 나오는 것에 가깝다. 충분히 일어나지만, 결코 확실하지는 않은 영역이다.

경계선 바깥의 이야기도 해야 한다. 롯데(27.1%), KT(24.6%), NC(22.9%)는 네 번 중 한 번꼴로 포스트시즌에 진출한다. 낮은 확률이지만, 야구에서 25%는 무시할 수 없는 숫자다. 타율 2할5푼인 타자가 매 타석 안타를 기대하며 들어서듯이, 이 팀들의 팬도 시즌을 포기할 이유는 없다. 다만, '기대'와 '가능성'은 다른 문제다. 현재 전력 구성만으로는 상당한 반전이 필요하다.

키움(7.7%)은 사실상 포스트시즌과 거리가 멀다. 100번 시뮬레이션하면 8번도 채 가지 못한다.

여기서 한 가지 짚고 넘어갈 것이 있다. 이번 시뮬레이션의 '정규시즌 1위 확률'은 포스트시즌 우승 확률이 아니다. KBO는 정규시즌 1위가 곧 한국시리즈 우승을 의미하지 않는다. 정규시즌 1위 팀은 한국시리즈에 직행하는 유리한 시드를 얻지만, 포스트시즌이라는 짧은 토너먼트에서는 무엇이든 일어날 수 있다. 정규시즌 1위 확률 40.7%인 LG의 실제 우승 확률은 이보다 낮아질 것이고, 반대로 5위로 턱걸이하는 팀에게도 우승의 문은 열려 있다. 시뮬레이션이 보여주는 것은 '가을의 입장권'과 '유리한 좌석'이지, 최종 결과 그 자체는 아니다.

종합하면, 2026 포스트시즌 경쟁의 핵심은 3~6위를 다투는 네 팀의 서바이벌이다. LG와 한화는 정규시즌 1위와 2위 시드를 놓고 경쟁할 것이고, 삼성·SSG·KIA·두산은 남은 세 장의 티켓을 건 사투를 벌일 것이다. 가장 잔인하고 가장 흥미로운 여름이, 바로 그 경계선 위에서 펼쳐진다.

🔴 평행우주에서 발생한 키움의 1위

키움이 1위를 할 수 있는 경우의 수는 1000번 중 1회 정도. 그 1회의 상황에 대해 깊게 파고들었다. 키움이 정규시즌 1위를 하기 위

해 중요한 것은 브룩스와 최주환의 활약이었다. 브룩스가 MVP급 활약을 해주고, 최주환이 OPS 0.9 이상의 활약을 하면서 팀을 이끌어준다면 최대 86승을 내다볼 수 있었다. 즉, 시뮬레이션이 내어놓은 키움의 저조한 득점력을 완벽하게 깨뜨릴 만한 요소가 2개 이상 필요했다.

🔴 시뮬레이션이 예상한 팀별 키맨 탑3

시뮬레이션 엔진으로 팀별 최상/최악의 시나리오를 모두 계산해 보았다. 그 중 2위인 한화, 9위로 예상된 KT를 중심으로 각 팀의 키맨을 살펴보았다. 한화의 경우 페라자와 왕엔청의 활약이 매우 중요했다. 두 선수에 대한 기대감은 실제 구단 입장에서도 적지 않을 것이다. 한화의 팀 순위 하락에 결정적인 요소로는 노시환과 월켈, 화이트의 부진이 있었다. 이 세 선수가 제 역할을 하지 못하면 한화의 순위가 예상보다 크게 하락할 수 있다. KT의 경우 이적한 김현수의 성적이 가장 중요했고, 허경민의 반등이 필수 요소였다. SSG는 베네치아노가 키맨으로 나타났는데, 앤더슨의 빈자리를 채워줄 투수가 그만큼 중요하다는 의미이기도 하다. 키움은 투수진보다는 부족한 공격력을 메워줄 어준서, 여동욱 등 야수진의 활약이 반드시 필요했다. 롯데는 상무에서 돌아오는 한동희의 장타력이 순위 경쟁에서 중요한 요소일 것으로 보인다. 삼성의 성적에는 강민호와 최원태의 활약이 필수적이며, 구자욱과 디아즈의 부진은 팀 성적에 즉각적 영향을 미칠 것으로 보인다.

🔴 타자 WAR: 오스틴, 디아즈, 그리고 안현민

시뮬레이션이 예측하는 2026 KBO 최고의 타자는 LG 오스틴/디아즈였다. 기대 WAR 5.7로 두 선수 모두 같은 예상치를 기록했다. 타율, 타점 등의 타이틀 홀더는 아니지만, 대부분의 영역에서 정상급 활약을 할 것으로 예측했다.(OPS 0.911) 오스틴은 문보경과 함께 LG의 타선을 이끄는 핵심 선수임을 다시한번 증명했다.

삼성은 디아즈를 필두로, 최형우가 타선의 중심이 될 것으로 예상된다. 두 선수의 합산 WAR이 9.0으로 매우 핵심적 역할을 수행한다.

팀 내에 한방이 기대되는 선수들이 많은 만큼 공격에서는 화끈한 모습을 보여줄 것으로 기대할 수 있다.

3위 안현민(KT, 5.0)과 4위 양의지(두산, 4.4)은 팀의 확실한 중심축을 보여준다. 6위 최정(SSG, 3.8)은 전성기의 수치에는 못 미치지만, 여전히 리그 상위 10명 안에 든다는 것 자체가 대단한 커리어의 증거다.

에 기인하였을 확률이 매우 높다.

2위 네일(KIA, 5.0)는 타이거즈의 잠재력을 보여준다. 5위 올러(4.4)와의 원투펀치는 2026년에도 강력한 모습을 보여줄 것이다. 팀 득점이 리그 하위권(609)임에도 5위를 유지하는 원동력이 바로 외인 원투펀치이다.

LG 역시 치리노스(4.5)와 톨허스트(4.1) 두 명이 이름을 올리며 리그 최소 실점의 근거를 제공한다.

● 투수 WAR: 잭로그의 시대

투수 1위는 두산의 잭로그다. 기대 WAR 6.3은 타자 1위 오스틴(5.7)마저 넘어서는 수치로, 포지션을 불문하고 리그에서 가장 가치 있는 선수로 예측된다. 상한선 8.1은 역대급 시즌의 가능성까지 품고 있다. 그 아래 고영표(4.9)을 위시한 KT의 토종 원투펀치(소형준 4.1 WAR)는 2026년에도 매우 강력할 것이다. 시뮬레이션 엔진이 KT를 하위권으로 예측한 것은, 투수진 때문이 아니라 약해진 타선

● 마무리

시뮬레이션 엔진을 구축하면서 많은 어려움이 있었다. 타석의 결과 데이터가 최선이었기 때문에 엔진에서는 타구 속도나 평균 구속, 투수의 구종 등 상세 정보를 계산에 포함시킬 수 없었다. 그래서 이번 시도에서는 AI를 활용해 시뮬레이션을 엔진을 직접 만들고, 실제 야구 환경과 최대한 비슷한 조건을 계속해서 입력한다는

팀 순위 예측

#	팀	평균 승	승 범위	RS	RA	Pyth.W	플레이오프	우승
1	LG 트윈스	78.2 ±5.9	54-102	646 ±37	568 ±34	81.2	85.7%	28.3%
2	삼성 라이온즈	77.9 ±5.9	53-102	759 ±41	670 ±36	80.9	81.6%	22.9%
3	한화 이글스	76.4 ±5.9	52-100	674 ±34	636 ±32	76.3	74.1%	15.3%
4	SSG 랜더스	75.5 ±5.9	50-99	667 ±39	646 ±40	74.3	71.4%	13.9%
5	KIA 타이거즈	74.1 ±5.9	48-98	614 ±38	608 ±39	72.7	63.5%	9.8%
6	KT 위즈	72.6 ±5.9	48-97	634 ±38	610 ±37	74.7	54.6%	6.4%
7	두산 베어스	68.7 ±5.9	41-93	617 ±37	648 ±38	68.5	30.3%	1.9%
8	롯데 자이언츠	65.9 ±5.9	41-90	591 ±37	658 ±39	64.3	14.6%	0.6%
9	NC 다이노스	65.6 ±5.9	42-91	642 ±37	709 ±40	64.8	13.5%	0.5%
10	키움 히어로즈	65.1 ±5.9	36-89	576 ±30	667 ±34	61.5	10.7%	0.4%

타자 WAR 리더보드

1	오스틴 LG	6.0	4.2 - 7.8
2	디아즈 삼성	5.5	3.8 - 7.1
3	안현인 KT	4.9	3.5 - 6.4
4	데이비슨 NC	4.8	3.3 - 6.2
5	양의지 두산	4.3	3.0 - 5.6
6	에레디아 SSG	4.1	2.9 - 5.3
7	구자욱 삼성	4.0	2.8 - 5.2
8	최형우 삼성	4.0	2.8 - 5.1
9	김영웅 삼성	3.0	2.1 - 3.9
10	최정 SSG	2.8	2.0 - 3.6

투수 WAR 리더보드

1	소형준 KT	6.6	4.6 - 8.6
2	잭로그 두산	5.8	4.0 - 7.5
3	치리노스 LG	5.3	3.7 - 6.9
4	올러 KIA	5.2	3.6 - 6.7
5	고영표 KT	5.0	3.5 - 6.5
6	네일 KIA	4.8	3.4 - 6.3
7	박세웅 롯데	4.7	3.3 - 6.1
8	룰허스트 LG	4.7	3.3 - 6.1
9	화이트 SSG	4.6	3.2 - 6.0
10	양현종 KIA	4.4	3.1 - 5.7

번외) 키움 히어로즈가 1등을 했을 때의 순위 변동표(1/1000)

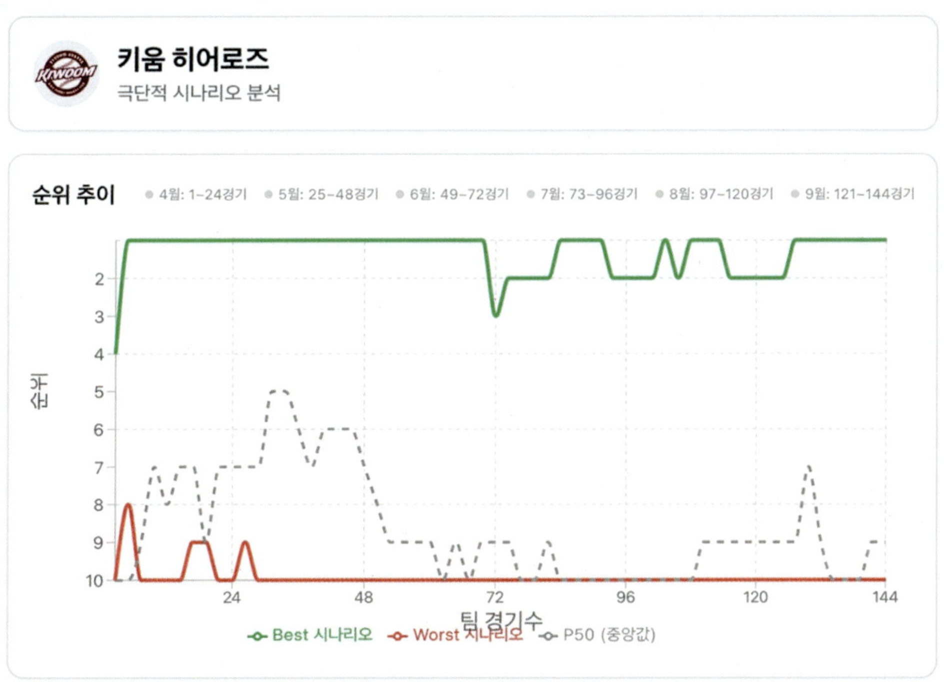

것에 의의를 두었다. 데이터가 제한적이기 때문에 결과의 정확도를 보장할 수는 없다.

협회와 구단의 노력으로 더 많은 데이터가 공개될 수 있다면, 시뮬레이션의 결과도 더욱 정교해 질 것으로 기대한다. 지금은 시즌 단위의 다소 흐릿한 예상을 제공하는 것이 전부이지만, 언젠가는 타석 단위의 실시간 예측을 제공하는 것이 가능해질 수도 있지 않을까.

_이용균

조성환 해설위원에게 묻는다
2026시즌 판도

지난해 1,200만 관중 시대를 맞은 KBO 리그는 더 큰 숙제를 안은 채 새 시즌, 2026시즌을 맞이한다. 팬들의 사랑에 보답할 수 있는 경기 내용과 치열한 승부를 향한 열정을 보여줘야 하는 시즌이다. 2년 전 ABS 도입에 이어 이번에는 아시아쿼터 선수들이 뛴다. 이 때문에 엔트리도 한 명 늘었다. 리그 팀 대부분의 전력이 엇비슷해졌다는 평가도 나온다. 모든 팀에게 '도전'이 될 수 있는 시즌이기도 하다.

각 팀은 물론이고 리그 차원에서 그 어느 해보다 중요성이 높아진 시즌 전망을 묻기 위해 프로야구 스카우팅 리포트 집필진과 조성환 KBS N 해설위원이 2월 하순 서울 마포구 한강이 내려다보이는 한 회의실에 모였다. 조 위원은 롯데 레전드로 은퇴했고 해설위원을 경험한 뒤 현장으로 돌아가 코치를 맡았고, 지난해 후반에는 두산 감독대행으로 시즌을 치렀다. 조 위원은 9시즌 만에 다시 해설위원으로 돌아온다. 현장의 감각을 가장 확실하게 지니고 있는 조 위원으로부터 시즌의 흐름과 방향에 대한 입체적인 이야기를 나눴다.

호주 스프링캠프 탐방을 마치고 돌아온 조 위원은 "모든 팀이 도전할 수 있는 시즌이고, 매우 적극적으로 나설 것으로 보인다. 치열한 순위 경쟁이 벌어질 것"이라면서도 "한국야구의 다음 단계, 업그레이드를 확인해야 하는 숙제를 가진 시즌이기도 하다"라고 말했다.

조성환 KBS N 해설위원(이하 조)
이용균 경향신문 콘텐츠랩 에디터(이하 이)
심진용 경향신문 기자(이하 심)
최민규 한국야구학회 이사(이하 최)

2026시즌 가장 큰 변수는 '아시아쿼터'

이 : 해설위원으로 얼마 만에 복귀한 건가요.

조 : 해설위원 마치고 두산에서 코치로 3년, 한화에서 코치로 2년, 다시 두산에서 3년 있었으니까 9년만이네요. 그렇게 오래됐구나. (웃음)

이 : 9년만. 야구도, 중계도 많이 바뀌었어요.

조 : 팬이 많아졌잖아요. 팬들이 야구를 많이 좋아하시다 보니, 전문가 못지않은 지식도 갖췄어요. 공부를 훨씬 많이 해야겠더라고요. 게다가, 중계 화면이 숏폼으로 재생산되잖아요. 해설위원 멘트도 숏폼에 맞게, 임팩트가 있는 장면들은 더 잘 말해야 하고. (웃음) 그러다 보니 데이터뿐 아니라 선수들의 스토리, 온라인에서의 평가나 야구 관련 밈 같은 것도 공부해야 하더라고요.

심 : 방송국에서 이런 건 하지 말아 달라고 요구하는 것도 있나요.

조 : 일단 욕은 쓰면 안 되고(웃음), 제가 있던 팀 얘기를 너무 많이 하거나 치우치지 말아 달라는 요청은 있어요.

이 : 우선 시즌 전체를 조망해 볼게요. 2026시즌을 뒤흔들 가장 중요한 변수는 뭐가 될까요.

조 : 무조건 아시아쿼터죠. 팀별로 쓰임새는 다르겠지만 선발 투수 또는 필승조 한 명이 생긴 거니까. 사실 제가 감독 대행을 수행하면서 마운드를 운용할 때 투수 딱 한 명만 더 있으면 좋겠다는 생각을 많이 했어요. 오늘 경기에 다 쏟아부어서 이기면,

다음날 경기 준비할 때, 딱 한 명만 더 있으면 좋겠다. 그런 선수가 생기면 경기 운영이 달라질 수 있어요.

이 : 아시아쿼터 도입 때문에 2가지 변화가 예상돼요. 하나는 외국인 투수 증가에 따른 투고타저 강화, 엔트리 추가에 따른 경기 운영 변화.

조 : 일단, 아시아쿼터 선수의 활약에 따라 팀 순위가 요동칠 것으로 보여요. 10명 중 절반 정도만 성공한다고 계산하면, 그 다섯 팀이 가을야구에 갈 수 있는 거죠. 일종의 버프, 부스터 효과가 생겨요.

최 : 연봉 제한이 있지만, 아시아 쿼터 선수들의 실력이 생각보다 좋더라고요.

조 : 호주 가서 한화 왕옌청을 봤어요. 마침 대만 WBC 대표팀 탈락 직후라 약간 다운된 상태이긴 했는데, 그래도 5선발은 가능해 보여요. 상황에 따라 불펜에서 김범수의 자리를 메울 수도 있고요. 한화에서 기대를 많이 하고 있더라고요.

이 : 엔트리가 늘면 투수 한 자리가 늘겠죠? 그러면 14명, 많게는 15명을 쓸 수도 있고.

조 : 15명까지는 쉽지 않을 것 같은데, 투수 14명이면 야수도 15명을 쓸 수 있잖아요. 그럼 포수 3명을 안정적으로 쓸 수도 있어요. 대주자, 대수비, 대타 요원을 효과적으로 쓸 수도 있고요.

뎁스가 더 중요해지는 시즌이 될 거예요. 28번째, 29번째 선수의 실력이 팀 전력으로 나타나죠.

최 : 여기서 궁금해지는 게, 얼마 전 일본 도카이대 감독을 만났어요. "한국은 왜 6선발을 안 합니까"라고 묻더라고요. 일본은 요일별 선발 투수가 정해지는 시스템이잖아요. 아시아쿼터가 들어오면 우리도 고려할 수 있지 않을까요.

조 : 한국에서 6선발이 현실적으로 어려운 이유는 (아시아쿼터가 있다 해도) 공 100개로 6이닝을 든든하게 막아주는 투수 6명을 만들기가 어려워요. 선발 돌리다 보면 2~3일은 4이닝만 소화하는 나옵니다. 이러면 일주일 불펜 운용이 망가지죠. 요즘 타자들은 공을 많이 보니 6이닝 100개를 지키기도 어렵고.

이 : 비싼 외국인 1~2 선발을 최대한 많이 쓰는 게 유리하다는 현실적 판단도 있을 것 같아요.

디펜딩 챔피언의 목표는 왕조 건설, LG 트윈스

전체적인 시즌 전망은 이 정도로 하고, 각 팀 분석을 해 보죠. 많은 해설위원이 '2강 7중 1약'으로 시즌을 전망합니다만, 조

한국시리즈에서 우승하고 감격을 나누는 LG 트윈스 선수단 ©LG 트윈스

위원님은 어떻게 보세요?

조 : 저는 2강보다 3강에 가깝다고 봐요. LG, 삼성, 그리고 KT까지.

최 : KT를 높게 보시는 군요. 3강 중에 디펜딩 챔피언 LG부터 볼까요.

조 : LG는 김현수가 빠지긴 했지만, 우승 멤버를 대부분 지켜냈고, 군대에서 돌아올 선수들도 있잖아요. 이재원이 7~8번 정도에 들어갈 텐데, 상대에겐 꽤 껄끄러울 거예요. 7~8번에서 좀 쉬어가야 하는데 쉬지를 못해요. 앞쪽 출루 잘하는 선수들도 건강하고, 한국시리즈 우승에 따른 자신감도 있고, 무엇보다 이제 염경엽 감독의 야구를 LG 선수들이 완전히 흡수한 것으로 보여요. 이제 자다가 일어나서도 염경엽 야구를 할 수 있을 정도(웃음).

심 : 최근 수년간 우승 팀들이 다음 해에 힘들어했잖아요.

조 : LG 캠프 영상을 봤는데, '빵 글러브'라고 작은 연습용 글러브 있어요. 그걸 내야수들이 다 끼고 기본기 훈련을 열심히 하더라고요. 우승 다음에도 기본기 훈련을 착실히 하는 건 긍정적으로 보여요. 염경엽 감독님도 지난해 부족하다 느낀 점을 보완해서 나오실 테니까. 첫해, 그러니까 2023년에 무조건 뛰는 야구를 했잖아요. 다음 해 좀 달라지고, 그 다음 해 또 달라졌어요.

최 : 사실 스탯 상으로는 효과적이지 않은데, 자신의 야구를 선수들에게 주지시키는 과정이 아니었을까 생각해요. 팀을 만들어가는 과정.

조 : 맞아요. 지난해 NC 이호준 감독의 야구도 염 감독님 야구와 비슷했어요. 무조건 뛰는 야구. 팀을 하나로 모으는 일종의 과정이라고 생각해요.

이 : 굳이 LG에 약점을 찾으라면 어떤 게 있을까요.

조 : 굳이 찾으라면, 김진성이 지난해처럼 승부처마다 흐름을 딱딱 끊어줄 수 있을까. 물론 김진성이 힘들어하더라도 재작년 좋았다가 지난해 좀 안 좋았던 선수들, 이를테면 박명근 같은 선수들도 있으니.

심 : 혹시 LG 선수들이 WBC에 많이 차출된 영향은 없을까요.

조 : 큰 영향은 없다고 봐요. 투구수 제한도 있잖아요. 큰 대회를 거쳐 도파민이 확 올라온 상태에서 던지는 경험을 하는 것도 좋다고 봐요. 그런 경험이 중간 투수의 성장에는 도움이 돼요.

이 : 야수들은 영향 없을까요. 컨디션을 조금 일찍 끌어올리게 되는데.

조 : 초반에는 영향이 없다고 보고요. 시즌 막판 컨디션, 체력 등은 조금 봐야 할 것 같아요.

최 : 사실 WBC 대회 초기에 한국이 잘했던 이유 중 하나가 '3월 초 컨디션' 이슈였어요. 우리는 확 끌어올리고, 메이저리거들은 시즌 대비 좀 덜 끌어올리고. 그런데 최근 트렌드는 바뀐 것 같아요. 메이저리그도 투수들이 스프링캠프 시범경기 첫날 100마일을 던지더라고요. 일본 투수들도 시범경기 첫 등판에서 자신의 최고 구속 찍는 선수들이 나와요. 우리는 요즘 어떤가요. 캠프에서 100% 컨디션을 언제 맞추나요.

조 : 대개 투수들은 개막 10일 전, 타자들은 1주일 전 정도에 100%에 도달하도록 목표를 잡아요. 그런데, 문제는 캠프 때 확 끌어올렸다가, 시범경기 초반 떨어뜨리는 과정을 거쳐요. 로이스터 감독님은 그걸 제일 이상하게 생각했어요. 감독님은 그냥 개막에 맞추자고 하셨고 실제로 2008년에는 그렇게 했죠. "개막전에 무조건 이기자"면서. 그해 초반 롯데 난리 났죠. 개막전 류현진 박살내고, 다음날 정민철 박살내고(웃음). 첫 13경기에서 10승 3패를 했어요. 우연인지는 모르겠지만, 캠프 훈련량을 무조건 늘리는 게 정답은 아닌 것 같다는 생각을 해요.

심 : LG가 리핏에 성공하면서 왕조를 이룰 것인지 관심이 커요.

조 : 최근 흐름은 리핏이 쉽지 않아요. 다른 팀들의 도전이 매년 거세니까. 한 팀이 우승하면 무조건 그 팀 전력을 빼내가려고 하거든요. 꾸준히 가을야구에 나가는 전력은 가능하지만 3~4년 계속 우승하는 건 점점 더 어려워질 거예요.

정상을 향해 성장하는 팀, 삼성 라이온즈

이 : 이어서, 한때 왕조를 구축했던 삼성 이야기. 젊은 선수들이 더 성장할 가능성이 보이는 팀이죠.

조 : 타순 흐름이 좋아요. 특히 김지찬, 김성윤에 이어서 구자욱이 나오잖아요. 일종의 ABS 효과인데, 투수들 입장에서 김지찬, 김성윤에게 던지다 갑자기 키 큰 구자욱이 나오면 적응하기

오키나와 전지훈련 중인 원태인 ⓒ삼성 라이온즈

힘들대요. 낮은 코스에 집중했다가 다시 높은 쪽에 던지려다 보니 힘이 과하게 들어가는 경우도 나오고.

라이온즈파크 개장 초기에는 선수 구성이 새 구장과 어울리지 않는 느낌이었어요. 타자 친화적 구장인데, 빠른 야구를 하는 느낌. 지금은 홈런 칠 수 있는 타자도 많고, 땅볼 투수들도 늘었죠. 잘 맞춰가고 있어요. 거기에 최형우라는, 팀에 도움을 줄 수 있는 타자를 영입했죠. 새 외국인 투수도 좋다고 하더라고요.

최 : 맷 매닝. 1라운더 출신이고, 디트로이트 타릭 스쿠발보다 더 좋은 평가를 받았던 선수죠.(이 인터뷰 시점은 2월)

조 : 다만, 원태인이 어느 시점에 정상 컨디션으로 선발에 합류할 수 있을 것인가. 그리고 타선이 좌타자에 치우친 느낌이 있어요. 두산 잭로그처럼 좌우 폭이 넓은 왼손투수를 만나면 고전하게 돼요. 구자욱이 잭로그한테 지난해 7타수 1안타. 잭로그를 만나면 다음날도 밸런스가 자꾸 흐뜨러진다고 해요. 아마 다른 팀들도 삼성 상대로 왼손 선발을 많이 붙이게 될 거예요.

심 : 지난해 삼성은 전력에 비해 순위가 낮았던 느낌이에요. 연승 연패 사이클이 좀 깊다고 해야 하나.

조 : 불펜, 특히 마무리 쪽에서 들쭉날쭉했는데 이호성으로 가다가 김재윤으로 바꾸면서 연패가 길어지는 흐름이 있었어요. 하지만 어린 불펜 투수들이 경험이 조금 쌓였으니까 나아질 것으로 봅니다. 부상 선수도 많았는데 그걸 채울 힘이 있어요. 삼성이 육성 선수도 잘 모으는 느낌입니다. 드래프트에는 탈락했지만 좋은 선수라 생각했던 선수들을 나중에 찾아보면 다 삼성에 가 있더라고요.

'익산 왕조'에 대한 기대, KT 위즈

이 : 이제 3강으로 꼽아주신 KT 살펴볼까요. KT는 워낙 선발이 좋으니까, 이 팀이야말로 6선발 쓸 수 있지 않을까.

조 : 선발이 진짜 좋아요. 고영표, 소형준, 오원석에, 지금 배제성이 진짜 좋더라고요. 오원석, 배제성 중 한 명은 불펜 가야 할 수도 있어. 만약 배제성이 불펜 간다면, KT 불펜이 리그 최고일 수도 있다고 봐요. 박영현 앞에 손동현, 이상동, 원상현 등등. 우규민, 주권이 엔트리에 못 들 수도 있어요. 호주에서 이강철 감독 만났는데, '익산 왕조'라는 표현을 쓰시더라고요. 퓨처스에 좋은 선수들이 많다고. 우규민, 주권이 익산에서 뛴다고 생각해 봐요(웃음).

최 : KT의 최고 수확은 역시 안현민. 진짜 펑, 하고 나타났잖아요.

조 : 두산 김택연으로부터 잠실구장 센터를 넘어가는 홈런 친 게 안현민의 등장을 알리는 장면이었죠. (2025년 5월 1일 잠실 두산-KT전, 9회초 동점 투런) 안현민의 장점은 벌크업을 통한 파워로 알려져 있지만, 더 무서운 건 선구안이에요. 볼을 안 쳐요. 이정후를 처음 보고 느낀 놀라움과 비슷해요. 투수의 위닝샷이 볼이면 꿈쩍도 안 해요, 신인이. 호주에서 만나 인터뷰도 해 봤는데, 어릴 때부터 삼진 당하는 걸 극도로 싫어했대요. 신경도 많이 쓰고. KT 입장에서는 외국인 타자가 한 명 더 있는 거나 다름없죠(웃음).

최 : 선구안 이야기가 나온 김에. 메이저리그와 비교하면 투수가 스트라이크존 안쪽을 공략하는 비율이 10% 정도 차이 나요.

미국이 60% 정도면 한국, 일본이 50% 수준. 그런 점에서 존 바깥공을 참아내는 게 한국에선 더 중요할 것 같아요.

조 : 미국 투수들은 내 힘으로 타자를 제압할 수 있다는 생각에 스트라이크존에 더 많이 집어넣는 거고, 일본은 타자 입장에선 진짜 스트라이크처럼 보이는 공이라 헛스윙이 많고, 한국은… 칠 만해 보여서 휘두르는 거예요. 칠 수 있을 것 같으니 휘두르는 거지(웃음). KBO 리그 투수들이 그렇게 강하지 않아요. 정리하자면 일본은 속을 만해서 속는 거고, 한국은 칠 만해서 배트가 나가는 거고.

이 : 명언이네요(웃음). 안현민은 그런 공에 끌려가지 않고, 자기 스윙을 한다는 거죠. 힘이 있는 데다 선구안까지 좋으니까 보기 드문 고 출루율 홈런 타자인 거고.

심 : KT는 강백호 빠지고 김현수, 최원준을 영입했어요.

조 : 얼마 전에 이강철 감독을 만났는데 "새 얼굴 8명이 전부 주전급"이라며 환하게 웃으시는 거예요.

심 : 8명이요?

조 : 외국인 4명 다 새로 바꿨죠. 김현수, 최원준에 한승혁, 한승택이 왔잖아요. 그 8명이 다 주전급인 거예요. 이 감독님이 "내가 이런 큰 선물 받아도 되나 싶더라"라고 말씀하더라고요. 이러니 '익산 왕조' 얘기가 나오는 거지. 김현수 들어온 것도 감독님이 굉장히 좋아하세요. 큰 역할을 해줄 거라고 기대하고 있어요. 하나 더. 선수가 늘어나면, 시즌 중 트레이드 카드로 활용할 수도 있죠. 구단도 트레이드에 열려 있는 것 같아요.

오른쪽 타자의 팀이 됐다?
두산 베어스

이 : 3강을 살펴봤고, 이제 다른 팀으로 이어가죠. 예상 순위와는 상관없이 일단 가장 최근까지 있었고 잘 아는 팀, 두산.

조 : 이영하가 키 플레이어로 보여요. 이영하가 선발에 안착하느냐가 1번. 그게 꼬이면 연쇄효과가 일어날 수 있어요. 선발 준비하다 불펜으로 빠지면 스스로도 다운되고, 불펜에서 밀려나는 선수도 다운되고, 전체적인 흐름이 안 좋아져요. 게다가 두산 선발이 압도적이진 않아요. 플렉센, 잭로그가 폰세, 와이스

이영하 ⓒ두산 베어스

급은 아니니까. 다만, 플렉센의 하이 패스트볼과 커브가 아주 좋아요. ABS와 어떻게 맞아들어갈지 관건. 이영하가 선발에서 잘 해주면 팀의 틀이 짜일 수 있어요.

최 : 유격수 박찬호는 어떻게 평가하나요.

조 : 저는 효과 있다고 봐요. 박찬호 수비 괜찮아요. 굳이 화려하지 않아도 되는데 화려한, 그렇지만, 좋은 수비. 감독 대행하면서 보니까 센터라인만 제자리 잡아주면 게임이 되더라고요. 2루는 이유찬이 제일 나은 것 같고, 3루는 안재석, 1루를 양석환, 강승호 둘이 경쟁해야겠죠.

심 : 투수보다는 타선이 조금 약해 보여요.

조 : 양의지가 계속 4번을 쳐야 한다는 점에서 약한 거죠. 새 외국인 다즈 카메론도 수비 면에서는 케이브 생각이 날 것 같아요. 외야 수비가 잠실을 홈으로 쓰는 것 치고는 조금 약해요. 우타자 카메론이 들어오면서 두산 타선이 우타 비중이 높아졌어요. 양석환, 카메론, 양의지, 그리고 김대한, 박준순. 양의지 앞뒤로 좌타자가 들어가면 좋은데, 팀에 좌타자가 잘 안 보여요.

게다가 양석환, 강승호는 장타력은 있지만 삼진이 많은 스타일이잖아요. 양의지를 거른 다음 양석환과의 승부에서 삼진이 나와 흐름이 끊기는 장면이 많았어요.

이번 가을에도 야구할 수 있을까? 한화 이글스

이 : 지난해 준우승팀 한화로 넘어가 볼까요. 한화를 3강에서 제외한 이유는 역시 폰세, 와이스가 없다는 점일까요.

조 : 그게 제일 크죠. 워낙 임팩트와 영향력이 컸으니. 폰세, 와이스를 빼면 지난 시즌에도 상대에게 위압감을 주는 선수는 적었어요. 노시환, 채은성, 문현빈 다 잘 치죠. 하지만 원 아웃 만루 상황이 되어도 '아, 여기서 큰 거 맞으면 큰일나는데'라는 생각보다 '잘하면 병살 유도할 수 있겠는데'라는 마음이 들어요. 그런 면을 포스트시즌 경험을 통해 업그레이드시켜야 하죠. 가을야구 경험이 무서워요. 3강안에는 넣지 않았지만 가을야구 진출 가능성은 높죠.

이 : 한화는 '행복수비'라는 말이 있듯이 수비 문제가 있었잖아요. 심우준 들어오면서 축은 잡힌 것 같아요. 노시환도 수비 잘하고.

조 : 내야는 괜찮을 거예요. 2루수 하주석도 나쁘지 않을 것 같고. 한화 투수들이 등판하기 전 먼저 확인하는 게 심우준 라인업 포함 여부래요(웃음). 심우준이 삼진 4개 당해도 괜찮아. 내 뒤에 있어주기만 하면 돼. 이런 느낌인 거죠. 다만, 외야가 아킬레스건인데 중견수 없고, 문현빈, 페라자의 수비도 최상급이라고 할 수 없어요. 구단에서도 외야 수비가 부족하다는 걸 인식하고 있더라고요. 어쩔 수 없이 줄 점수를 주되, 더 많이 낼 수 있는 타선을 만드는 쪽으로 가닥을 잡았어요. 1-0으로 이기는 야구가 아니라 6-4. 7-5로 이기는 야구를 추구하는 거죠. 그래서 강백호에 대한 기대가 크더라고요.

심 : 어쨌든 지키려면 불펜이 강해야 하는데 김범수, 한승혁이 빠졌어요.

조 : 팀에서 고민이 많았더라고요. 한승혁은 FA 1년 남은 상황이었고, 김범수는 필승조 활약이 길지 않았으니까. 무엇보다 정우

문동주 ⓒ한화 이글스

주가 있잖아요. 김서현이 흔들리면 정우주를 마무리로 써도 되지 않나 생각해요. 선발로 안 쓴다면 그냥 중간으로 쓰기에는 너무 아까운 투수니까.

이 : 정우주 정말 대단하죠. 그런데, 포심 비중이 77%나 되는 투수는 어떻게 생각해요. 김택연도 72.5%나 되지만.

조 : 타자 입장에서 제일 답답한 순간은 노리던 직구가 들어왔는데도 헛스윙할 때거든요.

오승환 나올 때 누가 변화구를 노려요. 제가 오승환 상대로 끝내기 친 것도 직구 노리다가 변화구 왔는데 그게 맞은 거거든요(웃음). 직구 노리고 있는데 직구에도 헛스윙이 나오면 타자는 대안이 없어요. 그냥 멘붕이죠.

그런데, 안현민은 김택연한테 홈런 친 타석에서 초구를 헛스윙으로 시작했어요. 헛스윙-볼-헛스윙-파울-파울, 이렇게 가다가 10구째를 홈런을 친 겁니다. 벤치에서 보고 있는데, 안현민 스윙이 조금씩 타이밍을 맞춰가는 거예요. 1루 쪽으로 가던 파울이 점점 덕아웃 쪽으로 움직여가요. 다들 '어어, 타이밍 맞

는다, 맞는다' 이랬어요. 김택연도 더 센 직구, 더 세게 던졌는데, 그걸 넘겼어요. 포수 입장에서는 '포심을 헛스윙한 애가 타이밍을 맞춰서 홈런을 친다?' 상상하기 어려워요. 이런 점에서 정우주는 엄청난 포심을 갖고 있고, 그건 상당한 무기예요.

최 : 한 가운데 들어오는 강한 포심이 어려운 공이죠.

감독도 이호준처럼?
NC 다이노스

이 : 이제 NC를 살펴볼까요. 이호준 감독의 2번째 시즌.

조 : 선발이 좋아요. 건강한 구창모에, 외국인 투수 커티스 테일러 좋고, 라일리 톰슨도 재계약했고, 아시아 쿼터도 잘 뽑았고. 무엇보다 지난 시즌 막판에 보여준 상승세를 통해 선수들이 자신감을 얻었을 거예요. 중견수가 비어 있긴 한데 타선도 나쁘지 않아요. 다만 9명 중 7명이 우타자. 박민우와 '스위치히터' 김주원 빼면 우타자 일색이에요. 권회동, 김형준, 데이비슨, 김휘집 등. 이호준 감독이 좌우 밸런스를 어떻게 맞추고 운영하느냐가 중요해 보여요. 그리고 지난해 이호준 감독이 뛰는 야구 했잖아요. 염경엽 감독처럼. 무조건 뛴다는 이미지를 심어줬는데, 2번째 시즌에 그 이미지를 어떻게 활용하느냐도 재밌는 포인트예요.

이 : 뭐랄까, 염경엽 감독, 혹은 LG를 벤치마킹한 느낌이 있어요. 박용근 코치에 이어 김경태 코치도 영입했고.

조 : 선수 시절에는 감독님이 선 굵은 야구 했잖아요. 그런데 감독 되고 나서는 세밀한 야구 하고 싶어 하시더라고. 첫 해 도루 많이 했지만, 히트 앤드 런은 많이 안 썼거든요. 그럼 이번에는 히트 앤드 런도 많이 하게 될까 궁금하고.

추락한 KIA 타이거즈,
올라갈 일만 남았다?

이 : 2년 전 우승팀 KIA가 궁금해요. 아무리 부상이 많았더라도 8위까지 내려갈 줄은 몰랐어요. 오히려 부상 선수 많았을 때 성

적은 좋았거든. 함평 타이거즈라는 말도 유행했고.

조 : KIA는 아시아쿼터 유격수, 제러드 데일이 제일 중요해요. 데일의 플레이가 팀 전체 흐름을 좌우할 수 있어요.

이 : 수비만 잘하면 될까요? 아니면 공격도 좀 해야?

조 : 수비만 해줘도 돼요. 수비라도. 왜냐하면 박찬호가 빠졌어요. 모두가 데일만 바라볼 거예요. 쉬운 땅볼 하나라도 실수하면 야구장 안팎의 시선이 달라져요. 자칫 유격수가 초반에 미운털이 박히면 내야 전체가 흔들릴 수 있어요. 그러면 김도영 유격수 써야 하냐 마냐 갖고 또 얘기가 나올 거예요. 아예 김도영을 유격수로 바꾸고 시간을 준다면 그런 논란이 없을 텐데, 왔다 갔다 하면 더 힘들거든요. 김도영은 모든 걸 잘하고 싶어하는 선수고. 그래서, 데일의 역할이 너무너무 중요하다. 아, 그리고 KIA 외국인 타자 헤럴드 카스트로가 올해 새 외국인 타자 중에 제일 좋다고 해요. 그러니 최형우가 빠졌다 해도 카스트로, 김도영, 나성범, 이렇게 이어진다면 타선은 해볼 만해요.

심 : 투수 쪽은 어떨까요. 막판에 불펜 투수 3명을 한꺼번에 계약했는데

조 : 양적으로는 늘었죠. 그렇다면 전상현을 꼭 필요할 때만 쓸 수 있는 환경이 만들어지죠. 곽도규 등 부상에서도 돌아오는 투수들도 있고. 그래서 KIA는 분명히 지난해보다는 좋은 야구를 할 거다. 몇가지 변수가 있으나 잘 맞아떨어진다면 상당한 시너지를 낼 수도 있다고 봐요.

이 : 중견수 김호령은 수비 잘 하죠.

조 : 호령이는 다시 태어났죠(웃음). 원래 수비는 잘 했고. 지난해 주전들의 부상으로 경험을 쌓은 선수들이 뎁스를 두껍게 만들면 팀 전력이 강해져요. 그게 긍정적 요소예요.

타자 친화적인 구장에서 공격력 9위?
SSG 랜더스

이 : SSG 살펴볼게요. 지난해 불펜의 힘만으로 3위를 한 팀. 타자 친화적인 구장을 쓰고도 공격력은 9위였어요.

조 : 그게 강점이자 약점이 될 수 있어요. 불펜이 너무 좋은데, 그

김도영 ©KIA 타이거즈

불펜이 3년 연속 돌아갈 수 있을까. 3년 연속 잘 하기 쉽지 않아요. 다른 선수들도 채워 넣으면서 가야죠. 물론 노경은은 상식을 초월한 선수니까 논외로 하고, 김민, 이로운 등이 퍼포먼스를 유지해 주는 게 관건입니다. 게다가 지금 선발이 그림대로 잘 안 돌아가죠. 압도적 에이스 앤더슨이 떠났고, 김광현도 먼저 캠프를 떠났고 김건우가 국내 1선발을 할 수 있을까. 7연속 삼진을 잡을 수도 있지만 5연속 볼넷을 줄 걱정도 아직 있거든요. 선발이 안정돼야 불펜도 잘 돌아가는 거니까.

이 : 대신 타선에서는 김재환 카드가 더해졌어요. 타자 친화 구장을 만난 김재환.

조 : 김재환이 힘을 내면 시너지가 상당할 거예요. 김재환이 잘 되면 최정, 고명준, 한유섬 등이 다 같이 터질 가능성이 생기죠. 대신 김재환이 안되면 최정이 또 중심이 돼야 하니까. 김재환, 한유섬은 삼진이 많잖아요. 비슷한 스타일의 좌타자 둘을 어떤 타순에 넣느냐도 중요할 것 같아요. 삼진 많은 타자 연속으로 붙여놓는 건, 상당한 부담이 돼요.

악순환의 고리를 끊어라, 롯데 자이언츠

이 : 조 위원님의 '호적'이라고 해야 할까요. 롯데 얘기를 해야 하는데, 캠프 막판에 안 좋은 일도 나왔어요.

조 : 저는 롯데에게 올 시즌이 정말 중요한 시즌이 될 것 같아요. 미래를 어떻게 그리느냐, 진짜 강팀으로 가기 위한 선택을 해야 할 수도 있는 시즌. 전체적인 팀 개혁이나 변화를 가져갈 수 있는 기회를 오히려 그 4명의 선수들이 열어줬다고 봐요. 어떤 조직이든 변화와 혁신에는 저항을 하잖아요. 이번 사건은 그 저항의 계기를 없앴어요. 과감한 변화를 추진할 수 있는 기회입니다. 롯데가 강팀이 되기 위한 조건을 만들기 위해서는 무엇을 더 돌아봐야 되는지 기본을 고민하고 원년으로 삼을 수 있는 기회.

어느 팀이든 위기는 올 수 있어요. 하지만 롯데는 그 위기가 늘 지속되고 있다는 게 문제잖아요. 위기가 아닌 적이 없어요. 그러니까 이 기회에.

최 : 롯데 전력 차원에서 긍정적 요소가 있다면요.

조 : 외국인 투수 2명이 좋아요. 박세웅도 건강하고 나균안도 있고. 선발 로테이션은 원활하게 돌아갈 것 같아요. 수비 얘기가 계속 나오는데, 사실 투수를 만드는 건 수비 역할이 크죠. 그래도 김태형 감독님이 '닥공'을 선언한 건 의미가 있어요. 컨셉을 잘 잡으셨다 봐요. 사실 롯데한테 기대를 많이 하게 됐어요. 우리가 로이스터 감독님 때 경험을 했잖아요. 점수 더 뽑는 야구 '닥공'으로 가을야구 갔어요. 공격만으로 우승하기는 힘들 수 있지만, 공격으로 가을야구는 갈 수 있어요. 그것만으로도 일단 성공이니까. 이번 사건 없었으면 5강 충분하다고 봤어요. 지난해에도 12연패 없었으면 가을야구 갔어요.

최 : 그럼에도, 롯데 수비는 궁금해요. 수비 전문가로서 롯데는 왜 매년 수비를 못할까요.

조 : 지금은 구단 밖에 있어서 쉽게 단정 짓기 어렵지만 롯데는 위기가 지속된다고 했잖아요. 위기가 있으면 답을 찾아야 해요. 뭔가를 해야 하긴 하지만, 그걸 너무 쉽게 해요. 수비가 안 되니까 포지션을 바꾸고, 땅을 바꾸고, 흙을 바꾸고, 수비 코치를 바꾸고, 계속 바꾸기만 해요. 고정된 것 없이 뭔가가 계속 바뀌어요.

또 한 가지 아쉬운 점은 LG와 두산은 잠실을 같이 쓰잖아요. 이천 2군 구장들도 잠실과 아주 비슷하게 관리되어 있습니다. 그런데 롯데는 달라요. 상동은 인조 잔디예요. 옛날엔 사직구장도 인조잔디였으니 같았지만, 지금 사직은 인조잔디가 아니잖아요. 상동에서는 수비 잘 하는 것처럼 보일 수도 있어요.

최 : 야구장 시설이 참 중요한 것 같아요. 고척돔도 서울시리즈 할 때 메이저리그 경기하느라 그라운드를 고퀄리티로 정비했잖아요. 그때 키움 수비가 엄청 좋았는데, 유지 보수가 잘 안되니까 지난해에는 조금 떨어진 것으로 보여요.

조 : 농담 반 진담 반인데, 김하성이 그 이전 고척돔에서 수비했잖아요. 그때 타구가 진짜 빨랐어요. 첫 바운드 때 판단을 내리고 대시하지 않으면 뒤로 물러나면서 잡아야 하는 타구도 많았거든요. 목동 시절엔 더 했고. 그렇게 악조건 속에서 다듬어진 수비다 보니 메이저리그에서 빛나는 것 같아요(웃음).

안우진이 돌아오면 팀이 달라진다, 키움 히어로즈

이 : 마지막으로 자연스럽게 키움으로 이어갈게요.

조 : 키움은 안우진이 언제 복귀하느냐가 제일 큰 이슈죠. 지난 시즌 보면, 알칸타라 선발 나오는 날은 쉽지 않았어요. 알칸타라는 경쟁력이 있어요. 그러면 안우진 돌아온 이후에 3연전 중 알칸타라, 안우진을 한꺼번에 만나는 팀은 좀 힘들 거예요.

이 : 이주형이 이제 팀의 중심 역할을 해야 하는데요.

조 : 맞아요. 리더 역할을 해 줄 선수인지에 대한 시험대. 스탯 뿐만 아니라 팀 중심 선수로서의 무게를 짊어질 수 있어야 큰 선수가 돼요. 이정후, 김혜성, 송성문이 했던 것처럼. 그것까지 할 수 있으면 메이저리그 꿈을 꾸는 거죠.

조 위원이 가장 주목하는 선수는?

이 : 시즌 전체를 조망해 보고, 팀 별로도 간단하게 살펴봤어요. 마

지막으로 2026년 가장 주목하는 선수가 있을까요. 전문가이 자 야구 선배로서.

조 : 제가 우리나라 야구의 기둥으로 생각하는 두 선수가 있어요. KIA 김도영, 한화 문동주. 2022년 드래프트 동기이기도 하고, 이 두 선수가 메이저리그에 가장 근접했다고 보거든요. 두 선수가 어떻게 계속 성장하는지 지켜보는 것이 이번 시즌 제일 중요한 일 같아요.

이 : 부상에서 돌아온 김도영으로부터 성장을 확인한다면, 어떤 점을 보면 될까요.

조 : 김도영은 일단 당겨치기, 밀어치기 다 할 수 있고, 초구도 잘 치고 변화구도 잘 치거든요. 이게 무슨 뜻이냐 하면, 카운트를 가리지 않는다는 거예요. 유리, 불리가 중요하지 않아요. 정타 확률이 높고, 타구 스피드를 갖고 있으니 비거리도 나오고. 부상 전에 보여준 걸 유지만 해도 충분히 메이저리그 급이라고 생각해요.

다만 성장이 필요한 부분은 역시 수비. 앞서도 말했듯이 제러드 데일이 그래서 중요해요. 데일이 유격수를 잘 못하면 복잡해지겠죠. 김도영을 유격수로 써야 한다는 목소리가 나올 테고, 그러면 본인도 힘들거든요. 김도영도 수비 포지션이 고정되는 게 좋죠. 그러다가 김도영이 유격수로 갔는데 수비가 공격에도 영향을 미친다면 선수 성장에 좋지 않을 겁니다. 그러니까 제발 데일이 잘했으면 좋겠다(웃음). 개인적으로는 아예 김도영을 유격수로 고정시키고 성장시키는 것도 방법이라고 생각해요.

최 : 한때 리그에서 강타자가 사라졌다는 얘기도 있었는데, 지금은 조금씩 등장하는 것 같아요.

조 : 단순히 덩치가 커졌다기보다는 몸을 제대로 쓸 줄 아는 선수들이 생긴 거예요. 두산 안재석 같은 경우는 스윙이 굉장히 컸거든요. 그런데, 몸이 커지면서 스윙과 몸이 맞아 버렸어요. 아이언맨 수트를 입은 것처럼요. 그것도 방법인 것 같아요. 예전에는 내 몸에 맞는 스윙을 했는데, 스윙을 잘 만들고 거기 맞는 몸을 만드는 것도 길이에요.

이 : 문동주는 어떤 모습을 보이게 될까요. 캠프에서 살짝 어깨 통증이 있었는데.

조 : 한화에서 1년 같이 있었거든요. 동주는. 그래서 더 관심이 가요. 그런데, 지난해 포스트시즌 때 불펜에서 던지는 문동주가 너무 인상적이었어요. 멋있다고 해야 할까. 팀은 물론 경기 전체의 흐름을 지배했잖아요. 그 정도의 임팩트라면, 본인과 팀이 허락한다면 문동주를 마무리로 쓰는 게 어떨까 하는 생각이 들 정도였어요. 그 포스와 구위로 1이닝만 던진다면 기가막힌 투수거든요. 상대가 위축될 정도로. 그런데 본인 스스로가 선발을 원하고, 그 정도 선수를 마무리로 돌리는 건 너무 기회비용이 큰 결정이니까. 그럼에도 '문동주만 보여줄 수 있는 임팩트' 같은 건 작년에 확실히 보였어요.

최 : 아직 규정이닝을 채운 적은 없지만 포크볼 장착하고 선발로 업그레이드된 모습을 보여줬는데 그 선발 자리 포기하는 것도 좀 아쉬워요. 팬 입장에서도.

조 : 진짜 도영, 동주 이 친구들이 한국 야구의 두 기둥이에요. 이 선수들이 커리어 잘 쌓아서, 메이저리그 문 두드리는 게 아니라 다이렉트로 메이저리그 주전급이라는 평가를 받으면서 계약해야죠. 그 선수들의 성장 과정이 길이 되고, 그 길을 따라가는 후배들이 나타나는 게 한국 야구를 위해 좋은 거니까. 한국 야구가 어떤 길을 밟아가면서 성장하게 될지 올 시즌이 그래서 중요하다고 생각해요. 좋은 선수들이 좋은 길을 따라 열심히 노력해서 성장하는 결과를 보여줘야 하는 시즌이라고 할 수 있죠.

일동 : 다들 수고하셨습니다.

KBO
SCOUTING
REPORT 2026

프로야구
스카우팅
리포트
2026

선수가 가진 희소한 특성이며 능력치, 성향을 표시한다.

능력 특성은 가질수록 좋은 것이지만 성향 특성은 그렇지 않다. 많은 특성을 가졌다고 반드시 좋은 선수인 것은 아니고 반대로 특성이 없거나 적다고 나쁜 선수인 것도 아니다. 만약 그 선수가 어느 한쪽으로 쏠리지 않고 다양한 능력을 고르게 갖고 있다면 특성이 없거나 적지만 좋은 성적을 내는 뛰어난 선수다. 탑클래스 베테랑 선수 가운데 이런 타입도 많다. 올라운더보다 두드러진 특별한 개성이 있는 선수가 특성을 갖는다. 특성이 많을 때는 더 상위의 특성을 우선한다.

KBO리그 최근 3년 데이터로 평가하지만 25시즌 비중이 더 높다. 평가는 해당 특성의 리그 평균에 비해 특별히 높거나 낮은 정도를 기준으로 한다. 같은 수능표준점수와 비슷한 방법이라 순위가 높더라도 평균과 차이가 작으면 평가점수는 높게 나오지 않는다. 각 특성은 높은 정도에 따라 서로 다른 색깔로 표시한다. 1단계가 브론즈, 2단계가 실버, 3단계가 골드이다.

특성마다 분포가 다르지만 대체로 골드는 최상위 1% 에 속하고 실버는 3-5%, 브론즈도 5-10% 이상의 선수에게 주어진다. 출전 경기수가 적은 경우 신뢰도 한계가 있기 때문에 평가점수가 높더라도 제외되거나 등급이 하향조정된다. kbo리그 출전 기록이 없을 경우 미국 마이너리그 AAA, AA 데이터를 참조한 경우가 있다.

타자 KPI

150km 내성

150km/h 이상 속구 대응이 좋다. 더 좋은 인플레이 타격결과를 만들고 헛스윙, 콜드스트라이크, 파울스트라이크는 더 적다.

—

2S 내성

2S 이후에 잘 버틴다. 불리한 볼카운트지만 평소에 가까운 성적을 낸다.

—

광역 수비

같은 포지션 선수에 비해 수비이닝 당 더 많은 타구를 아웃시킨다. 팀 투수의 땅볼, 뜬공 성향도 고려해서 평가한다.

노림수

3-1, 2-0 등 일단 볼카운트가 유리해지면 특히 더 좋은 결과를 낸다.

–

멀티 포지션

다양한 수비 포지션을 소화할 수 있다.

–

배드볼 히터

스트라이크존을 벗어난 공을 타격했을 때도 비교적 좋은 결과를 얻는다.

–

빅파크 배터 / 스몰파크 배터

구장크기에 따라 성적 차이가 크다. 넓은 구장에서 더 좋은 성적을 내거나 작은 구장에서 더 좋은 성적을 낸다.

–

스프레이 히터 / 풀히터

스프레이히터는 밀어치는 성향이 강하고 타구 방향이 고르게 분포한다. 우타자라면 우익수 방향 좌타자라면 좌익수 방향 타구가 많다. 풀히터는 당겨치는 성향이 강하다. 우타자는 좌익수 방향, 좌타자는 우익수 방향으로 타구가 심하게 쏠린다.

–

첫타석 디버프 / 첫타석 버프

경기가 시작되고 타순이 한바퀴돌 때까지 타자는 자신의 평균보다 성적이 나쁘다. 디버프가 있는 타자는 특히 더 나쁘다. 버프가 있는 타자는 자신의 평소와 거의 비슷하거나 때로 더 좋은 결과를 내기도 한다.

–

초구 선호

공격적인 성향이다. 초구에 스윙하는 비율이 높다. 스윙에는 인플레이 타격, 헛스윙, 파울 모두 포함된다.

–

초구 B버프 / 초구 S내성

B버프가 있으면 초구가 볼이 되었을때 그 타석의 결과가 크게 좋아진다. S내성이 있으면 초구 스트라이크를 허용해도 타석 결과가 별로 나빠지지 않는다.

–

추가 진루

주자가 되었을 때, 타구위치, 방향에 비해 더 많이 진루한다. 1루주자일 때 오른쪽 방향 안타가 나오면 다른 주자보다 더 높은 확률로 3루 진루에 성공한다. 2루주자라면 1루타 때 더 자주 득점한다.

풀카운트 장인

풀카운트에서 특히 더 좋은 결과를 낸다.

—

CH헌터 / CU헌터 / FA헌터 / FS헌터 / SL헌터

체인지업(CH), 커브(CU), 속구(FA), 스플리터(FS), 슬라이더(SL) 공략이 특별히 뛰어나다. 그 구종을 때려서 좋은 타구를 만들고 볼을 잘 골라내고 헛스윙 포함 스트라이크를 쉽게 허용하지 않는다.

—

L-편식 / R-편식

좌투수(L) 우투수(R) 상성이 좋다. 하지만 반대 유형 투수에게는 약하다.

—

L-헌터 / R-헌터

좌투수(L) 우투수(R)에게 특히 강하다. 반대 유형 투수에게도 약한 것은 아니다.

땅볼러 / 병살버프

허용 타구 중 땅볼 비율이 높다. 병살버프가 있으면 병살 가능 상황에서 땅볼비율이 특히 더 높아진다.

—

리커버리

실책 출루, 홈런, 몸에 맞는 공을 허용한 다음 타석 결과가 평소에 비해 나빠지지 않는다.

—

보더라인 피칭

스트라이크존 경계선에 투구하는 성향이 강하다. 강한 타구를 피할 수 있지만 타자가 골라내면 볼이 늘어날 수 있다. 정확히 제구하는 능력이라기보다 투구 성향이다.

—

빅파크 피처 / 스몰파크 피처

구장 크기에 따라 성적 차이가 크다. 큰 구장에서 더 좋은 성적을 내거나 반대로 작은 구장에서 더 좋은 성적을 낸다.

—

빠른 승부

2S를 먼저 잡으면 유리한 볼카운트라도 스트라이크존 안에 투구하는 비율이 높다.

—

    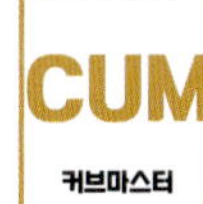

속구 마스터 / 스플리터 마스터 / 슬라이더 마스터 / 체인지업 마스터 / 커브 마스터

속구(포심, 투심, 싱커 포함), 스플리터, 슬라이더, 체인지업, 커브 각 구종 구사능력이 뛰어나다. 그 구종을 던져서 더 많은 범타를 유도하고 더 많은 스트라이크를 잡고 더 적은 볼만 허용한다.

—

속구 승부 / 스플리터 승부 / 슬라이더 승부 / 체인지업 승부 / 커브 승부

2S를 잡고나면 이 구종으로 타자와 승부하는 성향이 매우 강하다.

주자 압박

이 투수가 마운드에 있으면 도루 가능 상황일 때, 주자의 도루 시도 비율이 크게 낮아진다.

—

첫타석 디버프 / 첫타석 버프

경기가 시작되고 타순이 한바퀴 돌 때까지는 보통 투수가 유리하다. 첫타석 버프가 있으면 그보다 더 많이 유리한 결과를 얻는다. 반대로 디버프가 있으면 그런 잇점을 누리지 못하고 경기 초반에 고전하는 슬로 스타터다.

—

초구B 내성 / 초구S 버프

B내성이 있으면 초구 볼을 허용하더라도 타석 결과가 투수에게 별로 나쁘지 않다. S버프가 있으면 초구 스트라이크를 잡았을 때 타자와 승부에서 크게 유리한 결과를 얻는다.

—

초구S

초구 스트라이크로 타석을 시작하는 비율이 높다.

—

타이밍 싸움

2S 이전에 변화구를 스트라이크존 안쪽에 던져서 콜드스트라이크를 잡는 비율이 높다.

—

파울S

파울 유도로 스트라이크를 많이 잡는다.

—

풀카운트 장인

풀카운트 승부에서 특히 좋은 결과를 얻는다.

—

피네스K

전체 타석결과 중 루킹삼진 비율이 높다. 구위로 헛스윙을 끌어내기보다 정교한 제구로 또는 의외의 타이밍에 스트라이크존을 공략해서 삼진을 잡는 특성이다.

—

K피치

삼진 잡을 수 있는 결정구를 갖고 있다. 2S를 잡고 나면 타자를 확실히 압박한다.

—

L-편식 / R-편식

좌타자(L) 우타자(R) 상성이 좋다. 하지만 반대 유형 타자에게는 약하다.

L-헌터 / R-헌터

좌타자(L) 우타자(R)에게 특히 강하다. 반대 유형 타자에게 약한 것은 아니다.

3월 17일 시범경기에서 승리한 두산 선수들의 승리 세리머니 ⓒ두산 베어스

압도적 1위
LG 올레드 evo
스포츠 콘텐
스포키 앱
SEOUL M SEOUL
땅스부대찌개
BE THE ONE
DOOSAN
자스쿨
분양은 CLK
세신버팔로
코즈블
금강주택
현대해상
서경대학교
UBORA

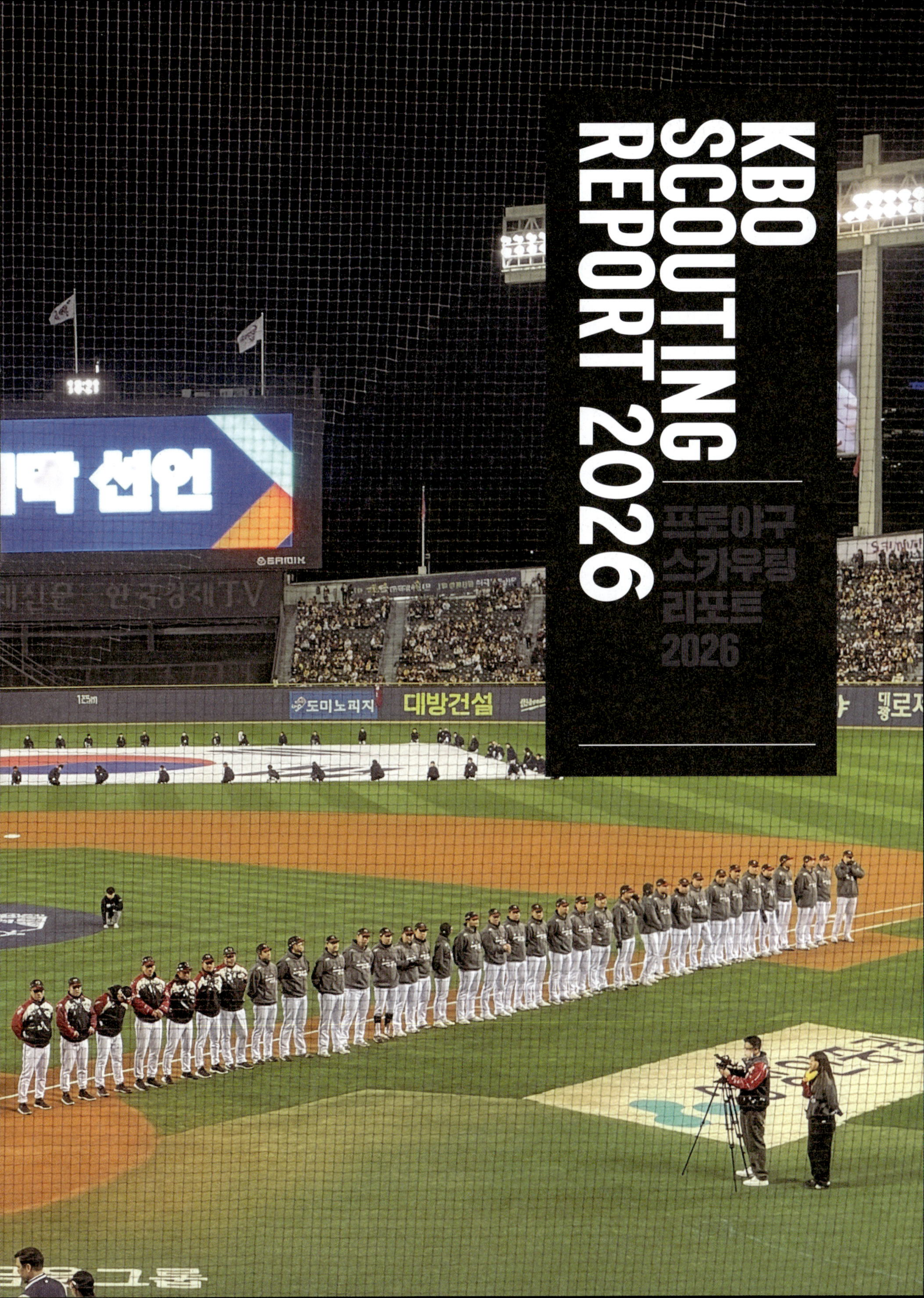

KBO
SCOUTING
REPORT 2026
프로야구
스카우팅
리포트
2026

인생과 야구는 모두 새옹지마이고, 실력을 잘 다지고 있으면 운과 불운 모두 극복하고 결과를 낼 수 있다는 걸 보여준 '완벽한' 시즌이었다. 유영찬, 함덕주의 부상에 이어 장현식마저 발목을 다치면서 출발이 삐그덕댔다. 그럼에도 개막 7연승을 달린 데 이어, 첫 22경기에서 18승4패라는 어마어마한 성적을 냈다. 그런데 이번에는 홍창기가 무릎 부상으로 시즌 아웃, 외국인 에이스 에르난데스의 부진까지 겹쳤다. 불펜이 안정되자 다시 질주 시작. 한화에 내줬던 1위 자리를 되찾았다. 시즌 막판 타이브레이커가 눈앞에 보이던 순간, 문학구장에서 터진 말도 안되는 투런 홈런 2방은 앞선 '불운'에 대한 보답이었다. 선착한 한국시리즈에서 보여준 '단단한 공수전력'이 LG의 진짜 모습이었다. 그렇게 만들어낸 육각형 우승. 이제 리피트가 보인다.

구단 PROFILE

구단주	구광모
구단주 대행	구본능
대표이사	김인석
단장	차명석
감독	염경엽
주장	박해민
홈구장	서울종합운동장야구장
2군 구장	LG 챔피언스 파크

LG			**영구결번**
한국시리즈 우승	4회		김용수 / 41
한국시리즈 출전	8회		이병규 / 9
플레이오프 출전	10회		박용택 / 33
준플레이오프 출전	9회		

타율 / 순위	출루율 / 순위	장타율 / 순위	홈런 / 순위	도루 / 순위	실책 / 순위
0.278 / 1	0.361 / 1	0.409 / 2	130 / 3	121 / 4	92 / 3

ERA / 순위	선발ERA / 순위	구원ERA / 순위	탈삼진 / 순위	볼넷허용 / 순위	피홈런 / 순위
3.79 / 3	3.52 / 2	4.25 / 3	1080 / 4	491 / 4	91 / 1

시즌 월별 성적	승	무	패	승률	순위
3~4월	20	0	11	0.645	1
5월	15	1	10	0.600	1
6월	9	1	12	0.429	8
7월	14	0	7	0.667	2
8월	18	1	6	0.750	1
9~10월	9	0	10	0.474	6
포스트시즌	4	0	1	0.800	1

2025시즌 좋았던 일

2년 전, 29년 만에 한국시리즈 우승을 맛봤던 때문인지 한 해 걸러 찾아온 우승의 '강렬함'은 비교적 덜했다고, 많은 LG 팬들이 입을 모았다. 그럼에도 우승은 무엇과도 바꾸기 힘든 기쁨이다. 게다가 한국시리즈 우승 장면보다, 벼락같이 찾아온 정규시즌 우승 확정 순간의 임팩트가 컸다. 강팀 전력의 지속을 위한 새로운 전력의 발굴은 우승 만큼이나 기쁜 일이다. 송승기는 좌완 선발로 손주영의 첫 시즌보다 더 강렬한 시즌을 보냈다. 1라운드 10순위에서 뽑은 김영우는 오랫동안 LG가 기다려온 파이어볼러다. 신민재가 국대급으로 성장한 것도 기쁜데, 구본혁이 주전급으로 큰 것도 행복하다. 다 떠날 줄 알았는데, 주장 박해민이 적은 금액에도 LG 유니폼을 입기로 했다. 우승 못지 않은 감동이다. '사~랑한다 LG'가 절로 나온다.

2025시즌 나빴던 일

나무랄 데 없는 시즌이었지만 다만 아쉬운 점이 있다면 불펜의 뎁스와 압도 능력. 공격 지표에서는 리그 1위였지만 마운드의 높이, 특히 불펜은 예상보다 약했다. 불펜 평균자책은 4.25로 리그 3위. 구원 WAR 5.17은 삼성에 이은 리그 4위였다. 스토브리그에서 따로 불펜 영입에 나서지는 않았다. 홍창기가 시즌 초반 십자인대 부상을 당한 장면은 두고두고 아찔했던 장면. 예상보다 일찍 복귀한 것은 천만 다행이다. 오스틴도 잘 했고, 박해민도 잘 했고 다들 잘 했는데 압도적으로 잘 한 1명이 2023년에도, 2025년에도 없었다. 그래서 아직도 정규시즌 MVP 명단에 LG 선수는 없다. (MBC도 없다) 한국시리즈 MVP 김현수는 떠났다. 박동원, 홍창기의 비FA 다년 계약이 캠프 시작 전에 마무리 되지 않은 것도 살짝 아쉽고, 약간은 불안.

개막 초반 기세는 그렇다 치더라도 후반기 개막 이후 '치고 올라가기'와 시즌 막판 버티기가 가능했던 것은 모두 시즌 내내 철저했던 불펜 관리 덕분이다. 개막 직전 마무리 유영찬을 비롯 주축 불펜들이 흔들렸음에도 단 한 번의 '3연투' 없이 불펜을 끌고 갔다. 유혹을 참고, 투수들이 돌아오기까지 버텨준 덕분에 통합우승에 성공했다. 3년 계약의 마지막 해에 '제로 3연투' 시즌을 꾸려나가는 건 쉬운 일이 아니다. 평소 강조해 온 '디테일 야구'는 한국시리즈에서 기억에 남는 수비 장면에서 잘 드러났다. 이길 수 있는 야구와 이길 줄 아는 야구는 다르고, 이길 줄 아는 야구가 더 힘이 세다. 이제 리피트 + 3번째 우승에 도전하는 시즌이다. 캠프를 앞두고 "우리는 강하다"고 자신감 넘치는 메시지를 냈다. 감독이 직접 결과를 책임지겠다는 의지가 담겼다.

2026 팀 이슈

스토브리그 동안 불펜 강화를 위한 특별한 움직임은 없었다. 투수 뎁스를 늘려줄 아시아쿼터와, 복귀 선수에 대한 기대가 크다. 이민호와 6월에 제대하는 김윤식은 선발 자원이지만 불펜 강화에도 영향을 미칠 수 있는 요소다. 정우영, 백승현의 구위가 조금만 더 돌아오면 불펜이 확 달라진다. 건강하게 출발하는 마무리 유영찬 역시 지난해와 다른 불펜을 기대하게 한다. 김현수가 빠진 자리는 제대한 이재원에게 기대를 건다. 퓨처스 OPS가 1.100이나 됐다. 실패에 대한 부담을 덜기 위해 8번에 쓰겠다는 것이 염경엽 감독의 계산이다. 타구가 멀리 나가기 때문에 일단 맞히기만 하면 잠실구장 펜스 거리는 문제가 되지 않는다. 리피트를 통한 '왕조' 건설은 부담이 아니라 희망과 동기 부여로 작동한다. 진짜 실력은 겸손보다 자부심으로 드러난다.

<table>
<tr><td>

2026 최상 시나리오

2년 연속 시즌 개막 출발이 눈부시다. 개막 후 연승 기록은 이어가지 못했지만 22경기 승률 기록 경신이 기대될 정도로 쾌속 행진이다. 톨허스트가 KS에서 보여준 퍼포먼스를 이어가며 에이스로 튀어나온다. 박해민이 또다시 슈퍼 캐치를 이어가는 가운데 이재원이 초반 부진을 딛고 4월부터 '월간 10 홈런' 페이스를 이어간다. 염경엽 감독은 유영찬, 김영우의 더블 스토퍼 시스템을 고민하기 시작한다. 올스타 브레이크 동안 박동원, 홍창기의 다년계약이 발표되고 포텐 터진 문보경은 8월이 끝나기 전에 WAR 6.0을 찍는다. 시즌 막판 두근두근 긴장 대신 7경기를 남겨두고 정규시즌 1위 확정. 리피트 완성 순간, 구광모 구단주는 당연한 듯 덤덤하게 박수를 친다. 며칠 뒤 문보경은 창단 첫 LG의 정규시즌 MVP 트로피를 들어올린다.

</td><td>

2026 최악 시나리오

WBC 대거 차출의 후유증이 시즌 초반 팀을 괴롭히며 패배가 쌓인다. 외국인 투수 둘은 다른 팀들의 새로 뽑은 강속구들과의 맞대결에서 자꾸만 조금씩 밀린다. 더 빠른 투수로 교체를 고민하지만, 섣부른 교체가 얼마나 위험한지 지난해 롯데가 잘 보여줬다. 선발 후보들이 불펜으로 나섰을 때 적응과 회복 이슈가 불거진다. 투수 엔트리 구성이 자꾸만 복잡해진다. 이재원의 가끔 터지는 한 방은 시원하지만 기본 스탯이 아슬아슬하다. '다른 선수도 기회 주라'는 팬들의 목소리가 커진다. 박동원, 홍창기의 다년계약 협상이 지지부진하자 중계 카메라는 자꾸 둘의 얼굴 표정을 비춘다. 시즌 막판 중요한 경기에서 김현수에게 끝내기 홈런을 얻어맞는다. 기대에 못 미친 시즌, 야구기인 임찬규 시즌 2의 편성을 두고 방송국의 고민이 깊어진다.

</td></tr>
</table>

김영우

67

팀	LG	**생년월일**	2005-01-14
포지션	P	**투타**	우투우타	**신장**	185	**체중**	90
연봉	0-3000-8500		**지명순위**	25 LG 1라운드 10순위
학교	서대문구–신월중–서울고			

2024년 가을 열린 신인 지명 때, 10순위까지 김영우가 밀리자, 차명석 단장의 얼굴이 환해졌다. 캠프에서 염경엽 감독은 "마무리로 써 볼까"라고 했다. 고졸 신인으로 개막 엔트리에 합류했고, 2군 조정 없이 풀타임 1군 시즌을 치렀다. 포심 평균구속 152.7km는 규정이닝 30% 이상 투수 중 리그 전체에서 4위, 국내 선수 중에서는 한화 김서현(153.4km)에 이은 2위. 더 놀라운 구종은 평균 속도 142.8km를 기록한 슬라이더. 폰세(143.9km) 외에 김영우보다 더 빠른 슬라이더를 던진 투수는 없다. 잠깐 멈췄다 던지는 동작이 강속구와 어우러지면서 시너지를 낸다. 리그 중하위권에 머문 9이닝당 볼넷 4.50, 이에 따른 피출루율(0.328)은 숙제다. 올 시즌 역시 LG 불펜의 핵심 자원이다.

기본기록

연도	경기	선발	QS	승	패	세이브	BS	홀드	이닝	피안타	피홈런	4사구	삼진	피안타율	WHIP	피 OPS	ERA	WAR
2023	0	0	0	0	0	0	0	0	0.0	0	0	0	0	0	-	-	-	-
2024	0	0	0	0	0	0	0	0	0.0	0	0	0	0	0	-	-	-	-
2025	66	0	0	3	2	1	3	7	60.0	49	2	33	56	0.228	1.32	0.644	2.40	1.50
통산	66	0	0	3	2	1	3	7	60.0	49	2	33	56	0.228	1.32	0.644	2.40	1.50

김진성

팀	LG	**생년월일**	1985-03-07
포지션	P	**투타** 우투우타	**신장** 186 **체중** 90
연봉	20000-33000-45000	**지명순위**	04 SK 2차 6라운드 42순위
학교	인헌초-성남중-성남서고		

42

포심의 평균구속은 142.3km로 김영우의 슬라이더보다 느리지만 무시무시한 '관록의 포크볼'로 타자들을 무너뜨린다. 어떤 카운트든 필요할 때 던질 수 있는 포크는 최고의 무기다. 2년 연속 구사율 50%를 넘겼다. 40세 시즌에도 3년 연속 70이닝을 던졌고, 41세 시즌을 앞두고 2+1년 16억 원에 LG 구단 최초 비非FA 다년 계약의 주인공이 됐다. 한때 인스타 '헌신' 논란은 이제 '헌신좌'라는 별명이 됐고 그 헌신을 인정받은 결과다. 지난 시즌 막판 아쉽게 홀드왕을 놓쳤다. 커리어 내내 한 번도 없었던 개인 타이틀에 다시 한 번 도전하는 시즌이다. 포크볼러답게 뜬공 비율이 높고, 잠실구장 최적화로 연결된다. 홈 경기 피OPS가 0.509밖에 되지 않는다. 올 시즌도 여느때처럼 미국 대신 이천에서 시즌을 준비했다.

기본기록

연도	경기	선발	QS	승	패	세이브	BS	홀드	이닝	피안타	피홈런	4사구	삼진	피안타율	WHIP	피 OPS	ERA	WAR
2023	80	0	0	5	1	4	2	21	70.1	41	8	26	69	0.174	0.95	0.560	2.18	2.14
2024	71	0	0	3	3	1	7	27	70.1	62	11	30	61	0.239	1.21	0.733	3.97	1.01
2025	78	0	0	6	4	1	7	33	70.2	61	7	24	63	0.236	1.20	0.662	3.44	0.54
통산	766	0	0	52	42	40	37	160	764.0	669	113	283	761	0.236	1.22	0.710	4.08	10.15

손주영

29

팀	LG	생년월일	1998-12-02			
포지션	P	투타	좌투좌타	신장	191	체중	95
연봉	4300-17200-29000			지명순위	17 LG 2차 1라운드 2순위	
학교	대현초-개성중-경남고					

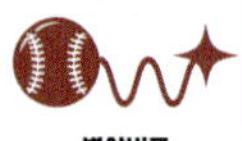

병살버프

속구마스터

2번째 선발 풀타임 시즌을 치르면서 업그레이드됐다. 리그 최고 좌완 선발이라는 평가가 어색하지 않다. QS 14회는 국내 좌완 선발 1위, QS+ 7회는 우완 포함해도 국내 선발 중 2위다. 24년이 선발 첫 풀타임 시즌이었고 2년차 징크스가 걱정됐지만 삼진율이 개선되고 9이닝당 볼넷이 2.88로 낮아진 점은 2026시즌 더 큰 성장을 기대케 하는 지표다. 특히 후반기 4승0패, 평균자책 2.44로 완벽했다. 2024시즌 역 스플릿에 가까웠는데, 지난해 정 스플릿에 편차가 컸다. 우타자 상대 오프 스피드 계열의 구종 업그레이드가 필요하다는 신호다. 경남고 출신이지만 현역 중 리그 최고 '로나쌤'. 2025시즌에도 롯데전 3승0패, 평균자책 1.13으로 압도했다. 지난해 캠프에서 우상이던 김광현 사인을 받았다.

기본기록

연도	경기	선발	QS	승	패	세이브	BS	홀드	이닝	피안타	피홈런	4사구	삼진	피안타율	WHIP	피 OPS	ERA	WAR
2023	3	2	0	1	0	0	0	0	8.2	12	0	6	5	0.300	2.08	0.691	5.19	-0.16
2024	28	27	11	9	10	0	0	1	144.2	157	11	64	112	0.279	1.46	0.717	3.79	3.78
2025	30	27	14	11	6	0	0	0	153.0	153	8	53	132	0.262	1.32	0.667	3.41	3.82
통산	80	68	27	22	22	0	0	1	363.1	382	23	173	290	0.273	1.47	0.713	4.21	7.25

송승기

팀	LG	**생년월일**	2002-04-10
포지션	P	**투타** 좌투좌타	**신장** 180 **체중** 90
연봉	0-3600-13600	**지명순위**	21 LG 2차 9라운드 87순위
학교	삼일초-매향중-야탑고		

13

주자압박

핫타석버프

지난해 LG가 거둔 가장 큰 소득이다. 11승6패, 평균자책 3.50은 손주영의 선발 풀타임 데뷔 시즌보다 낫다. 2021년 2차 9라운드 89순위 지명 선수가 WAR 3.55로 17위에 올랐다. 당초 유희관 버전으로 기대됐는데 2022년 141.6km였던 포심 평균구속이 상무를 거치면서 144.8km가 됐다. 백스윙을 키우고, 근력 운동에 집중한 끝에 나온 선물이다. 구속도 구속이지만 수직 무브먼트가 리그 최상급이라는 평가를 받는다. 제구에 구속이 더해지면서 강력한 선발 투수가 됐다. 포수 이주헌과 주로 호흡을 맞췄다. 포수 이주헌 때 피안타율이 0.241인데, 박동원 때는 0.353으로 높았다. 송승기-이주헌 조합을 '송승헌 배터리'라 부른다. 이민호, 김윤식 등의 복귀로 2026시즌 LG 선발 경쟁이 치열하다.

기본기록

연도	경기	선발	QS	승	패	세이브	BS	홀드	이닝	피안타	피홈런	4사구	삼진	피안타율	WHIP	피 OPS	ERA	WAR
2023	1	0	0	0	0	0	0	0	1.0	1	0	1	0	0.250	2.00	0.650	0.00	0.04
2024	0	0	0	0	0	0	0	0	0.0	0	0	0	0	0	-	-	-	-
2025	28	27	10	11	6	0	0	0	144.0	149	15	50	125	0.261	1.38	0.707	3.50	3.55
통산	36	27	10	11	7	0	0	0	153.1	159	16	57	135	0.262	1.40	0.711	3.58	3.58

웰스

68

팀	LG	생년월일	1997-02-27		
포지션	P	투타	좌투좌타	신장	185	체중	84
연봉	0-4200-$200000			지명순위	25 키움 부상 대체 외국인선수
학교	Hunter Sports				

© LG 트윈스

올해 새로 도입된 아시아 쿼터 중 유일한 KBO 리그 유경험자다. 지난해 키움에서 부상 대체 선수로 계약해 4경기 선발 등판했다. 1승1패, 평균자책 3.15를 기록했다. 전력이 비교적 약한 키움에서의 성적으로는 나쁘지 않다. 와일드한 투구 폼을 가진 좌완으로 투구 동작에서 주는 디셉션 효과가 있고 제구가 안정적이라는 평가. 포심 평속 144.4km는 나쁘지 않은 수준이지만 압도적이진 않다. 다만 LG의 단단한 내야진과 결합될 경우 시너지가 날 수도 있다. 염경엽 감독은 팀 내 넘치는 선발 자원을 고려, 웰스를 불펜에서 롱릴리프로 활용겠다는 계획을 밝혔다. 짧지만 KBO 리그 경험을 통해 한국 타자 스타일을 잘 알고 있다는 건 장점. 자신있는 구종 체인지업을 바탕으로 좌완임에도 지난 시즌에도 우타자 상대 성적이 좋았다.

기본기록

연도	경기	선발	QS	승	패	세이브	BS	홀드	이닝	피안타	피홈런	4사구	삼진	피안타율	WHIP	피 OPS	ERA	WAR
2023	0	0	0	0	0	0	0	0	0.0	0	0	0	0	0	-	-	-	-
2024	0	0	0	0	0	0	0	0	0.0	0	0	0	0	0	-	-	-	-
2025	4	4	2	1	1	0	0	0	20.0	18	0	7	16	0.234	1.20	0.567	3.15	0.38
통산	4	4	2	1	1	0	0	0	20.0	18	0	7	16	0.234	1.20	0.567	3.15	0.38

유영찬

54

팀	LG	생년월일	1997-03-07
포지션	P	투타	우투우타	신장 185	체중 90
연봉	8500-21000-24000	지명순위	20 LG 2차 5라운드 43순위
학교	안산리틀-배명중-배명고-건국대		

SLM
슬라이더마스터

2024년 풀타임 마무리 첫 시즌을 치르고 프리미어12 대표팀까지 다녀온 뒤 팔꿈치 미세골절 판정을 받는 바람에 뼛조각 제거 수술을 받았다. 당초 예상보다 빠른 6월 1일 1군에 복귀했다. 유영찬 복귀 뒤 불펜이 안정된 LG는 후반기 대약진에 성공했다. 한국시리즈에서 블론 1개를 기록했지만 2세이브와 함께 우승 헹가래 투수가 됐다. 실수와 실패에 흔들리지 않는 멘털은 최고 수준이다. 부상 공백에도 2년 연속 20세이브 이상을 거두며 마무리 투수로 안착했지만 2.63의 평균자책과 WHIP 1.32는 다소 아쉽다. 부상 복귀 시즌, 슬라이더의 비율이 39.3%까지 늘었다. 지난 시즌과 달리 시즌 준비가 정상적으로 이뤄지고, 팀 불펜 상황이 좋아진 만큼 마무리의 멀티 이닝 등판 부담은 줄어들 가능성이 높다.

기본기록

연도	경기	선발	QS	승	패	세이브	BS	홀드	이닝	피안타	피홈런	4사구	삼진	피안타율	WHIP	피 OPS	ERA	WAR
2023	67	0	0	6	3	1	2	12	68.0	55	4	47	55	0.220	1.40	0.671	3.44	1.35
2024	62	0	0	7	5	26	6	1	63.2	61	2	33	77	0.246	1.43	0.662	2.97	0.89
2025	39	0	0	2	2	21	1	1	41.0	31	2	26	52	0.208	1.32	0.619	2.63	0.92
통산	168	0	0	15	10	48	9	14	172.2	147	8	106	184	0.227	1.39	0.655	3.08	3.15

임찬규

1

팀	LG	**생년월일**	1992-11-20
포지션	P	**투타** 우투우타	**신장** 185 **체중** 80
연봉	20000-20000-20000	**지명순위**	11 LG 1라운드 2순위
학교	가동초-청원중-휘문고		

스몰파크피처

CHM
체인지업마스터

2S+CH
체인지업승부

2차전 1회 4실점 때문에 한국시리즈 우승 직후 팬들을 향해 '폴더 인사'를 하며 미안한 마음을 보였지만 최고의 시즌을 보냈다. 시즌 첫 등판 한화전에서 100구로 데뷔 첫 완봉승을 따냈다. 160이닝 투구와 평균자책 3.03 모두 커리어하이. 11승은 오히려 불운의 결과에 가깝다. 전반기 압도적 투구(WHIP 1.17, 평균자책 2.88)에 비해 후반기는 체력적 이슈로 다소 흔들렸다. (평균자책 3.30) 이 바람에 국내 투수 WAR 1위 자리를 0.01 차이로 원태인에게 내줬다. 포심 평균 140km의 구속으로도 '터널링'이 뒷받침되면 충분히 통한다는 걸 다시 한 번 증명했다. 피치컴을 쓰지 않는 낭만야구 스타일. 겨울 동안 KBO 최초 단독 예능 '야구기인 임찬규'로 한국야구 최고의 입담꾼임을 증명했다.

기본기록

연도	경기	선발	QS	승	패	세이브	BS	홀드	이닝	피안타	피홈런	4사구	삼진	피안타율	WHIP	피 OPS	ERA	WAR
2023	30	26	7	14	3	0	0	1	144.2	142	10	59	103	0.252	1.35	0.674	3.42	3.29
2024	25	24	11	10	6	0	0	1	134.0	144	12	47	136	0.276	1.39	0.737	3.83	3.94
2025	27	27	15	11	7	0	0	0	160.1	163	9	46	107	0.265	1.27	0.694	3.03	4.90
통산	350	232	72	86	85	8	3	6	1370.0	1434	133	639	1112	0.271	1.45	0.751	4.36	23.07

장현식

팀	LG	**생년월일**	1995-02-24
포지션	P	**투타** 우투우타	**신장** 181 **체중** 91
연봉	16000-20000-150000	**지명순위** 13 NC 1라운드 9순위	
학교	신도초-서울이수중-서울고		

50

© LG 트윈스

2024년 KIA 우승의 주역으로 FA 자격을 얻었고 52억 원 보장이라는 파격적인 조건으로 LG 유니폼을 입었다. 계약 뒤 유영찬의 부상 소식이 나오면서 가슴을 쓸어내렸지만, 장현식도 발목 부상에 이어 5월에 또다시 부상을 당하면서 기대만큼의 활약을 보여주지 못했다. 직전 시즌 75.1이닝의 여파 가능성도 있다. 포심의 평균구속이 전년 대비 1km 줄어들면서 주무기인 고속 포크(141.6km)의 효과가 반감됐다. 포심과 포크의 구종 가치가 동시에 하락했다. 타자들의 헛스윙 비율이 27%에서 16.5%로 뚝 떨어진 점은 위험한 신호다. 2025시즌 49이닝밖에 던지지 않았고 부상없이 시즌을 준비하는 것은 반등 기대요소다. 생각이 깊고, 희생정신이 강해 팀 케미에 도움이 되는 스타일. 얼굴이 곽튜브를 닮았다.

기본기록

연도	경기	선발	QS	승	패	세이브	BS	홀드	이닝	피안타	피홈런	4사구	삼진	피안타율	WHIP	피 OPS	ERA	WAR
2023	56	0	0	2	2	3	2	5	51.0	58	6	27	44	0.296	1.65	0.807	4.06	0.50
2024	75	0	0	5	4	0	1	16	75.1	75	8	36	75	0.260	1.45	0.738	3.94	1.67
2025	56	0	0	3	3	10	1	5	49.2	65	4	26	38	0.317	1.73	0.857	4.35	0.73
통산	493	30	9	35	39	17	20	96	641.2	688	76	348	558	0.276	1.57	0.788	4.87	7.23

치리노스

46

팀	LG	**생년월일**	1993-12-26
포지션	P	**투타** 우투우타	**신장** 188 **체중** 102
연봉	0-112000-$900000	**지명순위** 25 LG 자유선발	
학교	U.E.N héroes nigales		

병살버프

속구마스터

SLM

슬라이더마스터

풀카운트장인

2선발 정도의 기대를 받으며 출발했지만 에이스 역할을 성공적으로 해냈다. 평균 148.7km의 투심 패스트볼이 주무기다. 투심 구종가치 리그 전체 1위다. 우타자 몸쪽으로 변화는 무브먼트가 상당하다. 여기에 포크볼이 더해지며 공략이 까다로운 조합 완성. 투심, 슬라이더, 포크의 3피치인데, 상하 움직임이 커서 ABS 존과의 궁합이 무척 좋다. 3가지 구종의 존 상단 공략이 잘 이뤄지는 날에는 거의 완벽한 투구를 한다. 투심 기반의 땅볼 투수로 잠실 구장에는 어울리지 않지만 LG 내야진이 워낙 탄탄해 문제가 없다. 피홈런 5개는 규정이닝 투수 중 최소 1위. 9이닝당 볼넷 1.83개는 규정이닝 외인 투수 중 1위다. 2026시즌에도 에이스 역할을 맡는다. 그새 베네수엘라 농장에 소가 51마리로 늘었다.

기본기록

연도	경기	선발	QS	승	패	세이브	BS	홀드	이닝	피안타	피홈런	4사구	삼진	피안타율	WHIP	피 OPS	ERA	WAR
2023	0	0	0	0	0	0	0	0	0.0	0	0	0	0	0	-	-	-	-
2024	0	0	0	0	0	0	0	0	0.0	0	0	0	0	0	-	-	-	-
2025	30	30	17	13	6	0	0	0	177.0	173	5	45	137	0.253	1.18	0.615	3.31	5.21
통산	30	30	17	13	6	0	0	0	177.0	173	5	45	137	0.253	1.18	0.615	3.31	5.21

톨허스트

30

팀	LG	**생년월일**	1999-09-13
포지션	P	**투타** 우투우타	**신장** 193 **체중** 86
연봉	0-37800-$800000	**지명순위** 25 LG 자유선발	
학교	Grossmont College		

빠른승부

B

초구B내성

엘리에이저 에르난데스를 대신한 교체 외국인선수로 8월에 계약했고, 가을에 최고의 투구로 팀에 우승을 안겼다. 8경기 6승2패, 평균자책 2.86은 수준급 기록. 특히 선발 등판 8경기 모두 디시전이란 점도 특별하다. 평균 151.3km의 포심 패스트볼에 커터, 커브, 포크의 4피치 스타일. 큰 키에서 뿌리는 포심의 무브먼트가 좋고, 비슷한 궤적에서 낙차 크게 떨어지는 포크가 타자들을 괴롭게 만들었다. 한국시리즈에서는 치리노스 대신 1선발로 나서 2경기 모두 7이닝을 던지며 2승을 따냈다. 이 분위기를 이어간다면 2026시즌 에이스 역할을 할 수도 있다. 치리노스에 비해 제구는 다소 불안한 편. 캠프 첫 불펜 피칭서 유니폼을 깜빡해 오스틴 저지를 입었다. 피칭 뒤 자못 진지하게 "투타겸업 고민 중"이라고 농담했다.

기본기록

연도	경기	선발	QS	승	패	세이브	BS	홀드	이닝	피안타	피홈런	4사구	삼진	피안타율	WHIP	피 OPS	ERA	WAR
2023	0	0	0	0	0	0	0	0	0.0	0	0	0	0	0	-	-	-	-
2024	0	0	0	0	0	0	0	0	0.0	0	0	0	0	0	-	-	-	-
2025	8	8	5	6	2	0	0	0	44.0	39	2	18	45	0.238	1.25	0.640	2.86	1.31
통산	8	8	5	6	2	0	0	0	44.0	39	2	18	45	0.238	1.25	0.640	2.86	1.31

구본혁

6

팀	LG	생년월일	1997-01-11

포지션	3B	투타	우투우타	신장	177	체중	75

연봉	7000-13500-23000	지명순위	19 LG 2차 6라운드 55순위

학교	중대초-잠신중-장충고-동국대

멀티포지션

투수에서 송승기를 발견했다면, 야수에서 구본혁의 성장을 확인한 것이 LG의 가장 큰 소득이다. 주전 내야수는 아니지만 내야 전 포지션과 좌익수까지 커버 가능하면서 'LG 다저스' 느낌의 라인업 구성이 가능해졌다. 수비 안정감은 원래 갖고 있었는데, 공격 스탯이 일취월장했다. 2024년 공격 WAR이 0.78에서 2025년 2.25로 급성장. 리그 37위에 올랐다. 시즌 중 빈 자리가 생길 때마다 모두 메우면서 팀 전력의 안정감에 기여했다. 한국시리즈에서 문성주, 오스틴의 부상으로 주전 3루수로 활약했다. 원래 4차원 소리 많이 들었지만 5차전에서 문현빈 번트 타구를 과감하게 흘린 건 엄청났다. 연봉이 2억3천만원으로 70.4% 올랐다. 지난해 2개 모자랐던 시즌 100안타가 일단 새 시즌의 목표다.

기본기록

연도	경기	타석	타수	안타	2루타	3루타	홈런	타점	득점	볼넷	사구	삼진	도루	타율	출루율	장타율	OPS	WAR
2023	0	0	0	0	0	0	0	0	0	0	0	0	0	-	-	-	-	0.00
2024	133	389	339	87	14	2	2	43	48	38	4	51	8	0.257	0.335	0.327	0.662	1.33
2025	131	397	343	98	16	2	1	38	41	36	6	44	10	0.286	0.364	0.353	0.717	3.59
통산	569	1024	891	219	33	5	5	97	129	90	15	137	20	0.246	0.323	0.311	0.634	3.94

문보경

2

팀	LG	**생년월일**	2000-07-19
포지션	3B	**투타**	우투좌타	**신장**	182	**체중**	88
연봉	30000-41000-48000		**지명순위**	19 LG 2차 3라운드 25순위
학교	동대문-덕수중-신일고		

LG 3루수는 10년 가까이 공백이었다. 정성훈 이후 10년 만에 그 자리를 문보경이 채웠다. 공격 스탯이 매년 성장하고 있다. 공격 WAR 4.72는 리그 11위 수준으로 노시환(4.47)에 오히려 앞선다. 볼넷 비율이 2%p 가량 좋아진 것은 중요한 신호다. 13.0%로 규정타석 전체 7위. 성장세는 뚜렷하지만 여전히 시즌 중 롤러코스터는 아찔하다. 5월 OPS가 1.065였는데, 6월에는 0.697로 급락했다. 7월 이후 살아났다가 9월에 다시 0.466으로 가라앉았다. 팬들의 걱정을 키웠지만 한국시리즈에서는 홈런 1개 포함 타율 0.526, OPS 1.504로 대폭발했다. 타석에서 자신만의 타이밍을 잡기 시작했다. BABIP가 0.301밖에 되지 않음에도 이만큼의 성적이라 2026년 더 큰 성장이 기대된다.

기본기록

연도	경기	타석	타수	안타	2루타	3루타	홈런	타점	득점	볼넷	사구	삼진	도루	타율	출루율	장타율	OPS	WAR
2023	131	542	469	141	29	5	10	72	77	58	2	83	9	0.301	0.377	0.448	0.825	4.12
2024	144	602	519	156	35	3	22	101	80	65	2	112	7	0.301	0.372	0.507	0.879	4.46
2025	141	607	515	142	21	1	24	108	91	79	4	108	3	0.276	0.371	0.460	0.831	4.18
통산	649	2546	2187	631	118	13	73	376	337	295	9	423	29	0.289	0.370	0.455	0.825	18.35

문성주

8

팀	LG	생년월일	1997-02-20
포지션	LF	투타	좌투좌타

신장	175	체중	78

연봉	20000-18000-28000	지명순위	18 LG 2차 10라운드 97순위

학교	포철서초-포철중-경북고-강릉영동대

10라운드 97순위로 지명되어 입단했음에도 주전 외야수로 성공한 인생극장의 주인공. 등장곡 '오리 날다'와 비슷한 인생이다. 선구안과 컨택 능력이 뛰어난 전형적인 교타자. 1군 풀타임 이후 전반기에 강하고 후반기에 약한 시즌이 이어졌지만 2025시즌에는 시즌 직전 시술을 받아 출발이 늦었고, 이 영향인지 전반기는 약했지만, 후반기 이를 만회해 규정타석 첫 3할 시즌에 성공했다. 한국시리즈를 앞두고는 허리 부상으로 제대로 뛰지 못했다. 주자 없을 때 타율 0.263인데 주자가 있으면 0.351로 치솟는다. 특히 주자 1루 상황 OPS가 0.925나 됐다. 김현수가 KT로 떠났으나 이재원이 제대했음에도, 염경엽 감독은 주전 좌익수는 문성주라고 일찌감치 밝혔다. 엄청난 운동량을 자랑하는 성실의 대명사다. 도루 능력은 다소 떨어진다.

기본기록

연도	경기	타석	타수	안타	2루타	3루타	홈런	타점	득점	볼넷	사구	삼진	도루	타율	출루율	장타율	OPS	WAR
2023	136	534	449	132	21	4	2	57	77	67	8	34	24	0.294	0.392	0.372	0.764	3.69
2024	96	361	305	96	16	2	0	48	47	49	3	38	13	0.315	0.411	0.380	0.791	2.49
2025	135	542	475	145	20	2	3	70	57	54	4	59	4	0.305	0.375	0.375	0.750	2.61
통산	509	1919	1638	491	73	11	12	226	248	228	20	183	51	0.300	0.388	0.380	0.768	11.99

박동원

27

팀	LG	**생년월일**	1990-04-07
포지션	C	**투타**	우투우타	**신장**	178	**체중**	92
연봉	250000-120000-50000	**지명순위**	09 히어로즈 2차 3라운드 19순위
학교	양정초-개성중-개성고		

노림수

초구선호

풀히터

리그를 대표하는 공격형 포수 중 한 명. 강한 어깨에 비해 프레이밍 능력이 아쉽다는 평가였지만 ABS의 도입으로 자신의 장점을 최고로 살릴 수 있게 됐다. 잠실 구장을 홈으로 쓰면서도 공격력이 매년 늘었다. WAR 5.12는 커리어 하이이자 리그 9위의 기록. 전성기 시절로 돌아온 양의지(6.79)가 아니었다면 골든글러브를 노려볼 만했다. 그럼에도 LG의 통합 우승에 중요한 역할을 했다. 한국시리즈에서 2차전 투런 홈런과 4차전 대역전의 발판이 된 투런 홈런은 흐름을 바꾸는 결정적 한 방이었다. 2025시즌 포수 938.1이닝은 리그 최다. 이주헌의 역할이 조금 더 많아져야 수비 부담이 줄어든다. 이번 시즌 뒤 다시 FA 자격을 얻어 시즌 중 비FA 다년계약 여부가 관심이다. 딸 채이의 인기가 아빠보다 더 많아진 느낌.

기본기록

연도	경기	타석	타수	안타	2루타	3루타	홈런	타점	득점	볼넷	사구	삼진	도루	타율	출루율	장타율	OPS	WAR
2023	130	481	409	102	17	1	20	75	54	49	7	90	0	0.249	0.334	0.443	0.777	4.26
2024	130	498	434	118	22	0	20	80	58	55	0	112	1	0.272	0.349	0.461	0.810	4.54
2025	139	523	451	114	25	0	22	76	57	62	2	124	4	0.253	0.342	0.455	0.797	5.12
통산	1425	4778	4170	1069	204	6	176	695	557	446	58	996	15	0.256	0.334	0.435	0.769	32.04

박해민

팀	LG	**생년월일**	1990-02-24
포지션	CF	**투타** 우투좌타	**신장** 180 **체중** 75
연봉	60000-60000-80000	**지명순위** 12 삼성 육성선수	
학교	영중초-양천중-신일고-한양대		

17

© LG 트윈스

추가진루

한화와 경기할 때마다 엄청난 중견수 수비를 보이는 바람에 (사실상) 성심당 출입금지다. 한국시리즈에서도 1차전 1회초 문현빈의 타구를 점프 캐치했다. 그 수비가 아니었다면 시리즈 흐름은 바뀔 수도 있었다. 병살타를 때린 4차전 극적인 역전승 뒤에도 눈물을 흘렸다. 10억 원 이상 적은 금액으로 LG와 FA 재계약을 해 팬들의 마음을 울렸다. 중견수 수비가 워낙 화제지만, 공격 스탯도 리그 최상급으로 WAR 4.55는 리그 13위다. 다만, 지난 시즌 한화 상대 OPS는 0.644밖에 되지 않는다. 올해도 LG의 주장을 맡는다. 주장으로서의 책임감 뿐만 아니라 자부심도 상당하다. 박해민은 고교, 대학 졸업 때 2번이나 드래프트 실패했고 신고선수로 입단해 최고 자리에 올랐다. 한 번만 더 도루왕에 오르면 리그 역대 최다 도루왕(6회)이다.

기본기록

연도	경기	타석	타수	안타	2루타	3루타	홈런	타점	득점	볼넷	사구	삼진	도루	타율	출루율	장타율	OPS	WAR
2023	144	558	485	138	14	2	6	59	80	45	3	74	26	0.285	0.348	0.359	0.707	3.46
2024	144	553	482	127	16	6	6	56	72	46	11	101	43	0.263	0.336	0.359	0.695	2.10
2025	144	544	442	122	18	2	3	43	80	68	8	94	49	0.276	0.379	0.346	0.725	4.55
통산	1672	6864	5973	1696	238	72	60	621	1035	617	54	1030	460	0.284	0.353	0.378	0.731	35.66

신민재

4

팀	LG	**생년월일**	1996-01-21
포지션	2B	**투타**	우투좌타	**신장**	171	**체중**	67
연봉	11500-20000-38000	**지명순위**	15 두산 육성선수
학교	서홍초-동인천중-인천고		

© LG 트윈스

2S내성

스프레이히터1

추가진루

3B2S

풀카운트장인-성적

홍창기의 무릎 부상 공백을 이 선수가 메울 것으로 예상했던 이들은 많지 않았다. 개막 후 5월 중순까지 극심한 타격 부진에 빠지면서 타율이 0.191까지 추락, 2군에 내려갔다. 2군에서 미친듯이 방망이를 휘두른 끝에 감을 찾았고, 6월1일 이후 시즌 타율은 무려 0.341, OPS 0.839를 기록하며 1번 타자로 맹활약했다. 0.191까지 내려갔던 시즌 타율은 0.313, 커리어하이로 마무리. 공격뿐만 아니라 수비에서도 날아다녔다. 김정준 수석코치는 "최근 20년 최고 수비력 2루수 TOP3"라고 평가했다. 생애 첫 2루수 골든글러브 수상 때 바이에른 뮌헨의 축하를 받았다. 시즌 뒤 일본과의 평가전에서도 국가대표로 맹활약했다. 2026시즌 홍창기와 함께 이룰 테이블 세터진은 리그 최강을 다툰다.

기본기록

연도	경기	타석	타수	안타	2루타	3루타	홈런	타점	득점	볼넷	사구	삼진	도루	타율	출루율	장타율	OPS	WAR
2023	122	331	282	78	5	2	0	28	47	29	1	34	37	0.277	0.344	0.309	0.653	1.25
2024	128	474	387	115	11	6	0	40	78	64	5	47	32	0.297	0.401	0.357	0.758	2.72
2025	135	538	463	145	15	7	1	61	87	62	3	57	15	0.313	0.395	0.382	0.777	3.49
통산	580	1499	1265	368	35	15	1	141	273	171	12	165	106	0.291	0.378	0.345	0.723	7.70

오스틴

23

팀 LG	**생년월일** 1993-10-14		
포지션 1B	**투타** 우투우타	**신장** 183	**체중** 97
연봉 80000-168000-$1100000		**지명순위** 23 LG 자유선발	
학교 Klein Collins			

© LG 트윈스

SL

SL헌터

이미 LG 역대 최고 외국인 야수 자리에 올랐다. 지난해까지 3시즌 통산 WAR 합계가 이미 15.22다. (최고 투수는 케이시 켈리 25.30) 투고타저로 리그 환경이 바뀌었어도 31홈런에 OPS 0.988을 기록했다. LG 창단 첫 2년 연속 30홈런 기록이다. 입단 초기 다소 불안했던 1루 수비 안정감도 높아졌다. 1루 견제 동작에서도 포구에서 태그로 이어지는 플레이가 자연스럽다. 팀과 리그에 대한 애정이 상당하다. 다른 외국인선수와 달리 골든글러브 시상식에 직접 참가하며 박수를 받았다. 좋은 선구안과 컨택 능력을 바탕으로 전형적인 거포 스타일이 아님에도 안정적인 홈런 생산성을 보인다. 4년 연속 뛴 LG 외국인 야수는 처음이다. 2026시즌도 중심타선에 선다. 득점권 OPS가 무려 1.048이나 된다.

기본기록

연도	경기	타석	타수	안타	2루타	3루타	홈런	타점	득점	볼넷	사구	삼진	도루	타율	출루율	장타율	OPS	WAR
2023	139	583	520	163	29	4	23	95	87	53	3	75	7	0.313	0.376	0.517	0.893	5.13
2024	140	604	527	168	32	3	32	132	99	61	3	82	12	0.319	0.384	0.573	0.957	5.23
2025	116	499	425	133	25	1	31	95	82	61	2	62	3	0.313	0.393	0.595	0.988	4.86
통산	395	1686	1472	464	86	8	86	322	268	175	8	219	22	0.315	0.384	0.560	0.944	15.22

오지환

팀	LG	**생년월일**	1990-03-12
포지션	SS	**투타** 우투좌타	**신장** 185 **체중** 80
연봉	30000-30000-140000	**지명순위**	09 LG 1차
학교	군산초-자양중-경기고		

10

전반기 심각한 부진을 후반기 팀 상승세와 함께 만회했다. 후반기에 때린 홈런만 9개다. 리그 최고 수준의 안정적인 유격수 수비는 공격에서의 부진을 충분히 만회한다. 한국시리즈 3차전에서 보여준 고의낙구에 이은 병살 플레이는 베테랑 유격수의 진가를 보여줬다. 치리노스, 톨허스트 등 외국인 원투펀치가 모두 땅볼 투수들이라는 점에서 오지환의 수비력은 여전히 중요하다. 어느새 18번째 시즌을 치르고, 나이도 30대 후반을 향한다. 볼넷 비율이 7.8%까지 떨어졌고 헛스윙 비율이 1%p 오른 것은 위험 신호다. 시즌 막판 염경엽 감독이 '오지환 좌익수'를 언급한 것이 오히려 분발의 계기가 됐다. 감독은 수비 부담을 덜어주겠다는 의도지만, 임찬규 등과 함께 10일 먼저 스프링캠프지에 선발대로 출발해 시즌을 준비했다.

기본기록

연도	경기	타석	타수	안타	2루타	3루타	홈런	타점	득점	볼넷	사구	삼진	도루	타율	출루율	장타율	OPS	WAR
2023	126	502	422	113	24	3	8	62	65	64	8	82	16	0.268	0.371	0.396	0.767	5.17
2024	108	428	370	94	24	2	10	59	67	51	4	106	17	0.254	0.350	0.411	0.761	3.09
2025	127	472	419	106	24	1	16	62	57	37	3	115	9	0.253	0.314	0.430	0.744	2.89
통산	1985	7811	6743	1779	347	63	180	928	1069	822	96	1726	282	0.264	0.349	0.414	0.763	61.81

이재원

52

팀	LG	**생년월일**	1999-07-17
포지션	RF	**투타**	우투우타
신장	192	**체중**	105
연봉	7000-0-7000	**지명순위**	18 LG 2차 2라운드 17순위
학교	석교초-경원중-서울고		

염경엽 감독 부임 첫 해인 2023년, 군입대를 미루면서까지 '핵심 전력'으로 평가받았지만 유망주 딱지를 떼지 못했다. 타율 0.214, OPS 0.661에 그쳤다. 파워는 확실했지만 선구안과 컨택 능력이 부족했다. 삼진율이 31%나 됐다. ABS 도입 이전 KBO 리그 우타자 성장은 무척 더뎠다. 군대에 간 사이 ABS가 도입됐고, 바깥쪽 공에 대한 판정이 일정해진다. LG 라인업 복귀 기대감이 상당하다. 상무에서는 퓨처스를 압도했다. 78경기에서 홈런이 26개다. 144경기 단순 환산일 경우 48홈런. OPS가 무려 1.100이다. 차명석 단장은 "같은 홈런이라도 확실히 멀리 친다"라며 파워를 자신했다. 박병호 키움 코치가 은퇴 기자회견에서 거포 후계자로 이재원을 언급했다. 백업 1루, 외야수로 시작한다.

기본기록

연도	경기	타석	타수	안타	2루타	3루타	홈런	타점	득점	볼넷	사구	삼진	도루	타율	출루율	장타율	OPS	WAR
2023	57	129	112	24	5	0	4	18	15	12	2	40	4	0.214	0.295	0.366	0.661	0.05
2024	0	0	0	0	0	0	0	0	0	0	0	0	0	-	-	-	-	0.00
2025	0	0	0	0	0	0	0	0	0	0	0	0	0	-	-	-	-	0.00
통산	220	575	509	113	19	2	22	78	69	46	16	176	12	0.222	0.304	0.397	0.701	1.50

홍창기

51

팀	LG	**생년월일**	1993-11-21
포지션	RF	**투타**	우투좌타	**신장**	189	**체중**	94
연봉	51000-65000-52000		**지명순위**	16 LG 2차 3라운드 27순위
학교	대일초-매송중-안산공고-건국대			

개막 직후 다소 부진했지만 5월들어 빠르게 선구안과 타격감을 회복했다. 5월 10경기 출루율이 무려 0.489였으나 13일 경기에서 무릎을 다쳤고 추가 검진 결과 십자인대 파열로 시즌 아웃이 결정됐다. 그런데 무시무시한 회복력으로 9월에 1군에 복귀했다. 한국시리즈에서도 우익수로 선발 출전해 건강한 모습을 보였다. 2026시즌 홍창기가 더해진 LG 타순에 대한 기대감이 상당하다. 결혼도 했고 시즌 뒤 FA 자격을 얻는 홍창기 입장에서 무척 중요한 시즌이다. 구단은 시즌 중 비FA 다년계약으로 잡겠다는 입장이지만 홍창기는 "구체적인 언급이 없다"라며 다소 불편한 기색도 보였다. 새 시즌 연봉은 20% 삭감된 5.2억 원이다. 통산 출루율 1위(0.428) 자리는 여전히 홍창기의 몫이다. 응원가는 거의 국민 노래 수준이다.

기본기록

연도	경기	타석	타수	안타	2루타	3루타	홈런	타점	득점	볼넷	사구	삼진	도루	타율	출루율	장타율	OPS	WAR
2023	141	643	524	174	35	2	1	65	109	88	22	83	23	0.332	0.444	0.412	0.856	6.89
2024	139	637	524	176	18	3	5	73	96	96	12	93	10	0.336	0.447	0.410	0.857	5.23
2025	51	215	174	50	4	0	1	16	32	29	6	40	3	0.287	0.399	0.328	0.727	0.99
통산	766	3234	2637	820	135	17	17	296	507	472	87	493	86	0.311	0.428	0.394	0.822	28.49

김강률

팀	LG	생년월일	1988-08-28		
포지션	P	투타	우투우타	신장 187	체중 95
연봉	15000-10000-25000		지명순위	07 두산 2차 4라운드 26순위	
학교	문촌초-일산서구-장성중-경기고				

지난 시즌 5월 부상자 명단에 오른 뒤 결국 복귀하지 못했다. 2020시즌 이후의 6시즌 중 30이닝 이상 던진 시즌이 2번밖에 되지 않는다. 이번에도 스프링캠프 대신 이천에 남아 시즌을 준비했다. 포심 평균구속 145km 이상 회복이 우선. LG 불펜에 자리가 많지 않다.

기본기록

연도	경기	선발	QS	승	패	세이브	BS	홀드	이닝	피안타	피홈런	4사구	삼진	피안타율	WHIP	피 OPS	ERA	WAR
2023	32	0	0	1	0	1	0	7	25.2	23	2	14	21	0.232	1.36	0.648	4.21	0.41
2024	53	0	0	2	2	1	0	12	42.0	41	1	23	33	0.255	1.48	0.663	3.00	1.60
2025	12	0	0	1	0	1	0	4	12.1	7	0	9	9	0.167	1.22	0.504	1.46	0.40
통산	460	1	0	27	14	47	16	60	489.0	499	33	255	407	0.267	1.49	0.722	3.75	8.31

박시원

팀	LG	생년월일	2006-04-12		
포지션	P	투타	우투우타	신장 193	체중 93
연봉	0-3000-3200		지명순위	25 LG 6라운드 60순위	
학교	해운대-센텀중-경남고				

6라운드 신인으로 1군 2경기 등판해 평균자책 13.50. 하지만 포심 평균구속 151.2km를 기록한 유망주다. 염경엽 감독이 김영우에 이어 공을 들이고 있는 자원이다. 애리조나 스프링캠프에도 합류했다. ABS 도입 후 KBO 리그에서 강속구는 더 소중한 재능이다.

기본기록

연도	경기	선발	QS	승	패	세이브	BS	홀드	이닝	피안타	피홈런	4사구	삼진	피안타율	WHIP	피 OPS	ERA	WAR
2023	0	0	0	0	0	0	0	0	0.0	0	0	0	0	0	-	-	-	-
2024	0	0	0	0	0	0	0	0	0.0	0	0	0	0	0	-	-	-	-
2025	2	0	0	0	0	0	0	0	1.1	0	0	5	0	0.000	3.75	0.556	13.50	-0.01
통산	2	0	0	0	0	0	0	0	1.1	0	0	5	0	0.000	3.75	0.556	13.50	-0.01

배재준

25

팀	LG	**생년월일**	1994-11-24
포지션	P	**투타**	우투우타

팀	LG	**생년월일**	1994-11-24				
포지션	P	**투타**	우투우타	**신장**	188	**체중**	85
연봉	6000-4500-5600			**지명순위**	13 LG 2라운드 16순위		
학교	본리초-경상중-상원고						

2013년 2라운드 상위 지명 투수. 통산 성적은 6승7패가 전부다. 평균구속 148.7km의 수준급 포심을 갖고 있지만 경기 운영도, 제구도 더 필요하다. 포심-포크 조합이 더 완성돼야 1군에 나설 수 있다. 보류선수 명단에는 남았지만 애리조나 캠프 명단에선 빠졌다.

기본기록

연도	경기	선발	QS	승	패	세이브	BS	홀드	이닝	피안타	피홈런	4사구	삼진	피안타율	WHIP	피 OPS	ERA	WAR
2023	1	0	0	0	0	0	0	0	1.0	2	0	1	0	0.400	3.00	1.300	18.00	-0.07
2024	0	0	0	0	0	0	0	0	0.0	0	0	0	0	0	-	-	-	-
2025	14	0	0	0	0	0	0	1	13.0	9	1	8	14	0.191	1.23	0.644	5.54	0.14
통산	82	28	6	6	7	0	0	1	178.2	170	8	106	145	0.248	1.45	0.711	4.43	1.50

백승현

61

팀	LG	**생년월일**	1995-05-26				
포지션	P	**투타**	우투우타	**신장**	183	**체중**	90
연봉	9200-7000-7000			**지명순위**	15 LG 2차 3라운드 30순위		
학교	소래초-상인천중-인천고						

오지환의 뒤를 이을 유격수 유망주에서 투수 변신에 성공했다. 2024년 144.7km 까지 떨어졌던 포심 평균구속이 지난해 147.2km로 회복했지만 9이닝당 볼넷은 8.40으로 폭등하면서 등판 기회가 줄었다. 여전히 빠른 공은 매력적이다. 염 감독은 '플랜B'라고 평가했다.

기본기록

연도	경기	선발	QS	승	패	세이브	BS	홀드	이닝	피안타	피홈런	4사구	삼진	피안타율	WHIP	피 OPS	ERA	WAR
2023	42	0	0	2	0	3	1	11	40.0	28	2	18	30	0.197	1.15	0.556	1.58	1.94
2024	36	0	0	2	1	2	1	1	26.2	33	3	24	14	0.314	2.06	0.899	9.11	-0.51
2025	33	0	0	1	0	0	0	2	30.0	28	2	29	27	0.246	1.87	0.738	3.90	0.16
통산	139	0	0	5	2	5	3	16	123.1	117	9	86	84	0.254	1.61	0.728	4.60	1.62

이민호

26

팀	LG	생년월일	2001-08-30		
포지션	P	투타	우투우타	신장 189	체중 93
연봉	0-0-9000			지명순위	20 LG 1차
학교	서울학동초-대치중-휘문고				

2020년 1차 지명한 선발 유망주. 2022년 12승 8패로 기대를 모았지만 2023시즌 부진에 이어 수술을 받았다. 사회복무요원을 마치고 올 시즌 복귀한다. 마무리캠프에서 준비가 잘 됐다는 평가를 받았다. 스리쿼터 형태로 던지는 무브먼트 좋은 포심은 ABS와 궁합이 좋다.

기본기록

연도	경기	선발	QS	승	패	세이브	BS	홀드	이닝	피안타	피홈런	4사구	삼진	피안타율	WHIP	피 OPS	ERA	WAR
2023	5	5	0	0	2	0	0	0	19.2	22	1	10	7	0.289	1.63	0.746	5.03	0.05
2024	0	0	0	0	0	0	0	0	0.0	0	0	0	0	0	-	-	-	-
2025	0	0	0	0	0	0	0	0	0.0	0	0	0	0	0	-	-	-	-
통산	76	69	19	24	23	0	0	0	351.2	351	33	173	247	0.263	1.40	0.737	4.58	4.89

이지강

32

팀	LG	생년월일	1999-07-02		
포지션	P	투타	우투우타	신장 183	체중 85
연봉	6800-8300-11000			지명순위	19 LG 2차 9라운드 85순위
학교	수원북중-소래고				

선발일 때와 불펜일 때 구속이 확 달라진다. 불펜 등판 때는 150km가 넘는 공을 쉽게 던진다. 무브먼트가 강렬한 힘 있는 공이 우타자 몸쪽 테일링을 지녔다. 몰리면 장타를 허용하지만, 우타 상대 피안타율 0.221은 매력적인 무기다. 애리조나 스프링캠프에 합류해 기대를 모았다.

기본기록

연도	경기	선발	QS	승	패	세이브	BS	홀드	이닝	피안타	피홈런	4사구	삼진	피안타율	WHIP	피 OPS	ERA	WAR
2023	22	12	1	2	5	0	0	2	68.0	60	4	37	38	0.233	1.29	0.641	3.97	0.21
2024	46	2	0	2	3	1	1	1	53.2	61	5	28	39	0.280	1.62	0.747	4.53	0.00
2025	43	1	0	1	2	3	1	4	47.1	50	4	25	39	0.270	1.56	0.760	5.32	-0.04
통산	115	16	1	5	10	4	2	7	180.0	183	13	103	122	0.260	1.52	0.715	4.55	0.31

이정용

팀	LG	**생년월일**	1996-03-26
포지션	P	**투타** 우투좌타	**신장** 185 **체중** 83
연봉	0-27000-27000	**지명순위** 19 LG 1차	
학교	영일초-성남중-성남고-동아대		

6월 상무 전역 뒤 얇아진 LG 불펜에서 쏠쏠한 활약을 펼쳤다. 선발 준비 → 불펜 전환 과정에서 시즌 막판 다소 처지는 모습이었지만 6승1패, 1세이브, 7홀드를 기록했다. 제대로 준비한 2026시즌 기대감이 높다. 보직이 미리 정해지면 더 나은 성적이 기대된다.

기본기록

연도	경기	선발	QS	승	패	세이브	BS	홀드	이닝	피안타	피홈런	4사구	삼진	피안타율	WHIP	피 OPS	ERA	WAR
2023	37	13	5	7	2	3	5	1	86.2	100	5	21	50	0.284	1.37	0.710	4.15	0.90
2024	0	0	0	0	0	0	0	0	0.0	0	0	0	0	0	-	-	-	-
2025	39	0	0	6	1	1	1	7	34.0	32	3	14	26	0.258	1.29	0.704	5.03	0.57
통산	241	13	5	23	10	5	12	49	283.2	272	21	95	223	0.251	1.26	0.676	3.74	4.17

정우영

팀	LG	**생년월일**	1999-08-19
포지션	P	**투타** 우언우타	**신장** 193 **체중** 99
연봉	32000-18000-10000	**지명순위** 19 LG 2차 2라운드 15순위	
학교	가평초-강남중-서울고		

2022년 35홀드로 1위에 올랐지만 이후 내리막의 연속. 별별 노력에도 답이 찾아지지 않았다. 어디선가 흔들린 '포인트'를 잡는 게 우선. '뱀직구'를 떠오르게 하는 '미친 투심'의 감각을 찾아야 한다. 3.2억 원이던 연봉이 1억까지 떨어졌지만, 애리조나 캠프 합류 성공.

기본기록

연도	경기	선발	QS	승	패	세이브	BS	홀드	이닝	피안타	피홈런	4사구	삼진	피안타율	WHIP	피 OPS	ERA	WAR
2023	60	0	0	5	6	0	2	11	51.2	63	1	32	41	0.297	1.55	0.752	4.70	-0.72
2024	27	0	0	2	1	0	2	3	22.2	31	0	17	17	0.344	1.85	0.860	4.76	0.04
2025	4	0	0	0	0	0	0	0	2.2	1	1	5	3	0.125	1.88	0.962	20.25	-0.11
통산	349	0	0	24	23	8	18	112	340.1	291	10	194	239	0.233	1.26	0.633	3.46	5.99

최지명

16

팀	LG	생년월일	1995-01-22		
포지션	P	투타	좌투좌타	신장	186	체중	97
연봉	15000-13000-10000		지명순위	18 삼성 1차	
학교	동천초-포항중-상원고-한양대				

FA로 삼성과 계약한 최원태의 보상선수로 지명됐다. 좌완 피네스 피처로 염경엽 감독의 기대를 모았고, 대체 선발과 롱릴리프로 주로 뛰었다. 시즌 뒤 최채흥에서 최지명으로 개명했다. 뼛조각 제거 수술을 받아 애리조나 캠프는 불참했지만 시즌을 뛰는 데는 문제가 없다.

기본기록

연도	경기	선발	QS	승	패	세이브	BS	홀드	이닝	피안타	피홈런	4사구	삼진	피안타율	WHIP	피 OPS	ERA	WAR
2023	15	14	2	1	7	0	0	0	63.1	90	9	19	33	0.330	1.67	0.867	6.68	-0.14
2024	14	1	0	0	0	0	0	1	20.0	24	4	12	14	0.300	1.80	0.921	6.30	-0.07
2025	13	4	0	0	1	0	0	2	29.0	35	3	15	21	0.302	1.69	0.845	5.28	0.17
통산	130	84	27	27	30	0	0	7	515.1	580	59	189	387	0.282	1.46	0.770	4.63	7.68

함덕주

11

팀	LG	생년월일	1995-01-13		
포지션	P	투타	좌투좌타	신장	181	체중	78
연봉	20000-20000-80000		지명순위	13 두산 5라운드 43순위	
학교	일산초-원주중-원주고				

시즌 전 팔꿈치 뼈 관련 수술을 받아 6월에 복귀했다. 1군 복귀 초반에는 구속이 올라오지 않아 어려웠지만 9월 이후 최고구속 144km를 회복했고 KS에서 2경기 무안타 1홀드를 기록했다. 모처럼 건강하게 시작하는 2026시즌 기대감이 크다. 시즌 뒤 옵트아웃 권리가 있다.

기본기록

연도	경기	선발	QS	승	패	세이브	BS	홀드	이닝	피안타	피홈런	4사구	삼진	피안타율	WHIP	피 OPS	ERA	WAR
2023	57	0	0	4	0	4	0	16	55.2	32	1	24	59	0.165	0.97	0.494	1.62	2.41
2024	15	0	0	0	1	0	0	3	11.2	13	2	8	8	0.302	1.71	0.900	5.40	0.28
2025	31	0	0	2	3	0	0	1	27.0	14	1	18	26	0.159	1.19	0.544	6.00	-0.07
통산	443	33	10	37	25	59	11	53	540.1	460	32	317	549	0.232	1.40	0.667	3.66	12.90

김민수

62

팀	LG	생년월일	1991-03-02
포지션 C		투타 우투우타	신장 177 체중 80
연봉	4600-4600-4600	지명순위	14 한화 2차 2라운드 24순위
학교	옥산초-경복중-상원고-영남대		

2014년 2차 2라운드에 한화에 지명된 베테랑 포수. 권혁의 보상선수로 삼성에서 뛰다 2025시즌 뒤 방출됐다. LG가 투수 장시환과 함께 계약한 선수다. 허도환 은 퇴 뒤 비어 있던 베테랑 백업 포수 역할을 기대받는다. 박동원의 포수 이닝을 관리 될 필요가 있다.

기본기록

연도	경기	타석	타수	안타	2루타	3루타	홈런	타점	득점	볼넷	사구	삼진	도루	타율	출루율	장타율	OPS	WAR
2023	2	1	1	0	0	0	0	0	0	0	0	1	0	0.000	0.000	0.000	0.000	-0.04
2024	9	8	8	2	0	0	1	3	1	0	0	1	0	0.250	0.250	0.625	0.875	0.07
2025	0	0	0	0	0	0	0	0	0	0	0	0	0	-	-	-	-	0.00
통산	160	269	248	49	8	0	4	27	25	13	1	68	0	0.198	0.238	0.278	0.516	-1.18

김주성

5

팀	LG	생년월일	1998-01-30
포지션 2B		투타 우투우타	신장 180 체중 81
연봉	3500-3500-3700	지명순위	16 LG 2차 2라운드 14순위
학교	신곡초-덕수중-휘문고		

2라운드 상위 지명 내야수로 재능을 인정받았지만 프로의 벽은 만만치 않다. 2016년 입단 뒤 1군 통산 44경기 출전, 41타석에 들어서 통산 안타 7개. 지난해 퓨처스에서 OPS 0.795를 기록했다. LG 내야진이 가득 찬 가운데 올 시즌 역시 만만치 않다.

기본기록

연도	경기	타석	타수	안타	2루타	3루타	홈런	타점	득점	볼넷	사구	삼진	도루	타율	출루율	장타율	OPS	WAR
2023	11	7	5	1	0	0	0	0	1	1	1	2	0	0.200	0.429	0.200	0.629	-0.05
2024	12	9	6	1	0	0	0	0	1	3	0	0	0	0.167	0.444	0.167	0.611	0.13
2025	16	17	15	3	0	0	1	1	3	1	1	2	0	0.200	0.294	0.400	0.694	0.01
통산	44	41	33	7	0	0	2	2	7	6	2	7	0	0.212	0.366	0.394	0.760	-0.09

김준태

44

팀	LG	생년월일	1994-07-31		
포지션	C	투타	우투좌타	신장 175	체중 91
연봉	10000-7500-6000	지명순위	12 롯데 육성선수		
학교	양정초-개성중-경남고-영남사이버대				

지난 시즌 중반 천성호와 함께 LG로 트레이드됐다. 손가락 부상 재활 중이어서 1군 콜업은 9월 이후에나 이루어졌고 2경기에 나섰다. 우투좌타 포수로 선구안이 매우 좋고, 컨택 능력이 있어 KT 시절에는 대타로도 자주 활용됐다. 애리조나 캠프 명단에는 제외됐다.

기본기록

연도	경기	타석	타수	안타	2루타	3루타	홈런	타점	득점	볼넷	사구	삼진	도루	타율	출루율	장타율	OPS	WAR
2023	69	136	115	24	4	0	3	23	10	19	1	32	1	0.209	0.326	0.322	0.648	0.01
2024	23	30	25	6	2	0	0	3	6	5	0	6	0	0.240	0.367	0.320	0.687	0.15
2025	2	2	1	1	0	0	0	0	1	1	0	0	0	1.000	1.000	1.000	2.000	0.10
통산	520	1241	1046	241	45	4	18	136	122	170	5	298	5	0.230	0.338	0.333	0.671	3.35

김현종

66

팀	LG	생년월일	2004-08-04		
포지션	CF	투타	우투우타	신장 186	체중 85
연봉	3000-3200-3300	지명순위	24 LG 2라운드 18순위		
학교	상인천초-동인천중-인천고				

2024년 2라운드 지명 외야수. 1라운드 지명권을 트레이드 카드로 써서 사실상 1라운드 지명이다. 상위 지명 외야수의 재능은 기본이다. 2시즌 1군 출전은 27경기뿐. 지난해 퓨처스에서 헤드샷 부상을 당했다. 올해도 LG 외야는 빡빡하지만, 언젠가 기회는 온다.

기본기록

연도	경기	타석	타수	안타	2루타	3루타	홈런	타점	득점	볼넷	사구	삼진	도루	타율	출루율	장타율	OPS	WAR
2023	0	0	0	0	0	0	0	0	0	0	0	0	0	-	-	-	-	0.00
2024	17	16	15	3	1	0	0	2	8	0	1	4	0	0.200	0.250	0.267	0.517	0.07
2025	10	6	5	2	1	0	0	0	3	1	0	1	0	0.400	0.500	0.600	1.100	0.03
통산	27	22	20	5	2	0	0	2	11	1	1	5	0	0.250	0.318	0.350	0.668	0.10

문정빈

팀	LG	생년월일	2003-08-15		
포지션	RF	투타	우투우타	신장 186	체중 90
연봉	3000-3100-3500		지명순위	22 LG 2차 8라운드 77순위	
학교	가동초-잠신중-서울고				

스프링캠프, 시범경기를 거치며 큰 기대를 모았다. 타구 질이 확실히 다르다는 평가. 개막 엔트리에 들어 개막 2차전에서 데뷔 첫 안타를 홈런으로 장식했지만 이후 부진이 거듭되며 1군에서 말소됐다. 장타 툴이 있어 애리조나 캠프에 합류했다. 문승훈 심판의 아들이다.

기본기록

연도	경기	타석	타수	안타	2루타	3루타	홈런	타점	득점	볼넷	사구	삼진	도루	타율	출루율	장타율	OPS	WAR
2023	0	0	0	0	0	0	0	0	0	0	0	0	0	-	-	-	-	0.00
2024	0	0	0	0	0	0	0	0	0	0	0	0	0	-	-	-	-	0.00
2025	21	33	30	5	0	0	2	4	5	1	2	11	0	0.167	0.242	0.367	0.609	0.11
통산	21	33	30	5	0	0	2	4	5	1	2	11	0	0.167	0.242	0.367	0.609	0.11

송찬의

팀	LG	생년월일	1999-02-20		
포지션	RF	투타	우투우타	신장 182	체중 77
연봉	3600-3500-5500		지명순위	18 LG 2차 7라운드 67순위	
학교	화곡초-선린중-선린고				

시즌 초반 보여준 기대감을 이어가지 못했다. 홈런 3방은 인상적이었지만 장타 툴 말고 다른 디테일에서 보완이 요구된다. 지난 시즌 퓨처스 타율은 0.231에 그쳤다. 송구홍 전 LG 단장의 조카로 잘 알려져 있다. 이재원이 제대하면서 LG 외야 경쟁이 더욱 치열해졌다.

기본기록

연도	경기	타석	타수	안타	2루타	3루타	홈런	타점	득점	볼넷	사구	삼진	도루	타율	출루율	장타율	OPS	WAR
2023	19	22	18	1	1	0	0	1	2	4	0	6	1	0.056	0.227	0.111	0.338	-0.30
2024	10	21	15	1	0	0	0	1	2	3	1	6	1	0.067	0.250	0.067	0.317	-0.12
2025	66	166	147	31	9	1	3	20	18	9	8	49	2	0.211	0.291	0.347	0.638	0.03
통산	128	287	252	50	14	1	6	32	30	18	12	85	6	0.198	0.281	0.333	0.614	0.03

이영빈

팀	LG	생년월일	2002-06-17		
포지션	SS	투타	우투좌타	신장	181	체중	85
연봉	5500-6000-5500		지명순위	21 LG 2차 1라운드 7순위	
학교	대전중구-충남중-세광고				

타격에 대한 재능을 인정받은 1라운더지만, 타격 성적이 후퇴하고 있다. 지난해 삼진율이 무려 46.7%나 된 반면, 볼넷 비율은 겨우 1.3%에 그쳤다. 수비 부담을 줄여주는 시도도 통하지 않았다. 하지만 재능은 여전히 톱클래스라는 평가. 오지환도 OPS 8까지 7년 걸렸다.

기본기록

연도	경기	타석	타수	안타	2루타	3루타	홈런	타점	득점	볼넷	사구	삼진	도루	타율	출루율	장타율	OPS	WAR
2023	0	0	0	0	0	0	0	0	0	0	0	0	0	-	-	-	-	0.00
2024	31	71	63	14	2	0	2	12	11	4	0	20	0	0.222	0.261	0.349	0.610	-0.17
2025	44	75	72	15	1	1	3	9	12	1	0	35	1	0.208	0.216	0.375	0.591	-0.14
통산	207	398	359	79	15	1	8	42	60	27	3	131	7	0.220	0.277	0.334	0.611	-0.27

이주헌

팀	LG	생년월일	2003-03-04		
포지션	C	투타	우투우타	신장	185	체중	92
연봉	3000-3300-5500		지명순위	22 LG 2차 3라운드 27순위	
학교	서울이수초-성남중-성남고				

송승기와 함께 '송승헌' 배터리로 출전 기회를 늘렸다. 백업 포수로 332이닝을 소화했다. 타율 0.219에 비해 출루율 0.351은 상당하다. 볼넷 비율 11.5%는 규정타석 기준 리그 20위권 기록이다. 경험이 쌓일수록 더 큰 성장이 기대된다. 보이넥스트도어 명재현과 중고 동창.

기본기록

연도	경기	타석	타수	안타	2루타	3루타	홈런	타점	득점	볼넷	사구	삼진	도루	타율	출루율	장타율	OPS	WAR
2023	0	0	0	0	0	0	0	0	0	0	0	0	0	-	-	-	-	0.00
2024	3	6	6	4	2	0	0	3	0	0	0	2	0	0.667	0.667	1.000	1.667	0.14
2025	76	156	128	28	3	0	4	9	22	18	8	30	0	0.219	0.351	0.336	0.687	0.65
통산	79	162	134	32	5	0	4	12	22	18	8	32	0	0.239	0.363	0.366	0.729	0.78

천성호

53

팀	LG	**생년월일**	1997-10-30
포지션	2B	**투타** 우투좌타	**신장** 183 **체중** 85
연봉	4500-7100-9000	**지명순위**	20 KT 2차 2라운드 12순위
학교	광주화정초-충장중-진흥고-단국대		

시즌 중반 김준태와 함께 KT에서 트레이드됐다. 2024시즌 초반 4월까지 리그 타격 1위에 오를 정도 맹활약했지만 결국 규정타석을 채우지 못했다. 변화구 대응력 업그레이드 필요. 컨택 능력은 확실하고 발이 빠른 데다 주루 플레이도 능하다. 염경엽 스타일에 잘 어울리는 선수다.

기본기록

연도	경기	타석	타수	안타	2루타	3루타	홈런	타점	득점	볼넷	사구	삼진	도루	타율	출루율	장타율	OPS	WAR
2023	0	0	0	0	0	0	0	0	0	0	0	0	0	-	-	-	-	0.00
2024	75	255	234	69	8	3	1	17	41	18	1	43	7	0.295	0.346	0.368	0.714	0.31
2025	83	199	173	41	9	2	1	17	24	17	5	29	3	0.237	0.323	0.329	0.652	0.49
통산	265	578	518	136	21	5	2	39	87	45	9	96	12	0.263	0.332	0.334	0.666	0.30

최원영

3

팀	LG	**생년월일**	2003-07-18
포지션	LF	**투타** 우투우타	**신장** 174 **체중** 76
연봉	3000-4000-7000	**지명순위**	22 LG 2차 6라운드 57순위
학교	수영초-사직중-부산고		

리그 최상위 수준의 빠른 발을 갖고 있다. 경험은 아직 부족하지만, 성장 가능성이 높다. 2025시즌 115타석이나 들어서면서 여러 가지 공에 대처하는 경험을 쌓았다. 공수 양면에서 LG의 미래 주전 외야수로 성장이 기대된다. 애리조나 캠프 참가 외야수 5명 중 1명이다.

기본기록

연도	경기	타석	타수	안타	2루타	3루타	홈런	타점	득점	볼넷	사구	삼진	도루	타율	출루율	장타율	OPS	WAR
2023	0	0	0	0	0	0	0	0	0	0	0	0	0	-	-	-	-	0.00
2024	57	41	37	10	2	0	1	5	18	1	3	7	6	0.270	0.341	0.405	0.746	0.17
2025	119	115	103	29	5	0	0	2	37	4	4	20	8	0.282	0.330	0.330	0.660	0.77
통산	176	156	140	39	7	0	1	7	55	5	7	27	14	0.279	0.333	0.350	0.683	0.95

		포지션	P	투타	우투우타	신장	187	체중	92	생년월일	2007-01-08
권우준	49	연봉	0-0-3000			지명순위	26 LG 4라운드 38순위				
		학교	인천숭의초-재능중-제물포고								

		포지션	P	투타	우투우타	신장	188	체중	100	생년월일	1997-03-08
김대현	12	연봉	5700-7500-5800			지명순위	16 LG 1차				
		학교	홍연초-마포-홍은중-선린고								

		포지션	P	투타	우투우타	신장	190	체중	96	생년월일	2005-03-03
김동현	43	연봉	0-0-3000			지명순위	26 LG 11라운드 108순위				
		학교	송정동초-무등중-광주제일고-부산과학기술대								

		포지션	P	투타	좌투좌타	신장	180	체중	83	생년월일	1994-05-02
김유영	0	연봉	6700-10500-8000			지명순위	14 롯데 1차				
		학교	양정초-개성중-경남고								

		포지션	P	투타	우투우타	신장	187	체중	89	생년월일	1996-12-08
김주온	57	연봉	3000-3000-3100			지명순위	15 삼성 2차 7라운드 72순위				
		학교	대현초-구미중-울산공고								

		포지션	P	투타	우투우타	신장	179	체중	82	생년월일	1998-08-31
김진수	45	연봉	3200-3600-4000			지명순위	21 LG 2차 2라운드 17순위				
		학교	군산중-군산상고-중앙대								

		포지션	P	투타	우언우타	신장	174	체중	75	생년월일	2004-03-27
박명근	39	연봉	6500-6000-9000			지명순위	23 LG 3라운드 27순위				
		학교	구리-구리인창중-라온고								

		포지션	P	투타	좌투좌타	신장	184	체중	98	생년월일	2007.12.12
박준성	59	연봉	0-0-3000			지명순위	26 LG 2라운드 18순위				
		학교	축현초-상인천중-인천고								

성동현  34

포지션	P	투타	우투우타	신장	189	체중	108	생년월일	1999-05-18
연봉	3200-3400-4200			지명순위	18 LG 2차 1라운드 7순위				
학교	백마초–홍은중–장충고								

양우진  65

포지션	P	투타	우투우타	신장	190	체중	98	생년월일	2007-06-05
연봉	0-0-3000			지명순위	26 LG 1라운드 8순위				
학교	신곡초–수원북중–경기항공고								

우강훈  20

포지션	P	투타	우언우타	신장	183	체중	88	생년월일	2002-10-03
연봉	3100-3600-4000			지명순위	21 롯데 2차 5라운드 41순위				
학교	희망대초–매송중–야탑고								

우명현  69

포지션	P	투타	우투우타	신장	190	체중	102	생년월일	2007-02-07
연봉	0-0-3000			지명순위	26 LG 3라운드 28순위				
학교	수영초–양산BC–부산고								

이우찬  21

포지션	P	투타	좌투좌타	신장	185	체중	97	생년월일	1992-08-04
연봉	12500-10000-8000			지명순위	11 LG 2라운드 15순위				
학교	온양온천초–온양중–북일고								

장시환  28

포지션	P	투타	우투우타	신장	184	체중	97	생년월일	1987-11-01
연봉	20000-15000-10000			지명순위	07 현대 2차 1라운드 2순위				
학교	태안초–태안중–북일고								

조건희 48

포지션	P	투타	좌투좌타	신장	184	체중	84	생년월일	2002-03-26
연봉	3000-3000-3100			지명순위	21 LG 2차 3라운드 27순위				
학교	노원–상명중–서울고								

조원태  38

포지션	P	투타	좌투좌타	신장	186	체중	92	생년월일	2003-05-10
연봉	0-0-3300			지명순위	22 LG 1차				
학교	강동구–건대부중–선린고								

김성진  36

포지션	1B	투타	우투우타	신장	183	체중	100	생년월일	2000-03-17
연봉	3100-3300-3300			지명순위	19 LG 2차 7라운드 65순위				
학교	수원신곡초-매향중-야탑고								

김정율  14 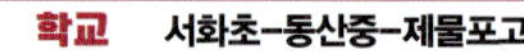

포지션	3B	투타	우투우타	신장	184	체중	97	생년월일	1998-03-18
연봉	6000-6000-5000			지명순위	17 롯데 2차 2라운드 13순위				
학교	서화초-동산중-제물포고								

박관우  64

포지션	LF	투타	좌투좌타	신장	174	체중	82	생년월일	2006-03-22
연봉	0-3000-4000			지명순위	25 LG 5라운드 50순위				
학교	경산-경운중-경북고								

서영준  60

포지션	RF	투타	우투우타	신장	186	체중	90	생년월일	2006-03-18
연봉	0-3000-3000			지명순위	25 LG 5라운드 44순위				
학교	광주화정초-진흥중-전주고								

손용준  15

포지션	SS	투타	우투우타	신장	178	체중	85	생년월일	2000-02-15
연봉	3000-3100-3400			지명순위	24 LG 3라운드 28순위				
학교	김해-김해내동중-김해고-동원과학기술대								

추세현  35

포지션	SS	투타	우투우타	신장	187	체중	90	생년월일	2006-04-19
연봉	0-3000-3000			지명순위	25 LG 2라운드 20순위				
학교	서울중구-청량중-경기상고								

함창건 24

포지션	LF	투타	좌투좌타	신장	176	체중	83	생년월일	2001-08-18
연봉	3000-3200-3400			지명순위	20 LG 2차 7라운드 63순위				
학교	백운초-충암중-충암고								

LG 트윈스	왼쪽 폴	좌중	중	우중	오른쪽 폴	펜스 좌측	펜스-좌중	펜스-중	펜스-우중	펜스-우	잔디	최대관중(명)
서울종합운동장 야구장	100	120	125	120	100	2.6	2.6	2.6	2.6	2.6	천연	23,750

한화 이글스

주요 이슈

기대감과 자부심이 한껏 올라갔던 시즌. 마무리가 조금 아쉬웠지만 강팀으로 가는 길을 경험했고, 가능성을 확인한 것으로도 상당한 성과다. 제대로 뽑은 외국인 투수의 힘이 얼마나 강할 수 있는지 체감했고, 어떤 스타일의 선수가 리그 적응과 팀 분위기 전환에 긍정적 영향을 주는지도 확인했다. 팬들의 응원도 뜨거웠다. 홈에 120만 명이 찾았고, 73경기 중 62경기에서 매진을 기록했다. 무려 99.3%의 좌석 점유율이었다. 문동주, 김서현, 정우주, 문현빈 등 최근 수년 간 상위 지명한 선수들이 주전은 물론 핵심 전력으로 성장한 것도 팀의 미래를 밝히는 요소다. 스토브리그 동안 공격력 강화에 집중했다. 강백호, 페라자의 영입에 따른 공격 WAR 증가 기대값은 7이상이다. 뜨거운 가을을 맛봤고, 이제 대권에 도전할 차례다. 류현진에게 남은 시간이 많지 않다.

구단 PROFILE

구단주	김승연
구단주 대행	박종태
대표이사	박종태
단장	손혁
감독	김경문
주장	채은성
홈구장	대전 한화생명볼파크
2군 구장	서산 전용연습구장

한화		**영구결번**	
한국시리즈 우승	1회	장종훈 / 35	
한국시리즈 출전	7회	정민철 / 23	
플레이오프 출전	8회	송진우 / 21	
준플레이오프 출전	8회	김태균 / 52	

타율 / 순위	출루율 / 순위	장타율 / 순위	홈런 / 순위	도루 / 순위	실책 / 순위
0.266 / 4	0.335 / 6	0.395 / 5	116 / 6	101 / 5	86 / 1

ERA / 순위	선발ERA / 순위	구원ERA / 순위	탈삼진 / 순위	볼넷허용 / 순위	피홈런 / 순위
3.55 / 1	3.51 / 1	3.63 / 2	1339 / 1	450 / 2	102 / 2

시즌 월별 성적	승	무	패	승률	순위
3~4월	19	0	13	0.594	3
5월	15	0	10	0.600	1
6월	11	1	9	0.550	2
7월	14	2	5	0.737	1
8월	11	0	14	0.440	8
9~10월	13	1	6	0.684	1
포스트시즌	4	0	6	0.400	-

2025시즌 좋았던 일

MVP급 선수가 한 명 있으면, 야구가 쉬워진다. 폰세는 역대 MVP급 외인 중에서도 압도적인 퍼포먼스를 보였다. 좋은 투수는 다시 좋은 투수들을 만든다. 류현진과 폰세가 버티는 가운데 젊은 투수들이 폭풍 성장을 했다. 문동주는 더 나은 투수가 됐고, 정우주도 슈퍼 루키였다. 무엇보다 큰 소득은 불안했던 김서현이 마무리 투수가 됐다는 것. 시즌 막판부터 이어진 아픔은 오히려 도약의 발판이 된다. 수비가 되면 야구가 된다는 것도 확인했다. 심우준 영입 효과로 리그 꼴찌(64.9%)였던 수비효율이 리그 6위(67.8%)로 올라왔다. '가을 문현빈'의 폭발은 타선의 기대감을 높인다. 성장 확인에, 가을 경험까지 먹였다. 팀 전력이 더 단단해지고 있다. 이제 페라자와 강백호가 라인업에 더해진다.

2025시즌 나빴던 일

20세기의 마지막 해, 1999년 이후 다시 한 번 우승할 절호의 기회를 눈앞에서 놓쳤다. 한국시리즈의 기회가 자주 오는 것은 아니다. 야심차게 영입한 FA는 두 명 모두 기대에 못 미쳤다. 심우준은 수비라도 했지만 엄상백의 기여도는 실망스러웠다. 김경문 감독도 "좋은 얘기만 합시다"라고 할 정도였다. 외야수 주전 경쟁을 밀어붙였지만 그 좋은 기회를 유망주 누구도 살리지 못했다. 예상은 했지만 폰세와 와이스 모두 메이저리그와 계약했다. 팀의 새 마무리 김서현은 시즌 내내 잘하다 결정적 순간마다 흔들렸다. 강백호를 영입하느라 8회 셋업맨 한승혁이 이적했다. 탄탄했던 마운드의 구멍을 메우는 숙제가 남았다. 스토브리그 동안 중견수를 채우지 못했다. 센터라인 한 자리가 빈 채로 2026시즌 스프링캠프가 시작됐다.

©한화 이글스

김경문 감독은 '인파이터' 스타일이다. 과감한 결정을 내린 다음 믿고 맡기는 스타일은 '뚝심 야구'로 이어졌다. 한화의 2025시즌 역시 뚝심으로 밀어부쳤다. 시즌 초반 주현상이 흔들리자, 김서현으로 마무리를 교체한 것은 정규시즌 순위를 끌어올린 중요한 결정이었다. 첫 14경기 4승10패로 흔들렸지만 이후 가파르게 승률이 높아졌다. 안치홍에 대한 결단도 비슷했다. 과감했고, 일관됐다. '차가운 김경문'은 역대 3번째 1,000승의 노하우와 어우러지며 팀 전력의 안정감을 더했다. 1위를 뺏겼을 때도 덕분에 크게 흔들리지 않았다. 다만, 가을야구에서의 몇 가지의 결정은 결과적으로 아쉬움을 남겼다. '뜨거운 김경문'이 이따금 튀어나오는 느낌이었다. 이제 계약 마지막 시즌이 시작된다. 김 감독을 잘 아는 이들은 '차분한 김경문'이 돌아왔다고 평가했다.

125

2026 팀 이슈

폰세와 와이스가 떠났고, 오웬 화이트와 윌켈 에르난데스가 그 자리를 채운다. 에이스 역할이 기대되는 화이트의 구위는 폰세에 못 미친다는 평가. 에르난데스는 실링이 높지만 리그 적응이 우선이다. 한승혁 빠진 필승조 재구성도 풀어야 할 숙제다. 마운드가 어느 정도 빈자리를 채우고 버텨준다면 페라자, 강백호가 가세한 공격력은 해볼 만하다. 다만, 모든 것은 기회비용이 존재한다. 2025시즌 끌어올린 수비력을 안정적으로 유지하는 것이 관건이다. 비어 있는 중견수는 일단 고졸 신인 오재원에게 기대를 건다. 마무리 캠프에서 수비력은 확인했다. 공격이 될 때까지 기다리는 것은 김경문 감독의 장점이다. 여차하면 트레이드에 나설 수 있지만 주전급 중견수는 가격이 비쌀 수밖에 없다. 계약 마지막해 감독을 둔 팀은 초반 성적이 무척 중요하다.

2026 최상 시나리오

2026 최악 시나리오

오웬 화이트의 호투가 이어지면서 폰세 닮았단 뜻의 '짭세'라는 별명을 얻는다. 에르난데스의 별명 역시 '짭이스'. 류현진은 3시즌 만에 ABS에도 완벽히 적응한다. 페라자, 강백호가 더해진 타선이 폭발하며 김서현의 등판 기회가 줄어든다. 시즌 막판까지 체력이 넘친다. 팬들은 '최강한화'와 함께 '페강채환' 타선을 목놓아 부르짖는다. WBC 다녀 온 문현빈은 이제 월드 클래스급 스윙으로 상대 투수를 폭격한다. 중견수로 자리 잡은 오재원은 신인왕 후보로 언급된다. 정규시즌 1위 싸움이 한창인 시즌 막판 문동주는 전광판에 162km 신기록을 찍는다. 그날 경기 마무리로 나온 김서현도 160km를 새기며 정규시즌 우승 확정 세리머니를 펼친다. 대전 구장서 KS 우승이 확정되는 순간, 27년 만의 우승 불꽃은 여의도보다 화려하다.

폰세, 와이스가 합작한 '33승'은 쉽게 넘어설 수 있는 기록이 아니다. 화이트, 에르난데스는 자꾸만 2025년의 화려한 원투펀치를 그리워하게 만든다. 39세 시즌의 류현진은 선발 로테이션을 거르는 일이 늘어난다. 페라자의 방망이가 힘차게 돌지만, 오렌지 몬스터를 맞고 나온 타구를 더듬는 일이 잦아 '행복야구'의 다른 버전이 된다. 신인 중견수와 우익수의 호흡도 삐그덕댄다. 제2의 리베라토를 찾기 위해 담당 직원이 출국한다. 마무리 김서현의 슬라이더 제구가 흔들릴 때마다 팬들의 마음을 철렁이게 한다. 정우주 마무리 교체설이 '믿음의 야구'와 충돌하며 팬들의 한숨이 커진다. 9월 아시안게임에 젊은 투수들이 대거 차출되며 5강 싸움 경쟁이 힘에 부친다. 가을야구 마지막 승부처에서 또다시 악몽 같은 투런 홈런 2방을 맞는다.

김서현

44

팀	한화	**생년월일**	2004-05-31
포지션 P	**투타** 우투우타	**신장** 188	**체중** 86
연봉 3300-5600-16800		**지명순위** 23 한화 1라운드 1순위	
학교 효제초-자양중-서울고			

K피치

R-편식

시즌 막판과 가을에 아쉬움이 남지만, 분명 놀랄 만큼 성장한 시즌이었다. 포심 평균 구속이 153.4km로 전년 대비 3km나 늘었다. 리그에서 2번째로 빠른 공을 던진다. 9이닝당 볼넷이 7.51에서 4.23으로 크게 낮아졌다. 이 숫자를 얼마나 더 끌어내리느냐가 관건. 가을의 눈물은 봄날의 약이 된다. 상대팀이었지만 한국시리즈 MVP 김현수도 자신의 과거에 빗대며 응원과 격려를 남겼다. 시즌 출발 직후 마무리 보직을 맡았고, 33세이브를 따냈다. 첫 풀타임 마무리 투수의 66이닝은 다소 많은 편. 이 때문에 시즌 막판 흔들렸다는 진단이다. 경험이 쌓인 만큼 새 시즌 출발 속도를 다소 늦추면서 시즌 중 꾸준한 활약을 노리기로 했다. 스토브리그 동안 멘털 관리에도 신경을 썼다. WBC 사이판 캠프 제외는 분발 계기다.

기본기록

연도	경기	선발	QS	승	패	세이브	BS	홀드	이닝	피안타	피홈런	4사구	삼진	피안타율	WHIP	피 OPS	ERA	WAR
2023	20	1	0	0	0	1	0	0	22.1	22	1	30	26	0.265	2.01	0.858	7.25	-0.29
2024	37	0	0	1	2	0	1	10	38.1	31	0	36	43	0.220	1.64	0.670	3.76	0.59
2025	69	0	0	2	4	33	4	2	66.0	52	4	39	71	0.222	1.26	0.660	3.14	1.99
통산	126	1	0	3	6	34	5	12	126.2	105	5	105	140	0.229	1.51	0.702	4.05	2.29

김종수

팀	한화	**생년월일**	1994-06-03
포지션	P	**투타** 우투우타	**신장** 180 **체중** 88
연봉	6800-5500-11700	**지명순위**	13 한화 8라운드 74순위
학교	성동초-덕수중-울산공고		

38

©한화 이글스

4번의 수술을 딛고 일어선 인간 승리 주인공. 2025시즌 한화 마운드에서 궂은 일을 도맡았다. 미들맨과 롱릴리프로 나서면서 꾸준하게 이닝을 채웠다. 63경기도, 63.2이닝도 2013년 입단 후 최다 기록이다. 평균 구속 145.6km 포심에 힘이 있다는 평가를 받는다. 구속 증가와 함께 1군 마운드에서 준 필승조의 역할을 맡았다. 필승조를 쓰기 애매한 타이밍에 등판해 역전의 발판을 만드는 역할이다. 힘있는 공으로 비교적 좋은 장타 억지력을 갖고 있지만 9이닝당 볼넷 5.09개는 불펜투수로서 좋지 않다. 다만 득점권에서는 피 OPS 0.662로 나쁘지 않았다. 커브의 각도가 ABS와 잘 어우러지면서 좋은 결과를 만들었다. 커브와 슬라이더로 좌타자를 잡아낼 수 있다는 것도 매력이다. 연봉이 5,500만 원에서 1.17억 원으로 112%나 뛰었다.

기본기록

연도	경기	선발	QS	승	패	세이브	BS	홀드	이닝	피안타	피홈런	4사구	삼진	피안타율	WHIP	피 OPS	ERA	WAR
2023	0	0	0	0	0	0	0	0	0.0	0	0	0	0	0	-	-	-	-
2024	0	0	0	0	0	0	0	0	0.0	0	0	0	0	0	-	-	-	-
2025	63	0	0	4	5	0	5	5	63.2	57	5	40	59	0.245	1.46	0.740	3.25	0.85
통산	256	0	0	11	11	2	4	24	241.1	217	28	161	214	0.244	1.51	0.767	4.62	-0.24

류현진

팀	한화	**생년월일**	1987-03-25
포지션	P	**투타** 좌투우타	**신장** 190 **체중** 113
연봉	250000-200000-210000	**지명순위**	06 한화 2차 1라운드 2순위
학교	창영초-동산중-동산고-대전대		

©한화 이글스

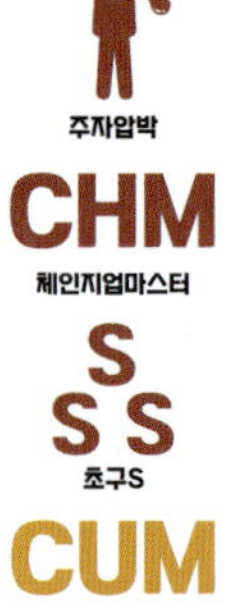

주자압박

CHM
체인지업마스터

S **S**
초구S

CUM
커브마스터

ABS 도입의 최대 피해자라는 평가에 많은 야구인들이 동의한다. 사람 심판이었다면 류현진의 현란한 제구에 손이 번쩍번쩍 올라갔을 거란 얘기다. 달라진 환경 속, 38세 시즌에 여전히 FIP 3.37을 기록했다. WAR 4.30으로 리그 13위에 올랐다. 트로이카라 불린 김광현(1.62), 양현종(0.86)에 비해 훨씬 나은 성적이다. 2024년과 달리 시즌 준비를 제대로 한 시즌이었고, 포심 평균구속이 143.8km로 1.2km 올랐다. 과거 류현진은 체인지업을 바탕으로 우타자에 더 강한 역 스플릿 투수였는데, 2025시즌 우타 상대 OPS 0.798, 좌타 상대 0.577로 정 스플릿 기록을 냈다. 체인지업의 위력 감소 징후로 해석될 수 있다. 이 나이에 투수 조장을 맡아 후배들을 챙겼다.

기본기록

연도	경기	선발	QS	승	패	세이브	BS	홀드	이닝	피안타	피홈런	4사구	삼진	피안타율	WHIP	피 OPS	ERA	WAR
2023	0	0	0	0	0	0	0	0	0.0	0	0	0	0	0	-	-	-	-
2024	28	28	16	10	8	0	0	0	158.1	182	12	36	135	0.287	1.36	0.704	3.87	3.84
2025	26	26	12	9	7	0	0	0	139.1	144	12	29	122	0.267	1.21	0.689	3.23	4.03
통산	244	235	157	117	67	1	0	0	1566.2	1407	116	471	1495	0.243	1.18	0.644	2.95	47.69

문동주

1

팀 한화	**생년월일** 2003-12-23		
포지션 P	**투타** 우투우타	**신장** 188	**체중** 97
연봉 10000-10000-22000	**지명순위** 22 한화 1차		
학교 광주화정초-무등중-진흥고			

©한화 이글스

3B2S
풀카운트 장인

2024시즌 막판 어깨 부상 때문에 시즌 출발이 늦을 것으로 걱정됐지만 예상보다 빠르게 회복돼 개막 직후 로테이션에 합류했다. 전반기에만 7승을 따내며 걱정을 지웠고, 11승5패로 첫 10승 투수가 됐다. ERA는 4.24로 높았지만, FIP가 2.72로 무척 좋았던 점을 고려하면 불운에 가깝다. 9월20일 KT전에서 폰세에 이어 나와 161.4km의 신기록을 세우더니 플레이오프에서도 불펜으로 기용되며 161.6km까지 던졌다. 가을 불펜 활약이 강렬했지만 선발 로테이션이 최우선 옵션. 지난 시즌 장착한 포크볼의 위력이 상당하다. 9이닝당 삼진 10.04개는 국내 선발 투수 중 1위다. 규정이닝을 위해 '완급조절' 노하우 체득에 열심이다. 류현진으로부터 1대1 코치를 받는다. 메이저리그 꿈이 단단하다.

기본기록

연도	경기	선발	QS	승	패	세이브	BS	홀드	이닝	피안타	피홈런	4사구	삼진	피안타율	WHIP	피 OPS	ERA	WAR
2023	23	23	7	8	8	0	0	0	118.2	113	6	46	95	0.249	1.31	0.658	3.72	2.67
2024	21	21	7	7	7	0	0	0	111.1	148	14	42	96	0.327	1.67	0.870	5.17	1.44
2025	24	23	11	11	5	0	0	0	121.0	112	7	34	135	0.243	1.18	0.639	4.02	2.53
통산	81	71	25	27	23	0	0	2	379.2	401	32	137	362	0.271	1.39	0.728	4.39	6.80

박상원

팀 한화	**생년월일** 1994-09-09		
포지션 P	**투타** 우투우타	**신장** 187	**체중** 98
연봉 19500-22000-26300		**지명순위** 17 한화 2차 3라운드 25순위	
학교 백운초-서울이수중-휘문고-연세대			

58

한승혁과 함께 필승조 셋업맨 역할을 하며 경기를 김서현에게 연결했다. 16홀드는 앞선 시즌에 이어 커리어하이. 한승혁과 함께 팀 내 최다 타이다. 2024시즌 워낙 좋았던 포크볼의 비중을 살짝 줄이면서 슬라이더 비중을 높였다. 9이닝당 볼넷이 2.84까지 떨어진 건 긍정적 요소였다. 한승혁이 강백호 보상 선수로 떠났고 김범수가 KIA와 FA계약을 하면서 박상원의 불펜에서 역할이 더욱 중요해졌다. 지난해 좌타 킬러 수준의 스플릿 데이터를 보였다. 좌타 상대 WHIP가 1.07밖에 되지 않는다. 주자 없을 때 피OPS가 0.615밖에 되지 않아 가능한 이닝 시작과 함께 등판하는 것이 좋았다. 기합 등 마운드에서의 모습이 터프해 보이지만, 투구 디테일에 관심이 많은 세심함도 있다. 말도 많은 편이다.

기본기록

연도	경기	선발	QS	승	패	세이브	BS	홀드	이닝	피안타	피홈런	4사구	삼진	피안타율	WHIP	피 OPS	ERA	WAR
2023	55	0	0	5	3	16	6	0	61.2	63	2	32	57	0.267	1.49	0.705	3.65	-0.21
2024	65	0	0	3	3	2	2	16	66.2	57	2	29	65	0.232	1.19	0.639	4.59	0.91
2025	74	0	0	4	3	0	3	16	66.2	67	4	29	52	0.261	1.32	0.701	4.19	0.73
통산	418	0	0	18	15	19	17	68	405.2	390	27	185	356	0.255	1.34	0.694	3.84	4.11

에르난데스

팀	한화	**생년월일**	1999-04-13
포지션 P		**투타** 우투우타	**신장** 190 **체중** 88
연봉 0-0-$650000		**지명순위** 26 한화 자유선발	
학교 Unidad Educativa Pedro Camejo			

12

한화는 지난 시즌 워낙 외인 원투펀치의 존재감이 셌다. 윌켈 에르난데스는 일단은 한화의 세컨 옵션. 상한액 100만 달러에 모자란 90만 달러에 계약했다. 190cm의 큰 키에서 평균구속 150km을 웃도는 빠른 공을 던진다. 다만 스리쿼터 스타일이어서 상하 무브먼트보다는 좌우 무브먼트에 기대가 크다. ABS 존을 스치지 못하고, 타자들이 반응하지 않으면 고전할 수 있다. 에인절스와 디트로이트 마이너에서 모두 선발로 뛰었다는 건 장점이다. 싱커성 투심 패스트볼은 KBO 공인구 적응이 중요하다. 롤링스 공보다 투심의 움직임이 덜하다는 평가도 있다. 완성도 높다고 평가받는 체인지업의 실전 효과가 성공 여부를 가를 수 있다. 지난해 2선발 와이스는 16승5패, 평균자책 2.87을 기록했다. WAR 4점대만 찍어도 성공이다.

기본기록

연도	경기	선발	QS	승	패	세이브	BS	홀드	이닝	피안타	피홈런	4사구	삼진	피안타율	WHIP	피 OPS	ERA	WAR
2023	0	0	0	0	0	0	0	0	0.0	0	0	0	0	0	-	-	-	-
2024	0	0	0	0	0	0	0	0	0.0	0	0	0	0	0	-	-	-	-
2025	0	0	0	0	0	0	0	0	0.0	0	0	0	0	0	-	-	-	-
통산	-	-	-	-	-	-	-	-	-	-	-	-	-	-	-	-	-	-

왕옌칭

19

팀 한화	**생년월일** 2001-02-14		
포지션 P	**투타** 좌투좌타	**신장** 180	**체중** 82
연봉 0-0-$100000		**지명순위** 26 한화 아시아쿼터	
학교 Ku-Pao Home Economics and Commercial High School			

이번 시즌 10개 구단 중 유일한 대만 출신 아시아쿼터 선수다. 다만, 일본 라쿠텐 2군에서 선발 수업을 받아왔기 때문에 일본 투수와 스타일이 비슷하다. 좌완으로서 최고 구속 154km를 던지는 건 뛰어난 장점. 일본 투수처럼 키킹 뒤 잠시 멈추는 동작이 있다. 선발로 육성돼 왔기 때문에 100구 이상 던졌을 때도 힘이 떨어지지 않는다. 손혁 단장은 폰세를 선택할 때도 100구 이후 스태미너에 주목했다. 다른 팀들도 "한화가 잘 뽑았다"라고 평가했다. 2023 APBC 한국전 대만 선발이었는데 1.1이닝 5실점으로 흔들렸다. WBC 공인구로 연습하는 모습도 보였으나 대만 대표팀에 발탁되지 않았다. 일어는 물론 영어도 잘한다고 한다.

기본기록

연도	경기	선발	QS	승	패	세이브	BS	홀드	이닝	피안타	피홈런	4사구	삼진	피안타율	WHIP	피 OPS	ERA	WAR
2023	0	0	0	0	0	0	0	0	0.0	0	0	0	0	0	-	-	-	-
2024	0	0	0	0	0	0	0	0	0.0	0	0	0	0	0	-	-	-	-
2025	0	0	0	0	0	0	0	0	0.0	0	0	0	0	0	-	-	-	-
통산	-	-	-	-	-	-	-	-	-	-	-	-	-	-	-	-	-	-

정우주

61

팀	한화	**생년월일**	2006-11-07
포지션	P	**투타** 우투우타	**신장** 184 **체중** 88
연봉	0-3000-7000	**지명순위** 25 한화 1라운드 2순위	
학교	남양주-건대부중-전주고		

©한화 이글스

빠른승부

2S 속구승부

P✦
파울S

피네스K

지명순위에서 2위로 밀렸지만 실력은 밀리지 않았다. 포심 평균구속 151.2km도 놀랍지만, 더 놀라운 기록은 포심 구사율 77%다. KBO 리그 투수 중 1위. '직구로 그냥 때려 박는 투수'라고 해도 과언이 아니다. 과감한 배짱과 자기 공에 대한 믿음으로 만들어내는 기세가 19세 투수답지 않았다. 여러가지 상황에 등판하며 3승0패, 3홀드, 평균자책 2.85는 나쁘지 않았다. 가을야구 오프너 선발 등판에서 씩씩한 투구를 선보였고, 시즌 뒤 일본과의 평가전 깜짝 선발 때도 3이닝 4K 무실점 호투했다. 대표팀 코치진은 정우주의 불펜 투구를 보고 일본전 선발로 낙점했고, 성공했다. 올시즌 박찬호의 61번을 달고 뛴다. 마운드 사정상 선발보다는 불펜에서 뛰게 된다. 선발 성장을 위해 거치는 단계라고 할 수 있다.

기본기록

연도	경기	선발	QS	승	패	세이브	BS	홀드	이닝	피안타	피홈런	4사구	삼진	피안타율	WHIP	피 OPS	ERA	WAR
2023	0	0	0	0	0	0	0	0	0.0	0	0	0	0	0	-	-	-	-
2024	0	0	0	0	0	0	0	0	0.0	0	0	0	0	0	-	-	-	-
2025	51	2	0	3	0	0	0	3	53.2	34	6	31	82	0.177	1.02	0.602	2.85	1.23
통산	51	2	0	3	0	0	0	3	53.2	34	6	31	82	0.177	1.02	0.602	2.85	1.23

주현상

66

팀	한화	생년월일	1992-08-10				
포지션	P	투타	우투우타	신장	177	체중	92
연봉	11000-25000-18700			지명순위	15 한화 2차 7라운드 64순위		
학교	우암초-청주중-청주고-동아대						

2024년 8승 23세이브 투수가 개막 직후 크게 흔들렸다. 결국 마무리 자리를 김서현에게 넘겨주고, 1군 복귀까지 두달 넘게 걸렸다. 최고 시즌이었던 2024년 포심 평균구속은 143.8km로 오히려 낮았다. 25시즌 145.2km를 던지고도 포심의 구종 가치가 뚝 떨어졌다. 2군 조정 뒤 돌아온 5월 성적은 나쁘지 않았지만 이후 다시 흔들리며 필승조에선 빠졌다. 장점이던 제구가 흔들렸다. 한승혁, 김범수 등이 빠진 가운데 팀 사정상 베테랑 불펜 투수의 반등이 꼭 필요한 상황이다. 포스트시즌에서 보여 준 5경기 5이닝 1안타 무실점은 기대 요소다. 조정기를 거치면서 반등의 발판은 마련했다. 내야수에서 투수로 전향한 케이스답게 투구 뒤 수비 능력은 리그 최상급이다. 2024년 보여준 침착함이 한화에 제일 필요한 요소다.

기본기록

연도	경기	선발	QS	승	패	세이브	BS	홀드	이닝	피안타	피홈런	4사구	삼진	피안타율	WHIP	피 OPS	ERA	WAR
2023	55	0	0	2	2	0	1	12	59.2	35	2	18	45	0.172	0.84	0.478	1.96	2.18
2024	65	0	0	8	4	23	6	2	71.1	52	9	9	64	0.206	0.84	0.592	2.65	2.80
2025	48	0	0	5	2	1	2	3	41.2	59	8	13	37	0.331	1.66	0.944	5.18	-0.12
통산	260	0	0	17	11	25	10	24	278.1	261	30	81	212	0.249	1.18	0.707	3.88	4.75

화이트

24

팀	한화	생년월일	1999-08-09
포지션	P	투타	우투우타
신장	190	체중	90
연봉	0-0-$800000	지명순위	26 한화 자유선발
학교	Carson High School		

한화의 2026시즌 1선발을 맡아줘야 할 투수다. 최근 트렌드와 달리 평균구속 150km를 훌쩍 뛰어넘는 빠른 포심을 던지는 투수는 아니다. 포심 평균구속은 150km 하위. 다만 큰 키에서 던지는 스위퍼를 비롯한 다른 공들의 완성도와 제구가 상당하다는 평가를 받는다. 마운드에서 경기를 운영하는 능력도 뛰어나다. 힘으로 압도하기보다는 경기를 길게 끌고 갈 수 있는 스타일로 기대받는다. 스프링캠프 첫 불펜 피칭에서 양상문 코치는 "모든 구종이 다 좋다"라고 평가했다. 메이저리그에서도 주목했던 스위퍼는 좌우 움직임이 상당해 기대를 모은다. KBO 리그 성적을 발판으로 메이저리그 '역수출' 의지도 크다. 고교 슈퍼스타 커플로 자신은 2번, 아내는 4번이어서 한화에서 등번호 24번을 단다. 캠프에서 류현진의 말을 잘 들었다.

기본기록

연도	경기	선발	QS	승	패	세이브	BS	홀드	이닝	피안타	피홈런	4사구	삼진	피안타율	WHIP	피 OPS	ERA	WAR
2023	0	0	0	0	0	0	0	0	0.0	0	0	0	0	0	-	-	-	-
2024	0	0	0	0	0	0	0	0	0.0	0	0	0	0	0	-	-	-	-
2025	0	0	0	0	0	0	0	0	0.0	0	0	0	0	0	-	-	-	-
통산	-	-	-	-	-	-	-	-	-	-	-	-	-	-	-	-	-	-

강백호

50

팀	한화	생년월일	1999-07-29		
포지션	1B	투타	우투좌타	신장	184	체중	98
연봉	29000-70000-90000			지명순위	18 KT 2차 1라운드 1순위
학교	부천북초-서울이수중-서울고				

©한화 이글스

메이저리그 도전을 위해 출국하려던 날 한화와 도장을 찍으리라고는 누구도 예상하기 힘들었다. 4년 최대 100억 원의 대형 계약. 한화의 공격력 강화 의지다. 2020년 WAR 5.70, 2021년 WAR 7.02 타자는 이후 4년간 합계 WAR이 4.57밖에 되지 않는다. 100경기 넘게 출전한 시즌도 2024년 한 차례밖에 없다. 오히려 팀을 옮긴 것이 변화의 기회가 될 수 있다. KT와 협상 과정이 원활하지 않았고, 한화 계약 뒤 반등 의지가 강했다. 프로 입단 뒤 고정 수비 포지션이 없다는 건 약점. 김경문 감독은 강백호의 수비 포지션을 일단 1루수로 고정시켰다. "적어도 내년 초에는 주전 1루수가 되겠다"라는 게 강백호의 다짐이다. 대전구장 우측 담장은 라인드라이브형 좌타자와 궁합이 좋다.

기본기록

연도	경기	타석	타수	안타	2루타	3루타	홈런	타점	득점	볼넷	사구	삼진	도루	타율	출루율	장타율	OPS	WAR
2023	71	271	238	63	10	1	8	39	32	31	0	55	3	0.265	0.347	0.416	0.763	0.76
2024	144	614	550	159	27	0	26	96	92	59	3	127	6	0.289	0.360	0.480	0.840	2.19
2025	95	369	321	85	18	1	15	61	41	44	3	64	2	0.265	0.358	0.467	0.825	1.68
통산	897	3809	3327	1009	204	7	136	565	540	439	17	679	40	0.303	0.385	0.491	0.876	23.88

김태연

팀	한화	**생년월일**	1997-06-10
포지션 1B		**투타** 우투우타	**신장** 178 **체중** 96
연봉 7800-14600-13300		**지명순위** 16 한화 2차 6라운드 59순위	
학교 서울청구초-덕수중-야탑고			

25

무슨 일이든 맡기면 해 내는 재간둥이 스타일. 유격수 뺀 내야 전 포지션과 코너 외야수를 맡을 수 있다. 2025시즌에도 1루수와 좌익수, 우익수로 나섰다. 공격과 수비에서 모두 허슬 플레이에 능하다. 수비에서 명장면을 많이 남겼고 공격에서도 필요할 때 한 방을 때리는 장면이 자주 나온다. 한국시리즈 3차전서 역전 발판 대타 2루타를 때렸다. 2024시즌 득점권 OPS는 0.872나 됐지만 2025시즌 출전 기회가 줄면서 함께 줄었다. 귀여운 외모와 함께 '태연'이라는 이름 덕분에 이를 둘러싼 에피소드가 많다. 실제로 노래 수준도 상당해서 지난 1월 불후의 명곡 프로야구 특집에 출연했다. 스트라이크존 안쪽 컨택 비율 상승은 긍정적 요소지만 강백호, 페라자의 합류로 공격에 더 강점이 있는 김태연의 영역이 줄었다.

기본기록

연도	경기	타석	타수	안타	2루타	3루타	홈런	타점	득점	볼넷	사구	삼진	도루	타율	출루율	장타율	OPS	WAR
2023	91	280	245	64	13	0	4	25	25	27	3	59	5	0.261	0.337	0.363	0.700	1.20
2024	126	472	413	120	24	0	12	61	59	45	4	89	5	0.291	0.363	0.436	0.799	0.63
2025	120	340	303	79	15	0	3	20	40	23	8	62	5	0.261	0.329	0.340	0.669	0.49
통산	554	1834	1592	420	84	0	30	197	207	183	25	381	23	0.264	0.346	0.373	0.719	4.93

노시환

8

팀	한화	**생년월일**	2000-12-03				
포지션	3B	**투타**	우투우타	**신장**	185	**체중**	105
연봉	35000-33000-100000			**지명순위**	19 한화 2차 1라운드 3순위		
학교	수영초-경남중-경남고						

©한화 이글스

32홈런은 커리어하이이자, 2025시즌 국내 타자 최다 홈런이다. 타율이 0.260으로 떨어진 건, 유독 좋지 않았던 바빕(0.280)의 영향일 가능성도 있다. 시즌 초반 다소 흔들리는 듯했지만 팀 중심타자로서 제 역할을 이어갔다. 5~6월 잠시 주춤했으나 후반기 OPS가 무려 0.994였다. 우타자임에도 좌투수 상대 OPS는 0.727, 우투수 상대 0.891을 기록했다. 홈런 32개 중 26개를 우투수 상대로 때렸다. 3루 수비 안정감은 리그 최상급으로 평가받는다. 뛰어난 반사신경과 강한 어깨로 송구도 안정적이다. 공격, 수비 못지 않게 뛰어난 재능은 친화력. 플레이 도중 나오는 개그감과 함께 팀 전체를 즐겁게 만드는 에너지가 있다. WBC 대표팀에서도 탁월한 분위기 메이커 역할을 맡았다. 도루 14개는 심우준(11개) 보다 많다.

기본기록

연도	경기	타석	타수	안타	2루타	3루타	홈런	타점	득점	볼넷	사구	삼진	도루	타율	출루율	장타율	OPS	WAR
2023	131	595	514	153	30	1	31	101	85	74	4	118	2	0.298	0.388	0.541	0.929	6.74
2024	136	601	526	143	20	2	24	89	88	60	11	129	6	0.272	0.356	0.454	0.810	2.49
2025	144	624	539	140	28	2	32	101	97	70	11	125	14	0.260	0.354	0.497	0.851	4.88
통산	830	3347	2916	770	146	10	124	490	446	369	39	762	35	0.264	0.352	0.449	0.801	19.29

문현빈

51

팀	한화	생년월일	2004-04-20				
포지션	LF	투타	우투좌타	신장	174	체중	82
연봉	8000-8800-23000			지명순위	23 한화 2라운드 11순위		
학교	유천초-온양중-북일고						

ⓒ한화 이글스

입단 3년차 시즌에 단숨에 리그 최고 수준의 타자로 성장했다. wRC+ 124.2로 팀 내 2위이자 리그 18위다. 0.320으로 타격 5위에 오른 것도 고무적이다. 플레이오프에서 홈런 2개 포함 OPS 1.468로 펄펄 날았고 한국시리즈에서도 홈런 1개를 더하며 지명도를 확실히 챙겼다. 입단 때는 내야수로 시작했지만 2025시즌에는 좌익수가 주 포지션이었고, 빠르게 수비 안정감을 찾아가고 있다. 문현빈의 엄청난 타격을 고려하면 내야 수비 부담을 줄여주는 게 옳은 선택. 올해도 한화 주전 좌익수는 문현빈이다. 이상적 스윙 궤적을 갖고 있어서 스트라이크존 커버 영역이 넓다는 평가를 받는다. 존 안 컨택 비율은 규정이닝 리그 1위다. 야구에 집중하기 위해 SNS 계정을 삭제하고 독서에 집중했다고 말한 것이 화제가 됐다.

기본기록

연도	경기	타석	타수	안타	2루타	3루타	홈런	타점	득점	볼넷	사구	삼진	도루	타율	출루율	장타율	OPS	WAR
2023	137	481	428	114	22	2	5	49	47	33	6	84	5	0.266	0.324	0.362	0.686	1.42
2024	103	289	260	72	16	2	5	47	29	24	2	53	3	0.277	0.340	0.412	0.752	0.51
2025	141	592	528	169	30	2	12	80	71	38	10	82	17	0.320	0.370	0.453	0.823	2.42
통산	381	1362	1216	355	68	6	22	176	147	95	18	219	25	0.292	0.347	0.412	0.759	4.35

심우준

7

팀	한화	**생년월일**	1995-04-28
포지션	SS	**투타**	우투우타	**신장** 183	**체중** 75
연봉	29000-50000-40000		**지명순위** 14 KT 2차 특별 14순위
학교	송정동초-언북중-경기고		

2025시즌을 앞두고 한화와 4년 최대 50억 원에 계약했다. 한화의 고질적인 수비 불안과 기동력 약점을 해결해 줄 것으로 기대를 모았다. 1번 타자 가능성도 있었지만 출루율이 받쳐주지 못했다. 한화의 내야 수비는 확실히 좋아졌지만, 기대만큼 공격력을 보여 주지 못했다. 5월 사구에 따른 부상으로 공백이 생기는 바람에 규정타석을 못 채웠기 망정이지 타율 0.231은 멘도사 라인이다. 그래도 센터라인의 수비 안정감은 단단해졌다는 평가를 받는다. 한화의 2025시즌 DER은 67.8%로 6위. 2024시즌에는 64.9%로 리그 꼴찌였다. 유격수 수비 안정감은 팀 전체 마운드를 성장시킨다. 김경문 감독은 캠프 초반 "올해 심우준이 지난해보다 훨씬 잘할 것 같다"라고 기대감을 보였다. 도루 11개는 노시환(14개)보다 적다.

기본기록

연도	경기	타석	타수	안타	2루타	3루타	홈런	타점	득점	볼넷	사구	삼진	도루	타율	출루율	장타율	OPS	WAR
2023	0	0	0	0	0	0	0	0	0	0	0	0	0	-	-	-	-	0.00
2024	53	192	169	45	4	0	3	28	22	17	1	29	7	0.266	0.337	0.343	0.680	0.66
2025	94	275	247	57	9	1	2	22	39	17	3	49	11	0.231	0.287	0.300	0.587	0.80
통산	1166	3447	3109	783	124	15	33	297	442	207	26	575	167	0.252	0.302	0.333	0.635	8.05

이진영

<table>
<tr><td>팀</td><td>한화</td><td>생년월일</td><td>1997-07-21</td><td></td><td></td><td></td></tr>
<tr><td>포지션</td><td>CF</td><td>투타</td><td>우투우타</td><td>신장</td><td>183</td><td>체중</td><td>89</td></tr>
<tr><td>연봉</td><td>7000-6200-11000</td><td></td><td></td><td>지명순위</td><td colspan="3">16 KIA 2차 6라운드 58순위</td></tr>
<tr><td>학교</td><td>둔촌초-선린중-선린고</td><td></td><td></td><td></td><td></td><td></td></tr>
</table>

10

노릴수

앞선 시즌 수술 등의 여파를 털어내며 가능성을 다시 한 번 확인한 시즌이었다. 수비가 어느 정도 받쳐주는 외야수로서 OPS 0.767로 활약했다는 점은 긍정적 요소다. 홈런 11개와 출루율 0.350도 나쁘지 않았다. 다만 바빕(BABIP)이 0.347이나 됐다는 점은 고려해야 할 사항. 주로 우익수로 나섰지만 2026시즌 우익수는 한화로 복귀한 페라자가 맡을 가능성이 높다. 중견수가 공석인 상태로 캠프를 시작했다. 고졸 신인 오재원이 대안으로 주목받고 있는 가운데 이진영도 이원석과 함께 중견수 후보. 중견수는 공격보다 수비가 더 중시되는 포지션이다. 중견수로 23년 195.1이닝, 24년 131이닝을 뛰어 본 경험은 이진영의 장점이다. 연봉 1.1억 원으로 억대 연봉 반열에 올랐다.

기본기록

연도	경기	타석	타수	안타	2루타	3루타	홈런	타점	득점	볼넷	사구	삼진	도루	타율	출루율	장타율	OPS	WAR
2023	121	422	358	89	22	0	10	50	57	53	2	127	5	0.249	0.344	0.394	0.738	2.52
2024	42	103	93	19	6	0	1	13	20	8	2	27	0	0.204	0.282	0.301	0.583	-0.14
2025	115	366	321	88	13	0	11	43	49	38	2	93	1	0.274	0.350	0.417	0.767	1.99
통산	443	1261	1103	261	56	2	32	151	173	128	12	383	11	0.237	0.319	0.378	0.697	3.69

채은성

팀 한화	**생년월일** 1990-02-06		
포지션 1B	**투타** 우투우타	**신장** 186	**체중** 92
연봉 100000-60000-40000		**지명순위** 09 LG 육성선수	
학교 순천북초-순천이수중-효천고			

22

스몰파크배터

중심타자 역할도 중요했지만 팀 분위기를 이끌고 나가는 주장으로서의 역할이 더 중요했다. 전반기 OPS 0.846의 활약은 한화를 1위로 이끄는 원동력이었다. 6월 한 달 OPS는 0.931이나 됐다. 후반기 막판 발가락 통증 등이 겹치며 다소 주춤했지만 한화가 한국시리즈에 오르는데 중요한 역할을 했다. 새 시즌 영입한 페라자와 강백호 모두 포지션이 살짝 겹친다. 1루수, 우익수, 지명타자가 가능한데, 강백호가 백업 1루수로 채은성의 부담을 덜어 주는 방식이 될 가능성이 높다. 체력 안배 차원에서라도 원활한 로테이션이 이뤄진다면 시너지를 낼 수 있다. 한화에서 4번째 시즌을 시작한다. 친정팀 LG는 그새 2번이나 우승을 했다. 올해도 주장을 맡는다. 캠프 떠나기 전 팬들에게 칼국수 대접 공약 실천을 주도했다.

기본기록

연도	경기	타석	타수	안타	2루타	3루타	홈런	타점	득점	볼넷	사구	삼진	도루	타율	출루율	장타율	OPS	WAR
2023	137	596	521	137	17	0	23	84	71	52	20	102	0	0.263	0.351	0.428	0.779	1.85
2024	124	498	436	118	24	0	20	83	61	49	8	83	1	0.271	0.351	0.463	0.814	1.18
2025	132	527	480	138	27	1	19	88	54	31	13	96	1	0.288	0.347	0.467	0.814	1.37
통산	1399	5369	4774	1385	239	17	158	850	624	371	141	898	37	0.290	0.355	0.447	0.802	19.14

최재훈

13

팀 한화		**생년월일** 1989-08-27	
포지션 C	**투타** 우투우타	**신장** 178	**체중** 94
연봉 60000-50000-40000		**지명순위** 08 두산 육성선수	
학교 화곡초-덕수중-덕수고-방송통신대			

©한화 이글스

스프레이히터1

L-편식

수비형 포수라는 이미지가 컸지만, 2025시즌 공격 WAR이 3.45나 됐다. 문현빈(3.10)보다 높은 팀 내 2위 기록이다. 타석에서 워낙 공을 잘 본다. 체력 안배 때문에 규정타석을 채우지 못했을 뿐, 출루율 0.414는 규정타석 70% 이상 타자 중 리그 3위에 해당한다. 당연히 팀 내 1위다. 장타툴은 부족하지만 컨택 능력은 상당한 편. 이재원이 플레잉 코치 역할을 하면서 813이닝이었던 포수 이닝이 늘어날 수도 있다. 최재훈을 백업할 새 얼굴의 역할이 중요하다. 도루 저지는 전성기에 비해 살짝 주춤하는 중으로 지난 시즌 23.7%까지 떨어졌다. 포스트시즌에서 다소 아쉬운 결과들이 나왔지만 경기 전 상대 타자들에 대한 공부를 무척 열심히 하는 편이다. 흔들리는 투수들을 다독이는 노하우도 상당하다.

기본기록

연도	경기	타석	타수	안타	2루타	3루타	홈런	타점	득점	볼넷	사구	삼진	도루	타율	출루율	장타율	OPS	WAR
2023	125	417	327	81	12	0	1	33	23	56	23	48	1	0.248	0.392	0.294	0.686	3.33
2024	116	348	280	72	10	0	4	37	34	33	21	58	0	0.257	0.371	0.336	0.707	1.88
2025	121	348	269	77	15	0	1	35	28	46	17	48	1	0.286	0.414	0.353	0.767	3.23
통산	1356	3980	3303	859	152	1	30	326	363	402	171	568	17	0.260	0.367	0.334	0.701	24.39

페라자

팀	한화	**생년월일**	1998-11-10
포지션	RF	**투타** 우투양타	**신장** 175 **체중** 88
연봉	60000-0-$700000	**지명순위**	24 한화 자유선발
학교	San Isidro		

30

2024년 한화 페라자는 극과 극이었다. 공격에서 펄펄 날았고, 수비에서 애를 먹었다. 전반기 OPS 0.972였는데, 후반기에는 0.701밖에 되지 않았다. 로케이션의 약점이 드러났고, 쉽게 흥분했다. 공격 부진이 수비 약점으로 이어졌다. 그 페라자를 한화가 2년 만에 다시 데려왔다. 공격은 확실한 툴이고, 수비와 '멘털'이 잡히면 더 나을 것이라는 기대감이다. 미국 관계자들을 통한 더블 체크 결과 페라자는 멘털 코치와 함께 성숙했고, 수비 코디네이터와 함께 훈련하며 수비도 늘었다는 평가가 나왔다. 몬스터월은 오히려 우익수의 수비 범위를 줄여주는 효과도 있다. 일단, 한화에 대한 애정이 엄청나다. 2025시즌 경기 다 봤다고 자랑했다. 호주 스프링캠프에서 과거와 달라진 '침착함'도 보였다.

기본기록

연도	경기	타석	타수	안타	2루타	3루타	홈런	타점	득점	볼넷	사구	삼진	도루	타율	출루율	장타율	OPS	WAR
2023	0	0	0	0	0	0	0	0	0	0	0	0	0	-	-	-	-	0.00
2024	122	522	455	125	24	0	24	70	75	63	2	129	7	0.275	0.364	0.486	0.850	2.20
2025	0	0	0	0	0	0	0	0	0	0	0	0	0	-	-	-	-	0.00
통산	122	522	455	125	24	0	24	70	75	63	2	129	7	0.275	0.364	0.486	0.850	2.20

하주석

<table>
<tr><td>팀</td><td>한화</td><td>생년월일</td><td>1994-02-25</td></tr>
<tr><td>포지션</td><td>SS</td><td>투타</td><td>우투좌타</td><td>신장</td><td>185</td><td>체중</td><td>92</td></tr>
<tr><td>연봉</td><td>7000-9000-20000</td><td colspan="2">지명순위</td><td>12 한화 1라운드 1순위</td></tr>
<tr><td>학교</td><td colspan="5">강남초-덕수중-신일고</td></tr>
</table>

16

©한화 이글스

초구선호

초구B버프

미운 오리 새끼에서 백조가 됐다. FA를 신청했다가 미아 직전, 1.1억 원에 계약한 하주석은 2025시즌 한화 내야진에 없어서는 안 되는 선수였다. 심우준의 부상 공백을 잘 메운 것은 물론 내야수 베테랑의 역할까지 충분히 소화했다. 포스트시즌에서는 공격의 핵심 역할까지 해냈다. 그 결과 WAR 2.08은 팀 내 야수 중 4번째로 높았다. 삼진과 볼넷이 함께 준 것은 적극적인 스윙의 결과다. 유격수 심우준과의 키스톤 콤비를 두고 '51억 콤비'라는 별명이 붙었다. 낯선 2루수 피봇 플레이 적응이 다소 어려웠지만 점점 나아지고 있다. 외국인 투수 둘이 모두 땅볼형에 가깝다. 키스톤의 역할이 중요하다. 시즌 뒤 치어리더 김연정과 결혼했다. "일하는 시간이 비슷해서 좋다"라고 말했다. 연봉은 2억 원으로 올랐다.

기본기록

연도	경기	타석	타수	안타	2루타	3루타	홈런	타점	득점	볼넷	사구	삼진	도루	타율	출루율	장타율	OPS	WAR
2023	25	38	35	4	1	0	0	2	4	2	1	10	0	0.114	0.184	0.143	0.327	-0.50
2024	64	151	137	40	9	1	1	11	16	10	2	33	1	0.292	0.349	0.394	0.743	0.26
2025	95	305	276	82	14	0	4	28	34	12	5	66	2	0.297	0.337	0.391	0.728	2.08
통산	970	3463	3168	849	142	18	53	367	420	198	41	826	83	0.268	0.318	0.374	0.692	9.21

강재민

P
파울S
55

팀	한화	생년월일	1997-04-03		
포지션	P	투타	우언우타	신장 180	체중 89
연봉	14500-14500-14500	지명순위	20 한화 2차 4라운드 38순위		
학교	양덕초-마산중-용마고-단국대				

쓰리쿼터로 던지는 슬라이더의 각이 상당했고 데뷔 시즌이던 2020시즌 14홀드로 주목받았다. 팔꿈치 수술 뒤 현역 입대했고 2025년 8월 제대해 4경기 등판했다. 포심 구속이 143.6km로 더 빨라져 돌아왔다. 마무리캠프에서 500구 이상 던지며 감각 회복에 애썼다.

기본기록

연도	경기	선발	QS	승	패	세이브	BS	홀드	이닝	피안타	피홈런	4사구	삼진	피안타율	WHIP	피 OPS	ERA	WAR
2023	43	0	0	1	3	0	3	12	43.1	35	5	27	42	0.224	1.25	0.727	6.44	-0.67
2024	0	0	0	0	0	0	0	0	0.0	0	0	0	0	0	-	-	-	-
2025	4	0	0	0	0	0	0	0	4.0	6	1	3	5	0.375	2.00	1.075	9.00	-0.07
통산	211	0	0	8	14	13	16	46	211.0	177	18	112	198	0.228	1.28	0.667	3.75	3.34

권민규

64

팀	한화	생년월일	2006-05-13		
포지션	P	투타	좌투좌타	신장 188	체중 90
연봉	0-3000-3200	지명순위	25 한화 2라운드 12순위		
학교	석교초-세광중-세광고				

정우주에 이어 2라운드서 지명한 좌완 신인. 캠프와 시범경기에서 뛰어난 제구로 "송진우가 떠오른다"라는 평가를 받았다. 첫 시즌 성적은 5.1이닝 평균자책 8.44 이지만 성장이 기대된다. 퓨처스에서 기록한 K/9 8.54개, BB/9 2.47개는 나쁘지 않다.

기본기록

연도	경기	선발	QS	승	패	세이브	BS	홀드	이닝	피안타	피홈런	4사구	삼진	피안타율	WHIP	피 OPS	ERA	WAR
2023	0	0	0	0	0	0	0	0	0.0	0	0	0	0	0	-	-	-	-
2024	0	0	0	0	0	0	0	0	0.0	0	0	0	0	0	-	-	-	-
2025	5	0	0	0	0	0	0	0	5.1	5	1	7	4	0.250	2.25	0.879	8.44	-0.03
통산	5	0	0	0	0	0	0	0	5.1	5	1	7	4	0.250	2.25	0.879	8.44	-0.03

김민우

팀	한화	생년월일	1995-07-25			
포지션	P	투타	우투우타	신장	186	체중 123
연봉	16700-13000-7700		지명순위	15 한화 2차 1라운드 1순위		
학교	사파초-마산중-용마고					

53

2024시즌 중반 토미 존 수술을 받았다. 2025시즌 복귀가 기대됐지만 재활이 순조롭지 않았다. 천천히 몸을 만든 끝에 강재민, 김종수 등과 함께 파타야에서 몸을 만들었다. 캠프 명단에선 빠졌지만 시즌 중 복귀가 유력하다. 특유의 커브가 돌아온다면 큰 힘이 된다.

기본기록

연도	경기	선발	QS	승	패	세이브	BS	홀드	이닝	피안타	피홈런	4사구	삼진	피안타율	WHIP	피 OPS	ERA	WAR
2023	12	12	2	1	6	0	0	0	51.2	65	6	30	43	0.313	1.80	0.891	6.97	-0.36
2024	3	3	1	1	0	0	0	0	12.1	7	2	6	13	0.163	1.05	0.567	2.19	0.56
2025	0	0	0	0	0	0	0	0	0.0	0	0	0	0	0	-	-	-	-
통산	183	142	42	35	59	0	0	0	769.1	788	87	440	615	0.266	1.53	0.769	5.25	8.82

박준영

팀	한화	생년월일	2003-03-02			
포지션	P	투타	우투우타	신장	190	체중 103
연봉	0-3100-3300		지명순위	22 한화 2차 1라운드 1순위		
학교	우암초-청주-세광중-세광고					

96

키 190cm, 몸무게 103kg의 우완 정통파 파이어볼러다. 피지컬만으로 2차 1라운드 지명이 충분했다. 현역 입대 뒤 지난해 제대했다. 시즌 마지막 경기 KT전에 선발 등판해 5이닝 2실점을 기록했다. 큰 키에서 던지는 평균 146.2km의 빠른 공이 장점. 1군 캠프 포함은 기대요소다.

기본기록

연도	경기	선발	QS	승	패	세이브	BS	홀드	이닝	피안타	피홈런	4사구	삼진	피안타율	WHIP	피 OPS	ERA	WAR
2023	4	0	0	0	0	0	0	0	4.1	2	0	8	7	0.143	2.31	0.578	18.69	-0.16
2024	0	0	0	0	0	0	0	0	0.0	0	0	0	0	0	-	-	-	-
2025	1	1	0	0	0	0	0	0	5.0	3	0	6	3	0.176	1.80	0.551	3.60	0.15
통산	10	3	0	0	1	0	0	0	20.1	18	1	22	20	0.237	1.97	0.676	10.62	-0.24

엄상백

팀	한화	생년월일	1996-10-04		
포지션	P	투타	우언우타	신장 187	체중 72
연봉	25000-90000-90000		지명순위	15 KT 1차	
학교	역삼초-언북중-덕수고				

78억 원 몸값의 기대에는 미치지 못했다. WAR −0.19를 기록했다. 2019년을 빼면 커리어로우 시즌. 플레이오프에서 엄상백 관련 질문에 김경문 감독이 "좋은 얘기만 하자"라고 할 정도였다. 부담감은 변명일 뿐, 가치를 증명해야 한다. 평균 145.7km은 분명 빠르다.

기본기록

연도	경기	선발	QS	승	패	세이브	BS	홀드	이닝	피안타	피홈런	4사구	삼진	피안타율	WHIP	피 OPS	ERA	WAR
2023	20	19	9	7	6	0	0	0	111.2	100	6	31	89	0.241	1.16	0.633	3.63	3.06
2024	29	29	9	13	10	0	0	0	156.2	164	26	49	159	0.266	1.31	0.763	4.88	3.39
2025	28	16	2	2	7	0	0	1	80.2	106	13	46	74	0.324	1.79	0.921	6.58	-0.19
통산	333	123	36	47	51	3	9	29	845.0	895	102	386	744	0.273	1.46	0.775	4.98	12.65

윤산흠

팀	한화	생년월일	1999-05-15		
포지션	P	투타	우투우타	신장 178	체중 75
연봉	0-3800-4200		지명순위	19 두산 육성선수	
학교	광주화정초-진흥중-영선고				

독립 리그 경력이 있는 우완 파이어볼러. 팀 린스컴을 닮은 역동적 투구 폼으로 평균 149km의 빠른 공을 던진다. 상무 제대 뒤 BB/9 2.70으로 제구도 상당히 개선됐다. 새 시즌 한화의 필승조 포함 기대감이 커지고 있다. 지난해 KS에서도 씩씩하게 던졌다.

기본기록

연도	경기	선발	QS	승	패	세이브	BS	홀드	이닝	피안타	피홈런	4사구	삼진	피안타율	WHIP	피 OPS	ERA	WAR
2023	5	0	0	0	0	0	0	1	3.0	3	0	6	3	0.273	3.00	0.893	6.00	-0.12
2024	0	0	0	0	0	0	0	0	0.0	0	0	0	0	0	-	-	-	-
2025	12	1	0	0	0	0	0	0	16.2	16	1	8	17	0.246	1.26	0.698	3.78	0.36
통산	59	1	0	1	1	0	3	3	56.1	49	2	50	68	0.230	1.63	0.695	3.36	1.13

이민우

27

팀	한화	생년월일	1993-02-09		
포지션	P	투타	우투우타	신장 185	체중 104
연봉	5600-9400-5600		지명순위	15 KIA 1차	
학교	순천북초-순천이수중-효천고-경성대				

2024년 10홀드 평균자책 3.76으로 쏠쏠한 불펜이었으나 2025시즌 1군에 올라오지 못했다. 호주 멜버른 캠프 명단에 오르며 기대를 모았다. 김범수, 한승혁 등이 빠진 한화 불펜에 힘을 보태줄 자원 중 하나다. 커브와 슬라이더의 상하 움직임이 좋아 공략이 까다롭다.

기본기록

연도	경기	선발	QS	승	패	세이브	BS	홀드	이닝	피안타	피홈런	4사구	삼진	피안타율	WHIP	피 OPS	ERA	WAR
2023	17	0	0	2	1	0	0	2	13.2	8	2	6	11	0.167	1.02	0.542	2.63	0.20
2024	64	0	0	2	1	1	2	10	55.0	56	5	24	49	0.277	1.44	0.767	3.76	0.84
2025	0	0	0	0	0	0	0	0	0.0	0	0	0	0	0	-	-	-	-
통산	210	49	9	17	29	2	2	18	388.0	471	39	198	271	0.304	1.66	0.823	6.03	-0.06

이상규

18

팀	한화	생년월일	1996-10-20		
포지션	P	투타	우투우타	신장 185	체중 77
연봉	4400-4800-4000		지명순위	15 LG 2차 7라운드 70순위	
학교	홍인초-청원중-청원고				

평균 145km의 나쁘지 않은 포심을 중심으로 커브, 커터, 체인지업, 슬라이더 등 다양한 구종을 활용한다. 자비로 미국 훈련까지 하고 맞이한 2025시즌 성적이 기대에 못 미쳤지만 김경문 감독에게 '독기'는 인정 받았다.한화 불펜의 재구성을 위한 요소 중 한 명이다.

기본기록

연도	경기	선발	QS	승	패	세이브	BS	홀드	이닝	피안타	피홈런	4사구	삼진	피안타율	WHIP	피 OPS	ERA	WAR
2023	8	0	0	0	0	0	0	0	7.2	7	0	5	6	0.241	1.57	0.594	2.35	0.21
2024	21	3	0	1	4	0	1	0	32.0	39	5	16	27	0.298	1.69	0.855	5.63	0.39
2025	5	0	0	0	1	0	0	0	9.0	16	0	4	5	0.372	2.22	0.891	8.00	-0.29
통산	70	3	0	3	8	4	2	1	86.0	115	10	52	60	0.323	1.90	0.889	6.17	-0.18

조동욱

팀	한화	생년월일	2004-11-02		
포지션	P	투타	좌투좌타	신장	190	체중	82
연봉	3000-4000-8800	지명순위	24 한화 2라운드 11순위		
학교	소래초-영남중-장충고				

큰 키에서 시작해 좌타자 바깥으로 흘러나가는 슬라이더는 공략이 까다롭다. 조동욱은 스트라이크 좌우존 활용에 적응해 나가며 60이닝을 막아줬다. 우타자 상대 OPS 1.0121로 심각했지만, 좌타자는 0.723으로 잘 버텼다. 김범수의 빈자리를 채울 것으로 기대된다.

기본기록

연도	경기	선발	QS	승	패	세이브	BS	홀드	이닝	피안타	피홈런	4사구	삼진	피안타율	WHIP	피 OPS	ERA	WAR
2023	0	0	0	0	0	0	0	0	0.0	0	0	0	0	0	-	-	-	-
2024	21	8	1	1	2	0	0	0	41.0	57	5	20	32	0.331	1.73	0.870	6.37	-0.07
2025	68	2	0	3	3	2	1	5	60.0	77	4	33	43	0.313	1.77	0.818	4.05	1.31
통산	89	10	1	4	5	2	1	5	101.0	134	9	53	75	0.321	1.75	0.839	4.99	1.24

황준서

팀	한화	생년월일	2005-08-22		
포지션	P	투타	좌투좌타	신장	185	체중	78
연봉	3000-4500-8200	지명순위	24 한화 1라운드 1순위		
학교	중랑구-상명중-장충고				

한화의 미래 중 한 명으로 꼽히는 1라운드 지명 투수. 좌완으로 포심, 포크의 사실상 투 피치만으로 상대를 공략한다. 포크볼의 완성도가 상당한 편인데도 포심 구속이 24년 대비 4km나 늘었다. 캠프를 앞두고 5kg 증량에 성공했다. 구속이 더 늘 가능성이 있다.

기본기록

연도	경기	선발	QS	승	패	세이브	BS	홀드	이닝	피안타	피홈런	4사구	삼진	피안타율	WHIP	피 OPS	ERA	WAR
2023	0	0	0	0	0	0	0	0	0.0	0	0	0	0	0	-	-	-	-
2024	36	11	1	2	8	0	0	1	72.0	80	9	56	70	0.287	1.82	0.842	5.38	1.02
2025	23	12	2	2	8	0	0	0	56.0	54	7	28	57	0.255	1.43	0.782	5.30	0.41
통산	59	23	3	4	16	0	0	1	128.0	134	16	84	127	0.273	1.65	0.817	5.34	1.43

권광민

17

팀 한화	**생년월일** 1997-12-12		
포지션 LF	**투타** 좌투좌타	**신장** 189	**체중** 102
연봉 3300-3800-3600	**지명순위** 22 한화 2차 5라운드 41순위		
학교 서울청구초-홍은중-장충고			

시카고 컵스를 거친 좌타 거포 기대주. 한화 입단 5번째 시즌을 맡는다. 피지컬을 살릴 수 있는 컨택 능력이 아직은 부족하다. 퓨처스에서도 장타율 0.390에 그쳤다. 그럼에도 파워는 확실한 툴이다. 포스트시즌 엔트리 합류에 이어 멜버른 1차 캠프에도 포함됐다.

기본기록

연도	경기	타석	타수	안타	2루타	3루타	홈런	타점	득점	볼넷	사구	삼진	도루	타율	출루율	장타율	OPS	WAR
2023	66	81	73	11	1	1	2	9	11	6	1	24	2	0.151	0.225	0.274	0.499	-0.79
2024	19	51	48	13	3	0	4	9	10	3	0	17	0	0.271	0.314	0.583	0.897	0.41
2025	15	18	18	3	1	0	0	0	2	0	0	5	0	0.167	0.167	0.222	0.389	-0.28
통산	132	237	210	43	8	2	6	26	29	22	2	76	2	0.205	0.284	0.348	0.632	-0.69

박정현

63

팀 한화	**생년월일** 2001-07-27		
포지션 SS	**투타** 우투우타	**신장** 183	**체중** 83
연봉 0-3700-3700	**지명순위** 20 한화 2차 8라운드 78순위		
학교 부천북초-부천중-유신고			

수비에 장점이 있는 내야수. 상무 복무 뒤 지난해 8월 전역했다. 1군 등판은 2경기에 그쳤지만 퓨처스에서 홈런 5개 포함 장타율 0.508을 기록했다. 수비에 비해 공격이 약하다는 평가를 넘어설 수 있는 기회. 리그 최고 마무리 KT 박영현의 친형이다.

기본기록

연도	경기	타석	타수	안타	2루타	3루타	홈런	타점	득점	볼넷	사구	삼진	도루	타율	출루율	장타율	OPS	WAR
2023	53	113	105	19	6	0	2	4	12	3	2	36	0	0.181	0.218	0.295	0.513	-0.50
2024	0	0	0	0	0	0	0	0	0	0	0	0	0	-	-	-	-	0.00
2025	2	2	2	0	0	0	0	0	0	0	0	1	0	0.000	0.000	0.000	0.000	-0.05
통산	199	519	480	107	17	1	6	41	51	27	3	142	7	0.223	0.268	0.300	0.568	-0.09

유로결

33

팀	한화	생년월일	2000-05-30		
포지션	LF	투타	우투우타	신장	186	체중	83
연봉	3300-3500-3300		지명순위	19 한화 2차 2라운드 13순위	
학교	광주서림초-광주동성중-광주제일고				

노시환과 함께 2019년 드래프트 상위 야수 지명 3인 중 하나다. 한화의 중견수가 여전히 빈 자리인 것은 유로결의 성장이 더디기 때문이기도 하다. 지난 시즌 가능성을 보였지만 3루에서 견제사를 당한 장면은 큰 아쉬움을 낳았다. 1군 캠프 대신 2군 코치 캠프에서 시작.

기본기록

연도	경기	타석	타수	안타	2루타	3루타	홈런	타점	득점	볼넷	사구	삼진	도루	타율	출루율	장타율	OPS	WAR
2023	27	53	48	7	1	0	0	5	5	1	1	10	1	0.146	0.173	0.167	0.340	-0.60
2024	23	39	36	8	1	0	0	4	6	3	0	11	0	0.222	0.282	0.250	0.532	0.01
2025	20	16	13	2	0	0	0	0	1	0	1	4	1	0.154	0.214	0.154	0.368	-0.37
통산	202	395	352	55	9	0	2	24	41	25	5	108	7	0.156	0.220	0.199	0.419	-3.10

이도윤

5

팀	한화	생년월일	1996-10-07		
포지션	SS	투타	우투좌타	신장	175	체중	79
연봉	7500-11000-12100		지명순위	15 한화 2차 3라운드 24순위	
학교	고명초-배재중-북일고				

2015년 입단으로 어느새 11년차 시즌을 맞는다. 귀여운 외모에 비해 나이가 많다. 내야 전 포지션이 가능한 유틸리티로, 필요할 때 강렬한 한 방으로 인상을 남겼지만 딱히 득점권 스탯이 좋은 건 아니다. 뚝 떨어진 볼삼비 개선이 필요하다. 2루 경쟁에서는 하주석이 앞선 상태.

기본기록

연도	경기	타석	타수	안타	2루타	3루타	홈런	타점	득점	볼넷	사구	삼진	도루	타율	출루율	장타율	OPS	WAR
2023	106	346	309	78	13	2	1	13	36	18	4	55	11	0.252	0.302	0.317	0.619	1.70
2024	134	374	336	93	10	3	1	46	49	26	3	56	6	0.277	0.332	0.333	0.665	0.61
2025	113	277	250	65	11	3	1	36	37	11	3	52	1	0.260	0.296	0.340	0.636	0.53
통산	505	1217	1096	270	42	8	4	106	140	68	10	217	22	0.246	0.295	0.310	0.605	1.66

이원석

37

팀 한화	**생년월일** 1999-03-31		
포지션 CF	**투타** 우투우타	**신장** 177	**체중** 69
연봉 3600-5000-6500	**지명순위** 18 한화 2차 4라운드 34순위		
학교 화곡초-충암중-충암고			

빠른 발을 가진 외야수. 수비력에 대한 기대가 높지만, 지난해 248타석에서 거둔 OPS 0.582는 아쉬움이 크다. 그나마 볼삼비의 개선, 벌크업에 따른 타구 속도 증가, 0.245에 그친 BABIP를 고려하면 성장 가능성이 있다. 신인 오재원과 중견수 주전 경쟁을 벌인다.

기본기록

연도	경기	타석	타수	안타	2루타	3루타	홈런	타점	득점	볼넷	사구	삼진	도루	타율	출루율	장타율	OPS	WAR
2023	81	138	116	22	1	1	0	8	20	21	1	33	13	0.190	0.319	0.216	0.535	-0.01
2024	87	154	133	31	4	1	0	13	26	16	2	32	8	0.233	0.322	0.278	0.600	-0.20
2025	129	248	212	43	7	0	4	24	60	23	4	51	22	0.203	0.290	0.292	0.582	0.58
통산	373	718	616	120	13	3	6	55	125	73	10	182	49	0.195	0.288	0.255	0.543	-0.93

이재원

20

팀 한화	**생년월일** 1988-02-24		
포지션 C	**투타** 우투우타	**신장** 185	**체중** 98
연봉 5000-10000-10000	**지명순위** 06 SK 1차		
학교 숭의초-상인천중-인천고			

최재훈과 포수 마스크를 나눠 쓰면서 체력 안배를 도와주기도 했지만, 더그아웃의 큰 형님 자리가 이재원의 중요한 역할. 분위기가 처질 때마다 끌어올리려 애쓰는 장면이 자주 나왔다. 한화가 1위를 뺏기고도 추락하지 않은 이유 중 하나다. 올 시즌 플레잉 코치로 출전 경기 수는 확 줄어들 전망.

기본기록

연도	경기	타석	타수	안타	2루타	3루타	홈런	타점	득점	볼넷	사구	삼진	도루	타율	출루율	장타율	OPS	WAR
2023	27	48	44	4	1	0	0	2	3	2	0	8	0	0.091	0.128	0.114	0.242	-0.72
2024	72	152	134	32	4	0	1	16	10	7	4	21	0	0.239	0.287	0.291	0.578	-0.28
2025	98	151	125	25	2	1	1	12	4	14	1	23	1	0.200	0.280	0.256	0.536	0.23
통산	1596	4774	4172	1144	193	6	110	640	446	395	98	667	13	0.274	0.346	0.402	0.748	18.28

임종찬

팀	한화	생년월일	2001-09-28		
포지션	CF	투타	우투좌타	신장 184	체중 85
연봉	3400-3700-3500		지명순위	20 한화 2차 3라운드 28순위	
학교	우암초-청주중-북일고				

터지면 대폭발이라는 기대감이 큰데, 아직까지 안 터졌다. 스피드, 파워, 송구 능력 등 기본 재능은 충분하지만, 타석에서의 디시전이 좋지 않다. 1군 35타석에서 타율 0.167에 그쳤으나 출루율 0.286은 그나마 기대 요소다. 일단 1군 캠프 합류에는 성공했다.

기본기록

연도	경기	타석	타수	안타	2루타	3루타	홈런	타점	득점	볼넷	사구	삼진	도루	타율	출루율	장타율	OPS	WAR
2023	0	0	0	0	0	0	0	0	0	0	0	0	0	-	-	-	-	0.00
2024	24	64	57	9	3	2	0	7	10	6	1	19	0	0.158	0.250	0.281	0.531	-0.22
2025	17	35	30	5	1	0	1	2	2	5	0	13	2	0.167	0.286	0.300	0.586	-0.14
통산	155	421	379	69	15	2	5	35	28	35	3	142	2	0.182	0.256	0.272	0.528	-2.37

정은원

팀	한화	생년월일	2000-01-17		
포지션	2B	투타	우투좌타	신장 177	체중 82
연봉	17800-0-0		지명순위	18 한화 2차 3라운드 24순위	
학교	상인천초-상인천중-인천고				

데뷔 첫 해 '눈 야구'를 바탕으로 골든글러브까지 수상했지만 이후 부침이 심했다. 장타 생산을 위한 시도가 성공하지 못했고, 주전 자리도 위협받았다. 외야 전향도 시도했다. 상무에서 2025시즌 출루율 0.385를 기록했다. 6월 전역 뒤 팀 전력에 보탬이 될 수 있다.

기본기록

연도	경기	타석	타수	안타	2루타	3루타	홈런	타점	득점	볼넷	사구	삼진	도루	타율	출루율	장타율	OPS	WAR
2023	122	459	388	86	12	0	2	30	50	62	3	73	6	0.222	0.333	0.268	0.601	0.76
2024	27	78	64	11	3	1	1	6	10	13	0	16	2	0.172	0.312	0.297	0.609	0.06
2025	0	0	0	0	0	0	0	0	0	0	0	0	0	-	-	-	-	0.00
통산	747	2900	2474	637	98	19	32	230	356	376	11	495	57	0.257	0.356	0.351	0.707	11.65

최인호

팀	한화	생년월일 2000-01-30

포지션	LF	투타 우투좌타	신장 178	체중 82
연봉	4800-6800-6400		지명순위 20 한화 2차 6라운드 58순위
학교	송정동초-광주동성중-포철고

예쁜 스윙을 갖고 있다는 평가를 받았지만, 기대만큼 성장이 이뤄지지 않았다. 주전 우익수가 비어 있는 상황에서 타출장이 모두 밀리면서 자기 자리를 차지하지 못했다. 좌투 상대 약점이 출장 기회 제한으로 이어졌다. 1군 캠프가 아닌 2군 캠프에서 시즌을 시작했다.

기본기록

연도	경기	타석	타수	안타	2루타	3루타	홈런	타점	득점	볼넷	사구	삼진	도루	타율	출루율	장타율	OPS	WAR
2023	41	148	131	39	5	3	2	11	23	10	4	22	1	0.298	0.363	0.427	0.790	1.14
2024	82	244	210	60	13	2	2	22	37	25	3	31	3	0.286	0.367	0.395	0.762	1.21
2025	78	159	139	36	9	0	2	19	7	13	5	29	1	0.259	0.342	0.367	0.709	0.05
통산	297	850	743	193	33	5	10	83	92	76	15	159	7	0.260	0.337	0.358	0.695	2.07

황영묵

팀	한화	생년월일 1999-10-16

포지션	SS	투타 우투좌타	신장 177	체중 80
연봉	3000-8300-9600		지명순위 24 한화 4라운드 31순위
학교	수진초-성일중-충훈고

데뷔 첫 해의 기세를 이어가지 못한 것은 심우준의 FA 계약으로 유격수 자리를 내줬기 때문이다. 전반기 다소 부진했는데, 2군 10일 조정 뒤 후반기 타율 0.361, OPS 0.850으로 반전에 성공했다. 9월 OPS는 무려 1.218. 벌크업에 성공했고, 새 시즌 기대감을 높인다.

기본기록

연도	경기	타석	타수	안타	2루타	3루타	홈런	타점	득점	볼넷	사구	삼진	도루	타율	출루율	장타율	OPS	WAR
2023	0	0	0	0	0	0	0	0	0	0	0	0	0	-	-	-	-	0.00
2024	123	389	349	105	8	4	3	35	52	31	5	56	4	0.301	0.365	0.372	0.737	1.43
2025	117	286	260	71	17	1	1	22	40	20	2	37	1	0.273	0.329	0.358	0.687	0.42
통산	240	675	609	176	25	5	4	57	92	51	7	93	5	0.289	0.350	0.366	0.716	1.85

강건우 69

포지션	P	투타	좌투좌타	신장	188	체중	89	생년월일	2007-07-19
연봉	0-0-3000			지명순위	26 한화 2라운드 13순위				
학교	일산서구-원당중-북일고								

김도빈 46

포지션	P	투타	우투우타	신장	190	체중	95	생년월일	2001-01-05
연봉	3000-3100-3100			지명순위	24 한화 육성선수				
학교	서화초-신흥중-성지고-강릉영동대								

김범준 40

포지션	P	투타	우투우타	신장	175	체중	79	생년월일	2000-09-30
연봉	0-3000-3000			지명순위	20 한화 2차 9라운드 83순위				
학교	도곡초-글로벌선진중-충암고								

박재규 39

포지션	P	투타	우투우타	신장	181	체중	83	생년월일	2003-07-03
연봉	0-0-3000			지명순위	23 한화 9라운드 81순위				
학교	대현초-신정중-개성고								

배민서 45

포지션	P	투타	우언우타	신장	184	체중	90	생년월일	1999-11-18
연봉	5100-4100-3700			지명순위	19 NC 2차 4라운드 37순위				
학교	대구수창초-경운중-상원고								

양수호 47

포지션	P	투타	우투우타	신장	187	체중	82	생년월일	2006-09-09
연봉	0-3000-3000			지명순위	25 KIA 4라운드 35순위				
학교	대전중구-공주중-공주고								

원종혁 48

포지션	P	투타	우투우타	신장	184	체중	92	생년월일	2005-08-27
연봉	3000-3000-3200			지명순위	24 한화 9라운드 81순위				
학교	도곡초-휘문중-구리인창고								

정이황 34

포지션	P	투타	우투우타	신장	190	체중	89	생년월일	2000-03-07
연봉	3000-3000-3000			지명순위	19 한화 2차 3라운드 23순위				
학교	수영초-경남중-부산고								

하동준 **97**

포지션	P	투타	좌투좌타	신장	189	체중	80	생년월일	2007-06-11
연봉	0-0-3000			지명순위	26 한화 6라운드 53순위				
학교	평택안중유소년-경기PB클럽-라온고								

한서구 **102**

포지션	P	투타	좌투좌타	신장	191	체중	98	생년월일	2003-12-04
연봉	0-3000-3000			지명순위	23 한화 6라운드 51순위				
학교	석교초-세광중-대전고								

권현규 **94**

포지션	SS	투타	우투우타	신장	177	체중	70	생년월일	2007-03-23
연봉	0-0-3000			지명순위	26 한화 5라운드 43순위				
학교	대구옥산초-경운중-경북고								

박상언 **42**

포지션	C	투타	우투우타	신장	185	체중	90	생년월일	1997-03-03
연봉	4200-4200-4000			지명순위	16 한화 2차 8라운드 79순위				
학교	무원초-영남중-유신고								

배승수 **98**

포지션	2B	투타	우투우타	신장	184	체중	73	생년월일	2006-05-15
연봉	0-3000-3000			지명순위	25 한화 4라운드 32순위				
학교	가동초-자양중-덕수고								

손아섭 **31**

포지션	DH	투타	우투좌타	신장	174	체중	84	생년월일	1988-03-18
연봉	50000-50000-10000			지명순위	07 롯데 2차 4라운드 29순위				
학교	양정초-개성중-부산고								

오재원 **54**

포지션	CF	투타	우투좌타	신장	176	체중	75	생년월일	2007-01-21
연봉	0-0-3000-3000			지명순위	26 한화 1라운드 3순위				
학교	신도초-부천중-유신고								

유민 **65**

포지션	RF	투타	우투우타	신장	187	체중	92	생년월일	2003-01-20
연봉	0-3000-3000			지명순위	22 한화 2차 3라운드 21순위				
학교	역삼초-대치중-배명고								

이민재 68

포지션	LF	투타	우투좌타	신장	184	체중	80	생년월일	2004-03-07
연봉	0-3000-3200			지명순위	25 한화 11라운드 102순위				
학교	안산-안산중앙중-비봉고-동원과학기술대								

이승현 60

포지션	2B	투타	우투좌타	신장	172	체중	77	생년월일	2002-07-23
연봉	0-3000-3200			지명순위	25 한화 육성선수				
학교	부천원미-부천중-포철고-성균관대								

장규현 32

포지션	C	투타	우투좌타	신장	183	체중	96	생년월일	2002-06-28
연봉	3200-3300-3300			지명순위	21 한화 2차 4라운드 32순위				
학교	인천남-동인천중-인천고								

정민규 2

포지션	2B	투타	우투우타	신장	183	체중	93	생년월일	2003-01-10
연봉	0-3100-3100			지명순위	21 한화 1차				
학교	부산서구-경남중-부산고								

최원준 105

포지션	2B	투타	우투좌타	신장	188	체중	84	생년월일	2004-05-01
연봉	0-0-3000			지명순위	23 한화 8라운드 71순위				
학교	청주-세광중-청담고								

최유빈 93

포지션	SS	투타	우투좌타	신장	173	체중	73	생년월일	2002-05-27
연봉	0-0-3000			지명순위	26 한화 4라운드 33순위				
학교	순천남산초-여수중-전주고-경성대								

한지윤 36

포지션	LF	투타	우투우타	신장	188	체중	98	생년월일	2006-04-10
연봉	0-3000-3000			지명순위	25 한화 3라운드 22순위				
학교	가동초-휘문중-경기상고								

허관회 26

포지션	C	투타	우투우타	신장	176	체중	93	생년월일	1999-02-12
연봉	3300-3300-3300			지명순위	19 한화 2차 9라운드 83순위				
학교	의정부-건대부중-경기고								

허인서 **59** 

포지션 C	**투타** 우투우타	**신장** 182	**체중** 93	**생년월일** 2003-07-11
연봉 0-3100-3600	**지명순위** 22 한화 2차 2라운드 11순위
학교 순천북초-여수중-효천고

한화 이글스	왼쪽 폴	좌중	중	우중	오른쪽 폴	펜스 좌측	펜스-좌중	펜스-중	펜스-우중	펜스-우	잔디	최대관중(명)
대전 한화생명 볼파크	99	115	122	112	95	2.4	2.4	2.4	2.4	8	천연	17,000

주요 이슈

개막 전 전력 분석에 따른 예상 순위는 8위. 2024시즌 타이브레이커 탈락 이후 특별한 전력 보강이 없었다. 게다가 개막을 앞두고 주포 최정이 허벅지를 다쳤다. 라인업의 핵심인 에레디아도 개막 직후 질병과 부상으로 빠진 기간이 길었다. 귀한 좌완 선발 오원석을 내주고 영입한 김민은 초반 흔들렸다. 밖에서 본 모두가 '올해는 진짜 안 되겠군'이라고 생각했지만 팀 내부는 달랐다. 노경은-이로운-조병현으로 이어지는 '노이조 트리오'는 리그 최강의 필승조였다. 후반기 김민은 '매드 투시머'로 변신했고, 오원석을 향한 아쉬움을 싹 지웠다. 3위에 오르며 투고타저 리그에서 불펜의 힘이 얼마나 중요한지 제대로 보여준 시즌. 다만, 가을야구에서는 공격력도 필요하다는 것 역시 증명했다. 평균 2.5득점으로는 제 아무리 불펜이 세도 이길 수 없다.

구단 PROFILE

구단주	정용진
대표이사	김재섭
단장	김재현
감독	이숭용
주장	오태곤
홈구장	인천 SSG 랜더스필드
2군 구장	강화 SSG 퓨쳐스필드

SSG		**영구결번**
한국시리즈 우승	5회	박경완 / 26
한국시리즈 출전	9회	
플레이오프 출전	6회	
준플레이오프 출전	5회	

타율 / 순위	출루율 / 순위	장타율 / 순위	홈런 / 순위	도루 / 순위	실책 / 순위
0.256 / 8	0.330 / 9	0.376 / 7	127 / 5	129 / 3	106 / 5
ERA / 순위	선발ERA / 순위	구원ERA / 순위	탈삼진 / 순위	볼넷허용 / 순위	피홈런 / 순위
3.63 / 2	3.86 / 3	3.36 / 1	1193 / 2	510 / 5	115 / 6

시즌 월별 성적	승	무	패	승률	순위
3~4월	13	1	15	0.464	7
5월	15	1	11	0.577	3
6월	11	1	10	0.524	5
7월	9	1	10	0.474	7
8월	13	0	12	0.520	3
9~10월	14	0	7	0.667	2
포스트시즌	1	0	3	0.250	3

2년 연속 83이닝을 던진 40세 투수가 41세 시즌에 커리어하이를 찍을 줄은 아무도 몰랐다. 노경은은 아무도 못 했던 2년 연속 홀드왕을 기록했다. 김민 영입은 불펜 강화를 향한 결정적 한 수였다. '노경은-이로운-조병현'의 노이조 트리오의 부담을 줄이며 리그 최강불펜을 만들었다. 2루수 정준재는 시즌 막판 타격에 눈을 뜨며 '믿음직한 주전'이 됐다. 무엇보다 '1번 유격수' 박성한의 성장은 팀 전체의 컬러를 바꾼다. 유격수가 중심이 되는 팀은 강해질 수밖에 없다. 타자 친화 구장을 갖고도 똑딱이 타선으로 고생했는데, 시즌 막판 희망이 보였다. 준PO 3홈런 고명준은 30홈런이 기대되고, 류효승의 장타율은 0.532였다. 현원회장님, 이율예장군님의 투런 두 방은 리그 전체를 놀래켰다. 여기에 김재환이 더해진다.

개막을 앞두고 부상당한 최정 없이 잘 버티고 있었는데, 최정의 복귀가 늦어지자 팀 전체가 흔들렸다. 주장 김광현도 어깨 통증 등으로 제 실력을 발휘하기 어려웠다. 투타에서 팀의 정신적 지주인 둘이 흔들리자 더 치고 올라갈 수 있는 힘이 살짝 부족했다. 다만, 시즌 막판 둘의 공백을 채울 수 있는 힘을 만든 건 다음 시즌의 기대요소다. 국내 선발 투수의 성장이 더딘 것도 문제. 김광현을 빼면 문승원이 105.1이닝을 던진 게 최다. 불펜은 '화수분'이 되기 어렵다. 선발이 버티지 못하면 불펜도 무너진다. 스토브리그 동안 선발 투수 영입은 또 실패했다. 에이스 앤더슨도 메이저리그로 떠났다. 2년 연속 단기전 패배는 뼈아프다. 장타를 빼면 점수를 만들어내는 루트가 부족했다. 정규시즌을 잘 치른 불펜의 에너지를 단기전까지 잇는 것도 숙제다.

©SSG 랜더스

성적과 성장을 모두 잡는다는 것은 어렵지만 불가능한 일이 아니라는 걸 차근차근 보여주고 있다. 감독 첫해인 2024년 타이브레이커 끝 6위, 이듬해 3위로 성적을 냈다. 같은 기간 외부 FA 영입도 없었다. 왕조 시절 막내였던 김광현이 30대 후반이다. 젊은 선수들의 성장에 팔을 걷어붙였고, 매년 성과를 내는 중이다. 현역 시절 '숭캡'이라는 별명답게 베테랑을 확실히 존중해 주며 육성과정에 나올 수 있는 저항을 줄였다. 야구 스타일은 올드 스쿨에 가깝고, 젊은 선수들의 훈련량은 크게 늘었다. 코치에서 단장을 거쳐 감독으로 이어지는 커리어는 성적과 성장을 모두 가능케 하는 중요한 요소다. 선수 성장에 있어 1군에서의 적절한 기용방식이 중요하다는 걸 경험으로 터득했다. 감독 계약 연장에 더해 김재환 선물을 받았다. 이제 단기전에서 증명해야 할 때.

2026 팀 이슈

이숭용 감독은 새 시즌을 앞두고 "지난해 3위가 우연이 아니라는 걸 증명해야 하는 시즌"이라고 말했다. 리그 최강 수준의 불펜을 유지하고, 김재환이 가세한 타선의 공격력을 효율적으로 운영해야 한다. 비어 있는 국내 선발진을 재구성하고 성장시키는 것도 목표 달성을 위한 중요한 열쇠다. 노이조 트리오의 적절한 체력 안배를 위해서는 롱 릴리프의 역할이 중요하다. 김재환이 지명타자로 나서는데, 최정의 3루 수비 부담도 줄여야 한다. 한유섬을 포함한 베테랑 거포들의 지명타자 자리를 활용한 적절한 로테이션이 필요하다. 국내 선발 에이스로 주목받는 김건우가 얼마나 안정적인 경기 운영과 함께 로테이션을 잘 돌아주는지도 확인해야 할 요소. 지난해 9위에 그쳤던 공격력이 리그 중위권 이상으로 올라올 수 있다면 지난 시즌 이상의 순위가 가능하다.

2026 최상 시나리오

2026 최악 시나리오

지난해와 달리 부상 없이 시즌 초반부터 '풀 전력'으로 맞붙으며 승리가 쌓인다. 잠실에서 우익수 앞에서 잡히곤 했던 김재환의 타구는 랜더스필드 담장을 훌쩍 넘는다. 컨택만으로도 홈런이 나온다는 자신감이 더해지며 2020년 이후 첫 30홈런에 도전한다. 견제를 나눈 최정과 성장한 고명준이 모두 트리플 30, 합계 100홈런을 향해 달린다. 김건우는 LG 손주영, 송승기 부럽지 않은 좌완 선발로 쑥쑥 성장한다. 1번 유격수 박성한은 WBC 대표팀 탈락의 한을 풀 듯 리그 최고 유격수 자리를 두고 김주원과 경쟁. 노이조에 김민이 더해지면서 '노이김조' 쿼텟으로 더 세진 불펜이 6회부터 지워나간다. 정규시즌 우승 확정 가능 경기에서 또 한 번 극적인 '투런 두방' 끝내기가 나온다. KS 마지막 경기, 용진이 형이 벌떡 일어나 박수를 친다.

불펜 핵심의 WBC 차출과 이에 따른 피로도는 시즌 초반 불펜 운영을 어렵게 만든다. 국내 선발진은 여전히 경험 부족과 경기 운영 어려움을 낳는다. 김재환의 문제는 담장까지의 거리가 아니라 빨라진 리그 투수들의 구속과 인하이에 후한 ABS였음이 드러난다. 지난해 활약을 펼쳤던 '성장' 선수 정준재, 고명준이 2년차 징크스를 겪는다. FA 다년계약 마지막 해를 맞는 박종훈, 문승원, 한유섬에게 기회를 주지만 야구가 뜻대로 풀리지 않는다. 시즌 중반 순위 싸움이 답답하게 진행되는 가운데 청라돔 시대라는 미래를 위해서는 성적보다 성장이 우선되어야 한다는 의견이 구단 안팎에서 제기되기 시작한다. 용진이 형의 인스타그램에 젊은 선수들의 사진이 많이 뜬다. 중계 카메라가 추신수 육성총괄의 얼굴을 자주 비춰주기 시작한다.

김건우

팀	SSG	**생년월일**	2002-07-12
포지션 P		**투타** 좌투좌타	**신장** 185 **체중** 88
연봉 3000-3000-6500		**지명순위** 21 SK 1차	
학교 인천서구-동산중-제물포고			

39

보더라인피칭

초구S버프

R-편식

LG가 송승기를 건졌다면, SSG는 김건우를 얻었다. 21년 1차 지명으로 상무를 거치면서 포텐이 터졌다. 캠프의 기대감을 시즌 초반으로 이어가지 못했지만 2군 조정기를 거치면서 '이중 키킹' 동작을 더했고, 말 그대로 '환골탈태'했다. 9월 2경기 선발 등판해 2승0패, 평균자책 1.74를 기록했다. 고질적인 제구불안에서 벗어나 WHIP 0.87은 변신의 증거였다. 결국 김건우는 플레이오프 2차전 선발로 낙점. 경기 개시 6타자 연속 삼진의 임팩트를 남겼다. 2026시즌, '뉴 KK' 김건우는 김광현이 오래 갖고 있던 SSG의 국내 투수 에이스 역할을 맡는다. 힘 있는 속구와 체인지업 조합이 우타자에게도 효과적이다. 주자 있을 때, 세트 포지션에서의 안정감 유지는 경험과 함께 풀어야 할 숙제다. 주자 1루 상황 피OPS가 0.705.

기본기록

연도	경기	선발	QS	승	패	세이브	BS	홀드	이닝	피안타	피홈런	4사구	삼진	피안타율	WHIP	피 OPS	ERA	WAR
2023	0	0	0	0	0	0	0	0	0.0	0	0	0	0	0	-	-	-	-
2024	0	0	0	0	0	0	0	0	0.0	0	0	0	0	0	-	-	-	-
2025	35	13	0	5	4	0	0	2	66.0	53	2	56	68	0.220	1.55	0.668	3.82	1.35
통산	43	18	0	5	5	0	0	2	80.0	66	4	72	76	0.223	1.64	0.691	4.16	1.53

김광현

팀	SSG	생년월일	1988-07-22

포지션	P	투타	좌투좌타	신장	188	체중	88

29

연봉	100000-300000-150000	지명순위	07 SK 1차 1순위

학교	덕성초-안산리틀-안산중앙중-안산공고

첫타석버프

타이밍싸움

이제는 왕년의 에이스다. 규정이닝을 딱 채웠고, 10승에도 성공했으나 평균자책이 5.00이나 됐다. (규정이닝 투수 중 뒤에서 2번째) 어깨 부상으로 고생한 가운데서도 포심 평균구속은 전년 대비 살짝 올랐다. 리즈 시절, 포심, 슬라이더 투 피치로도 압도했지만 이제 밸런스 맞춘 포피치 투수다. 체력 안배를 위해 5선발로 나선다. 이제 에이스의 부담감을 살짝은 내려놓아도 좋다. 새로운 KK 김건우가 앞에서 던진다. 하지만 주장으로서 팀의 '정신적 지주'임에는 틀림없다. 2024년 KT와의 타이브레이커 구원 등판 역시 결과는 나빴지만 책임감에 따른 자원 등판 결정이었다. 그 책임감이 삼성과의 준PO 4차전 5이닝 1안타 1실점의 대호투로 이어졌다.

기본기록

연도	경기	선발	QS	승	패	세이브	BS	홀드	이닝	피안타	피홈런	4사구	삼진	피안타율	WHIP	피 OPS	ERA	WAR
2023	30	30	16	9	8	0	0	0	168.1	163	11	72	119	0.261	1.38	0.694	3.53	3.63
2024	31	31	13	12	10	0	0	0	162.1	162	24	79	154	0.260	1.45	0.765	4.93	2.97
2025	28	28	9	10	10	0	0	0	144.0	164	13	54	138	0.286	1.49	0.751	5.00	1.62
통산	415	393	216	180	108	0	1	2	2321.2	2207	201	940	2020	0.254	1.33	0.692	3.43	62.89

김민

41

팀	SSG	**생년월일**	1999-04-14
포지션	P	**투타**	우투우타	**신장**	185	**체중**	88
연봉	5000-11000-21000			**지명순위**	18 KT 1차
학교	숭의초-평촌중-유신고				

병살버프

스몰파크피처

2S+SL
슬라이더승부

K피치

시즌 중반까지도 오원석과의 트레이드는 패배로 보였다. 오원석이 펄펄 나는 동안 김민의 전반기 평균 자책은 4.10, 피OPS가 0.757이나 됐다. 후반기, 분위기 대반전에 성공했다. 김민의 후반기 WHIP는 겨우 0.87. 피OPS도 0.566으로 뚝 떨어졌다. SSG의 후반기 약진과 3위 성공의 바탕이 된 불펜진의 핵심 자원이었다. 2024년부터 투시머로 변신을 시도했고, 2025년 완전히 적응했다. 24년 8%였던 포심을 없애고 투심(55.4%)과 슬라이더(41.4%)만으로 상대 타자를 압도했다. 공 끝의 움직임이 서로 반대인 두 공이 같은 코스로 향하면 하드 히트를 만들어내기 어렵다. 땅볼 비율 60%에 바빕(BABIP)이 0.317로 떨어진 건 SSG의 단단한 내야진과 만들어낸 굿 시너지 덕분이다.

기본기록

연도	경기	선발	QS	승	패	세이브	BS	홀드	이닝	피안타	피홈런	4사구	삼진	피안타율	WHIP	피 OPS	ERA	WAR
2023	16	4	0	1	2	0	0	0	29.0	40	3	20	22	0.325	1.93	0.864	6.83	-0.21
2024	71	1	0	8	4	0	4	21	77.1	84	5	29	77	0.277	1.44	0.710	4.31	1.84
2025	70	0	0	5	2	1	4	22	63.2	60	7	23	65	0.251	1.21	0.685	2.97	1.99
통산	223	46	12	27	25	1	8	46	408.1	449	42	209	320	0.280	1.54	0.766	4.78	5.76

노경은

팀	SSG	**생년월일**	1984-03-11
포지션	P	**투타**	우투우타	**신장**	187	**체중**	100
연봉	35000-40000-40000	**지명순위**	03 두산 1차
학교	화곡초-성남중-성남고		

38

FSM
스플리터마스터

노경은의 시간은 거꾸로 간다. 한 살 어린 LG 김진성과 홀드왕 경쟁을 펼쳤고, 막판 대역전으로 2년 연속 홀드왕에 올랐다. 후반기 30경기에서 18홀드를 쓸어담았다. 후반기 WHIP가 0.95였고 피OPS는 0.493밖에 되지 않는, 완벽한 통곡의 벽. 포심 평균 구속이 146.2km로 41세 시즌에 커리어하이를 찍은 불가사의 투수다. 3년 연속 홀드왕도 역대 최초의 기록이다. 42세 시즌을 맡지만 WBC 대표팀에 뽑혔다. '제구되는 포크볼'의 위력은 WBC에서 더 빛난다. 구원투수 중 포크볼 구종가치 1위였다. 4시즌 매년 평균 82이닝을 던졌는데도 워낙 준비가 성실해 대표팀 1차 훈련에서도 가장 먼저 불펜 피칭을 했다. "나이가 들면 언제든 던질 준비를 하고 있어야 한다"라는 게 지론이다.

기본기록

연도	경기	선발	QS	승	패	세이브	BS	홀드	이닝	피안타	피홈런	4사구	삼진	피안타율	WHIP	피 OPS	ERA	WAR
2023	76	0	0	9	5	2	7	30	83.0	78	4	40	65	0.253	1.37	0.684	3.58	1.62
2024	77	0	0	8	5	0	4	38	83.2	71	10	36	71	0.232	1.23	0.677	2.90	2.64
2025	77	0	0	3	6	3	6	35	80.0	60	2	28	68	0.215	1.06	0.555	2.14	3.13
통산	638	171	70	89	101	13	30	121	1470.0	1497	151	710	1064	0.267	1.46	0.759	4.71	21.81

문승원

42

팀	SSG	**생년월일**	1989-11-28
포지션	P	**투타** 우투우타	**신장** 180 **체중** 88
연봉	18000-80000-80000	**지명순위**	12 SK 1라운드 8순위
학교	가동초-배명중-배명고-고려대		

보더라인피칭

앞선 시즌 마무리로 시작한 것과 달리 2025시즌 21경기에서 선발 등판했다. 햄스트링 부상 이후 성적이 좋지 않았다. 제구 받쳐주는 다양한 공을 던지는 장점을 지녔지만, 스터프의 위력 부족으로 투구 수가 늘어난다. BB/9 3.25는 다소 아쉬운 기록. 9이닝당 피홈런 1.37개도 규정이닝 50% 이상 투수 중 6번째로 높다. 15.4%로 비중을 높인 커브가 그나마 효과적이었다. 아시아쿼터가 도입되면서 선발 자리가 더 줄었다. 백업 선발과 함께 불펜 롱 릴리프로서 시즌을 맞이한다. 불펜으로 짧게 등판하면 평균 147km의 강속구를 더 활용할 수 있고, 커브와의 조합이 더 큰 효과를 낼 수 있다. 준플레이오프에서도 불펜에서 3이닝을 무실점으로 막았다. 비FA 다년 계약의 마지막 시즌을 맞는다.

기본기록

연도	경기	선발	QS	승	패	세이브	BS	홀드	이닝	피안타	피홈런	4사구	삼진	피안타율	WHIP	피 OPS	ERA	WAR
2023	50	12	4	5	8	1	2	9	105.0	138	12	41	65	0.319	1.65	0.847	5.23	0.60
2024	62	0	0	6	1	20	7	6	60.0	67	10	25	53	0.283	1.52	0.787	4.50	0.91
2025	23	21	5	4	7	0	0	0	105.1	109	16	43	61	0.273	1.40	0.807	5.13	1.51
통산	316	159	60	53	60	25	9	21	1031.0	1132	144	377	725	0.280	1.42	0.784	4.66	16.80

베니지아노

41

팀	SSG	생년월일	1997-09-01				
포지션	P	투타	좌투좌타	신장	198	체중	102
연봉	0-0-$750000			지명순위	26 SSG 자유선발		
학교	Warren Hills Regional						

©SSG 랜더스

속구마스터

캠프 전 교체된 좌완 강속구 투수다. 기존에 합의했던 버하겐과의 계약이 메디컬 이슈로 해지됐고 좌완으로 150km 넘는 공을 던지는 베니지아노로 교체됐다. 키가 무려 196cm나 된다. 큰 키와 긴 팔을 지녔는데 스리쿼터 스타일로 최고 구속 157km를 던진다. 좌타자 입장에서는 상당히 위협적인 투구 궤적을 지녔다. 캔자스시티, 마이애미, 세인트루이스를 거쳤고 메이저리그에서 40경기 등판했다. ABS 이전 KBO 리그에서는 BB/9이 중요했다. 베니지아노의 3.54는 썩 좋지 않지만, 이제는 존 구석에 스치기만 하면 된다. 팔 각도와 어우러져 스위퍼와 슬라이더의 각이 상당하다. 전략적인 제구 난조가 ABS와 시너지를 낸다면 건드리기도 어려운 공이 된다. 다만, 존에 스치지 못하면, 경기 운영이 갑갑할 수 있다.

기본기록

연도	경기	선발	QS	승	패	세이브	BS	홀드	이닝	피안타	피홈런	4사구	삼진	피안타율	WHIP	피 OPS	ERA	WAR
2023	0	0	0	0	0	0	0	0	0.0	0	0	0	0	0	-	-	-	-
2024	0	0	0	0	0	0	0	0	0.0	0	0	0	0	0	-	-	-	-
2025	0	0	0	0	0	0	0	0	0.0	0	0	0	0	0	-	-	-	-
통산	-	-	-	-	-	-	-	-	-	-	-	-	-	-	-	-	-	-

이로운

92

팀	SSG	**생년월일**	2004-09-11
포지션	P	**투타**	우투우타
신장	185	**체중**	105
연봉	7400-7400-20000		
지명순위	23 SSG 1라운드 5순위		
학교	본리초-경북중-대구고		

©SSG 랜더스

3년차 시즌에 '역시 1라운더' 소리가 나오게 만들며 불펜의 핵심 투수로 자리 잡았다. 노경은-이로운-조병현으로 이어지는 '노이조' 필승조의 한 축을 맡았다. 구원 WAR 순위에서 2.85로 리그 3위인데, 1, 2위가 조병현, 노경은이다. 평균 구속 147.7km의 포심의 구위가 리그 최상급에 속한다. 슬라이더와 체인지업의 완성도도 높다. 다만 볼넷이 다소 많고, 구위에 비해 삼진율이 떨어지는 점은 아쉽다. 조병현(31%) 수준은 아니더라도 삼진율 21.6%를 25% 이상으로 끌어올릴 수 있다면 '노이조 트리오'는 더 완벽해진다. 데뷔 후 2년에 비해 지난해 늘어난 이닝(77이닝)에서 회복이 잘 돼야 한다. 준PO에서 홈런 2방을 허용한 점은 아쉽지만, 4경기 다 나왔고 시즌 내내 많이 던졌다.

기본기록

연도	경기	선발	QS	승	패	세이브	BS	홀드	이닝	피안타	피홈런	4사구	삼진	피안타율	WHIP	피 OPS	ERA	WAR
2023	50	0	0	6	1	0	1	5	57.2	67	7	30	52	0.289	1.66	0.810	5.62	-0.19
2024	63	0	0	1	3	1	1	9	56.0	67	4	46	41	0.300	1.96	0.825	5.95	0.20
2025	75	0	0	6	5	1	1	33	77.0	56	7	26	66	0.206	1.06	0.577	1.99	2.85
통산	188	0	0	13	9	2	3	47	190.2	190	18	102	159	0.261	1.51	0.730	4.25	2.86

조병현

팀	SSG	**생년월일**	2002-05-08
포지션 P		**투타** 우투우타	**신장** 182 **체중** 90
연봉 3000-13500-25000			**지명순위** 21 SK 2차 3라운드 28순위
학교 온양온천초-세광중-세광고			

19

보더라인피칭

빠른승부

속구마스터

L-헌터

문학 차은우라 불리는 곱상한 외모와 달리 평균구속 147.5km짜리 포심은 무시무시하다. 포심 구사율 73.3%에 포크볼이 21%로 '포-포' 투 피치로 상대 타자들을 압도한다. 수직 무브먼트가 좋은 위력적인 포심에 같은 스윙, 같은 궤적으로 날아오다 떨어지는 포크볼 조합은 마무리 투수로서 이상적이다. 평균자책 1.60, WHIP 0.89 역시 압도적이다. 블론세이브가 2개밖에 되지 않는 것도 조병현의 안정감을 잘 보여준다. 앞에서 노경은, 이로운이 잘 버티고 막아준 덕분에 비교적 안정적인 상황에 등판할 수 있었다. 1+ 이닝 투구가 겨우 5번밖에 되지 않았다. 풀타임 마무리 첫 시즌을 안정적으로 치렀다. 2026 시즌에는 리그 최고 마무리에 도전한다. WBC 대표팀에 합류하면서 그 첫 단추를 잘 채웠다.

기본기록

연도	경기	선발	QS	승	패	세이브	BS	홀드	이닝	피안타	피홈런	4사구	삼진	피안타율	WHIP	피 OPS	ERA	WAR
2023	0	0	0	0	0	0	0	0	0.0	0	0	0	0	0	-	-	-	-
2024	76	0	0	4	6	12	6	12	73.0	52	8	33	96	0.197	1.14	0.609	3.58	2.11
2025	69	0	0	5	4	30	2	0	67.1	42	5	18	79	0.179	0.89	0.508	1.60	3.37
통산	148	3	0	9	10	42	8	12	147.0	101	14	57	183	0.192	1.05	0.579	2.88	5.38

타케다

23

팀	SSG	**생년월일**	1993-04-03
포지션	P	**투타**	우투우타
신장	187	**체중**	92
연봉	0-0-$200000	**지명순위**	26 SSG 아시아쿼터
학교	미야자키일본대학고등학교		

사무라이 재팬 국가대표 투수 출신의 베테랑 우완 투수다. 야구판 '도쿄대첩'으로 유명한 2015 프리미어 12 대회 때, 한국과의 4강전을 앞두고 고쿠보 히로키 감독이 "결승전 선발은 타케다 쇼타"라고 언급한 적이 있다. '9회 대역전' 때문에 일본 대신 한국이 결승에 올랐다. 소프트뱅크에서 14시즌을 뛰는 동안 우승 반지 6개를 따냈다. 당연히 이대호와도 함께 뛰었다. 최고 구속 154km를 던졌던 강속구 투수였지만 어깨 부상, 팔꿈치 수술 등을 거치며 이제는 제구형 투수에 가깝다. 플로리다 캠프 합류 전, 가고시마 마무리캠프 때 이숭용 감독을 찾아와 인사했다. 재기에 대한 의지가 강하고, 공부와 분석에 열심이라 알려졌다. 플로리다 캠프 첫 피칭에서 "커브는 팀 내 최고"라는 평가를 받았다.

기본기록

연도	경기	선발	QS	승	패	세이브	BS	홀드	이닝	피안타	피홈런	4사구	삼진	피안타율	WHIP	피 OPS	ERA	WAR
2023	0	0	0	0	0	0	0	0	0.0	0	0	0	0	0	-	-	-	-
2024	0	0	0	0	0	0	0	0	0.0	0	0	0	0	0	-	-	-	-
2025	0	0	0	0	0	0	0	0	0.0	0	0	0	0	0	-	-	-	-
통산	-	-	-	-	-	-	-	-	-	-	-	-	-	-	-	-	-	-

화이트

55

팀	SSG	생년월일	1994-12-28		
포지션	P	투타	우투우타	신장	190
				체중	95
연봉	0-140000-$112000	지명순위	25 SSG 자유선발		
학교	Santa Clara University				

보더라인피칭

CUM

커브마스터

지난 시즌 에이스 역할의 앤더슨이 메이저리그로 떠났다. 화이트가 에이스 역할을 이어받는다. 성적은 만만치 않았다. 부상 때문에 출발이 늦었다는 점을 고려하면 11승에 2점대 평균자책(2.87)은 다른 팀 에이스 못지않은 성적이었다. 평균구속 151.8km의 뛰어난 포심을 가졌고, 낙차 큰 커브와의 조합이 좋았다. 여기에 투심과 커터도 섞어 던진다. 구위와 구종 다양성을 모두 갖췄지만 볼넷 억지력은 살짝 아쉬움이 있다. (BB/9 2.94) 번트 수비는 약점으로 지적된다. 후반기 들어 상대 팀들은 화이트 상대 때 '번트는 무조건 투수 방향'으로 지시했다. 박찬호 닮은 외모는 다저스 입단 때부터 유명했다. 이모가 ABC의 유명 앵커 주주장. 한국계로 기대를 모았지만 WBC 대표팀에는 오르지 못했다.

기본기록

연도	경기	선발	QS	승	패	세이브	BS	홀드	이닝	피안타	피홈런	4사구	삼진	피안타율	WHIP	피 OPS	ERA	WAR
2023	0	0	0	0	0	0	0	0	0.0	0	0	0	0	0	-	-	-	-
2024	0	0	0	0	0	0	0	0	0.0	0	0	0	0	0	-	-	-	-
2025	24	24	12	11	4	0	0	0	134.2	111	9	52	137	0.221	1.15	0.608	2.87	4.24
통산	24	24	12	11	4	0	0	0	134.2	111	9	52	137	0.221	1.15	0.608	2.87	4.24

고명준

18

팀	SSG	**생년월일**	2002-07-08
포지션	1B	**투타** 우투우타	**신장** 185 **체중** 94
연봉	3000-8000-16000	**지명순위**	21 SK 2차 2라운드 18순위
학교	서원초-세광중-세광고		

©SSG 랜더스

초구선호

SSG 미래의 축이라고 할 수 있는 02년생 2021년 드래프트 멤버 중 한 명이다. 2라운드 지명 내야수로 3루수보다는 1루에서 많이 뛴다. 2024년 1루수 경쟁에서 앞섰고, 2025시즌 주전 1루수 자리를 굳혔다. 확실한 장타 툴을 갖고 있다. 순장타율 0.155는 리그 20위. 올 시즌 더 발전이 기대된다. 다만, 순출루율 0.028은 규정타석 중 최하위다. 출루율 0.306 역시 규정타석 중 뒤에서 2번째다. 전반기 상승세를 후반기 이어가지 못했지만 준PO에서 홈런 3방을 터뜨리며 새 시즌에 대한 기대감을 높였다. 은퇴한 오재일을 떠올리게 하는 귀여운 외모를 지녔다. 이숭용 감독은 고명준에 대해 "30홈런은 충분한 타자"라고 평가했다. 김재환 영입에 따른 긍정적 효과가 기대된다.

기본기록

연도	경기	타석	타수	안타	2루타	3루타	홈런	타점	득점	볼넷	사구	삼진	도루	타율	출루율	장타율	OPS	WAR
2023	2	4	4	0	0	0	0	0	0	0	0	3	0	0.000	0.000	0.000	0.000	-0.02
2024	106	366	340	85	13	0	11	45	33	25	1	90	3	0.250	0.303	0.385	0.688	-0.72
2025	130	500	471	131	20	1	17	64	46	20	2	99	2	0.278	0.306	0.433	0.739	0.79
통산	241	875	820	216	33	1	28	109	79	45	3	195	5	0.263	0.302	0.409	0.711	-0.05

김성욱

47

팀	SSG	생년월일	1993-05-01		
포지션	CF	투타	우투우타	신장	181	체중	83
연봉	9500-10000-10000			지명순위	12 NC 3라운드 32순위
학교	서림초-충장중-광주진흥고				

NC 창단 멤버로 데뷔 때부터 수비, 송구, 주루, 파워 등에서 재능을 인정받았지만, 기대만큼의 성적이 나오지는 않았다. 2024시즌 17홈런으로 가능성을 보였는데, 지난해 결국 2군에 머문 시간이 늘었고 시즌 중 SSG로 유니폼을 갈아입었다. 이적 뒤에도 이렇다 할 활약을 보이지 못했지만 중요할 때 중요한 홈런을 때렸다. 삼성과의 준PO 2차전 후라도로부터 때린 끝내기 홈런은 가장 결정적 한 방이었다. 유망주 캠프에서 이숭용 감독의 '개인지도'를 받으며 타석에서의 접근 방식을 점검했다. 김재환 영입으로 외야 경쟁이 치열하다. 외야 백업, 우타 대타로서의 활약이 기대된다. NC 시절 테임스가 '성욱이나 소고기나 똑같이 들린다'라고 말해 '소고기'라는 별명이 붙었다. 잘 치는 날엔 투뿔이 된다.

기본기록

연도	경기	타석	타수	안타	2루타	3루타	홈런	타점	득점	볼넷	사구	삼진	도루	타율	출루율	장타율	OPS	WAR
2023	93	204	179	40	10	0	6	16	28	16	5	63	6	0.223	0.303	0.380	0.683	0.43
2024	129	412	358	73	8	2	17	60	55	31	15	79	10	0.204	0.291	0.380	0.671	-0.46
2025	56	132	123	24	6	0	2	13	10	7	1	35	1	0.195	0.244	0.293	0.537	-0.72
통산	1018	2593	2288	539	99	12	80	306	370	203	45	536	65	0.236	0.307	0.394	0.701	4.51

김재환

32

팀	SSG	**생년월일**	1988-09-22
포지션	LF	**투타**	우투좌타	**신장**	183	**체중**	90
연봉	150000-100000-50000		**지명순위**	08 두산 2차 1라운드 4순위
학교	영랑초-상인천중-인천고			

150

150km내성

R

R-편식

두산과 맺은 4년 뒤 옵트 아웃 조항이 큰 파문을 일으켰다. 계약 당시 해당 조건이 공개되지 않았던데다 보류권 관련 논란을 낳았고, 팬들로부터 큰 비난을 받았다. 결국 SSG와 2년 22억 원에 계약했다. 묵묵히 겨울을 보낸 뒤 캠프에 참석했다. 리그에서 가장 큰 잠실구장보다는 타자 친화적인 랜더스 필드에서 김재환의 장타력이 더욱 크게 발휘될 수 있다. 김재환 역시 "후회하는 모습을 보여주고 싶지 않았다. 기대보다 궁금함이 크다"라고 말했다. 좌익수가 가능하지만 김재환의 주 포지션은 지명타자가 될 전망이다. 타선에서 최정의 부담을 덜어주고, 유망주 고명준의 성장을 이끄는 효과를 기대받고 있다. 투고타저 시즌에서 홈런의 가치는 더 높아질 수 있다. 지난해 SSG의 공격력은 리그 9위였다.

기본기록

연도	경기	타석	타수	안타	2루타	3루타	홈런	타점	득점	볼넷	사구	삼진	도루	타율	출루율	장타율	OPS	WAR
2023	132	484	405	89	15	0	10	46	40	72	5	100	3	0.220	0.343	0.331	0.674	0.45
2024	136	552	474	134	28	0	29	92	78	63	6	168	1	0.283	0.368	0.525	0.893	3.19
2025	103	407	344	83	13	2	13	50	42	57	4	96	7	0.241	0.354	0.404	0.758	1.91
통산	1486	5916	5072	1425	269	17	276	982	836	737	49	1335	44	0.281	0.374	0.504	0.878	39.42

박성한

2

팀	SSG	**생년월일**	1998-03-30
포지션	SS	**투타**	우투좌타
연봉	30000-37000-42000		
학교	순천북초-여수중-효천고		

신장	180	**체중**	77
지명순위	17 SK 2차 2라운드 16순위		

©SSG 랜더스

광역수비

유격수는 수비 부담이 큰 포지션이어서 하위타순에 배치되기 마련이지만 2025시즌 KBO 리그 트렌드 중 하나는 공격력 갖춘 '1번 유격수'였다. 박성한은 6번에서 시작하며 타순이 오르내리다 후반기 들어 본격적으로 1번으로 나섰다. 박성한에게 '1번 유격수'는 딱 맞는 옷. 후반기 타율 0.299에 OPS 0.779로 펄펄 날았다. 출루율 0.384는 커리어하이. 비교적 스윙이 크다는 지적을 받았시만 볼넷 비율을 14.7%까지 끌어올렸다. (규정타석 리그 3위) 리그 최고 유격수를 노릴 만한 성적. 무시무시한 호수비를 하고도 무심한 표정이 트레이드마크이지만 준PO 4차전 8회 극적인 2타점 동점 적시타를 쳤을 때는 포효했다. WBC 대표팀에 결국 오르지 못한 건 박성한을 자극해 더 분발하게 하는 장치가 될 수 있다.

기본기록

연도	경기	타석	타수	안타	2루타	3루타	홈런	타점	득점	볼넷	사구	삼진	도루	타율	출루율	장타율	OPS	WAR
2023	128	529	459	122	19	0	9	47	53	58	1	56	4	0.266	0.347	0.366	0.713	3.66
2024	137	564	489	147	24	0	10	67	78	64	2	86	13	0.301	0.380	0.411	0.791	3.72
2025	127	538	452	124	23	2	7	48	73	79	3	93	5	0.274	0.384	0.381	0.765	5.28
통산	752	2841	2456	694	114	7	34	272	335	328	10	428	47	0.283	0.367	0.376	0.743	22.14

에레디아

27

팀	SSG	생년월일	1991-01-31				
포지션	LF	투타	좌투우타	신장	178	체중	88
연봉	115000-224000-$112000	지명순위	23 SSG 자유선발				
학교	Aurelio Yanet						

©SSG 랜더스

광역수비

초구선호

FS

FS헌터

다리 부상 때문에 공백이 길었다. 당초 크지 않은 부상으로 여겨졌지만, 복귀까지 시간이 더 걸렸다. 비율 스탯은 나쁘지 않았지만 누적스탯은 후퇴했다. 확실한 타격 툴을 갖고 있지만 나이와 부상 우려 때문에 다른 외국인선수를 찾기도 했지만 한 시즌 더 함께 간다. 배드볼히터에 가깝지만, 정확히 맞히는 능력은 발군이다. 13홈런으로도 장타율 0.491을 기록하는 등 발로 만들어내는 추가 진루 능력도 있다. 워낙 휘두르는 걸 좋아하니 볼넷 비율은 리그 최하위권이다. 준PO 4차전 8회 무사 3루에서 당한 삼진은 팬들에게 상처에 가까웠다. 여전히 안타 생산 능력은 발군. 전년 연봉 대비 50만 달러 삭감된 130만 달러에 계약했다. 힘찬 스윙만큼이나 팀 분위기를 끌어올리는데 일가견이 있다. 메이저리그에서도 에너지는 인정받았다.

기본기록

연도	경기	타석	타수	안타	2루타	3루타	홈런	타점	득점	볼넷	사구	삼진	도루	타율	출루율	장타율	OPS	WAR
2023	122	523	473	153	29	0	12	76	76	39	9	75	12	0.323	0.385	0.461	0.846	3.95
2024	136	591	541	195	31	1	21	118	82	28	13	73	4	0.360	0.399	0.538	0.937	4.56
2025	96	415	375	127	18	0	13	54	46	31	7	62	1	0.339	0.398	0.491	0.889	3.54
통산	354	1529	1389	475	78	1	46	248	204	98	29	210	17	0.342	0.394	0.499	0.893	12.05

정준재

팀	SSG	생년월일	2003-01-03
포지션	2B	투타	우투좌타
신장	165	체중	68
연봉	3000-7500-13000	지명순위	24 SSG 5라운드 50순위
학교	상인천초-동인천중-강릉고-동국대		

©SSG 랜더스

스프레이히터1

추가진루

대졸 2년차의 반전 시즌. 타격 스탯이 다소 하락했지만 주전 2루수 자리를 확실히 지켰고, 주루에서 발군의 능력을 보였다. 9번, 2루수로서는 딱 적합한 스탯이다. 출루율 0.340에 비해 장타율 0.288은 낮아도 너무 낮다. 대신 도루 37개(리그 3위)를 기록하면서 부족한 장타 스탯을 만회했다. 2년차 징크스를 겪었는지 전반기는 타율 0.231에 그치는 등 부진했는데, 후반기 타율 0.271로 회복하는 모습을 보였다. 특히 순위 싸움이 치열했던 9월에는 타율 0.368, OPS 914라는 정준재답지 않은 활약을 펼쳤다. 2026시즌 더 성장이 기대되는 요소다. 2루 수비에서도 안정감이 커지고 있고 박성한과의 호흡이 좋다. 가을야구를 거치면서 확 성장하는 선수들의 요소를 두루 갖췄다.

기본기록

연도	경기	타석	타수	안타	2루타	3루타	홈런	타점	득점	볼넷	사구	삼진	도루	타율	출루율	장타율	OPS	WAR
2023	0	0	0	0	0	0	0	0	0	0	0	0	0	-	-	-	-	0.00
2024	88	240	215	66	8	5	1	23	40	19	3	49	16	0.307	0.371	0.405	0.776	1.86
2025	132	442	371	91	10	3	0	25	58	51	3	93	37	0.245	0.340	0.288	0.628	1.84
통산	220	682	586	157	18	8	1	48	98	70	6	142	53	0.268	0.351	0.331	0.682	3.70

조형우

20

팀	SSG	생년월일	2002-04-04		
포지션	C	투타	우투우타	신장	187	체중	95
연봉	6300-4000-12500			지명순위	21 SK 2차 1라운드 8순위
학교	송정동초-무등중-광주제일고				

2S내성

팀 내 베테랑 포수 이지영을 제치고 2025시즌 주전 포수로 활약했다. 큰 키에 송구 능력을 갖춘 대형 포수 유망주다. 도루 저지율 28.2%는 리그 최상급이다. 블로킹 능력도 인정받는다. ABS 도입 이후 공격형 포수가 주목받는 가운데 OPS 0.606은 다소 아쉽다. 스스로도 타격 성적에 대해 "처참한 수준"이라며 웃었다. 0.242였던 장타율이 0.312로 올라선 건 성장 가능성에 대한 신호다. 새 시즌에도 주전 포수 역할은 조형우에게 돌아간다. 이지영이 슈퍼 백업으로 뒤를 받치는 모양새다. 올스타급 포수로 성장할 것이라는 기대를 받고 있다. 그 기대만큼 연봉이 무려 212.5%나 인상돼 1.25억 원을 받는다. 시즌 활약을 바탕으로 9월 열리는 아이치-나고야 아시안게임 발탁이 기대된다.

기본기록

연도	경기	타석	타수	안타	2루타	3루타	홈런	타점	득점	볼넷	사구	삼진	도루	타율	출루율	장타율	OPS	WAR
2023	62	133	119	22	4	1	2	12	9	8	1	25	0	0.185	0.240	0.286	0.526	-0.35
2024	19	38	33	8	0	0	0	4	4	1	4	6	0	0.242	0.342	0.242	0.584	-0.08
2025	102	294	269	64	8	0	4	29	23	19	3	64	0	0.238	0.294	0.312	0.606	0.59
통산	192	478	433	96	13	1	6	46	38	29	8	98	0	0.222	0.281	0.298	0.579	0.11

최정

팀	SSG	**생년월일**	1987-02-28
포지션	3B	**투타** 우투우타	**신장** 180	**체중** 90
연봉	100000-170000-220000	**지명순위** 05 SK 1차
학교	대일초-평촌중-유신고

14

©SSG 랜더스

150km내성

초구선호

풀히터

FA

FA헌터

2025년 5월 13일 NC의 라일리 톰슨으로부터 개인 통산 500홈런을 때렸다. 5개만 남겨두고 있었으나 시즌 개막 직전 햄스트링 부상을 당해 출발이 늦었다. 최정의 공백은 시즌 초반 SSG 타선 전체에 영향을 미쳤다. 5월 2일 복귀 첫 타석에서 투런 홈런을 신고했고, 이내 500홈런 고지를 밟았다. 9월에는 5홈런 포함 OPS 1.158을 기록해 치열한 순위 경쟁 속 팀을 3위로 멱살 잡고 끌어올렸다. 다만, 준PO에서 보인 상대의 견제와 부진은 아쉬운 대목. 김재환의 영입은 최정에 대한 견제를 줄인다는 점에서 시너지가 기대된다. 체력 안배 차원에서도 3루수와 지명타자로 나눠뛰게 된다. 26시즌 홈런 몇 개를 더하느냐가 600홈런 가능성을 살피는 기준이 될 수 있다. (518개) 사구 360개는 여전히 세계기록이다.

기본기록

연도	경기	타석	타수	안타	2루타	3루타	홈런	타점	득점	볼넷	사구	삼진	도루	타율	출루율	장타율	OPS	WAR
2023	128	552	471	140	31	0	29	87	94	59	15	87	7	0.297	0.388	0.548	0.936	5.42
2024	129	550	468	136	27	2	37	107	93	55	20	114	5	0.291	0.384	0.594	0.978	4.70
2025	95	406	340	83	12	0	23	63	54	51	12	94	1	0.244	0.360	0.482	0.842	1.41
통산	2388	9844	8232	2352	433	11	518	1624	1515	1088	360	1866	179	0.286	0.389	0.530	0.919	88.70

최지훈

팀	SSG	**생년월일**	1997-07-23
포지션	CF	**투타** 우투좌타	**신장** 178 **체중** 82
연봉	25000-30000-37000	**지명순위**	20 SK 2차 3라운드 30순위
학교	광주수창초-무등중-광주제일고-동국대		

54

박성한과 함께 SSG 센터라인의 기둥이다. 빠른 발을 활용한 중견수 수비는 물론 공격에서도 호타준족의 퍼포먼스를 만들어낸다. 다만, 당초 미래 국가대표 중견수감이라는 평가에는 다소 미치지 못하는 성장세다. 2025시즌 전반기, 팀 타선 전체의 부진과 함께하며 OPS 0.671에 그쳤다가 후반기 0.795로 반등했다. 정준재와 마찬가지로 9월 한 달 1.177로 미쳐 날뛰었다. 체면치레를 했지만 리그 32위의 WAR은 기대치에 비해 살짝 아쉽다. 새 시즌 김재환 합류에 기존 선수들의 성장으로 팀 타선이 업그레이드된다. 박성한에게 1번을 내줬다. OPS 7에 30도루 가능한 타자의 7번 배치는 반대로 SSG 타선의 힘을 보여주는 신호라고 할 수 있다. FA를 앞둔 시즌, 구단은 다년계약을 준비 중이다.

기본기록

연도	경기	타석	타수	안타	2루타	3루타	홈런	타점	득점	볼넷	사구	삼진	도루	타율	출루율	장타율	OPS	WAR
2023	117	503	462	124	19	8	2	30	65	29	3	50	21	0.268	0.315	0.357	0.672	1.30
2024	125	543	483	133	22	7	11	49	89	50	2	71	32	0.275	0.345	0.418	0.763	1.82
2025	140	574	517	147	16	4	7	45	66	43	5	87	28	0.284	0.342	0.371	0.713	2.30
통산	789	3314	2958	818	127	34	36	257	454	258	30	436	156	0.277	0.339	0.379	0.718	14.37

한유섬

35

팀	SSG	**생년월일**	1989-08-09
포지션	RF	**투타** 우투좌타	**신장** 190 **체중** 105
연봉	90000-90000-90000	**지명순위**	12 SK 9라운드 85순위
학교	중앙초-해운대리틀-대천중-경남고-경성대		

©SSG 랜더스

CU힌터

2024시즌 24홈런을 때리고도 공격 WAR 0.45에 그친 것은 27.2%로 치솟은 삼진 때문이었다. ABS 도입과 함께 한유섬의 약점이었던 존 상단 공략이 집중적으로 이뤄졌다. 이를 대비하기 위해 애를 썼고 삼진율을 23.5%까지 낮췄다. 출루율이 높아지면서 생산성을 어느 정도 회복했다. 팀 내 다른 타자들이 전반기 내내 헤맨것과 달리 타석에서 세 몫을 해 주면서 팀을 버틸 수 있게 했다. 새 시즌 김재환이 가세하면서 가장 큰 수혜를 볼 수 있는 타자다. 좌타거포 김재환은 한유섬에 대한 경계를 늦추게 한다. 외야 경쟁이 치열하지만 일단 우익수에서 가장 앞서 있다. 선발에서 빠지더라도 투고타저 시즌 벤치에 남아 있는 한유섬의 존재는 상대팀에게 상당한 압박이 된다. 비FA 다년계약 마지막 시즌을 맞는다.

기본기록

연도	경기	타석	타수	안타	2루타	3루타	홈런	타점	득점	볼넷	사구	삼진	도루	타율	출루율	장타율	OPS	WAR
2023	109	388	333	91	15	2	7	55	29	34	12	81	2	0.273	0.355	0.393	0.748	0.84
2024	132	523	464	109	29	0	24	87	64	46	9	142	0	0.235	0.314	0.453	0.767	-0.22
2025	128	511	455	124	24	0	15	71	50	46	7	120	1	0.273	0.347	0.424	0.771	1.82
통산	1244	4712	4061	1088	221	11	212	755	581	467	133	1070	16	0.268	0.359	0.484	0.843	21.09

김택형

43

팀	SSG	생년월일	1996-10-10		
포지션	P	투타	좌투좌타	신장 185	체중 90
연봉	20500-20500-15000		지명순위	15 넥센 2차 2라운드 18순위	
학교	창영초-재능중-동산고				

한때 마무리를 맡았던 좌완 파이어볼러. 많은 유망주들이 상무를 거치며 포텐이 터지곤 하는데, 오히려 구속이 줄었다. 144.7km이었던 포심 평균구속이 24년 139.1km로 떨어졌고, 그나마 지난해 141.6km로 살짝 늘었다. 필승조에서 밀렸지만, 뎁스 강화 주요자원.

기본기록

연도	경기	선발	QS	승	패	세이브	BS	홀드	이닝	피안타	피홈런	4사구	삼진	피안타율	WHIP	피 OPS	ERA	WAR
2023	0	0	0	0	0	0	0	0	0.0	0	0	0	0	-	-	-	-	-
2024	6	0	0	0	1	0	0	0	7.0	10	1	7	1	0.333	2.29	0.926	9.00	-0.05
2025	25	0	0	0	0	0	0	1	22.2	19	0	13	14	0.235	1.28	0.649	2.78	0.56
통산	294	10	0	18	19	24	9	31	309.2	322	32	205	289	0.271	1.64	0.770	5.49	2.02

박기호

66

팀	SSG	생년월일	2005-07-26		
포지션	P	투타	우투우타	신장 184	체중 80
연봉	3000-3000-5000		지명순위	24 SSG 3라운드 30순위	
학교	청주-현도중-청주고				

평균구속 138.9km는 최근 유행과 동떨어져 보인다. 하지만 언더핸드 투수라면 상황이 다르다. 빠른 투구 폼으로 상대의 타이밍을 빼앗는 것은 물론 좌우 무브먼트를 바탕으로 하드 히트를 억제한다. 더 느린 체인지업은 또 다른 가능성을 보인다. 가고시마 유망주 캠프 MVP.

기본기록

연도	경기	선발	QS	승	패	세이브	BS	홀드	이닝	피안타	피홈런	4사구	삼진	피안타율	WHIP	피 OPS	ERA	WAR
2023	0	0	0	0	0	0	0	0	0.0	0	0	0	0	-	-	-	-	-
2024	0	0	0	0	0	0	0	0	0.0	0	0	0	0	-	-	-	-	-
2025	18	1	0	0	0	0	0	2	24.0	23	3	20	13	0.267	1.46	0.797	3.00	0.32
통산	18	1	0	0	0	0	0	2	24.0	23	3	20	13	0.267	1.46	0.797	3.00	0.32

박시후

57

팀	SSG	**생년월일**	2001-05-10
포지션	P	**투타**	좌투좌타
신장	182	**체중**	88
연봉	3000-3100-9500	**지명순위**	20 SK 2차 10라운드 100순위
학교	상인천초–상인천중–인천고		

2차 10라운드 전체 100순위 지명 투수의 성공 스토리. 6년차 시즌에 단숨에 좌완 불펜 핵심 자원으로 성장했다. 평균 143km짜리 투심과 131.3km의 슬라이더 투 피치 투수다. 좌완이지만 우타자 상대 출루 억지력이 좋다. 피장타율 0.326은 무 브먼트 위력 증명.

기본기록

연도	경기	선발	QS	승	패	세이브	BS	홀드	이닝	피안타	피홈런	4사구	삼진	피안타율	WHIP	피 OPS	ERA	WAR
2023	0	0	0	0	0	0	0	0	0.0	0	0	0	0	0	-	-	-	-
2024	11	0	0	0	0	0	0	0	14.2	18	1	9	11	0.295	1.70	0.747	6.75	0.09
2025	52	1	0	6	2	0	0	3	52.1	45	5	34	34	0.233	1.41	0.672	3.27	0.38
통산	65	1	0	6	2	0	0	3	68.0	66	6	43	45	0.254	1.50	0.701	4.24	0.43

박종훈

50

팀	SSG	**생년월일**	1991-08-13
포지션	P	**투타**	우언우타
신장	186	**체중**	90
연봉	110000-110000-110000	**지명순위**	10 SK 2라운드 9순위
학교	중앙초–군산중–군산상고		

살을 찌워 보기도 하고 빼 보기도 하고 별의별 시도를 다했다. ABS가 언더스로와 맞지 않는다는 건 핑계일 뿐이다. 이번 겨울 아예 팔을 들어올려 던져보며 구속을 늘렸다. 리그 대표 언더스로 투수의 생존 분투기가 펼쳐지는 중. 비IFA 다년계약 마지막 시즌이다.

기본기록

연도	경기	선발	QS	승	패	세이브	BS	홀드	이닝	피안타	피홈런	4사구	삼진	피안타율	WHIP	피 OPS	ERA	WAR
2023	18	16	4	2	6	0	0	0	80.0	77	8	79	56	0.260	1.71	0.804	6.19	0.11
2024	10	9	1	1	4	0	0	0	35.0	37	7	29	34	0.276	1.66	0.887	6.94	0.12
2025	5	5	1	0	2	0	0	0	19.0	15	4	23	10	0.231	1.74	0.858	7.11	-0.06
통산	245	219	67	72	79	0	0	1	1131.0	1116	110	721	885	0.261	1.47	0.754	4.85	18.88

서진용

2S+FL
스플리터승부

22

팀	SSG	**생년월일**	1992-10-02
포지션	P	**투타** 우투우타	**신장** 184 **체중** 88
연봉	45000-38000-18000	**지명순위**	11 SK 1라운드 7순위
학교	남부민초-대동중-경남고		

2023년 구원왕의 위용이 팔꿈치 뼛조각 수술 뒤 좀처럼 돌아오지 않고 있다. 143.7km였던 구속이 138.7km로 떨어졌다. 포크볼의 구위와 낙차, 제구가 좋은 편이기 때문에 구속이 조금만 회복되면 1군 활용이 가능하다는 평가를 받는다. 미야자키 캠프에서 구슬땀을 흘렸다.

기본기록

연도	경기	선발	QS	승	패	세이브	BS	홀드	이닝	피안타	피홈런	4사구	삼진	피안타율	WHIP	피 OPS	ERA	WAR
2023	69	0	0	5	4	42	6	0	73.0	63	3	53	64	0.239	1.53	0.656	2.59	2.65
2024	51	0	0	0	1	0	0	6	47.0	52	5	26	38	0.291	1.66	0.826	5.55	-0.40
2025	2	0	0	0	0	0	0	0	1.1	1	0	3	0	0.250	3.00	0.821	6.75	-0.02
통산	523	0	0	29	26	88	27	84	529.0	488	60	298	518	0.248	1.46	0.730	3.98	8.77

장지훈

21

팀	SSG	**생년월일**	1998-12-06
포지션	P	**투타** 우투우타	**신장** 177 **체중** 78
연봉	13000-13000-7500	**지명순위**	21 SK 2차 4라운드 38순위
학교	김해삼성초-김해내동중-김해고-동의대		

2021년 데뷔 때 꿈틀거리는 체인지업으로 KT 이강철 감독의 폭풍 칭찬을 들었다. 하지만 김택형과 마찬가지로 상무를 거치며 평균구속이 5~7km나 줄어들었고 이후 과거의 퍼포먼스를 보여주지 못하고 있다. 지난해에도 1군 등판이 없었고 퓨처스 캠프에서 시작했다.

기본기록

연도	경기	선발	QS	승	패	세이브	BS	홀드	이닝	피안타	피홈런	4사구	삼진	피안타율	WHIP	피 OPS	ERA	WAR
2023	0	0	0	0	0	0	0	0	0.0	0	0	0	0	0	-	-	-	-
2024	18	0	0	0	0	0	0	0	21.1	29	3	11	10	0.330	1.83	0.900	6.75	-0.12
2025	0	0	0	0	0	0	0	0	0.0	0	0	0	0	0	-	-	-	-
통산	118	0	0	4	5	1	4	16	156.2	169	15	48	94	0.278	1.33	0.734	4.42	1.79

전영준

팀	SSG	생년월일	2002-04-16		
포지션	P	투타	우투우타	신장 190	체중 100
연봉	0-3200-7000		지명순위	22 SSG 2차 9라운드 82순위	
학교	부곡초-휘문중-대구고				

SSG 21년 드래프트 4인방 중 가장 하위 지명. 9라운드 지명이지만 지난해 29경기 등판하며 쏠쏠한 활약을 했다. FIP 4.26은 나쁘지 않은 수치다. 90이닝당 피홈런 0.85개는 문학구장 투수로서 꽤 가치 있는 데이터다. 시즌 후반 활약으로 플로리다 캠프 명단에 올랐다.

기본기록

연도	경기	선발	QS	승	패	세이브	BS	홀드	이닝	피안타	피홈런	4사구	삼진	피안타율	WHIP	피 OPS	ERA	WAR
2023	0	0	0	0	0	0	0	0	0.0	0	0	0	0	0	-	-	-	-
2024	0	0	0	0	0	0	0	0	0.0	0	0	0	0	0	-	-	-	-
2025	34	5	0	1	5	0	0	0	52.2	48	5	31	55	0.249	1.41	0.724	4.61	0.75
통산	38	6	0	1	5	0	0	0	57.2	55	7	35	62	0.257	1.46	0.767	4.84	0.73

정동윤

팀	SSG	생년월일	1997-10-22		
포지션	P	투타	우투좌타	신장 193	체중 103
연봉	3000-3000-3300		지명순위	16 SK 1차	
학교	안산-중앙중-야탑고				

2016년 1차 지명 우완 투수. 140km 중반대 투심을 주무기로 하는 투수다. 17.1이닝 평균자책 8.31은 자랑스럽다고 보기 어렵다. 포크를 추가하면서 헛스윙과 땅볼 비율이 늘었고 이는 변신과 반등의 기회가 될 수 있다. 플로리다 1차 캠프 명단에 이름을 올렸다.

기본기록

연도	경기	선발	QS	승	패	세이브	BS	홀드	이닝	피안타	피홈런	4사구	삼진	피안타율	WHIP	피 OPS	ERA	WAR
2023	0	0	0	0	0	0	0	0	0.0	0	0	0	0	0	-	-	-	-
2024	3	0	0	0	0	0	0	0	1.2	1	0	1	2	0.167	1.20	0.453	0.00	0.05
2025	12	0	0	0	0	0	0	0	17.1	21	2	12	17	0.309	1.90	0.892	8.31	-0.26
통산	20	0	0	0	0	0	0	0	26.2	31	4	17	23	0.301	1.76	0.873	6.75	-0.11

최민준

팀 SSG		**생년월일** 1999-06-11	
포지션 P	**투타** 우투우타	**신장** 178	**체중** 83
연봉 14400-10000-13000		**지명순위** 18 SK 2차 2라운드 15순위	
학교 수영초-경남중-경남고			

선발과 롱릴리프를 오가며 마운드의 소금 같은 역할을 했다. 65.2이닝을 소화해 준 것만으로도 팀에 큰 보탬이 된다. 다양한 구종을 섞어 던지며 삼진율이 낮은 맞혀 잡는 투수다. HR/9 기록은 전영준보다 더 낮은 0.82였다. 이번 시즌에도 선발 및 롱릴리프 역할을 맡는다.

기본기록

연도	경기	선발	QS	승	패	세이브	BS	홀드	이닝	피안타	피홈런	4사구	삼진	피안타율	WHIP	피 OPS	ERA	WAR
2023	53	0	0	5	3	1	3	7	60.0	75	7	20	37	0.319	1.57	0.838	4.20	0.22
2024	32	0	0	1	0	0	0	0	39.1	61	9	27	40	0.353	2.16	1.012	7.78	-0.70
2025	40	8	0	2	2	0	0	1	65.2	72	6	27	44	0.289	1.46	0.744	3.97	0.99
통산	216	21	1	16	12	1	6	17	324.1	363	48	167	234	0.287	1.58	0.815	5.13	1.57

한두솔

팀 SSG		**생년월일** 1997-01-15	
포지션 P	**투타** 좌투좌타	**신장** 177	**체중** 86
연봉 3200-8000-9500		**지명순위** 18 KT 육성선수	
학교 광주수창초-진흥중-광주제일고			

2024시즌에 보여 준 임팩트를 지난해 이어가지 못했다. 2승1세이브 3홀드를 기록했지만, 시즌 중반 이후 극심한 제구 부진에 빠졌다. 4월과 5월 WHIP가 2를 넘기면서 1군 등판 기회가 줄었다. 독특한 투구 폼과 최고 150km에 달하는 좌완의 구속은 여전히 매력적이다.

기본기록

연도	경기	선발	QS	승	패	세이브	BS	홀드	이닝	피안타	피홈런	4사구	삼진	피안타율	WHIP	피 OPS	ERA	WAR
2023	1	0	0	0	0	0	0	0	1.0	1	0	2	2	0.250	2.00	1.250	9.00	-0.01
2024	69	0	0	2	1	0	0	3	59.1	62	3	34	68	0.267	1.57	0.723	5.01	0.71
2025	44	0	0	2	0	1	1	3	36.1	46	1	20	27	0.317	1.79	0.767	4.95	0.36
통산	122	0	0	4	1	1	1	6	102.0	119	4	60	98	0.293	1.71	0.758	5.65	0.52

김민식

24

팀	SSG	생년월일	1989-06-28		
포지션	C	투타	우투좌타	신장	180	체중	80
연봉	15000-25000-10000		지명순위	12 SK 2라운드 11순위	
학교	양덕초-마산중-마산고-원광대				

포수로서 5,100이닝 넘게 마스크를 쓴 베테랑. 유력한 트레이드 카드로 검토됐지만 지난 시즌 성사되지 않았고 1군에서도 뛰지 못했다. 포수 유망주들의 군입대에 따라 올 시즌 3번째 포수 옵션으로 기회가 주어질 수 있고, 트레이드 논의가 활발해질 가능성도 있다.

기본기록

연도	경기	타석	타수	안타	2루타	3루타	홈런	타점	득점	볼넷	사구	삼진	도루	타율	출루율	장타율	OPS	WAR
2023	122	318	266	58	9	1	5	34	28	31	2	57	0	0.218	0.302	0.316	0.618	1.38
2024	45	126	106	22	5	0	1	10	10	16	0	33	0	0.208	0.311	0.283	0.594	-0.24
2025	0	0	0	0	0	0	0	0	0	0	0	0	0	-	-	-	-	0.00
통산	866	2318	1981	448	66	8	25	224	239	240	23	399	11	0.226	0.315	0.305	0.620	4.04

김성현

6

팀	SSG	생년월일	1987-03-09		
포지션	2B	투타	우투우타	신장	172	체중	72
연봉	20000-15000-25000		지명순위	06 SK 2차 3라운드 20순위	
학교	송정동초-충장중-광주제일고				

생존왕이었던 김성현의 시즌도 마무리가 가까워졌다. 2026시즌 플레잉 코치로 뛰면서 선수 생활을 마무리한다. 2006년 데뷔해 무려 21번째 시즌을 맞는다. 빠른 타구 판단과 강한 송구 능력을 바탕으로 안정적 수비가 강점이다. 플레잉 코치이니만큼 경기 출전 기회는 적다.

기본기록

연도	경기	타석	타수	안타	2루타	3루타	홈런	타점	득점	볼넷	사구	삼진	도루	타율	출루율	장타율	OPS	WAR
2023	112	354	310	83	14	0	1	27	35	29	0	36	4	0.268	0.328	0.323	0.651	1.23
2024	71	167	141	32	3	1	1	15	21	16	4	28	2	0.227	0.321	0.284	0.605	-0.46
2025	59	137	115	25	3	0	1	11	15	16	1	20	1	0.217	0.316	0.270	0.586	-0.05
통산	1622	4889	4283	1149	185	11	46	456	559	394	54	479	49	0.268	0.335	0.349	0.684	12.15

류효승

팀	SSG	생년월일	1996-07-16		
포지션	LF	투타	우투우타	신장 190	체중 100
연봉	3100-3100-4500		지명순위	20 SK 2차 6라운드 60순위	
학교	칠성초-경상중-상원고-성균관대				

파워는 지난해 신인왕 KT 안현민에 밀리지 않는다는 평가를 받는다. 출루율이 아쉽지만 장타율은 0.532나 됐다. 순장타율 0.245는 노시환(0.237)보다 높다. 수비 포지션이 마땅치 않아 출전 기회가 줄어든다. 김재환 영입으로 문이 더 좁아졌지만, 기회는 온다.

기본기록

	경기	타석	타수	안타	2루타	3루타	홈런	타점	득점	볼넷	사구	삼진	도루	타율	출루율	장타율	OPS	WAR
2023	3	4	3	0	0	0	0	0	0	0	1	0	0	0.000	0.250	0.000	0.250	-0.05
2024	1	2	2	0	0	0	0	0	0	0	0	0	0	0.000	0.000	0.000	0.000	-0.05
2025	27	103	94	27	5	0	6	16	18	7	2	28	0	0.287	0.350	0.532	0.882	0.37
통산	39	118	107	28	5	0	7	18	20	8	3	32	0	0.262	0.331	0.505	0.836	0.11

안상현

팀	SSG	생년월일	1997-01-27		
포지션	2B	투타	우투우타	신장 178	체중 74
연봉	4000-3200-7000		지명순위	16 SK 2차 3라운드 26순위	
학교	사파초-선린중-용마고				

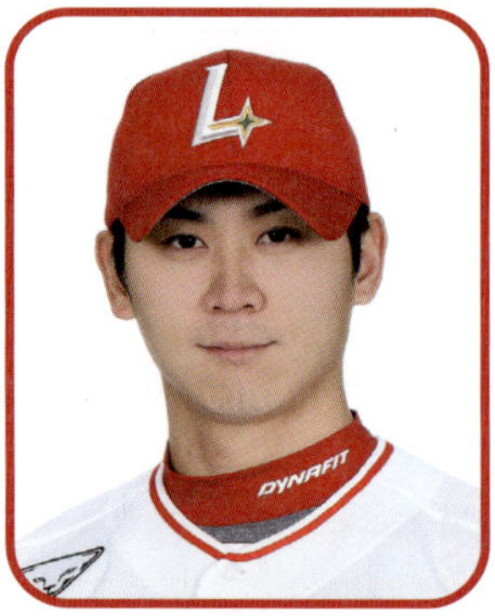

10년이 흘렀고, 뭔가 보여줘야 할 시즌이다. 이번 시즌 공격에서 가능성을 보였다. 6홈런은 커리어하이. 그 중 1개는 폰세로부터 뽑아냈다. 수비력은 장점이었는데, 준PO 3차전 실책은 두고두고 아쉬웠다. 내야 백업으로 시작하지만, 공격력이 터지면 어찌될지 모른다.

기본기록

연도	경기	타석	타수	안타	2루타	3루타	홈런	타점	득점	볼넷	사구	삼진	도루	타율	출루율	장타율	OPS	WAR
2023	58	66	58	14	3	0	0	2	10	5	0	15	3	0.241	0.302	0.293	0.595	-0.03
2024	37	75	70	12	1	0	0	2	3	4	0	14	1	0.171	0.216	0.186	0.402	-0.75
2025	102	289	258	68	8	2	6	15	38	18	2	85	17	0.264	0.314	0.380	0.694	0.45
통산	346	627	567	135	17	2	9	33	87	37	3	169	33	0.238	0.287	0.323	0.610	-0.14

오태곤

L ✦
L-편식

37

팀 SSG		**생년월일** 1991-11-18	
포지션 LF	**투타** 우투우타	**신장** 186	**체중** 88
연봉 25000-15000-50000		**지명순위** 10 롯데 3라운드 22순위	
학교 쌍문초-신월중-청원고			

일명 '9시의 남자'다. 경기 후반 승부를 걸거나, 지켜야 할 때 대타, 대주자, 대수비로 나선다. 그 한 번의 플레이를 위해 앞선 2시간을 집중해서 기다린다. 개막전 대타 역전 투런 홈런은 오태곤의 핵심 장면. 올 시즌도 궂은 일을 도맡는다. 시즌 뒤 '섬곤매치'가 열렸다.

기본기록

연도	경기	타석	타수	안타	2루타	3루타	홈런	타점	득점	볼넷	사구	삼진	도루	타율	출루율	장타율	OPS	WAR
2023	123	305	272	65	14	1	7	28	37	18	4	67	20	0.239	0.293	0.375	0.668	0.34
2024	117	288	247	68	16	0	9	36	43	31	1	73	27	0.275	0.355	0.449	0.804	1.33
2025	122	229	194	39	6	0	5	26	31	30	1	59	25	0.201	0.310	0.309	0.619	-0.36
통산	1316	3343	3009	774	161	8	78	354	497	226	42	784	177	0.257	0.316	0.394	0.710	3.31

이지영

스프레이히터

59

팀 SSG		**생년월일** 1986-02-27	
포지션 C	**투타** 우투우타	**신장** 177	**체중** 88
연봉 20000-15000-20000		**지명순위** 08 삼성 육성선수	
학교 서화초-신흥중-제물포고-경성대			

한발 물러났지만, 베테랑 포수의 가치는 사라지지 않는다. 주전 포수 자리를 조형우에게 넘기고 백업 포수로 76경기에 나섰다. 여전히 밀어치는 타구는 리그 최고 수준이다. 백업 포수지만 새 외인 적응에는 베테랑 포수의 역할이 중요하다. 시즌 전 2년 5억 원에 다년 계약했다.

기본기록

연도	경기	타석	타수	안타	2루타	3루타	홈런	타점	득점	볼넷	사구	삼진	도루	타율	출루율	장타율	OPS	WAR
2023	81	237	217	54	8	1	0	8	23	12	1	39	1	0.249	0.291	0.295	0.586	0.52
2024	123	432	398	111	11	1	5	50	45	18	7	35	8	0.279	0.320	0.349	0.669	1.58
2025	76	216	197	47	6	1	3	18	13	11	2	22	2	0.239	0.283	0.325	0.608	-0.06
통산	1469	4337	3963	1100	117	18	24	436	420	207	45	440	36	0.278	0.319	0.334	0.653	9.69

채현우

팀	SSG	생년월일	1995-11-21		
포지션	LF	투타	우투우타	신장 182	체중 80
연봉	3000-3000-3500		지명순위	19 SK 2차 8라운드 76순위	
학교	칠성초-경복중-상원고-송원대				

52타석에서 안타는 겨우 9개. 타율 0.188이지만 데뷔 첫 홈런을 두산전에서 기록했다. 빠른 발과 수비 범위, 송구 능력을 갖고 있는 외야수다. 달리기는 누구에게도 지지 않을 정도로 자신감이 있다. 준PO 엔트리에도 들었고 대주자로 출전했다. 투고타저 시즌 중요자원.

기본기록

연도	경기	타석	타수	안타	2루타	3루타	홈런	타점	득점	볼넷	사구	삼진	도루	타율	출루율	장타율	OPS	WAR
2023	1	0	0	0	0	0	0	0	1	0	0	0	0	-	-	-	-	-0.00
2024	1	0	0	0	0	0	0	0	0	0	0	0	0	-	-	-	-	-0.00
2025	41	52	48	9	1	1	1	9	8	3	0	13	2	0.188	0.231	0.313	0.544	0.11
통산	68	77	72	12	2	1	1	9	13	4	0	22	8	0.167	0.208	0.264	0.472	-0.05

최준우

팀	SSG	생년월일	1999-03-25		
포지션	2B	투타	우투좌타	신장 176	체중 78
연봉	4500-3200-6500		지명순위	18 SK 2차 4라운드 35순위	
학교	방배초-대치중-장충고				

내야는 물론 코너 외야 수비가 가능한 유틸리티 선수다. 기대만큼의 타격 성적을 내지 못했지만 가능성은 보였다. 주전 포지션이 꽉 찬 데다 베테랑 백업들이 즐비하다. BABIP 0.245는 불운일 수 있는데, 그래도 타석에서 생산력을 조금 더 높여야 경쟁력을 가질 수 있다.

기본기록

연도	경기	타석	타수	안타	2루타	3루타	홈런	타점	득점	볼넷	사구	삼진	도루	타율	출루율	장타율	OPS	WAR
2023	38	69	60	16	1	0	0	6	5	8	0	10	0	0.267	0.348	0.283	0.631	0.37
2024	18	34	25	6	2	0	0	5	2	9	0	8	0	0.240	0.441	0.320	0.761	0.18
2025	78	192	152	29	0	0	3	22	17	30	3	47	2	0.191	0.328	0.250	0.578	-0.29
통산	225	554	464	104	9	0	6	48	50	72	3	99	3	0.224	0.328	0.282	0.610	-0.07

하재훈

팀	SSG	**생년월일**	1990-10-29
포지션	LF	**투타**	우투우타	**신장**	182	**체중**	90
연봉	10000-9000-6000	**지명순위**	19 SK 2차 2라운드 16순위
학교	양덕초-마산동중-용마고		

13

빠른 발과 장타력을 가진 코너 외야수로 기대를 모았지만 스프링캠프에서 펜스와 충돌해 다치면서 출발이 늦었다. 성실한 훈련 덕분에 기회가 주어졌지만 제대로 살리지 못했다. OPS 0.501은 다소 답답한 수준이다. SSG 외야진은 경쟁이 치열한 데다 36세 시즌이다.

기본기록

연도	경기	타석	타수	안타	2루타	3루타	홈런	타점	득점	볼넷	사구	삼진	도루	타율	출루율	장타율	OPS	WAR
2023	77	229	201	61	10	1	7	35	35	19	5	53	11	0.303	0.374	0.468	0.842	2.52
2024	107	317	290	72	19	0	10	36	40	18	2	90	15	0.248	0.292	0.417	0.709	-0.70
2025	18	61	56	8	0	0	3	8	6	4	0	21	1	0.143	0.197	0.304	0.501	-0.48
통산	264	721	654	164	35	2	26	92	99	45	8	204	28	0.251	0.303	0.430	0.733	1.23

현원회

팀	SSG	**생년월일**	2001-07-08
포지션	C	**투타**	우투우타	**신장**	180	**체중**	95
연봉	3000-3000-3400	**지명순위**	20 SK 2차 4라운드 40순위
학교	가동초-경상중-대구고		

8

LG 팬들은 '현원회장님'이라고 부른다. 10월1일 문학 한화전에서 대역전의 시작을 알리는 대타 투런 홈런을 때렸다. 포수로 입단했다가 1루수로 전향했다. 이숭용 감독은 "고명준의 3루 전향도 생각하고 있다"라고 말했다. 그 정도로 타격 재능을 인정받는 중이다.

기본기록

연도	경기	타석	타수	안타	2루타	3루타	홈런	타점	득점	볼넷	사구	삼진	도루	타율	출루율	장타율	OPS	WAR
2023	0	0	0	0	0	0	0	0	0	0	0	0	0	-	-	-	-	0.00
2024	1	1	1	0	0	0	0	0	0	0	0	1	0	0.000	0.000	0.000	0.000	-0.02
2025	21	62	59	18	1	0	1	6	6	3	0	16	0	0.305	0.339	0.373	0.712	0.17
통산	23	63	60	18	1	0	1	6	6	3	0	17	0	0.300	0.333	0.367	0.700	0.15

김민준  40

포지션	P	투타	우투우타	신장	183	체중	100	생년월일	2006-04-08
연봉	0-0-3000			지명순위	26 SSG 1라운드 5순위				
학교	경주-포항중-대구고								

김성민  11

포지션	P	투타	우투우타	신장	184	체중	88	생년월일	2001-04-30
연봉	3000-3000-3000			지명순위	20 SK 2차 2라운드 20순위				
학교	서울학동초-자양중-경기고								

백승건  59

포지션	P	투타	좌투좌타	신장	183	체중	85	생년월일	2000-10-29
연봉	4600-3200-3200			지명순위	19 SK 1차				
학교	동막초-상인천중-인천고								

송영진  90

포지션	P	투타	우투양타	신장	185	체중	90	생년월일	2004-05-28
연봉	4500-5500-6000			지명순위	23 SSG 2라운드 15순위				
학교	유천초-한밭중-대전고								

신지환  60

포지션	P	투타	좌투좌타	신장	180	체중	81	생년월일	2006-04-17
연봉	0-3000-3000			지명순위	25 SSG 2라운드 18순위				
학교	강남초-성남중-성남고								

윤태현  12

포지션	P	투타	우언우타	신장	189	체중	93	생년월일	2003-10-10
연봉	0-0-3000			지명순위	22 SSG 1차				
학교	상인천초-동인천중-인천고								

이건욱  16

포지션	P	투타	우투우타	신장	182	체중	85	생년월일	1995-02-13
연봉	6100-3200-3200			지명순위	14 SK 1차				
학교	신도초-동산중-동산고								

이기순  4

포지션	P	투타	좌투좌타	신장	174	체중	74	생년월일	2003-05-14
연봉	3100-0-3200			지명순위	22 SSG 2차 5라운드 42순위				
학교	서흥초-신흥중-동산고								

조요한 98

포지션	P	투타	우투우타	신장	191	체중	101	생년월일	2000-01-06
연봉	0-0-3200		지명순위	21 SK 2차 7라운드 68순위					
학교	광주화정초-충장중-광주제일고-동강대								

천범석 68

포지션	P	투타	우투우타	신장	183	체중	86	생년월일	2006-03-06
연봉	0-3000-3000		지명순위	25 SSG 4라운드 38순위					
학교	안양-수원북중-강릉고								

김규민 44

포지션	C	투타	우투좌타	신장	180	체중	94	생년월일	2002-08-23
연봉	3000-3000-3100		지명순위	24 SSG 10라운드 100순위					
학교	수원영통-매향중-공주고-여주대								

김민준 47

포지션	2B	투타	우투우타	신장	181	체중	78	생년월일	2004-03-20
연봉	3000-0-3000		지명순위	23 SSG 7라운드 65순위					
학교	순천북초-순천이수중-북일고								

김수윤 5

포지션	1B	투타	우투우타	신장	180	체중	83	생년월일	1998-07-16
연봉	3200-3200-3200		지명순위	17 NC 2차 7라운드 68순위					
학교	삼성초-개성중-부산고								

김요셉 46

포지션	SS	투타	우투좌타	신장	188	체중	81	생년월일	2007-05-03
연봉	0-0-3000		지명순위	26 SSG 2라운드 15순위					
학교	대전유천초-한밭중-세광고								

김창평 64

포지션	CF	투타	우투좌타	신장	185	체중	85	생년월일	2000-06-14
연봉	3100-3100-3100		지명순위	19 SK 2차 1라운드 6순위					
학교	광주학강초-무등중-광주제일고								

김태윤 36

포지션	2B	투타	우투좌타	신장	170	체중	65	생년월일	2003-02-28
연봉	3100-3100-3200		지명순위	22 SSG 2차 7라운드 62순위					
학교	하남-배명중-배명고								

문상준  53

포지션	2B	투타	우투우타	신장	183	체중	80	생년월일	2001-03-14
연봉	0-3100-3100			지명순위	20 KT 2차 8라운드 72순위				
학교	가동초-휘문중-휘문고								

박지환  93

포지션	RF	투타	우투우타	신장	183	체중	75	생년월일	2005-07-12
연봉	3000-6200-4700			지명순위	24 SSG 1라운드 10순위				
학교	군산남초-군산중-세광고								

석정우  52

포지션	2B	투타	우투우타	신장	180	체중	82	생년월일	1999-01-20
연봉	0-3100-3500			지명순위	22 SSG 육성선수				
학교	동일초-경남중-경남고-연세대								

신범수  25

포지션	C	투타	우투좌타	신장	177	체중	83	생년월일	1998-01-25
연봉	5000-3200-4000			지명순위	16 KIA 2차 8라운드 78순위				
학교	광주대성초-광주동성중-광주동성고								

이승민  9

포지션	RF	투타	좌투좌타	신장	187	체중	90	생년월일	2005-01-06
연봉	3000-3000-3000			지명순위	24 SSG 2라운드 20순위				
학교	도곡초-휘문중-휘문고								

이율예  00

포지션	C	투타	우투우타	신장	183	체중	90	생년월일	2006-11-21
연봉	0-3000-3200			지명순위	25 SSG 1라운드 8순위				
학교	함안-양산원동중-강릉고								

이정범 33

포지션	LF	투타	좌투좌타	신장	178	체중	88	생년월일	1998-04-10
연봉	3200-3200-3200			지명순위	17 SK 2차 5라운드 46순위				
학교	숭의초-동인천중-인천고								

임근우 63

포지션	RF	투타	우투우타	신장	180	체중	88	생년월일	1999-07-22
연봉	0-3000-3100			지명순위	22 SSG 육성선수				
학교	도곡초-휘문중-휘문고-홍익대								

장재율 49

포지션	LF	투타	우투우타	신장	187	체중	99	생년월일	2007-09-12
연봉	0-0-3000			지명순위	26 SSG 3라운드 25순위				
학교	광주화정초-무등중-광남BC								

최윤석 65

포지션	3B	투타	우투우타	신장	187	체중	93	생년월일	2006-04-25
연봉	0-3000-3000			지명순위	25 SSG 6라운드 58순위				
학교	전주시비전-전라중-전주고								

홍대인 97

포지션	2B	투타	우투좌타	신장	174	체중	76	생년월일	2001-11-23
연봉	0-3000-3100			지명순위	25 SSG 9라운드 88순위				
학교	서원초-세광중-세광고-사이버한국외대								

SSG 랜더스	왼쪽 폴	좌중	중	우중	오른쪽 폴	펜스 좌측	펜스-좌중	펜스-중	펜스-우중	펜스-우	잔디	최대관중(명)
인천 SSG 랜더스필드	95	115	120	115	95	2.8	2.8	2.8	2.8	2.8	천연	23,000

주요 이슈

비록 플레이오프에서 탈락했지만 2025년 가을야구의 태풍은 삼성이었다. 와일드카드 2경기, 준플레이오프 4경기, 플레이오프 5경기 총 11경기를 펼쳤다. 하얗다 못해 재가 남지 않을 정도로 불태운 가을야구였다. 득실점 기반의 피타고리안 승률로 볼 때 삼성은 2025년 실력보다 8.6승을 손해 본 팀이었다. 리그에서 가장 나쁜 성적이었다. 팀 OPS 1위(0.780)를 기록한 공격력을 뒷받침해 주지 못한 불펜이 원인이었다. 터프 상황 블론세이브 1위(10개), 리드 수성률 77.7%로 고비마다 흐름을 넘겨줬다. 신인 배찬승이 좋은 활약을 보여주고 이호성이 마무리 가능성을 보여줬다. 반면 베테랑 김재윤이 무너지고, 2024년의 주역들이 부진했다. 9월 30일, 돌부처 오승환이 홈구장 마운드에서 마지막 투구를 했다.

구단 PROFILE

구단주	유정근
대표이사	유정근
단장	이종열
감독	박진만
주장	구자욱
홈구장	대구 삼성 라이온즈파크
2군 구장	삼성 라이온즈 볼파크

삼성		영구결번	
한국시리즈 우승	8회	이만수 / 22	
한국시리즈 출전	19회	양준혁 / 10	
플레이오프 출전	14회	이승엽 / 36	
준플레이오프 출전	10회	오승환 / 21	

타율 / 순위	출루율 / 순위	장타율 / 순위	홈런 / 순위	도루 / 순위	실책 / 순위
0.271 / 2	0.353 / 2	0.427 / 1	161 / 1	98 / 6	87 / 2

ERA / 순위	선발ERA / 순위	구원ERA / 순위	탈삼진 / 순위	볼넷허용 / 순위	피홈런 / 순위
4.12 / 5	3.88 / 4	4.48 / 6	1048 / 9	455 / 3	132 / 8

시즌 월별 성적	승	무	패	승률	순위
3~4월	18	1	12	0.600	2
5월	12	0	14	0.462	8
6월	9	0	13	0.409	9
7월	9	0	10	0.474	7
8월	15	1	11	0.577	2
9~10월	11	0	8	0.579	4
포스트시즌	6	0	5	0.545	4

2025시즌 좋았던 일

군입대를 미룬 이호성이 불펜의 키맨으로 떠올랐다. 9세이브를 얻어내며 오승환의 후계자 자리를 예약해 둔 상태. 그리고 강력한 좌완 불펜감이 등장했다. 배찬승은 시속 158km를 기록하며 국내 좌완투수 역대 최고 구속 기록을 경신했다. 디아즈가 외국인 최다 홈런과 시즌 최다 타점 기록도 경신했다. 김성윤은 컨택에 집중하며 3할3푼의 타율을 기록했다. 홈 승률은 0.577로 한화, LG에 이어 3위, 그리고 홈경기 평균 득점 6.08점은 압도적 1위였다. 투수진은 리그에서 가장 라인드라이브 타구를 적게 허용하면서(14.3%) 타구의 질을 관리하는 능력을 보여주었다. 팀 선발진은 18.9승을 기록하며 리그 3위의 준수한 성적을 기록했다. 선발투수들은 ERA 3.88, 퀄리티 스타트 비율 41.0%로 리그 4위를 기록했다.

2025시즌 나빴던 일

2024년 7.2승(WAR)을 기록하며 가장 강했던 불펜진이 5.4승을 기록하며 3위로 내려앉았다. 5선발 백정현을 롱맨으로 보직 전환하고, 이승현을 5선발로 올렸다. 백정현은 제 역할을 해 주었지만 이승현이 2024년보다 나쁜 성적을 기록했다. 게다가 백정현은 6월 시즌아웃되며 불펜 운용에 문제가 생기기 시작했다. 삼성의 6월 팀 평균자책은 4.85로 두산에 이어 9위를 기록했고, 팀 순위는 4위에서 7위로 추락했다. 2024년 좋은 모습을 보여준 불펜진이 1군 등판조차 제대로 하지 못했다. 임창민과 오승환은 도합 28경기 -0.2승을 기록했다. 20경기 이상 등판한 불펜투수중 수비무관 평균자책점(FIP)이 4점 이하인 선수는 백정현, 김태훈뿐. 팀내 최대 세이브 투수가 겨우 13세이브를 기록했을 정도로 뒷문이 불안정했다.

SAMSUNG LIONS BASEBALL CLUB

감독

박진만

박진만 감독의 공은 매우 명확하다. 팀의 수비가 안정된 것이다. 최근 2년간 삼성 내야진의 평균대비 수비 득점 기여도는 30점 이상. 리그에서 압도적인 1위를 차지했다. 내야 수비가 안정되면서 땅볼 투수인 후라도 영입 효과는 극대화 되었다. 박진만 감독의 이미지는 카리스마나 덕장 같은 이미지가 아니다. 철저한 '관리형' 감독에 가깝다. 불펜 3연투 2회(9위), 2연투 102회(8위)로, 구원투수 관리도 훌륭하다. 김영웅, 이재현이 버티는 삼성 내야의 왼쪽은 향후 몇년은 걱정이 없다. 24년 김지찬의 중견수 포지션 전향과 류지혁의 중용을 통해 수비 안정과 공격력의 극대화를 동시에 달성했다. 박 감독은 대표적 라인업 실험가 중 한명이다. 2025년 144경기에서 135개의 라인업을 제출했다.(전체 2위)

2026 팀 이슈

'불안한 뒷문' 김재윤, 이호성, 미야지 유라가 마무리 경쟁을 펼친다. 2025년에 김재윤과 이호성이 '합쳐' 22세이브를 기록했다. 그 와중 김재윤의 ERA는 4.99, 이호성은 6.34였다. 김재윤의 커리어 내내 전반기에 포심 구속이 낮은 경향을 보인다. 시속 140km 중후반의 구속을 보여주기 위해서는 적어도 6월까지의 예열이 필요하다. 배찬승 또한 마무리 후보군이 될 수 있다. 단, 직구와 슬라이더라는 단조로운 투구 패턴을 벗어나야 한다. 미야지 유라의 구위는 여러 영상과 구속으로 증명된 상태. 하지만 좌타자에 유독 약한 모습과 불안한 제구 문제는 계속 지켜봐야 할 이슈. 최지광, 김무신 같은 강속구 불펜의 복귀를 기대하며 불펜 FA를 영입하지 않았다. 포스트 오승환 찾기가 길어질수록, 우승도 멀어진다.

2026 최상 시나리오

최원태가 2025년 가을의 모습을 그대로 이어간다. 코너워크가 안정되며 '계산이 서는 투수'로 한 단계 업그레이드. 시즌 초부터 김영웅이 5번 타순에 자리잡았다. 나이를 잊은 최형우가 6번에 배치되며 2016년의 모습을 다시 한 번 보여준다. 디아즈는 더 이상 '거를 수 없는' 옵션이 되며 다시 50홈런의 고지를 밟는다. 리그 최고의 좌타 라인업은 2018년 두산의 944득점 기록을 위협한다. 압도적 화력 속에 투수진도 발을 맞춘다. 박진만 감독이 굳이 관리를 해 줄 필요도 없을 정도로 불펜진이 풍부해진다. 미야지 유라가 전반기 강력한 구위로 팀의 뒷문을 책임진다. 최지광과 김무신은 강력한 구위로 1점 차 승부에서 진면모를 보여준다. 양창섭이 로테이션의 빈 자리를 잘 메워주며 5선발 자리를 위협한다.

2026 최악 시나리오

좌타 일색의 라인업에 대한 약점이 드러난다. WBC를 위해 페이스를 미리 끌어올린 선수들이 좀처럼 원래 페이스를 찾지 못한다. 후라도, 원태인이 컨디션 난조에 시달린다. 구자욱은 무릎 부상이 완치되지 않아 풀스윙을 하지 못한다. 원태인과 구자욱의 FA 걱정은 더 이상 팀이 아니라 선수와 에이전트의 몫이 된다. 백업 포수로 영입한 박세혁은 이적 후에도 계속해서 부상에 시달리고, 장승현은 존재감이 없다. 최형우와 강민호가 노익장을 과시해 보지만, 나이 앞에 장사는 없었다. 유격수를 혼자 맡아온 이재현은 피로 누적으로 하반기 강제 휴식을 취하게 된다. 김지찬의 햄스트링 부상 재발로 인해 외야수 경쟁이 시작된다. 이성규, 박승규 등 다양한 선수가 기용되지만 모두 안타보다 삼진을 많이 기록한다. 어느새 목표는 가을야구 진출로 변해간다.

김재윤

62

팀 삼성	**생년월일** 1990-09-16		
포지션 P	**투타** 우투우타	**신장** 185	**체중** 91
연봉 40000-80000-80000		**지명순위** 15 KT 2차 특별 13순위	
학교 도곡초-휘문중-휘문고			

©삼성 라이온즈

빅파크피쳐

속구승부

2025년은 김재윤의 이름값에 걸맞지 않은 한 해였다. 단 11세이브에 그치며 평균자책 4.99를 기록했다. 승계주자 실점률 38.1%를 기록하며, 소방수로서의 역할 수행 능력에 있어서도 물음표를 남겼다. 가장 큰 문제는 포심의 구속이다. 시속 140km 초반의 포심으로는 더 이상 살아남기 힘들다는 것을 몸소 보여주었다. 커리어 내내 후반기에는 구속이 빨라졌다. 하지만 전반기에 김재윤을 완전히 빼버릴 수는 없는 상황. 게다가 3점 차 이내 상황에서 피OPS 0.857을 수치를 기록한 것도 하나의 근심거리다. 포심, 슬라이더, 스플리터에 가끔 커브를 섞는 모습을 보여주었다. 페이스를 빠르게 끌어올리지 못한다면 삼성의 뒷문은 계속 불안해진다. 2026시즌 삼성의 마무리는 역시나 김재윤으로 시작하겠지만, 100% 보장된 자리는 아니다.

기본기록

도	경기	선발	QS	승	패	세이브	BS	홀드	이닝	피안타	피홈런	4사구	삼진	피안타율	WHIP	피 OPS	ERA	WAR
2023	59	0	0	5	5	32	4	0	65.2	54	2	14	60	0.227	1.02	0.558	2.60	2.51
2024	65	0	0	4	8	11	5	25	66.0	58	13	26	51	0.232	1.26	0.733	4.09	1.21
2025	63	0	0	4	7	13	3	3	57.2	57	10	14	43	0.253	1.21	0.754	4.99	0.47
통산	609	0	0	52	48	193	49	45	628.1	585	67	184	636	0.246	1.21	0.675	3.77	14.92

김태훈

팀 삼성	**생년월일** 1992-03-02		
포지션 P	**투타** 우투우타	**신장** 187	**체중** 101
연봉 17000-24000-30000		**지명순위** 12 넥센 9라운드 79순위	
학교 남부민초-대신중-부경고			

27

초구B내성

2025년의 성적 자체는 화려하지 않다. (평균자책 4.48, 19홀드) 하지만 백정현의 이탈, 김재윤의 부진으로 힘들었던 삼성의 전반기를 책임져준 핵심 멤버가 바로 김태훈. 전반기 무려 44경기 42.1이닝 동안 평균자책 3.40으로 팀의 후반부를 책임졌다. 평균자책 대비 수비무관 평균자책(FIP)은 3.87로 나쁘지 않았다. 게다가 K/9 10.04에 달한다. 탈삼진 능력은 스스로 위기를 빠져나올 수 있는 중요한 능력이다. 2026년에는 백정현, 유라 등이 승리조에 합류하면서 김태훈의 부담이 분산될 전망이다. 다만 BB/9 3.53으로 볼넷 허용이 평균보다 많다. 볼넷을 줄이고 효율적인 투구를 이어간다면 WAR 2.0 이상도 충분히 가능한 선수다. 삼성이 대형 계약을 결정한 이유가 바로 여기에 있다.

기본기록

연도	경기	선발	QS	승	패	세이브	BS	홀드	이닝	피안타	피홈런	4사구	삼진	피안타율	WHIP	피 OPS	ERA	WAR
2023	71	0	0	6	7	3	6	11	63.1	74	8	46	40	0.296	1.85	0.883	7.11	-0.77
2024	56	0	0	3	2	0	1	23	52.1	49	6	23	37	0.243	1.30	0.701	3.96	1.14
2025	73	0	0	2	6	2	5	19	66.1	66	8	28	74	0.259	1.39	0.733	4.48	1.27
통산	455	15	1	36	25	27	24	92	527.1	559	50	266	397	0.274	1.52	0.762	4.80	4.84

미야지

15

팀	삼성	생년월일	1999-08-02
포지션	P	투타 우투우타	신장 186 / 체중 90
연봉	0-0-$100000	지명순위	26 삼성 아시아쿼터
학교	도카이대학교		

25시즌 내내 약점으로 지목된 삼성의 불펜. 이종열 단장은 이 숙제를 아시아쿼터 선수로 풀었다. 시속 158km의 포심을 던지는 미야지 유라를 영입한 것. 시즌의 시작은 승리조일 것으로 보인다. 하지만 구위 자체는 삼성의 뒷문을 책임질 만한 잠재력을 갖고 있다는 평가를 받는다. 높은 존을 주로 활용하는 포심 함께 낮은 코스의 포크볼을 위닝샷으로 활용한다. 여기에 커터와 슬라이더를 통해 존의 좌우를 공략한다. 지난해 NPB 2군에서는 평균 시속 149km의 포심을 던졌다. 삼성에서의 생존을 위해서는 좌/우타자에 대한 기복을 줄여야 한다. 2025년 NPB 2군에서는 좌타자 상대 삼진율 18.5%, 우타자 상대 37.5%를 기록했다. 최소 기대치는 준수한 우타자 전문 스페셜리스트가 될 것으로 보인다.

기본기록

연도	경기	선발	QS	승	패	세이브	BS	홀드	이닝	피안타	피홈런	4사구	삼진	피안타율	WHIP	피 OPS	ERA	WAR
2023	0	0	0	0	0	0	0	0	0.0	0	0	0	0	0	-	-	-	-
2024	0	0	0	0	0	0	0	0	0.0	0	0	0	0	0	-	-	-	-
2025	0	0	0	0	0	0	0	0	0.0	0	0	0	0	0	-	-	-	-
통산	-	-	-	-	-	-	-	-	-	-	-	-	-	-	-	-	-	-

배찬승

55

팀	삼성	**생년월일**	2006-01-01
포지션	P	**투타** 좌투좌타	**신장** 180 **체중** 85
연봉	0-3000-9000	**지명순위** 25 삼성 1라운드 3순위	
학교	옥산초-경복중-대구고		

보더라인피칭

25시즌 삼성의 신인 투수 중 가장 두각을 나타냈던 선수가 바로 배찬승. KBO 사상 좌완 최고구속(시속 158km) 기록도 세웠다. 강력한 직구 구위와 좌타자 바깥쪽으로 빠져나가는 슬라이더의 조합은 가히 일품이다. 신인으로 ERA 3.91, 9이닝당 10.13개의 삼진은 훌륭함 그 이상의 성적이었다. 게다가 전반기 보다 후반기의 성적이 더 좋았던 점(전반기 평균자책 4.32, 후반기 3.12)은 올 시즌의 배찬승을 더욱 기대할 수밖에 없게 만들었다. 하지만 2년차에서의 숙제도 분명히 남겼다. 50.2이닝 동안 34개의 볼넷을 허용하고, 50개의 안타를 내주었다. 직구와 슬라이더의 투피치 유형에 가깝다. 그래서 타자들의 노림수에 대한 대처법을 마련하는 것이 급선무. 슬라이더가 좀 더 존 근처로 형성된다면 최고의 결과를 보여줄 수 있다.

기본기록

연도	경기	선발	QS	승	패	세이브	BS	홀드	이닝	피안타	피홈런	4사구	삼진	피안타율	WHIP	피 OPS	ERA	WAR
2023	0	0	0	0	0	0	0	0	0.0	0	0	0	0	0	-	-	-	-
2024	0	0	0	0	0	0	0	0	0.0	0	0	0	0	0	-	-	-	-
2025	65	0	0	2	3	0	2	19	50.2	50	3	36	57	0.259	1.66	0.739	3.91	0.59
통산	65	0	0	2	3	0	2	19	50.2	50	3	36	57	0.259	1.66	0.739	3.91	0.59

백정현

29

팀 삼성		**생년월일** 1987-07-13	
포지션 P	**투타** 좌투좌타	**신장** 184	**체중** 80
연봉 40000-40000-20000		**지명순위** 07 삼성 2차 1라운드 8순위	
학교 옥산초-대구중-상원고			

헛타석디버프

선발 자리를 내어주고, 과감하게 불펜으로 보직을 변경했다. 결과는 대성공. 포크볼을 장착한 백정현은 삼성 불펜의 핵심 자원을 부상했다. 6월 4일까지 1.3 WAR을 기록했다. 멀티이닝부터 셋업맨까지 역할의 구분조차 없었다. 9이닝당 8.63의 삼진도 놀라웠지만 1.95의 볼넷 허용은 커리어 최고 수치. 특이사항은 25시즌 좌타자 상대 성적이다. 그동안 좌타자에게 좀 더 좋지 않았던 피안타율이 25시즌에는 압도적으로 좋아졌다. 25시즌 좌타자 상대 피안타율이 0.143(우타 상대 0.196)으로 더 낮은 모습을 보여주었고, 피OPS도 0.365(우타 상대 0.575)로 매우 낮았다. 부상이 아니었다면 두번째 FA에서도 좋은 결과를 기대할 만한 상황이었다. 39세 시즌을 맞는 2026년에도 백정현의 가장 큰 이슈는 건강한 상태를 유지하는 것이다.

기본기록

연도	경기	선발	QS	승	패	세이브	BS	홀드	이닝	피안타	피홈런	4사구	삼진	피안타율	WHIP	피 OPS	ERA	WAR
2023	18	18	8	7	5	0	0	0	100.2	100	6	30	61	0.264	1.29	0.688	3.67	2.56
2024	17	15	4	6	5	0	0	0	78.2	104	13	28	56	0.319	1.67	0.867	5.95	0.85
2025	29	1	0	2	0	1	2	3	32.1	19	1	9	31	0.165	0.80	0.465	1.95	1.30
통산	453	170	65	69	62	3	2	27	1170.2	1259	143	469	893	0.276	1.44	0.774	4.53	22.02

원태인

18

팀 삼성	**생년월일** 2000-04-06		
포지션 P	**투타** 우투우타	**신장** 183	**체중** 92
연봉 43000-63000-100000		**지명순위** 19 삼성 1차	
학교 율하초-중구리틀-경복중-경북고-대구대			

주자압박

CHM
체인지업마스터

'삼성의 황태자'에게는 대관식이 필요하다. 5년간 선발투수 WAR 1위(23.18), 이닝 소화 2위(800.1이닝)를 기록했다. 우승 경력이 필요하다. 2026년이 끝나면 FA 자격을 얻는다. 많은 삼진을 잡지는 않지만, 중요한 순간 타자를 잡아낼 수 있는 뛰어난 체인지업을 갖고 있다. 삼진(K/9 5.83)은 더욱 줄여버린 볼넷(BB/9 1.46, 리그 1위) 숫자로 상쇄시켰다. 제구와 커맨드를 모두 갖춘 몇 안 되는 토종투수. KBO에서 앞으로 수많은 기록들을 자기 이름으로 갈아치울 수 있다. 나이 26세, 해외 진출을 염두에 두고 있기도 하다. FA 재계약 사이에서 줄다리기를 하겠지만 그 모든 경우에서 팀의 우승을 견인한 토종 에이스라는 타이틀은 매우 매력적인 마케팅 포인트가 될 것이다.

기본기록

연도	경기	선발	QS	승	패	세이브	BS	홀드	이닝	피안타	피홈런	4사구	삼진	피안타율	WHIP	피 OPS	ERA	WAR
2023	26	26	17	7	7	0	0	0	150.0	157	15	40	102	0.268	1.27	0.706	3.24	3.89
2024	28	28	13	15	6	0	0	0	159.2	150	17	49	119	0.245	1.20	0.685	3.66	5.22
2025	27	27	20	12	4	0	0	0	166.2	157	20	33	108	0.253	1.10	0.695	3.24	4.91
통산	187	180	96	68	50	0	1	2	1052.1	1067	110	325	734	0.262	1.29	0.714	3.77	26.84

이승민

28

팀	삼성	생년월일	2000-08-26
포지션 P	투타	좌투좌타	신장 174 / 체중 79
연봉	4100-5000-10500	지명순위	20 삼성 2차 4라운드 35순위
학교	본리초-경상중-대구고		

174cm의 작은 체구에서 뿜어져 나오는 역동적 오버핸드 투구 폼이 인상적인 좌완. 포심의 평균 구속은 시속 142km, 최대 146km를 보여준 적도 있다. 선발 수업을 받은 투수답게, 포심, 커브, 슬라이더, 체인지업 등 다양한 구종을 구사하며 공격적인 투구 패턴이 장점이다. 2025년 기록을 보자면 좌타자 스페셜리스트에 가까운 면모를 보였다. 좌타자 상대 피OPS 가 0.505인 반면, 우타자 상대 시 0.866을 기록했다. 원인은 슬라이더만큼 효율적으로 우타자를 상대할 무기가 없기 때문. 우타자 상대시 슬라이더 대신 체인지업의 비율을 늘리면서 대처법을 찾았다. 하지만 우타자를 상대로도 20%이상 구사 중인 슬라이더의 피안타율이 0.381에 달했다. 우타자를 상대하는 법만 제대로 익힌다면 선발 자리를 노려볼 수도 있다.

기본기록

연도	경기	선발	QS	승	패	세이브	BS	홀드	이닝	피안타	피홈런	4사구	삼진	피안타율	WHIP	피 OPS	ERA	WAR
2023	0	0	0	0	0	0	0	0	0.0	0	0	0	0	0	-	-	-	-
2024	25	8	0	1	4	0	0	0	47.1	71	14	29	23	0.343	2.05	1.016	8.56	-0.38
2025	62	1	0	3	2	0	0	8	64.1	61	5	29	53	0.249	1.35	0.715	3.78	0.36
통산	107	25	2	6	13	0	0	8	179.0	218	30	103	116	0.300	1.74	0.867	6.39	0.11

이승현

57

팀	삼성	**생년월일**	2002-05-19
포지션 P		**투타** 좌투좌타	**신장** 183 / **체중** 102
연봉 7000-12000-15000		**지명순위** 21 삼성 1차	
학교 남도초-경복중-상원고			

©삼성 라이온즈

RECOVER
리커버리

핫타석버프

R R-편식

풀타임 5선발이 되었지만 소화한 이닝(101⅓) 외에 발전이 없었다. 평균자책점은 4.23에서 5.42로 수직상승했다. 커브와 커터의 비중을 늘리며 존을 공략하려 했지만, 계속해서 제구력이 발목을 잡았다. 9이닝당 볼넷 허용이 3.81개에서 4.09개로 오히려 증가했다. 늘어난 볼넷은 이닝당 투구 수의 증가로 이어졌다(17.5→18.2). 선발 등판에서 평균 4⅓이닝 밖에 소화한 것 또한 안정되지 못한 투구의 영향이 컸다. 단, LG와의 경기에서 7월 4일 노히트 노런 직전까지 가는 경기에서 보여주었듯, 강팀을 상대로도 충분히 잘 던질 수 있는 잠재력을 가지고 있다. 1회 피안타율(0.230)에 비해 3회(0.305)와 4회(0.371)에 피안타율이 급증하는 패턴을 보인다. 선발투수로 제대로 자리 잡기 위해서는 4회를 넘길 수 있어야 한다.

기본기록

연도	경기	선발	QS	승	패	세이브	BS	홀드	이닝	피안타	피홈런	4사구	삼진	피안타율	WHIP	피 OPS	ERA	WAR
2023	48	0	0	1	5	5	4	7	43.1	41	6	31	37	0.252	1.62	0.768	4.98	-0.02
2024	17	17	5	6	4	0	0	0	87.1	88	9	43	68	0.264	1.43	0.729	4.23	2.37
2025	25	23	2	4	9	0	0	0	101.1	121	10	55	74	0.298	1.65	0.817	5.42	1.39
통산	189	40	7	14	26	6	8	28	319.0	328	33	179	282	0.267	1.52	0.760	4.88	4.32

이호성

팀 삼성	**생년월일** 2004-08-14		
포지션 P	**투타** 우투우타	**신장** 184	**체중** 87
연봉 3200-4000-10000		**지명순위** 23 삼성 1라운드 8순위	
학교 도원초-부천소사리틀-동인천중-인천고			

1

평균자책점 6.34와 FIP 4.10 사이의 격차는 이호성의 역설적 특성을 보여준다. 논 인플레이 타구 비율은 41.7%로 50이닝 이상 투수중 4위. 평균 수준의 BABIP(0.330)를 감안하면 표면적으로는 매우 양호한 투수다. 평균자책점 폭증의 원인은 낮은 잔루율(54.7%)에 있다. 승계주자 실점률 7.7%는 물려받은 위기를 해결하는 능력이 우수함을 증명한다. 반면 인계주자 실점률 53.6%는 본인이 내보낸 주자를 득점으로 연결하는 패턴을 드러낸다. FIP 4.10의 숫자는 그의 구위와 제구가 나쁘지 않음을 보여준다. 단, 주자를 내보낸 후 집중력이 흐트러지거나 적시타를 허용하는 경향이 있다. 전형적인 레버리지 민감형 투수의 특징이다. 2026년의 과제는 잔루율의 개선, 즉 깔끔한 이닝 마무리다.

기본기록

연도	경기	선발	QS	승	패	세이브	BS	홀드	이닝	피안타	피홈런	4사구	삼진	피안타율	WHIP	피 OPS	ERA	WAR
2023	5	2	0	1	0	0	0	0	17.0	11	1	10	11	0.190	1.24	0.649	2.65	0.58
2024	16	12	0	2	4	0	0	0	45.0	66	9	28	28	0.351	2.04	0.999	7.40	-0.11
2025	58	0	0	7	4	9	4	3	55.1	54	7	31	69	0.252	1.50	0.743	6.34	-0.03
통산	79	14	0	10	8	9	4	3	117.1	131	17	69	108	0.285	1.67	0.836	6.21	0.44

최원태

20

팀	삼성	생년월일	1997-01-07
포지션	P	투타	우투우타	신장	184	체중	104
연봉	40000-20000-160000	지명순위	15 넥센 1차
학교	서울인헌초-용산구리틀-용산-경원중-서울고

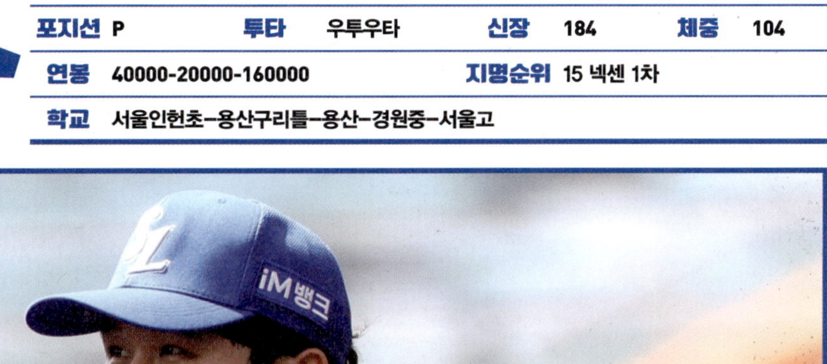

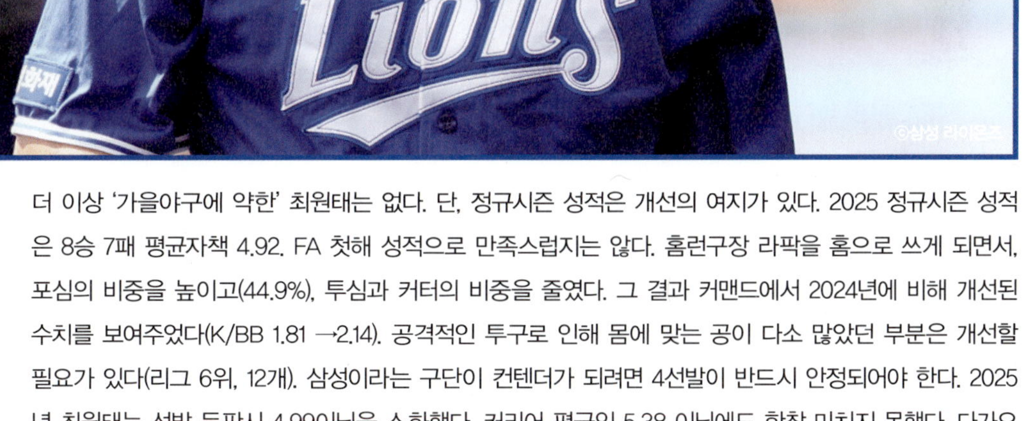

더 이상 '가을야구에 약한' 최원태는 없다. 단, 정규시즌 성적은 개선의 여지가 있다. 2025 정규시즌 성적은 8승 7패 평균자책 4.92. FA 첫해 성적으로 만족스럽지는 않다. 홈런구장 라팍을 홈으로 쓰게 되면서, 포심의 비중을 높이고(44.9%), 투심과 커터의 비중을 줄였다. 그 결과 커맨드에서 2024년에 비해 개선된 수치를 보여주었다(K/BB 1.81 →2.14). 공격적인 투구로 인해 몸에 맞는 공이 다소 많았던 부분은 개선할 필요가 있다(리그 6위, 12개). 삼성이라는 구단이 컨텐더가 되려면 4선발이 반드시 안정되어야 한다. 2025년 최원태는 선발 등판시 4.99이닝을 소화했다. 커리어 평균인 5.38 이닝에도 한참 미치지 못했다. 다가오는 시즌에는 최소한 2024년 수준의 이닝 소화 능력(5.28)을 보여주어야 한다.

기본기록

연도	경기	선발	QS	승	패	세이브	BS	홀드	이닝	피안타	피홈런	4사구	삼진	피안타율	WHIP	피 OPS	ERA	WAR
2023	26	26	13	9	7	0	0	0	146.2	149	12	53	118	0.265	1.33	0.688	4.30	2.48
2024	24	23	10	9	7	0	0	0	126.2	126	10	62	103	0.263	1.44	0.713	4.26	2.88
2025	27	24	8	8	7	0	0	0	124.1	128	13	63	109	0.271	1.44	0.750	4.92	1.73
통산	244	228	101	86	65	0	1	0	1258.2	1333	105	492	927	0.273	1.39	0.721	4.42	23.29

후라도

75

팀 삼성	**생년월일** 1996-01-30		
포지션 P	**투타** 우투우타	**신장** 187	**체중** 109
연봉 120000-98000-$1300000		**지명순위** 23 키움 자유선발	
학교 San Judas Tadeo			

속구마스터

CHM
체인지업마스터

2025년 197⅓이닝, 2.60의 평균자책점에 7.57 WAR을 기록했다. 삼성 입장에서는 2025년 최고의 영입이었다. 성적의 원동력은 6개의 구종을 원하는 곳에 공격적으로 던질 수 있는 능력에 있다. 포심 패스트볼을 높은 코스로 구사하고, 나머지 구종들에 대해서는 낮은 코스로 구사하려는 움직임이 제대로 먹힌 결과다. 탁월한 땅볼 유도 능력(GB/FB 1.6)으로도 팀의 에이스가 될 수 있다는 것을 증명해 냈다. 플라이볼이 곧 홈런으로 이어지는 라팍에서 가장 안정감을 줄 수 있는 유형의 투수. 가을야구에서 에이스 역할을 하기에는 5% 부족하다는 평가가 많았다. 2026년 초반 다른 외국인 투수 선발 단계에서 큰 혼란이 있었다. 어떻게든 후라도가 에이스 자리를 지켜 줘야 한다.

기본기록

연도	경기	선발	QS	승	패	세이브	BS	홀드	이닝	피안타	피홈런	4사구	삼진	피안타율	WHIP	피 OPS	ERA	WAR
2023	30	30	20	11	8	0	0	0	183.2	164	7	50	147	0.234	1.12	0.573	2.65	5.88
2024	30	30	23	10	8	0	0	0	190.1	185	19	41	169	0.254	1.14	0.674	3.36	5.80
2025	30	30	23	15	8	0	0	0	197.1	177	17	40	142	0.239	1.08	0.617	2.60	7.57
통산	90	90	66	36	24	0	0	0	571.1	526	43	131	458	0.243	1.11	0.622	2.87	19.25

강민호

47

팀	삼성	생년월일	1985-08-18
포지션	C	투타	우투우타
신장	185	체중	100
연봉	40000-40000-30000	지명순위	04 롯데 2차 3라운드 17순위
학교	제주신광초-포철중-포철공고-국제디지털대		

2025년 만 40세 시즌을 치르며 포수 중 출장 경기 수 2위(123G)를 기록할 정도로 많은 경기를 소화했다. 힘에 부칠 수 있는 상황이었으나 전반기와 후반기 OPS의 차이는 크지 않았다(전반기 0.759/후반기 0.746). 포수 포지션에서의 평균 대비 승리 기여도가 전체 3위(1.295)를 기록할 정도로 '대체 불가능한' 선수의 면모를 보여주었다. 2026년에는 베테랑 백업 박세혁, 그리고 장승현까지 팀에 가세한다. 출장 기회의 안배를 받으면 다시 한 번 타선에서 공격력을 보여줄 기회도 생긴다. 좌타자 일색의 삼성 타선에서 이재현과 함께 우타자 중심을 잡아줄 유이한 타자로, 그의 장타력이 타순에서 미칠 영향력은 적지 않다. 쉬어갈 곳이 없는 타순에 20홈런 포수까지 가세한다면 그야말로 금상첨화일 것이다.

기본기록

연도	경기	타석	타수	안타	2루타	3루타	홈런	타점	득점	볼넷	사구	삼진	도루	타율	출루율	장타율	OPS	WAR
2023	125	495	434	126	19	0	16	77	60	49	6	65	6	0.290	0.366	0.445	0.811	3.40
2024	136	452	403	122	19	1	19	77	48	35	8	52	3	0.303	0.365	0.496	0.861	3.43
2025	127	465	412	111	23	1	12	71	37	38	7	69	2	0.269	0.336	0.417	0.753	2.59
통산	2496	9174	8032	2222	397	13	350	1313	1006	841	169	1598	34	0.277	0.354	0.460	0.814	67.56

구자욱

팀 삼성	**생년월일** 1993-02-12		
포지션 LF	**투타** 우투좌타	**신장** 189	**체중** 75
연봉 200000-200000-50000		**지명순위** 12 삼성 2라운드 12순위	
학교 본리초-경복중-대구고			

5

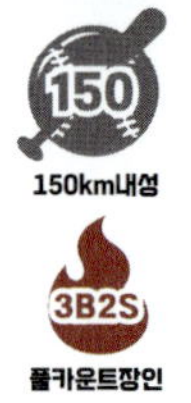

150km내성

풀카운트장인

FA

FA헌터

R-헌터

최근 3시즌 외야수 전체 WAR 1위를 기록했다. 연간 평균 5승 이상을 팀에 가져다준 셈이다. 커리어하이를 기록한 2024년에 비하자면 2025년은 다소 실망스럽다. 그럼에도 타율/출루율/장타율에서 0.319/0.402/0.516이라는 엘리트급 성적을 보여주었다. 구자욱은 후반기에 더욱 좋은 모습을 보여주는 슬로스타터이다. 통산 전반기 OPS가 0.871인데 비해 후반기에는 0.934를 기록한다. 2026년에는 최형우가 영입되며 지명타자 자리를 차지하게 된다. 구자욱은 2025년 지명타자로 195번 타석에 들어섰고 0.994의 OPS를 기록하여, 좌익수로 출전할 때(0.882)와 큰 격차를 보여주었다. FA를 앞둔 시즌, 풀타임 좌익수 구자욱의 진면모를 보여줄 수 있느냐가 가장 큰 관건.

기본기록

연도	경기	타석	타수	안타	2루타	3루타	홈런	타점	득점	볼넷	사구	삼진	도루	타율	출루율	장타율	OPS	WAR
2023	119	515	453	152	37	1	11	71	65	53	4	81	12	0.336	0.407	0.494	0.901	5.43
2024	129	568	493	169	39	1	33	115	92	55	12	73	13	0.343	0.417	0.627	1.044	5.88
2025	142	616	529	169	43	2	19	96	106	73	5	91	4	0.319	0.402	0.516	0.918	4.48
통산	1352	5923	5228	1664	343	58	186	882	985	551	71	1001	144	0.318	0.387	0.513	0.900	42.90

김성윤

팀 삼성	**생년월일** 1999-02-02		
포지션 RF	**투타** 좌투좌타	**신장** 163	**체중** 62
연봉 10000-7000-20000	**지명순위** 17 삼성 2차 4라운드 39순위		
학교 부산진구–양산원동중–포철공고			

39

©삼성 라이온즈

163cm의 작은 체구지만 웨이트 '3대 500'을 치는 작은 거인. 2025년에는 공수주를 모두 갖춘 삼성의 핵심 선수로 발돋움했다. 타율 0.331, OPS 0.893에 WAR 5.50을 기록했다. 홈런은 6개에 불과하나 타수 대비 장타의 비율이 10%로 리그 전체 14위를 기록했다. 빠른 발을 이용해 2루타와 3루타를 생산하는 능력이 뛰어나다. 빠른 발은 26도루(성공률 78.8/6)를 만들어 내며 파워 일색인 팀에 다양한 공격 옵션을 제공한다. 홈런을 노리는 대신 공을 잘 맞추는 데에 집중하면서 BABIP도 크게 상승했다(0.300→0.364). 타격 접근법이 바뀌지 않는 한 0.350 수준의 BABIP를 유지할 것으로 예상되며, 삼진율이 매우 낮은 유형의 선수기에 2026년에도 충분히 타격왕을 노려볼 수 있다.

기본기록

연도	경기	타석	타수	안타	2루타	3루타	홈런	타점	득점	볼넷	사구	삼진	도루	타율	출루율	장타율	OPS	WAR
2023	101	272	245	77	4	6	2	28	40	14	4	35	20	0.314	0.354	0.404	0.758	1.99
2024	32	89	74	18	4	0	0	6	15	9	1	16	3	0.243	0.326	0.297	0.623	-0.03
2025	127	538	456	151	29	9	6	61	92	65	5	54	26	0.331	0.419	0.474	0.893	5.50
통산	370	992	856	260	41	15	10	101	172	96	12	129	59	0.304	0.378	0.422	0.800	6.69

김영웅

팀 삼성	**생년월일** 2003-08-24		
포지션 3B	**투타** 우투좌타	**신장** 183	**체중** 81
연봉 3800-15000-22000		**지명순위** 22 삼성 2차 1라운드 3순위	
학교 공주중동초–야로중–물금고			

30

©삼성 라이온즈

노림수

초구선호

2025년 플레이오프의 승자는 한화였지만, 주인공은 김영웅이었다. 4차전 7회말 두 번째 홈런은 그야말로 '영웅'의 순간이었다. 2025년 30홈런이 가능한 타자로 주목받았으나 22홈런을 기록하며 주춤했다. 원인은 전반기 내내 이어진 극심한 부진(타율 0.237 8홈런). 하지만 후반기 14홈런을 쳐내면서 반등하는 모습을 보였다. 김영웅은 매우 공격적인 타자다. 전체 투구 대비 스윙률이 50.5%로 전체 4위. 하지만 30.6%에 달하는 높은 헛스윙률은 고쳐나가야 할 부분이다. 그중에서도 높은 S존 포심에 대한 컨택율이 73%에 그친다. S존에서의 컨택 능력은 2026년 반드시 개선되어야 할 부분이다. 김영웅의 활약에 따라 최형우의 타순이 변할 수 있다. 5번 타순에서 최형우의 우산효과를 받는다면 금상첨화.

기본기록

연도	경기	타석	타수	안타	2루타	3루타	홈런	타점	득점	볼넷	사구	삼진	도루	타율	출루율	장타율	OPS	WAR
2023	55	103	91	17	6	0	2	12	11	8	0	28	1	0.187	0.250	0.319	0.569	0.10
2024	126	509	456	115	16	3	28	79	65	45	3	155	9	0.252	0.321	0.485	0.806	2.37
2025	125	499	446	111	22	2	22	72	66	48	2	143	6	0.249	0.323	0.455	0.778	2.82
통산	319	1126	1008	245	44	5	53	164	144	101	5	333	16	0.243	0.313	0.454	0.767	5.23

김지찬

팀	삼성	**생년월일**	2001-03-08
포지션 CF		**투타** 우투좌타	**신장** 163 **체중** 64
연봉 16000-28000-23000		**지명순위** 20 삼성 2차 2라운드 15순위	
학교 백사초-이천시리틀-모가중-라온고			

58

추가진루

2025년 햄스트링 부상 여파로 90경기 출장에 그쳤다. 햄스트링 부상은 적극적 주루를 제한하기도 했다. 결국 1번에서의 타석 수가 2024시즌 470타석에서 2025시즌 292타석으로 대폭 감소. 하지만 300타석 이상 소화한 타자 중 여전히 리그 2위의 추가진루 능력을 기록했다(28.8%, 1위 정수빈). 그리고 BR RAA(주루에 의한 점수생산능력)도 전체 1위(2.96)였다. 빠른 발을 가진 김지찬이 1번에서 출루해 주고, 그 뒤를 김성윤, 구자욱, 디아즈가 타점으로 치환하는 것 만큼 이상적인 시나리오는 없다. 최형우의 가세로 구자욱이 풀타임 좌익수로 돌아오고 주전 우익수 자리에는 김성윤이 유력한 가운데 삼성의 외야는 경쟁이 치열하다. 어떤 의미에서 2026년은 김지찬에게 생존이 걸린 시즌이기도 하다.

기본기록

연도	경기	타석	타수	안타	2루타	3루타	홈런	타점	득점	볼넷	사구	삼진	도루	타율	출루율	장타율	OPS	WAR
2023	99	355	291	85	4	2	1	18	59	48	9	36	13	0.292	0.408	0.330	0.738	2.48
2024	135	535	453	143	16	3	3	36	102	60	9	40	42	0.316	0.405	0.384	0.789	4.11
2025	90	373	317	89	9	2	0	23	59	38	5	44	22	0.281	0.364	0.322	0.686	0.94
통산	692	2315	1972	558	47	14	6	141	379	242	27	259	146	0.283	0.367	0.330	0.697	12.09

디아즈

0

팀	삼성	**생년월일**	1996-11-19				
포지션	1B	**투타**	좌투좌타	**신장**	188	**체중**	105
연봉	5000-70000-$1300000			**지명순위**	24 삼성 자유선발		
학교	Daniel Smith						

스몰파크배터

FA헌터

R-헌터

2025년 4월 19일 박진만 감독과의 면담이 없었다면, 50홈런 150타점의 기록은 존재하지 않았을 것이다. 20경기 시점 타율 2할 5푼으로 퇴출 위기에 놓였던 디아즈는 감독과 면담을 했다. "홈런만 중요한 게 아니고, 상황에 맞게 공격이 연결되게끔 해줘야 한다"라는 감독의 주문이었다. 그 후 124경기 동안 46홈런 145타점을 쓸어 담았다. 디아즈는 플라이볼 대비 홈런 비율이 23%다. 뜬공 4개중 하나는 홈런인 셈이다. 땅볼보다 뜬공의 비율이 높기 때문에 (1.4배) 디아즈의 생산성이 더욱 극대화된다. BABIP는 홈런을 계산에서 제외하기 때문에, 0.299에 불과한 BABIP는 디아즈의 진짜 가치를 제대로 반영하지 못한다. 파워가 유지되는 한 높은 플라이볼 비율은 그의 가장 큰 장점이 될 수 있다.

기본기록

연도	경기	타석	타수	안타	2루타	3루타	홈런	타점	득점	볼넷	사구	삼진	도루	타율	출루율	장타율	OPS	WAR
2023	0	0	0	0	0	0	0	0	0	0	0	0	0	-	-	-	-	0.00
2024	29	118	110	31	5	0	7	19	14	6	2	25	0	0.282	0.331	0.518	0.849	0.55
2025	144	628	551	173	32	0	50	158	93	60	6	100	1	0.314	0.381	0.644	1.025	5.80
통산	173	746	661	204	37	0	57	177	107	66	8	125	1	0.309	0.373	0.623	0.996	6.34

류지혁

16

팀 삼성		**생년월일** 1994-01-13	
포지션 2B	**투타** 우투좌타	**신장** 181	**체중** 75
연봉 20000-60000-70000		**지명순위** 12 두산 4라운드 36순위	
학교 청원초-선린중-충암고			

주전 2루수이지만, 유틸리티 플레이어로 내야 전 포지션을 소화할 수 있다. 류지혁은 주로 하위 타순에서 공격을 이어주는 역할을 맡는다. 하지만 4번을 제외한 모든 타순을 소화할 만큼 감독 입장에서 활용도가 높은 선수기도 하다. 가장 어울리는 타순은 OPS 0.902를 기록한 9번일 것이다. 하위 타순에서의 작전 수행능력 또한 우수하다. 희생번트를 15번 이상 시도한 타자 중 박해민 다음으로 성공률이 높다(박해민 88.0%, 류지혁 82.4%). 삼성은 장타자가 많다. 컨택이 좋은 류지혁은 삼성에서 하위 타순의 연결점이 될 수 있다. 10개 이상의 도루를 할 수 있는 주력을 가지고 있으며, 작전 수행능력이 우수하고, 헛스윙률 14.2%로 컨택 능력도 매우 우수하다(전체 13위).

기본기록

연도	경기	타석	타수	안타	2루타	3루타	홈런	타점	득점	볼넷	사구	삼진	도루	타율	출루율	장타율	OPS	WAR
2023	132	522	455	122	11	1	2	45	63	46	6	73	26	0.268	0.340	0.310	0.650	0.40
2024	100	348	302	78	9	1	3	36	43	33	6	70	11	0.258	0.341	0.325	0.666	0.09
2025	129	464	400	112	14	0	1	37	54	33	13	73	11	0.280	0.351	0.323	0.674	1.51
통산	1082	3255	2802	758	95	10	18	303	450	295	67	520	92	0.271	0.351	0.331	0.682	12.50

이재현

7

팀 삼성		**생년월일** 2003-02-04	
포지션 SS	**투타** 우투우타	**신장** 180	**체중** 82
연봉 14000-21000-29000		**지명순위** 22 삼성 1차	
학교 서울이수초-선린중-서울고			

2025년 139경기 1,117이닝을 소화하며 WAR 5.13을 기록했다. 사실상의 개근이다. 김지찬의 부상으로 1번 타순에 자주 기용되었다. 1번에서 출루형 타자의 강점을 보여주었다. 주로 기용되던 9번 타순에서의 OPS 0.787에 비해 1번 타순에서 0.899를 기록했다. 감독이 1번에 이재현을 기용하는 것은 순출루율(IsoD)이 0.106으로 리그 전체 4위일 정도로 뛰어난 그의 '선구안' 때문. 하지만 월별로 편차가 심한 성적이 단점으로 지목된다. 5월 OPS가 0.482, 6월에는 0.832, 7월 0.961, 8월 0.479를 기록했다. 매우 들쭉날쭉한 모습을 보였다. 좌투수를 상대할때(OPS 1.009) 우투수(0.716)보다 압도적으로 좋은 성적을 보인다. 최근 3년간 평균 130경기를 소화했다.

기본기록

연도	경기	타석	타수	안타	2루타	3루타	홈런	타점	득점	볼넷	사구	삼진	도루	타율	출루율	장타율	OPS	WAR
2023	143	538	458	114	19	2	12	60	61	52	6	89	5	0.249	0.330	0.378	0.708	2.73
2024	109	458	389	101	18	1	14	66	71	58	8	83	2	0.260	0.365	0.419	0.784	3.13
2025	139	555	457	116	29	1	16	67	82	69	11	119	6	0.254	0.360	0.427	0.787	5.13
통산	466	1790	1534	385	70	4	49	216	237	184	26	335	13	0.251	0.338	0.398	0.736	10.74

최형우

팀 삼성	**생년월일** 1983-12-16		
포지션 DH	**투타** 우투좌타	**신장** 180	**체중** 106
연봉 100000-100000-40000		**지명순위** 02 삼성 2차 6라운드 48순위	
학교 진북초-전주동중-전주고			

34

©삼성 라이온즈

'퉁어게인' 최형우가 10년 만에 친정팀으로 돌아왔다. 2016년 라팍 첫해 WAR 7.48을 기록하며 KIA로 떠났던 그가, 다시 라팍을 홈으로 쓰게 된다. 만 33세의 최형우와 만 43세의 최형우가 완벽하게 동일하지는 않을 것이다. 하지만 공을 골라내는 능력은 여전히 뛰어나며(12.2%의 볼넷 비율), 홈런도 20개 이상을 기대할 수 있다. 광주 기아챔피언스필드의 홈런 파크팩터가 942, 라이온즈파크가 1,424인 점을 감안하면 20홈런이 아니라 그 이상도 노려볼 수도 있다. 최형우는 삼성에서 5번 또는 6번 타순에 기용될 것으로 보인다. wRC+ 157.6짜리 선수를 6번에 놓아야 하나 고민하는 감독은 얼마나 행복할까. 최형우가 기용될 타선에 따라 디아즈 또는 김영웅이 더욱 큰 우산효과를 받게 될 것으로 보인다.

기본기록

연도	경기	타석	타수	안타	2루타	3루타	홈런	타점	득점	볼넷	사구	삼진	도루	타율	출루율	장타율	OPS	WAR
2023	121	508	431	130	27	1	17	81	64	65	8	83	0	0.302	0.400	0.487	0.887	3.85
2024	116	487	425	119	23	2	22	109	67	52	5	86	1	0.280	0.361	0.499	0.860	1.59
2025	133	549	469	144	30	1	24	86	74	67	8	98	1	0.307	0.399	0.529	0.928	4.37
통산	2314	9771	8346	2586	543	20	419	1737	1365	1197	121	1502	30	0.310	0.400	0.530	0.930	77.78

김무신

48

팀	삼성	생년월일	1999-12-08		
포지션	P	투타	우투우타	신장 185	체중 95
연봉	7000-7000-7000		지명순위	18 삼성 2차 6라운드 52순위	
학교	온양온천초–온양중–북일고				

삼성이 이번 스토브리그에서 불펜 영입에 집중하지 않았던 이유는, 김무신과 최지강의 복귀 때문이었을 것이다. 시속 150km 중반을 던질 수 있는 강속구 불펜이 복귀한다는 것 자체가 삼성에는 희소식이기 때문. 제구가 불안한 것이 단점. (통산 BB/9 6.07)

기본기록

연도	경기	선발	QS	승	패	세이브	BS	홀드	이닝	피안타	피홈런	4사구	삼진	피안타율	WHIP	피 OPS	ERA	WAR
2023	0	0	0	0	0	0	0	0	0.0	0	0	0	0	0	-	-	-	-
2024	4	0	0	0	0	0	0	0	5.1	6	0	7	2	0.375	2.44	0.895	10.13	-0.24
2025	0	0	0	0	0	0	0	0	0.0	0	0	0	0	0	-	-	-	-
통산	127	4	0	7	9	0	5	16	129.0	146	12	91	109	0.287	1.81	0.803	5.51	0.08

양창섭

42

팀	삼성	생년월일	1999-09-22		
포지션	P	투타	우투우타	신장 182	체중 85
연봉	0-4800-8500		지명순위	18 삼성 2차 1라운드 2순위	
학교	서울녹천초–노원구리틀–청량중–덕수고				

2025년 9월 14일 대구 라이온스파크. 2대 0으로 삼성이 뒤진 3회초 1사에 양창섭이 구원등판했다. 병살타와 함께 6.2이닝 노히트노런. 이 경기에서 양창섭은 모두가 기대하던 모습을 보여주었다. 5선발 경쟁이 벌어질 경우, 강력한 후보. 이제는 IF를 현실로 바꿔줘야 할 때다.

기본기록

연도	경기	선발	QS	승	패	세이브	BS	홀드	이닝	피안타	피홈런	4사구	삼진	피안타율	WHIP	피 OPS	ERA	WAR
2023	15	4	0	0	3	0	0	2	28.2	45	7	17	12	0.366	2.13	1.033	9.10	-0.46
2024	0	0	0	0	0	0	0	0	0.0	0	0	0	0	0	-	-	-	-
2025	33	6	0	3	3	0	0	2	63.0	67	3	28	45	0.278	1.37	0.705	3.43	1.04
통산	89	33	8	13	16	0	0	5	221.0	263	29	113	133	0.299	1.61	0.831	5.46	2.35

육선엽

팀	삼성	생년월일	2005-07-13
포지션	P	투타	우투우타	신장	190	체중	90
연봉	3000-3500-4200		지명순위	24 삼성 1라운드 4순위
학교	백마초-신월중-장충고			

전반기 WHIP 1.19, 평균자책 3.72점으로 인상적인 모습이었지만 후반기 평균자책이 8.68점까지 치솟았다. 시속 140km 중반의 묵직한 직구와 커브, 슬라이더, 체인지업에 포크볼까지 장착했다. 불펜이 아니라 선발로 가기 위해서는 9이닝당 7.5개에 달하는 볼넷을 줄여야 한다.

기본기록

연도	경기	선발	QS	승	패	세이브	BS	홀드	이닝	피안타	피홈런	4사구	삼진	피안타율	WHIP	피 OPS	ERA	WAR
2023	0	0	0	0	0	0	0	0	0.0	0	0	0	0	0	-	-	-	-
2024	11	1	0	0	0	0	0	0	17.0	19	3	19	11	0.284	2.12	0.885	5.29	0.10
2025	27	1	0	0	1	0	0	1	28.2	23	4	24	19	0.217	1.64	0.720	5.34	0.00
통산	38	2	0	0	1	0	0	1	45.2	42	7	43	30	0.243	1.82	0.785	5.32	0.10

이승현

팀	삼성	생년월일	1991-11-20
포지션	P	투타	우투우타	신장	181	체중	92
연봉	17000-24000-12000		지명순위	10 LG 2라운드 16순위
학교	화순초-진흥중-화순고			

2027시즌까지 최대 6억 원에 FA 계약을 마무리했다. 2025시즌의 성적은 대단할 것 없으나, 시즌 내내 역할 구분 없이 꾸준히 등판했다. 시속 140km 초중반의 포심을 구사하며, 구속에 비해서 묵직한 구위를 자랑한다.

기본기록

연도	경기	선발	QS	승	패	세이브	BS	홀드	이닝	피안타	피홈런	4사구	삼진	피안타율	WHIP	피 OPS	ERA	WAR
2023	60	0	0	4	4	0	1	14	60.0	68	5	15	42	0.278	1.38	0.714	3.60	0.53
2024	60	0	0	6	2	1	2	9	60.1	68	6	26	51	0.292	1.51	0.802	4.48	0.98
2025	42	0	0	2	1	0	1	11	35.2	43	9	12	29	0.303	1.51	0.897	6.31	-0.46
통산	438	0	0	22	15	1	9	75	419.1	449	63	193	340	0.275	1.49	0.799	4.72	4.09

이재익

45

팀	삼성	생년월일	1994-03-18		
포지션	P	투타	좌투좌타	신장 180	체중 76
연봉	8200-6200-6200		지명순위	13 삼성 8라운드 68순위	
학교	삼일초-중앙중-유신고				

2024년 대비 투심의 평균구속을 시속 5km(137.9 → 142.5) 가까이 끌어올릴 정도로 많은 노력을 했다. 2025시즌 단 7경기 출장에 그쳤지만 6경기에서 무실점을 기록할 정도로 인상 깊은 모습을 보였다. 그 결과 가을야구 엔트리 승선에 성공. 구속보다는 디셉션과 투심의 무브먼트가 중요한 선수.

기본기록

연도	경기	선발	QS	승	패	세이브	BS	홀드	이닝	피안타	피홈런	4사구	삼진	피안타율	WHIP	피 OPS	ERA	WAR
2023	51	0	0	1	3	0	1	11	41.0	46	3	17	26	0.288	1.54	0.742	3.95	0.20
2024	9	0	0	1	0	0	0	0	9.2	29	2	4	6	0.537	3.41	1.273	17.69	-0.73
2025	7	0	0	1	0	0	0	0	7.1	8	0	2	6	0.276	1.36	0.668	1.23	0.33
통산	124	0	0	8	5	0	2	18	102.0	143	12	47	65	0.336	1.85	0.870	6.62	-0.80

이재희

17

팀	삼성	생년월일	2001-10-11		
포지션	P	투타	우투좌타	신장 187	체중 100
연봉	0-3600-4500		지명순위	21 삼성 2차 1라운드 3순위	
학교	대전신흥초-한밭중-대전고				

삼성 불펜의 미래라 평가받는 선수. 시속 140km 후반의 묵직한 포심이 가장 큰 장점이다. 적은 샘플이지만 포심의 피안타율이 0.158일 정도로 우수한 구위를 자랑한다. 포심과 슬라이더 외의 다양한 구종을 더 던지면서 자신을 어필할 필요가 있다.

기본기록

연도	경기	선발	QS	승	패	세이브	BS	홀드	이닝	피안타	피홈런	4사구	삼진	피안타율	WHIP	피 OPS	ERA	WAR
2023	2	1	0	0	0	0	0	0	8.0	4	1	5	5	0.143	1.13	0.559	3.38	0.12
2024	0	0	0	0	0	0	0	0	0.0	0	0	0	0	0	-	-	-	-
2025	11	0	0	0	2	0	0	4	9.0	7	0	5	9	0.206	1.33	0.602	3.00	0.32
통산	18	6	0	0	3	0	0	4	38.2	35	3	20	31	0.240	1.42	0.694	4.42	0.89

장찬희

60

팀 삼성		**생년월일** 2007-10-05	
포지션 P	**투타** 우투우타	**신장** 186	**체중** 80
연봉 0-0-3000		**지명순위** 26 삼성 3라운드 29순위	
학교 해운대-센텀중-경남고			

2025 드래프트 전체 29번으로 지명된 신인선수. 투구 폼에서 NPB 선수들의 느낌이 물씬 풍긴다. 신인답지 않게 공을 원하는 곳에 던질 수 있는 능력을 가졌다. 존의 높낮이를 이용할 줄 알며, 경기 운영 능력 또한 인정받은 선수. 확실한 선발 유망주.

기본기록

연도	경기	선발	QS	승	패	세이브	BS	홀드	이닝	피안타	피홈런	4사구	삼진	피안타율	WHIP	피 OPS	ERA	WAR
2023	0	0	0	0	0	0	0	0	0.0	0	0	0	0	0	-	-	-	-
2024	0	0	0	0	0	0	0	0	0.0	0	0	0	0	0	-	-	-	-
2025	0	0	0	0	0	0	0	0	0.0	0	0	0	0	0	-	-	-	-
통산	-	-	-	-	-	-	-	-	-	-	-	-	-	-	-	-	-	-

정민성

49

팀 삼성		**생년월일** 2005-05-09	
포지션 P	**투타** 우투우타	**신장** 184	**체중** 98
연봉 3000-3000-3200		**지명순위** 24 삼성 4라운드 34순위	
학교 중앙초-군산중-군산상고			

2025시즌 퓨처스에서 62.2이닝 72삼진 35사사구 피안타율 0.253을 기록했다. 퓨처스를 정복하지는 못했으나, 선발의 가능성은 충분히 보여주었다. 선발 뎁스가 부족한 삼성에서 언제든지 5선발 후보군이 될 수 있는 선수. 2군에서의 모습을 1군에서도 보여줄 수 있어야 한다.

기본기록

연도	경기	선발	QS	승	패	세이브	BS	홀드	이닝	피안타	피홈런	4사구	삼진	피안타율	WHIP	피 OPS	ERA	WAR
2023	0	0	0	0	0	0	0	0	0.0	0	0	0	0	0	-	-	-	-
2024	0	0	0	0	0	0	0	0	0.0	0	0	0	0	0	-	-	-	-
2025	1	1	0	0	1	0	0	0	1.0	3	0	2	0	0.600	3.00	2.114	36.00	-0.17
통산	1	1	0	0	1	0	0	0	1.0	3	0	2	0	0.600	3.00	2.114	36.00	-0.17

최지광

팀	삼성	생년월일	1998-03-13		
포지션	P	투타	우투우타	신장 173	체중 85
연봉	14000-17000-15000	지명순위	17 삼성 2차 1라운드 9순위		
학교	감천초-대신중-부산고				

2024년 9월 팔꿈치 인대접합수술(토미존)을 받으며 2025시즌 전체를 쉬었다. 하지만 재활기간이 생각보다 짧아지면서 2025년 폴리그에도 참가했으며, 시속 144km를 기록했다. 정상적으로 복귀한다면 150km를 던지는 불펜투수가 한 명 추가된다.

기본기록

연도	경기	선발	QS	승	패	세이브	BS	홀드	이닝	피안타	피홈런	4사구	삼진	피안타율	WHIP	피 OPS	ERA	WAR
2023	22	0	0	2	0	0	0	1	17.1	17	4	10	18	0.239	1.50	0.766	5.19	-0.15
2024	35	0	0	3	2	0	3	7	36.1	22	1	25	38	0.176	1.18	0.571	2.23	1.47
2025	0	0	0	0	0	0	0	0	0.0	0	0	0	0	0	-	-	-	-
통산	248	6	0	16	16	2	12	47	251.0	229	18	173	240	0.247	1.54	0.724	4.70	3.40

김재성

팀	삼성	생년월일	1996-10-30		
포지션	C	투타	우투좌타	신장 185	체중 85
연봉	7000-5500-5000	지명순위	15 LG 1차		
학교	신광초-성남중-덕수고				

2026년 포수 경쟁이 너무나도 치열해졌다. 강민호를 이을 공격형 포수로 기회를 받아왔지만, 2025년 성적은 타율 0.127에 불과했다. 박세혁, 장승현이 가세하면서 더욱 좁아진 포수의 문. 일본윈터리그(JWL)의 경험을 2026시즌까지 잘 이어나가는 것이 목표.

기본기록

연도	경기	타석	타수	안타	2루타	3루타	홈런	타점	득점	볼넷	사구	삼진	도루	타율	출루율	장타율	OPS	WAR
2023	57	125	99	19	3	0	1	7	7	19	5	31	0	0.192	0.350	0.253	0.603	0.47
2024	10	23	20	4	1	0	0	1	3	3	0	5	0	0.200	0.304	0.250	0.554	-0.23
2025	43	73	63	8	2	0	0	4	3	6	2	23	0	0.127	0.222	0.159	0.381	-0.37
통산	243	493	419	95	18	1	5	42	35	54	10	116	1	0.227	0.326	0.310	0.636	0.82

김태훈(25)

팀	삼성	생년월일	1996-03-31		
포지션	RF	투타	우투좌타	신장 177	체중 89
연봉	4100-4500-6000		지명순위	15 KT 2차 5라운드 53순위	
학교	진흥초-평촌중-유신고				

2025년 퓨처스 성적은 101타수 타율 0.356 4홈런 16타점. 출루율 0.444로 준수한 편이다. 하지만 1군에서는 타율 0.237 출루율 0.260에 불과한 성적. 1군 레벨의 구위에 대한 대처능력이 부족해 계속 기회를 잡지 못하는 것이 아쉽다.

기본기록

연도	경기	타석	타수	안타	2루타	3루타	홈런	타점	득점	볼넷	사구	삼진	도루	타율	출루율	장타율	OPS	WAR
2023	11	22	21	2	1	0	0	1	0	0	0	9	0	0.095	0.095	0.143	0.238	-0.43
2024	12	21	20	4	1	0	0	1	2	0	1	3	0	0.200	0.238	0.250	0.488	-0.05
2025	51	98	93	22	1	0	2	8	4	3	0	24	1	0.237	0.260	0.312	0.572	-0.39
통산	149	289	277	57	8	1	4	18	15	5	2	74	2	0.206	0.225	0.285	0.510	-1.89

김헌곤

팀	삼성	생년월일	1988-11-09		
포지션	LF	투타	우투우타	신장 174	체중 81
연봉	6000-10000-10000		지명순위	11 삼성 5라운드 36순위	
학교	회원초-경복중-제주고-영남대				

2025년 5월 20일 고척에서 좋은 수비를 보여주면서 어깨 부상을 당했다. 부상 복귀 후 70타석의 성적은 OPS 0.404로 매우 부진했다. 베테랑 백업 멤버로 경기 후반 수비에 안정감을 더해줄 좋은 옵션. 외야 경쟁에서 살아남는 것이 중요하다.

기본기록

연도	경기	타석	타수	안타	2루타	3루타	홈런	타점	득점	볼넷	사구	삼진	도루	타율	출루율	장타율	OPS	WAR
2023	6	4	4	0	0	0	0	0	0	0	0	1	0	0.000	0.000	0.000	0.000	-0.19
2024	117	311	281	85	8	1	9	34	43	22	3	50	4	0.302	0.358	0.434	0.792	1.09
2025	77	191	173	39	6	0	2	11	21	11	4	29	2	0.225	0.286	0.295	0.581	-0.98
통산	977	3025	2689	724	103	11	47	313	349	231	48	366	66	0.269	0.335	0.368	0.703	1.63

박세혁

52

팀	삼성	생년월일	1990-01-09		
포지션	C	투타	우투좌타	신장 181	체중 86
연봉	70000-60000-40000		지명순위	12 두산 5라운드 47순위	
학교	수유초-신일중-신일고-고려대				

FA 마지막 해를 앞두고 트레이드를 통해 삼성으로 이적했다. 주전포수 강민호의 백업을 맡게 될 것으로 보이며, 올 시즌 활약에 따라 2차 FA에서의 계약 여부가 달라진다. 박세혁이 스타팅으로 출장하면 유격수 제외 전원 좌타자인 삼성 라인업을 볼 수도 있을 것.

기본기록

연도	경기	타석	타수	안타	2루타	3루타	홈런	타점	득점	볼넷	사구	삼진	도루	타율	출루율	장타율	OPS	WAR
2023	88	283	242	51	9	3	6	32	35	30	4	43	1	0.211	0.307	0.347	0.654	1.22
2024	82	171	148	39	9	0	1	10	21	14	3	43	4	0.264	0.337	0.345	0.682	0.50
2025	48	93	86	14	3	0	2	10	8	5	1	28	1	0.163	0.215	0.267	0.482	-0.66
통산	1000	2825	2440	612	112	16	33	311	336	240	50	491	34	0.251	0.327	0.350	0.677	11.90

박승규

66

팀	삼성	생년월일	2000-09-02		
포지션	CF	투타	우투우타	신장 176	체중 80
연봉	0-5200-8000		지명순위	19 삼성 2차 9라운드 82순위	
학교	일산초-덕수중-경기고				

2025년 8월 30일 사구에 맞아 엄지손가락 분쇄골절 부상을 당해 시즌아웃되었다. 8월 내내 주전으로 출장하며 주가를 올리던 상황이었기에 더욱 안타까운 부상이었다. 수비에서 집중력을 가다듬는다면 거포 중견수라는 매우 매력적인 선수가 될 수 있다.

기본기록

연도	경기	타석	타수	안타	2루타	3루타	홈런	타점	득점	볼넷	사구	삼진	도루	타율	출루율	장타율	OPS	WAR
2023	0	0	0	0	0	0	0	0	0	0	0	0	0	-	-	-	-	0.00
2024	0	0	0	0	0	0	0	0	0	0	0	0	0	-	-	-	-	0.00
2025	64	200	174	50	5	0	6	14	39	21	4	43	5	0.287	0.377	0.420	0.797	1.33
통산	290	580	517	129	19	0	10	39	88	42	9	106	13	0.250	0.316	0.344	0.660	1.82

심재훈

팀	삼성	생년월일	2006-03-03
포지션	2B	투타	우투우타	신장	180	체중	80
연봉	0-3000-3500			지명순위	25 삼성 2라운드 13순위		
학교	삼일초-평촌중-유신고						

삼성의 차세대 2루수 유망주. 2025년 퓨처스 성적은 타율 0.236 OPS 0.730으로 아쉬웠으나 일본윈터리그에서 타율 0.316 6타점 6도루를 기록하며 가능성을 보여주었다. 양도근의 군입대로 1군에서 활약할 기회가 좀 더 많아진 것도 장점.

기본기록

연도	경기	타석	타수	안타	2루타	3루타	홈런	타점	득점	볼넷	사구	삼진	도루	타율	출루율	장타율	OPS	WAR
2023	0	0	0	0	0	0	0	0	0	0	0	0	0	-	-	-	-	0.00
2024	0	0	0	0	0	0	0	0	0	0	0	0	0	-	-	-	-	0.00
2025	31	43	38	7	0	0	0	2	8	4	0	13	3	0.184	0.262	0.184	0.446	-0.15
통산	31	43	38	7	0	0	0	2	8	4	0	13	3	0.184	0.262	0.184	0.446	-0.15

양우현

팀	삼성	생년월일	2000-04-13
포지션	2B	투타	우투좌타	신장	175	체중	82
연봉	3700-4000-4400			지명순위	19 삼성 2차 3라운드 22순위		
학교	남정초-충암중-충암고						

2루, 3루, 유격수 포지션을 모두 소화할 수 있는 내야 유틸리티 자원. 퓨처스리그 성적은 70경기 3할3푼의 타율을 기록했으나, 1군에만 오면 실력을 내지 못한다. 타격의 전병우, 가능성의 함수호 사이에서 1군 한자리를 위해 자신만이 가진 확실한 카드를 보여줘야 한다.

기본기록

연도	경기	타석	타수	안타	2루타	3루타	홈런	타점	득점	볼넷	사구	삼진	도루	타율	출루율	장타율	OPS	WAR
2023	0	0	0	0	0	0	0	0	0	0	0	0	0	-	-	-	-	0.00
2024	7	15	13	0	0	0	0	1	0	1	0	6	0	0.000	0.071	0.000	0.071	-0.16
2025	14	16	16	3	1	0	0	4	3	0	0	2	0	0.188	0.188	0.250	0.438	-0.15
통산	29	56	53	6	1	0	0	5	3	2	0	13	0	0.113	0.145	0.132	0.277	-0.68

이병헌

23

팀	삼성	생년월일	1999-10-26		
포지션	C	투타	우투우타	신장 180	체중 87
연봉	4000-6500-6000		지명순위	19 삼성 2차 4라운드 32순위	
학교	숭의초-신흥중-제물포고				

2025년 8월 23일 이병헌이 쏘아올린 역전 만루홈런은 팀의 가을야구 가능성을 살려낸 결정적 한방이었다. 하지만 2026년에는 이런 기회마저 쉽지 않아 보인다. 박세혁이 백업 포수로 낙점될 가능성이 높은 가운데 제3의 포수 자리를 놓고 경쟁해야 한다. 2025시즌 도루 저지율 5.9%는 큰 약점.

기본기록

연도	경기	타석	타수	안타	2루타	3루타	홈런	타점	득점	볼넷	사구	삼진	도루	타율	출루율	장타율	OPS	WAR
2023	23	33	28	4	0	0	0	2	3	3	0	11	0	0.143	0.219	0.143	0.362	-0.28
2024	95	166	145	36	4	0	1	9	9	17	2	48	0	0.248	0.335	0.297	0.632	0.10
2025	55	59	55	11	3	0	1	7	5	3	1	13	0	0.200	0.254	0.309	0.563	-0.10
통산	176	262	232	54	8	0	2	19	18	23	3	73	0	0.233	0.309	0.293	0.602	-0.08

이성규

13

팀	삼성	생년월일	1993-08-03		
포지션	RF	투타	우투우타	신장 178	체중 82
연봉	6000-13000-11000		지명순위	16 삼성 2차 4라운드 31순위	
학교	광주대성초-광주동성중-광주동성고-인하대				

2025년 개막 직전 복사근 부상으로 전력에서 제외되었다. 그 자리를 김성윤이 차지하는 바람에 입지가 많이 좁아진 상황. 그래도 20홈런 타자를 버릴 수는 없다. 거포 본능을 깨우려면 2025시즌 수준의 컨택 능력(타율 0.198)으로는 부족하다.

기본기록

연도	경기	타석	타수	안타	2루타	3루타	홈런	타점	득점	볼넷	사구	삼진	도루	타율	출루율	장타율	OPS	WAR
2023	109	162	145	30	10	1	1	18	23	8	3	42	4	0.207	0.259	0.310	0.569	-0.22
2024	122	355	302	73	10	1	22	57	56	31	15	109	9	0.242	0.339	0.500	0.839	1.14
2025	68	154	126	25	5	1	6	21	17	15	10	52	2	0.198	0.327	0.397	0.724	1.23
통산	447	1022	880	183	34	4	41	134	135	80	37	303	19	0.208	0.298	0.395	0.693	1.28

전병우

팀	삼성	생년월일	1992-10-24		
포지션	3B	투타	우투우타	신장 182	체중 93
연봉	6000-7500-9000		지명순위	15 롯데 2차 3라운드 28순위	
학교	동삼초-경남중-개성고-동아대				

전병우는 1, 2, 3루를 모두 소화할 수 있고 타율 대비 출루율도 우수한 선수다. 문제는 공을 맞추는 능력이 부족하다는 것. S존 헛스윙률이 18.8%에 이른다. (류지혁 6.8%) 좋은 선구안과 수비의 장점을 살리려면 S존에 대한 컨택 능력을 끌어올려야 한다.

기본기록

연도	경기	타석	타수	안타	2루타	3루타	홈런	타점	득점	볼넷	사구	삼진	도루	타율	출루율	장타율	OPS	WAR
2023	41	75	62	9	3	0	1	6	6	10	1	28	0	0.145	0.274	0.242	0.516	-0.19
2024	58	128	111	25	5	0	5	14	17	14	1	42	0	0.225	0.313	0.405	0.718	0.31
2025	59	97	77	21	2	0	1	13	11	19	1	27	1	0.273	0.423	0.338	0.761	0.55
통산	563	1326	1137	249	46	3	29	146	149	142	22	394	14	0.219	0.316	0.341	0.657	2.11

함수호

팀	삼성	생년월일	2006-03-10		
포지션	LF	투타	좌투좌타	신장 181	체중 88
연봉	0-3000-3300		지명순위	25 삼성 4라운드 33순위	
학교	인동초(구미시리틀)경복중-상원고				

2025시즌 퓨처스리그 성적은 타율 0.264 5홈런 38타점. 미야자키 교육리그와 호주리그를 돌며 경험치를 쌓았다. 아직은 가능성 단계의 유망주이지만 삼성의 팀컬러인 '한방'을 갖춘 거포 자원으로 기대를 받고 있다. 삼성 외야 경쟁을 뚫는 것이 가장 큰 목표.

기본기록

연도	경기	타석	타수	안타	2루타	3루타	홈런	타점	득점	볼넷	사구	삼진	도루	타율	출루율	장타율	OPS	WAR
2023	0	0	0	0	0	0	0	0	0	0	0	0	0	-	-	-	-	0.00
2024	0	0	0	0	0	0	0	0	0	0	0	0	0	-	-	-	-	0.00
2025	6	14	14	3	0	0	0	1	1	0	0	6	0	0.214	0.214	0.214	0.428	-0.07
통산	6	14	14	3	0	0	0	1	1	0	0	6	0	0.214	0.214	0.214	0.428	-0.07

김대호  44

포지션	P	투타	우투우타	신장	185	체중	100	생년월일	2001-10-15
연봉	3000-3300-3700			지명순위	24 삼성 육성선수				
학교	제주신광초-이평중-군산상고-고려대								

김상호  67

포지션	P	투타	우투우타	신장	191	체중	95	생년월일	2006-08-19
연봉	0-3000-3000			지명순위	26 삼성 2라운드 19순위				
학교	고명초-휘문중-서울컨벤션고								

박용재  68

포지션	P	투타	우투우타	신장	195	체중	105	생년월일	2007-03-24
연봉	0-0-3000			지명순위	26 삼성 5라운드 49순위				
학교	공주중동초-공주중-공주고								

양현  19

포지션	P	투타	우언우타	신장	189	체중	104	생년월일	1992-08-23
연봉	9000-7000-6500			지명순위	11 두산 10라운드 73순위				
학교	영랑초-한밭중-대전고								

이호범  41

포지션	P	투타	우투우타	신장	190	체중	95	생년월일	2007-05-29
연봉	0-0-3000			지명순위	26 삼성 1라운드 9순위				
학교	남정초-성남중-서울고								

임기영  38

포지션	P	투타	우언우타	신장	184	체중	86	생년월일	1993-04-16
연봉	25000-30000-30000			지명순위	12 한화 2라운드 18순위				
학교	대구수창초-경운중-경북고								

정재훈 69

포지션	P	투타	우투우타	신장	185	체중	85	생년월일	2007-03-08
연봉	0-0-3000			지명순위	26 삼성 6라운드 59순위				
학교	석교초-세광중-전주고								

최하늘  37

포지션	P	투타	우언우타	신장	190	체중	99	생년월일	1999-03-26
연봉	4100-6000-5500			지명순위	18 롯데 2차 7라운드 63순위				
학교	서울학동초-자양중-경기고								

홍원표 **65** 

포지션	P	투타	우투우타	신장	183	체중	86	생년월일	2001-03-27
연봉	3300-3550-3550		지명순위	20 삼성 2차 3라운드 25순위					
학교	신도초-부천중-부천고								

김도환 **24** 

포지션	C	투타	우투우타	신장	178	체중	90	생년월일	2000-04-14
연봉	5000-4700-4900		지명순위	19 삼성 2차 2라운드 12순위					
학교	언북초(의정부리틀)영동중-신일고								

김재상 **14** 

포지션	2B	투타	우투좌타	신장	180	체중	81	생년월일	2004-07-26
연봉	3200-0-4000		지명순위	23 삼성 3라운드 28순위					
학교	고명초-덕수중-경기상고								

김재혁 **8** 

포지션	LF	투타	우투우타	신장	182	체중	85	생년월일	1999-12-26
연봉	3000-3500-3500		지명순위	22 삼성 2차 2라운드 13순위					
학교	제주남초-제주제일중-제주고-동아대								

류승민 **43** 

포지션	LF	투타	좌투좌타	신장	185	체중	90	생년월일	2004-10-11
연봉	3500-0-3500		지명순위	23 삼성 7라운드 68순위					
학교	광주화정초-무등중-광주제일고								

박진우 **12** 

포지션	C	투타	우투우타	신장	176	체중	87	생년월일	2003-10-14
연봉	3000-3100-3300		지명순위	23 삼성 11라운드 108순위					
학교	글꽃초-대전중구리틀-현도중-청주고								

윤정빈 **31** 

포지션	RF	투타	우투좌타	신장	182	체중	93	생년월일	1999-06-24
연봉	3700-7400-6400		지명순위	18 삼성 2차 5라운드 42순위					
학교	신도초-부천중-부천고								

이창용 **50** 

포지션	1B	투타	우투우타	신장	184	체중	89	생년월일	1999-06-03
연봉	3000-3300-3700		지명순위	21 삼성 2차 8라운드 73순위					
학교	을지초-노원구리틀-청량중-신흥고-강릉영동대								

이해승  3

포지션	2B	투타	우투우타	신장	180	체중	86	생년월일	2000-08-01
연봉	0-4200-4200			지명순위	19 삼성 2차 8라운드 72순위				
학교	인천서림초-신흥중-인천고								

장승현  46

포지션	C	투타	우투우타	신장	184	체중	86	생년월일	1994-03-07
연봉	6000-4800-4800			지명순위	13 두산 4라운드 36순위				
학교	서림초-동산중-제물포고								

차승준  35

포지션	3B	투타	우투좌타	신장	181	체중	88	생년월일	2006-11-20
연봉	0-3000-3000			지명순위	25 삼성 3라운드 23순위				
학교	무학초-신월중-용마고								

홍현빈  51

포지션	CF	투타	우투좌타	신장	174	체중	70	생년월일	1997-08-29
연봉	4500-4500-5000			지명순위	17 KT 2차 3라운드 21순위				
학교	신곡초-매송중-유신고								

오러클린 

포지션	P	투타	좌투좌타	신장	196	체중	101	생년월일	2000-03-14
연봉	$50000(6주)			지명순위	26 삼성 자유선발				
학교	Seaton HS.								

삼성 라이온즈	왼쪽 폴	좌중	중	우중	오른쪽 폴	펜스 좌측	펜스-좌중	펜스-중	펜스-우중	펜스-우	잔디	최대관중(명)
대구 삼성 라이온즈 파크	99	123	122	123	99	3.6	3.6	3.6	3.6	3.6	천연	24,000

주요 이슈

기적 같은 한 해라는 말이 지나치지 않는다. 있어서는 안 될 사고가 벌어졌고, 초유의 '원정살이'가 두 달 가까이 이어졌다. 모기업 자금난으로 2년 연속 외부 FA 영입이 없었던 탓에 로스터의 한계 또한 보였다. 후반기 내내 하위권을 맴돌았고, 한때 9위까지 추락했다. 9월 20일 광주 KIA전 허무한 끝내기 밀어내기 패배로 가을야구 가능성이 3.5%까지 떨어지면서 모두가 NC의 2025년은 끝났다고 했지만, 이후 정규시즌 남은 9경기를 모두 따내며 5강 막차를 탔다. 상무 전역 후 석 달 만에 1군 마운드에 올랐던 구창모가 와일드카드 결정 1차전 선발승을 올리며 새 시즌 팬들을 다시 희망에 부풀게 했다. 연고 이전 이슈로 적잖은 지역 팬들이 동요하는 중에도 홈 관중 75만 명을 넘었다. 구단 역사상 시즌 최다 관중 기록이다.

구단 PROFILE

구단주	김택진
대표이사	이진만
단장	임선남
감독	이호준
주장	박민우
홈구장	창원NC파크
2군 구장	마산야구장

NC		**영구결번**
한국시리즈 우승	1회	
한국시리즈 출전	2회	
플레이오프 출전	4회	
준플레이오프 출전	3회	

타율 / 순위	출루율 / 순위	장타율 / 순위	홈런 / 순위	도루 / 순위	실책 / 순위
0.260 / 6	0.344 / 4	0.399 / 3	128 / 4	186 / 1	116 / 7
ERA / 순위	**선발ERA / 순위**	**구원ERA / 순위**	**탈삼진 / 순위**	**볼넷허용 / 순위**	**피홈런 / 순위**
4.82 / 9	5.12 / 9	4.55 / 7	1075 / 5	621 / 10	146 / 9

시즌 월별 성적	승	무	패	승률	순위
3~4월	10	0	17	0.370	9
5월	13	3	10	0.565	4
6월	12	1	10	0.546	3
7월	9	1	9	0.500	5
8월	12	1	12	0.500	5
9~10월	15	0	9	0.625	3
포스트시즌	1	0	1	0.500	5

2025시즌 좋았던 일

팀의 현재이자 미래인 '3김'이 한 단계씩 다 성장했다. 김주원의 각성이 특히 놀랍다. 6월 13일 1번 고정 이후 OPS 0.924를 찍었다. 44도루를 곁들이며 유격수 GG를 따냈다. 시즌 첫 67경기 타율 0.195였던 김휘집은 이후 무섭게 반등하며 커리어 하이로 시즌을 마쳤고, 리그 최고 강견 포수 김형준도 데뷔 후 최다인 18홈런을 때렸다. 셋이 합작한 WAR만 12.470이다. 불펜진 변화가 컸지만 빠르게 안정화에 성공했다. 류진욱, 김진호, 김영규, 배재환 등이 부상에서 돌아와 뒷문을 지켰고, 전사민은 2025년 NC 최고 히트작이었다. '건강한 구창모'의 위력을 새삼 확인한 것도 고무적. 무엇보다 막판 9연승으로 5강에 오른 과정 자체가 큰 소득이다. 이런 극적인 성공 경험이 때로 젊은 선수들의 성장 곡선 자체를 바꿔놓기도 한다.

2025시즌 나빴던 일

지난해 기적을 조금은 냉정하게 되돌아볼 필요도 있다. 시즌 팀 WAR는 35.08로 7위였고, 투수 WAR는 11.75로 뒤에서 2번째였다. 선발 투구이닝 꼴찌, 평균자책 9위는 웃고 넘길 수 없는 숫자다. 선발이 제 역할을 못 하니 그 부담이 고스란히 불펜으로 넘어갔다. 불펜 2연투가 133차례, 3연투도 12번이나 나왔다. 불펜 멀티이닝 146차례는 리그 최다였다. 박민우가 잔 부상에 시달렸고, 박건우는 햄스트링만 2차례 다쳤다. 1980년대생이 1명도 없는 젊은 팀인 만큼 이들 베테랑의 공백은 체감이 클 수밖에 없다. '실링'을 최우선에 둔 공격적인 신인 픽은 2025년에도 큰 성과를 내지 못했다. 2023년 1차 4순위 신영우는 여전히 제구에 애를 먹었고, 2024년 1차 5순위 김휘건은 퓨처스에서도 5경기 등판에 그쳤다.

©NC 다이노스

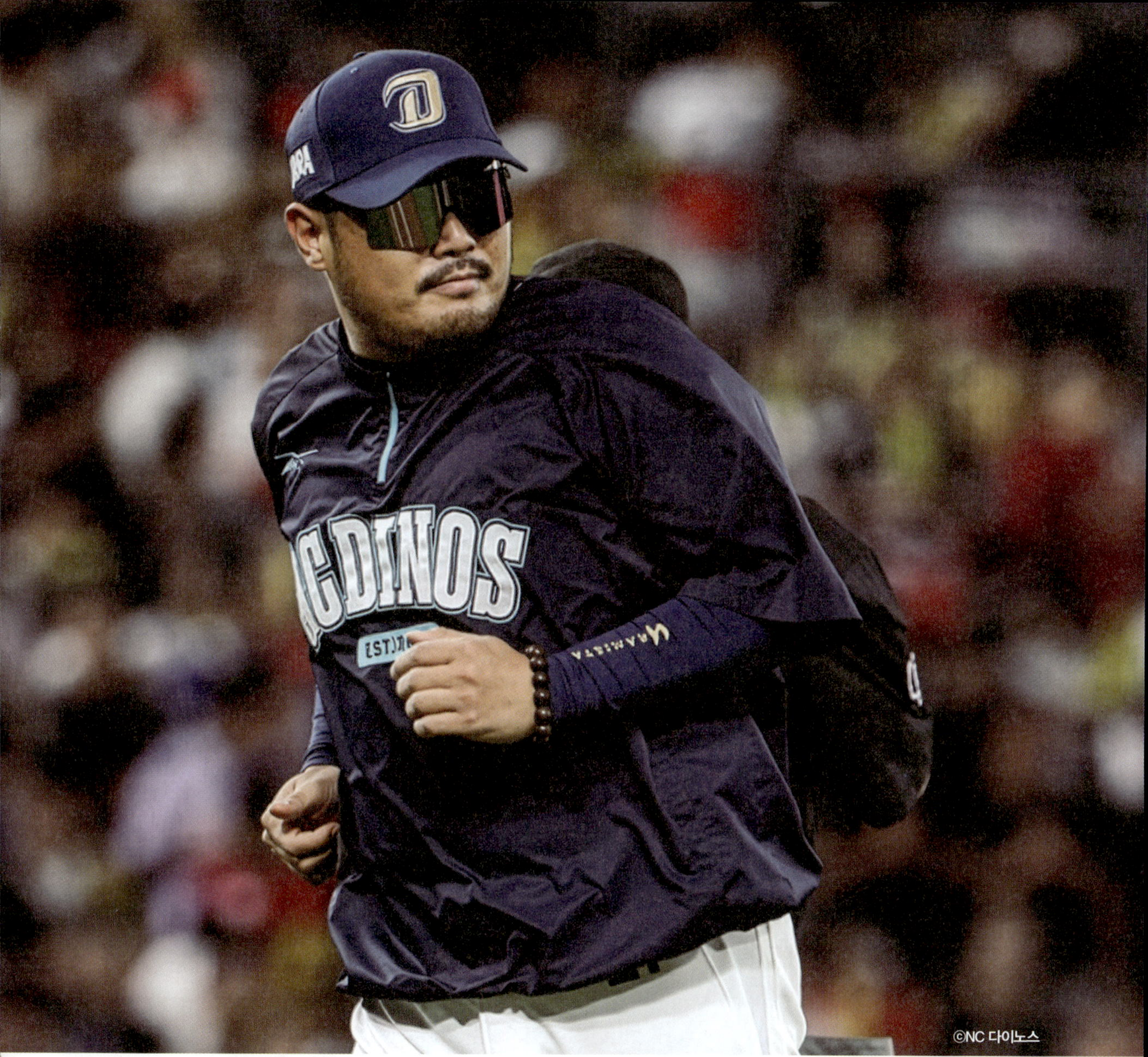
©NC 다이노스

감독

이호준

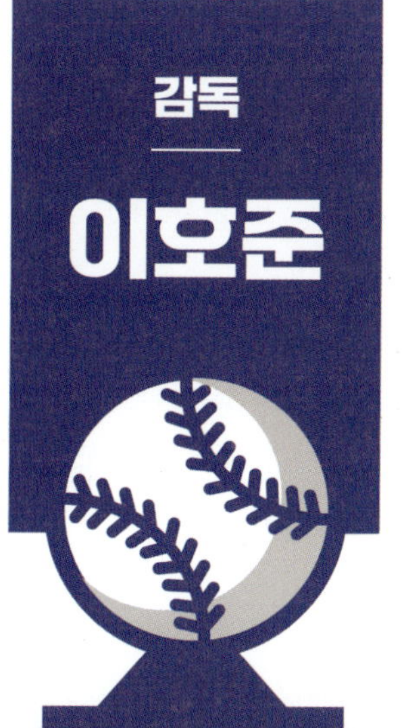

부임 첫해부터 이호준 감독의 색깔은 확실했다. 3~4월 도루 성공률 61.8%로 팬들의 원성이 들끓었지만, 시즌 마지막까지 뚝심으로 '뛰는 야구'를 밀어붙였다. 직전 2년간 총합(215개)과 맞먹는 팀 도루 186개를 달성했다. 성공률도 점차 상승해 시즌 전체 74.4%로 마쳤다. '1번 김주원' 승부수는 잭팟이 터졌다. 로스터의 한계는 극한의 '자원 짜내기'로 버텼다. 경기당 야수 사용(13.49명), 경기당 투수 사용(5.26명) 모두 리그 1위. 투수 운용은 시행착오가 없지 않았다. "불펜 멀티이닝이 무슨 문제냐"라는 발언은 논란이 됐다. 인상적인 건 이후 태도다. 데이터팀과 코치진의 조언으로 자기 실수를 인정했다. 조직 수장이 자기 오류를 인정하고 수정하는 자세는 큰 미덕이다. 10개 구단 감독 중 입담은 단연 최고다.

2026 팀 이슈

신민혁이 예년처럼 던져주고, 아시아쿼터 토다 나츠키가 로테이션을 돌아준다면 최소한 지난해보다는 더 강한 선발진을 기대할 수 있다. 다년간 결과로 증명해 온 만큼, 외국인 원투펀치가 기본값은 할 거라는 신뢰도 있다. 'X-팩터'는 역시 구창모. 2020년 통합 우승 당시 구창모는 정규시즌 93.1이닝만 던지고 WAR 4.90을 기록했다. 구창모의 활약에 따라 팀 순위가 2단계는 바뀔 수 있다는 감독의 말이 과장이 아닐 수 있다. 지나치게 많이 던졌던 불펜진이 새 시즌에도 위력을 유지할 수 있을지는 물음표가 붙는다. 김태훈, 임지민 등 영건의 성장에 기대를 건다. 동반 커리어하이를 찍었던 '3김'의 활약도 큰 변수다. 지난 시즌 전 경기를 소화한데 이어 3월 WBC까지 다녀온 김주원의 체력 이슈를 걱정하는 목소리도 조심스럽게 나온다.

2026 최상 시나리오

김주원의 상승세가 계속된다. WBC 경험을 바탕으로 시즌 초반부터 거침없이 방망이가 나가고, 실책도 몰라보게 줄어든다. 데이비드 스턴스가 잠실이 아닌 엔팍을 찾는다. 김주원 포스팅 이후 '군필' 김휘집과 김형준 중 누구부터 다년계약으로 붙잡아야 할지 팬들 사이 설전이 벌써 뜨겁다. 신민혁이 데뷔 후 2번째 규정이닝을 달성하고, 데이비슨은 홈런왕 탈환보다 득점권 타율 3할에 더 뿌듯해한다. 라일리와 테일러가 동반 활약하며 페디, 하트가 고군분투하던 시절 외국인 원투펀치 합계 WAR을 넘어선다. 원 없이 '빅볼' 야구를 펼친 이호준 감독은 박민우와 '2루수 선발 120경기' 내기에서 일찌감치 패배하고 웃으며 명품 신발 선물을 고른다. 시즌 전 정규시즌 3위 목표도 초과 달성, 건강한 구창모가 PO 1차전 선발로 홈 마운드에 오른다.

2026 최악 시나리오

40이닝 투구 후 예정대로 휴식에 들어간 구창모의 복귀가 계획보다 늦어진다. 라일리가 2년 차 징크스를 마주하고, 테일러는 적응에 어려움을 겪는다. MLB에서 반등에 성공한 페디를 괜히 야속해 하는 팬들이 적지 않다. 선발진은 여전히 리그 최하위를 다투는데 불펜마저 흔들린다. 김주원은 피로 누적으로 발이 무겁고, 데이비슨이 찬스에서 계속 삼진으로 물러난다. 김휘집, 김형준은 '게임 체인저'가 되지 못한다. 6월 지방선거가 끝나고 창원시와 협상 테이블을 놓고 마주 앉지만, 평행선을 달린다. 얇은 선수층 한계가 드러나며 여름 이후 5강권에서 멀어진다. 영건들의 시험 가동이 잦지만 성과는 기대만큼 나오지 않는다. '아이온2'가 지난해 흥행 흐름을 잇지 못하고, FA 외부 영입 시장 3년 연속 조기 철수가 현실로 다가온다.

구창모

59

팀	NC	생년월일	1997-02-17				
포지션	P	투타	좌투좌타	신장	182	체중	85
연봉	0-10000-90000			지명순위	15 NC 2차 1라운드 3순위		
학교	서울충무초-울산제일중-울산공고						

빠른승부

속구100마스터

피네스K

NC 마운드의 알파와 오메가. 실력을 의심하는 사람은 없다. 상무 전역 후 정규시즌 14.1이닝 4실점으로 투구 감각을 점검했고, '라팍 삼성'을 만난 와일드카드 1차전 6이닝 1실점 호투로 선발승을 따냈다. 문제는 역시 건강. 생애 첫 규정이닝보다도 시즌 시작과 마지막을 온전히 팀 동료들과 함께하고 싶다는 소망이 더 크다. 부상이 잦았던 만큼 누구보다 건강 고민을 많이 했다. 올해 40이닝마다 휴식을 취하기로 한 것도 그런 고민 속 내린 결론이다. NC 선발진은 지난해 투구 이닝(659.1이닝) 꼴찌, 평균자책점(5.12) 9위였다. 5강 진출이 기적으로 평가받는 한 이유. '건창모'에 걸린 기대가 클 수밖에 없다. 이호준 감독은 구창모의 활약에 따라 팀 순위가 2단계는 달라질 것이라고 했다.

기본기록

연도	경기	선발	QS	승	패	세이브	BS	홀드	이닝	피안타	피홈런	4사구	삼진	피안타율	WHIP	피 OPS	ERA	WAR
2023	11	9	3	1	3	0	0	0	51.2	38	4	16	56	0.203	1.05	0.546	2.96	1.66
2024	0	0	0	0	0	0	0	0	0.0	0	0	0	0	0	-	-	-	-
2025	4	3	0	1	0	0	0	0	14.1	14	1	3	18	0.250	1.19	0.645	2.51	0.67
통산	178	121	43	48	37	0	1	4	694.2	644	77	270	699	0.245	1.28	0.694	3.65	19.09

김영규

17

팀	NC	**생년월일**	2000-02-10				
포지션	P	**투타**	좌투좌타	**신장**	188	**체중**	86
연봉	22500-20000-20000			**지명순위**	18 NC 2차 8라운드 79순위		
학교	광주서석초-무등중-광주제일고						

팔꿈치 부상 여파로 지난해 6월에야 1군 첫 등판을 했다. 출발은 늦었지만 국내 최정상 좌완 불펜으로 활약은 여전했다. 44이닝 동안 평균자책점 2.86, 20홀드를 기록했다. 190㎝ 장신으로 타점 높은 포심이 위력적이다. 각도 큰 슬라이더를 갖췄고 제 3구종으로 포크볼도 구사한다. 좌우 스플릿 고민이 없다는 건 큰 장점. 지난해 좌타자 상대 피안타율 0.253, 우타자 상대 0.250을 기록했다. 2024년은 우타 상대 피안타율 0.205로 좌타 상대 기록(0.256)보다 오히려 더 좋았다. 최근 계속되는 부상이 아쉽다. 2024년 스프링캠프 중 부상으로 조기 귀국했다. 2025년은 아예 캠프 참가도 못 했다. 2024년, 2025년 모두 선발 복귀를 준비했던 시즌이라 안타까움이 더 컸다.

기본기록

연도	경기	선발	QS	승	패	세이브	BS	홀드	이닝	피안타	피홈런	4사구	삼진	피안타율	WHIP	피 OPS	ERA	WAR
2023	63	0	0	2	4	0	2	24	61.2	45	2	24	48	0.205	1.10	0.587	3.06	1.22
2024	42	0	0	4	2	1	1	14	45.2	40	3	15	48	0.244	1.18	0.627	3.15	1.54
2025	45	0	0	4	3	0	1	21	44.0	40	3	21	35	0.253	1.32	0.667	2.86	1.21
통산	309	31	7	24	25	2	10	80	415.0	415	42	171	320	0.265	1.36	0.721	4.21	6.36

김진호

팀	NC	생년월일	1998-06-07
포지션 P		투타 우투우타	신장 183 / 체중 90
연봉	6000-5000-13000	지명순위	17 NC 2차 2라운드 18순위
학교	부곡초-성일중-광주동성고		

54

2S+CH

체인지업승부

2023년 토미존 수술 이후 2년 만에 풀타임 시즌을 치렀다. 평균자책 3.36, 6세이브 20홀드로 복귀 시즌에 커리어하이를 찍었다. 류진욱이 부상으로 이탈한 9월 들어서는 마무리 역할을 이어받아 뒷문을 지켰다. 포심과 체인지업 구사율이 합계 94.5%인 투피치 피처. 체인지업은 과거 MLB 투수 마커스 스트로먼이 극찬했을 만큼 위력적이다. 포심 역시 평균 구속 146.6㎞로 수술 전 같은 위력을 유지했다. 다만 제구가 좋은 유형은 아니다. 90이닝당 볼넷 5.6개를 내줬다. 낮은 피안타율(0.205)로 실점을 억제했지만, 리그 평균보다 한참 낮았던 BABIP 0.260이 마음에 걸린다. 부상 복귀 시즌에 72.1이닝이나 던졌다는 것도 불안 요소다.

기본기록

연도	경기	선발	QS	승	패	세이브	BS	홀드	이닝	피안타	피홈런	4사구	삼진	피안타율	WHIP	피 OPS	ERA	WAR
2023	19	0	0	2	1	0	1	9	16.1	15	0	11	22	0.242	1.53	0.630	2.76	0.46
2024	2	0	0	0	0	0	0	0	2.1	3	0	2	3	0.333	2.14	0.788	7.71	-0.01
2025	76	0	0	4	3	6	5	20	72.1	53	5	54	70	0.205	1.35	0.658	3.36	1.38
통산	137	4	0	10	6	7	6	29	145.0	140	17	100	138	0.255	1.57	0.756	4.72	1.19

라일리

팀	NC	**생년월일**	1996-07-09
포지션	P	**투타** 우투우타	**신장** 190 / **체중** 100
연봉	0-72800-$600000	**지명순위**	25 NC 자유선발
학교	University of Louisville		

3

©NC 다이노스

FSM
스플리터마스터

S
초구S

2S+CU
커브승부

K
피네스K

마이너리그 5시즌 통산 BB/9 4.29를 기록했다. 한국에서 첫 시즌 BB/9은 2.93이었다. KBO공인구 효과로 제구도 좋아질 거란 NC의 기대가 멋지게 들어맞았다. 9이닝당 탈삼진은 11.3으로 리그 3위였다. 1, 2위를 차지한 드류 앤더슨(12.85)와 코디 폰세(12.55)는 미국으로 떠났다. 평균구속 150㎞ 포심과 낙차 큰 커브가 주 무기로 대표적인 ABS형 피처로 손꼽힌다. 피홈런이 많다는 건 약점이다. 9이닝당 피홈런 0.94를 기록했다. 규정이닝 기준 그보다 피홈런율이 높았던 건 라팍을 홈으로 쓰는 원태인(1.08) 한 명뿐이었다. 최정에게 KBO 리그 사상 첫 개인 500홈런을 맞았다. "KBO 리그 역사에 내 이름을 한 줄 남길 수 있어서 뜻깊었다"라는 소감을 남겼다.

기본기록

연도	경기	선발	QS	승	패	세이브	BS	홀드	이닝	피안타	피홈런	4사구	삼진	피안타율	WHIP	피 OPS	ERA	WAR
2023	0	0	0	0	0	0	0	0	0.0	0	0	0	0	0	-	-	-	-
2024	0	0	0	0	0	0	0	0	0.0	0	0	0	0	0	-	-	-	-
2025	30	30	16	17	7	0	0	0	172.0	136	18	59	216	0.212	1.12	0.618	3.45	4.34
통산	30	30	16	17	7	0	0	0	172.0	136	18	59	216	0.212	1.12	0.618	3.45	4.34

류진욱

팀	NC	생년월일	1996-10-10
포지션 P		투타 우투우타	신장 189 / 체중 88
연봉	16500-13500-20000	지명순위	15 NC 2차 2라운드 21순위
학교	양정초-개성중-부산고		

41

©NC 다이노스

땅볼러

데뷔 후 처음으로 마무리 보직을 맡아 NC 뒷문을 지켰다. 2024년 부진을 털어내며 평균자책 3.27에 29세이브를 기록했다. 블론세이브는 단 1개. 수성률 96.7%로 리그 1위를 차지했다. 결정구 포크볼 위력을 회복했다. 2024년 포크볼 피장타율이 0.508, 끔찍한 숫자를 찍었지만 2025년 0.272로 정상궤도를 찾았다. 간발의 차로 30세이브를 놓쳤다. 9월 팔꿈치 뼛조각 통증으로 시즌 아웃이 됐다. 팔꿈치는 올해 역시 신경을 써야 한다. 지난해 62차례 등판 중 멀티이닝 투구만 15차례였다. 8월 1일부터 12일까지 12일 동안 6연속 멀티이닝을 던졌다. 그리고 한 달이 채 지나지 않아 전력 이탈했다. 류진욱은 2016년과 2018년 2차례 팔꿈치 수술을 받은 투수다.

기본기록

연도	경기	선발	QS	승	패	세이브	BS	홀드	이닝	피안타	피홈런	4사구	삼진	피안타율	WHIP	피 OPS	ERA	WAR
2023	70	0	0	1	4	0	1	22	67.0	41	1	33	62	0.180	1.09	0.499	2.15	2.43
2024	50	0	0	2	1	0	1	10	42.1	52	4	21	37	0.308	1.68	0.806	5.74	-0.11
2025	62	0	0	4	3	29	1	0	66.0	50	6	34	57	0.210	1.18	0.632	3.27	1.74
통산	280	0	0	12	10	30	3	43	268.0	235	16	146	227	0.238	1.37	0.661	3.49	4.79

배재환

팀	NC	**생년월일**	1995-02-24
포지션 P		**투타** 우투우타	**신장** 186 **체중** 95
연봉	6300-5500-12000		**지명순위** 14 NC 2차 1라운드 1순위
학교	가동초-잠신중-서울고		

61

평균자책 4.48에 24홀드를 기록하며 2019년 이후 6년 만에 20홀드 고지를 밟았다. 24홀드는 2023년 김영규와 함께 구단 최다 타이 기록이다. 배재환을 비롯해 NC는 2025년 20홀드 이상 투수만 3명(김영규 22홀드, 김진호 20홀드)을 배출했다. KBO 리그 역대 3번째 기록. 과거 70%를 넘었던 직구 구사율을 50.2%까지 내리는 대신 포크볼 비율을 26.3%로 끌어 올렸다. 포크볼 피안타율 0.192로 그 효과를 톡톡히 봤다. 커리어 첫 올스타 투수로 선정, 오랜 별명인 '배동렬'을 등에 달고 마운드에 올라 공 5개로 1이닝을 삼자범퇴시켰다. 다만 올스타전 이후 성적이 좋지 못했다. 피OPS 기준 전반기 0.564, 후반기가 0.773이었다.

기본기록

연도	경기	선발	QS	승	패	세이브	BS	홀드	이닝	피안타	피홈런	4사구	삼진	피안타율	WHIP	피 OPS	ERA	WAR
2023	0	0	0	0	0	0	0	0	0.0	0	0	0	0	0	-	-	-	-
2024	20	0	0	0	1	0	0	0	19.2	20	5	15	13	0.274	1.78	0.900	7.32	-0.10
2025	70	0	0	2	4	2	3	24	60.1	48	3	48	51	0.221	1.41	0.662	4.48	0.89
통산	251	2	0	10	18	3	11	58	244.1	223	26	189	213	0.245	1.57	0.750	4.64	2.97

신민혁

18

팀	NC	생년월일	1999-02-04
포지션	P	투타	우투우타	신장	184	체중	95
연봉	18000-18000-19000		지명순위	18 NC 2차 5라운드 49순위
학교	서울염강초-강서구리틀-매향중-야탑고		

2S+CH
체인지업승부

햇타석버프

S
S S
초구S

2021년 145이닝 이후 가장 많은 132이닝을 던졌다. NC 국내 투수 중 유일하게 100이닝을 넘겼다. 다만 목표로 했던 10승·규정이닝은 이루지 못했다. 포심 평균구속 138.1㎞로 100이닝 이상 기준 2번째로 공이 느렸다. 평균구속 140㎞ 미만은 신민혁과 KT 고영표(134.9㎞) 둘 뿐이었다. 9이닝당 볼넷 1.77 안정적인 제구와 체인지업을 앞세워 버텼지만 힘에 부쳤다. 23홈런을 내주며 리그 최다 피홈런을 기록했다. 커브를 마스터하고 국내 최고 선발로 올라선 LG 임찬규는 좋은 참고 사례가 될 수 있다. 지난해 포심 평균구속 140㎞로 뒤에서 3번째였던 임찬규의 커브 구사율은 28.5%, 신민혁은 1.5%였다. LG에서 온 김경태 신임 투수 코치는 신민혁에게 '커브 장착'을 가장 먼저 주문했다.

기본기록

연도	경기	선발	QS	승	패	세이브	BS	홀드	이닝	피안타	피홈런	4사구	삼진	피안타율	WHIP	피 OPS	ERA	WAR
2023	29	24	5	5	5	0	0	0	122.0	122	14	31	97	0.256	1.20	0.707	3.98	1.93
2024	25	24	10	8	9	0	0	0	121.0	140	20	23	74	0.284	1.29	0.779	4.31	2.68
2025	28	28	5	6	3	0	0	0	132.0	148	23	32	84	0.281	1.32	0.773	4.77	1.93
통산	155	131	38	34	35	0	0	0	680.1	750	99	192	493	0.276	1.33	0.764	4.50	11.46

전사민

팀	NC	**생년월일**	1999-07-06
포지션	P	**투타**	우투우타

신장 94 **체중** 85

연봉 3400-3800-13000 **지명순위** 19 NC 2차 2라운드 17순위

학교 연서초-동래구리틀-대신중-부산정보고

57

©NC 다이노스

리그 구원 최다인 82.1이닝을 던졌다. 22차례 2연투로 리그 최다 2위. 멀티이닝도 25차례로 2번째로 많았다. 시즌 마지막 9경기 중 7경기에 나서 8.30이닝을 2실점으로 막았다. NC는 그 9경기를 모두 따내고 기적처럼 5강에 올랐다. 다리가 워낙 길어서인지 그간 하체 움직임이 불안했다. 와인드업을 버리고 모든 공을 슬라이드 스텝으로 던지는 모험수를 택했는데 '잭팟'이 터졌다. 9이닝당 볼넷 3.61로 제구가 크게 좋아졌다. 주무기 투심 구속은 평균 148㎞로 예년보다 오히려 더 올랐다. 최저 연봉 수준인 3,800만 원에서 팀 내 최고인 242% 인상률을 기록하며 1억3000만 원으로 한방에 억대 연봉을 뚫었다. 키 194㎝ 장신에 하얀 피부가 돋보이는 NC의 '느좋남'. 새해 예능 방송에서 숨겨진 노래 실력까지 과시했다.

기본기록

연도	경기	선발	QS	승	패	세이브	BS	홀드	이닝	피안타	피홈런	4사구	삼진	피안타율	WHIP	피 OPS	ERA	WAR
2023	9	0	0	0	2	1	0	0	17.0	17	1	16	6	0.288	1.82	0.790	4.76	0.06
2024	17	0	0	0	0	0	0	0	23.2	39	3	20	17	0.371	2.37	0.998	9.51	-0.47
2025	74	0	0	7	7	2	4	13	82.1	86	3	44	62	0.273	1.45	0.711	4.26	0.83
통산	108	0	0	7	9	3	4	13	132.1	149	8	86	88	0.291	1.65	0.776	5.17	0.55

테일러

66

팀	NC	**생년월일**	1995-07-25
포지션	P	**투타** 우투우타	**신장** 198 **체중** 106
연봉	0-0-$420000	**지명순위** 26 NC 자유선발	
학교	KG University of British Columbia		

SLM
슬라이더마스터

라일리처럼 빅리그 경험 없이 마이너리그에서만 뛰었다. 유형은 전혀 다르다. 라일리는 강력한 포심과 낙차 큰 커브가 주무기다. 테일러는 투심과 커터, 스위퍼를 즐겨 던진다. 임선남 단장은 "라일리가 존 상하를 공략한다면 테일러는 좌우를 폭넓게 활용하는 투수"라고 설명했다. 원투 펀치의 상반된 스타일이 상대에게 '착시 효과'까지 일으킨다면 더 큰 시너지를 기대할 수도 있다. 지난겨울 NC는 에릭 페디, 카일 하트의 복귀에 공을 들였지만 뜻을 이루지 못했다. 신규 영입 후보 중 테일러가 1순위였다. 마이너리그 8시즌 통산 BB/9 3.56을 기록했다. 아주 훌륭한 숫자라고 말하기는 어렵지만 구단은 "제구가 가장 큰 장점"이라고 소개했다. 볼을 던져도 탄착군이 아주 일정했다는 설명이다.

기본기록

연도	경기	선발	QS	승	패	세이브	BS	홀드	이닝	피안타	피홈런	4사구	삼진	피안타율	WHIP	피 OPS	ERA	WAR
2023	0	0	0	0	0	0	0	0	0.0	0	0	0	0	0	-	-	-	-
2024	0	0	0	0	0	0	0	0	0.0	0	0	0	0	0	-	-	-	-
2025	0	0	0	0	0	0	0	0	0.0	0	0	0	0	0	-	-	-	-
통산	-	-	-	-	-	-	-	-	-	-	-	-	-	-	-	-	-	-

토다

팀	NC	**생년월일**	2000-07-22
포지션	P	**투타** 우투우타	**신장** 170 **체중** 80
연봉	$100000	**지명순위** 26 NC 아시아쿼터	
학교	도카이대학스가오고등학교–KTC오오조라고등학원		

11

프로필 신장 170㎝. 확인 가능한 범위(2000년 이후) 내 KBO 리그 역대 최단신 투수. 지난해 리그 투수 평균(184.7㎝)보다 15㎝가 더 작다. 단신 리스크를 감수할 만큼 투구 완성도가 높다는 평가. 최고 구속 150㎞ 포심에 포크볼, 커브, 슬라이더 등 다양한 변화구를 갖췄다. 지난해 일본 2군에서 선발 7차례 포함 35경기 평균자책 2.42를 기록하고도 방출됐다. 키 문제가 아니었다면 좀 더 기회를 받았을 수 있다. 일단 선발로 출발할 계획이지만 롱맨으로 보직이 바뀔 가능성도 있다. 그리 길지 않은 야구인생에 우여곡절이 많았다. 고2 여름 주축 투수로 팀을 고시엔 4강까지 이끌었는데, 팔꿈치가 탈이 나면서 가을 중퇴를 택했다. 독립 리그를 거쳐 육성선수로 요미우리 유니폼을 입었다. 한국에서 새로운 도전에 나선다.

기본기록

연도	경기	선발	QS	승	패	세이브	BS	홀드	이닝	피안타	피홈런	4사구	삼진	피안타율	WHIP	피 OPS	ERA	WAR
2023	0	0	0	0	0	0	0	0	0.0	0	0	0	0	0	-	-	-	-
2024	0	0	0	0	0	0	0	0	0.0	0	0	0	0	0	-	-	-	-
2025	0	0	0	0	0	0	0	0	0.0	0	0	0	0	0	-	-	-	-
통산	-	-	-	-	-	-	-	-	-	-	-	-	-	-	-	-	-	-

권희동

팀	NC	**생년월일**	1990-12-30
포지션	LF	**투타** 우투우타	**신장** 177 **체중** 85
연봉	15000-22500-25000	**지명순위**	13 NC 9라운드 84순위
학교	동천초-경주중-경주고-경남대		

36

풀히터

128.2, 137.9, 124.8. 권희동이 지난 3년간 기록한 wRC+ 추이다. 2023년 FA '미아' 위기를 간신히 넘기고 데뷔 구단 NC와 인센티브 포함 최대 1억2500만 원 단년 계약을 맺었다. 이후 권희동은 가성비로 동년배에서 비교 대상을 찾기 어려울 만큼 꾸준한 활약을 펼쳤다. 최대 강점은 역시 선구안. 지난해에도 출루율 0.393으로 7위에 올랐다. '타-출 갭' 0.147은 전체 1등. 타율 0.246에 그쳤지만 눈으로 만회했다. 타석당 볼넷 16.9%로 안현민(15.6%)을 제치고 리그 최고 숫자를 찍었다. 독소조항 논란이 따르는 'FA 재취득 4년'이 올 시즌으로 드디어 끝난다. 내년이면 만 37세가 되지만, 갑작스러운 '노안'만 없다면 시즌 이후 적지 않은 관심을 끌 수 있을 전망.

기본기록

연도	경기	타석	타수	안타	2루타	3루타	홈런	타점	득점	볼넷	사구	삼진	도루	타율	출루율	장타율	OPS	WAR
2023	96	373	309	88	16	0	7	63	33	49	6	50	2	0.285	0.388	0.405	0.793	2.06
2024	123	511	416	125	22	1	13	77	66	77	10	63	4	0.300	0.417	0.452	0.869	3.89
2025	136	456	358	88	24	0	6	39	56	77	11	80	5	0.246	0.393	0.363	0.756	2.76
통산	1212	4271	3574	946	171	8	107	560	514	523	85	668	35	0.265	0.368	0.407	0.775	19.93

김주원

7

팀	NC	생년월일	2002-07-30				
포지션	SS	투타	우투양타	신장	185	체중	83
연봉	16000-20000-35000			지명순위	21 NC 2차 1라운드 6순위		
학교	삼일초-안산중앙중-유신고						

배드볼히터

스몰파크배터

헛타석디버프

지난해 전경기 출장을 기록한 6명 중 하나. 유격수로 수비이닝 1,166이닝을 기록했다. 타석당 삼진율(17.8%)을 데뷔 후 처음으로 20% 아래로 떨어뜨리면서 타격 지표 대부분이 상승했다. 구단 선배들한테도 놀림 받던 MLB 진출 이야기가 이제는 농담처럼 들리지 않는다. 지난해 8월 14일 잠실 두산전, 데이비드 스턴스 뉴욕 메츠 사장이 보는 앞에서 5타수 3안타(1홈런)를 때렸다. 다만 빅리그 드림을 이루려면 지금보다도 공수 모두 더 성장해야 한다. 수비 불안으로 비판받은 뉴욕 양키스 앤서니 볼피가 지난해 기록한 실책이 19개, 김주원의 실책은 그보다 10개가 더 많았다. 높은 공 약점도 해결해야 할 과제. 이호준 감독은 스프링캠프 출국장에서 "지금 성적으로 미국은 말이 안 되는 소리"라고 했다. 피로 누적 여파가 새 시즌 최대 걱정.

기본기록

연도	경기	타석	타수	안타	2루타	3루타	홈런	타점	득점	볼넷	사구	삼진	도루	타율	출루율	장타율	OPS	WAR
2023	127	474	403	94	9	2	10	54	56	44	15	106	15	0.233	0.328	0.340	0.668	2.30
2024	134	475	385	97	18	2	9	49	61	51	25	111	16	0.252	0.371	0.379	0.750	3.87
2025	144	624	539	156	26	8	15	65	98	63	16	111	44	0.289	0.379	0.451	0.830	6.33
통산	570	2088	1766	448	69	16	49	231	270	205	72	474	91	0.254	0.353	0.394	0.747	16.74

김형준

팀	NC	**생년월일**	1999-11-02
포지션 C		**투타** 우투우타	**신장** 180　**체중** 90
연봉 5800-11000-20000			**지명순위** 18 NC 2차 1라운드 9순위
학교 가동초-세광중-세광고			

25

©NC 다이노스

스몰파크배터

양의지–강민호의 15년 포수 골든글러브 독재를 끝낼 후보는 결국 김형준이다. 어깨는 10개 구단 주전 포수 중 최고다. 지난해도 도루 저지율 35.6%를 기록하며 포수 부문 KBO 수비상을 차지했다. MLB식 견제 제한이 언젠가 도입된다면 김형준의 강견은 가치가 더 커진다. 현장의 반대로 올 시즌도 견제 제한 적용이 불발된 것이 아쉬움으로 남는다. 타석에서 매력도 확실하다. 2024년 17홈런을 넘어 지난해 18홈런으로 커리어하이 기록을 새로 썼다. 와일드카드 1차전 때는 손바닥뼈가 부러진 상태에서 담장을 넘겼다. 하위타순 포수가 20홈런 가까이 쳐준다면 30%를 웃도는 타석당 삼진율도 아주 큰 흠이 되지는 않는다. 새 시즌 목표는 홈런 20개, 그리고 도루 저지율 1위를 유지하는 것.

기본기록

연도	경기	타석	타수	안타	2루타	3루타	홈런	타점	득점	볼넷	사구	삼진	도루	타율	출루율	장타율	OPS	WAR
2023	26	82	72	17	2	0	6	13	10	8	1	24	0	0.236	0.321	0.514	0.835	0.75
2024	119	414	354	69	12	0	17	50	39	45	2	144	0	0.195	0.285	0.373	0.658	0.43
2025	127	415	362	84	10	1	18	55	51	45	3	126	3	0.232	0.320	0.414	0.734	3.27
통산	431	1201	1048	229	31	1	46	140	131	123	7	371	3	0.219	0.303	0.382	0.685	4.21

김휘집

44

팀	NC	생년월일	2002-01-01

포지션	SS	투타	우투우타	신장	180	체중	92

연봉	11000-17500-24000	지명순위	21 키움 2차 1라운드 9순위

학교	양목초-대치중-신일고

©NC 다이노스

광역수비

빅파크배티

L-편식

지난해 6월 18일 기준 타율 0.195에 OPS 0.632. 이후 75경기에서 타율 0.301에 9홈런 OPS 0.894로 반전극을 썼다. 정규시즌 최종일에는 기적 같은 5강 진출을 확정 짓는 결정적인 3점 홈런을 때렸다. 새벽까지 구장에 남아 홀로 공을 때리던 노력이 개인 최다 17홈런 기록으로 돌아왔다. 이진만 NC 대표이사는 1월 신년회에서 김휘집을 2025년 NC의 기적을 상징하는 선수로 지목했다. 이적 1년 반 만에 팀 동료 모두에게 모범이 되는 선수로 인정받았다. 비시즌 일본 가족 여행 중에도 짬을 내 '맞춤형 배트'를 찾을 만큼 야구 생각을 놓지 않는다. '군 미필' 김휘집에게 특히 중요한 시즌. 9월 아시안게임이 열린다.

기본기록

연도	경기	타석	타수	안타	2루타	3루타	홈런	타점	득점	볼넷	사구	삼진	도루	타율	출루율	장타율	OPS	WAR
2023	110	435	369	92	22	0	8	51	46	48	5	97	0	0.249	0.338	0.374	0.712	1.95
2024	140	562	488	126	24	1	16	73	78	52	10	119	4	0.258	0.337	0.410	0.747	2.31
2025	142	500	429	107	18	2	17	56	64	40	27	89	10	0.249	0.349	0.420	0.769	2.87
통산	538	1979	1689	408	77	4	50	224	237	192	58	443	15	0.242	0.336	0.381	0.717	7.47

데이비슨

24

팀	NC	생년월일	1991-03-26		
포지션	1B	투타	우투우타	신장 190	체중 104
연봉	56000-168000-$975000	지명순위	24 NC 자유선발		
학교	Yucaipa High School				

2024년에도 2025년에도 홈런보다 볼넷이 적었다. KBO 리그에서 2년 동안 82홈런을 때렸지만, 볼넷은 70개에 그쳤고 삼진은 260개에 달했다. 볼넷/삼진 비율이 2024년 0.27, 0.26으로 한결같이 저조했다. 헛스윙 비율(whiff%)은 2024년 17.1%에서 2025년 17.9%로 더 나빠졌다. 올해 35세인 데이비슨이 타석에서 약점을 개선할 가능성은 없다. 그럼에도 NC는 데이비슨과 3년째 동행을 택했다. 외국인 교체를 크게 고민하지도 않았다. 롯데 레이예스, SSG 에레디아 같은 '똑딱이' 외국인들과 비교하면 파워 확실한 데이비슨이 훨씬 더 낫다고 판단했다. 외국인 시장에서 퀄리티 있는 거포의 씨가 말랐다는 현실 때문에 다른 선택을 내리기가 더 어려웠다.

기본기록

연도	경기	타석	타수	안타	2루타	3루타	홈런	타점	득점	볼넷	사구	삼진	도루	타율	출루율	장타율	OPS	WAR
2023	0	0	0	0	0	0	0	0	0	0	0	0	0	-	-	-	-	0.00
2024	131	567	504	154	25	1	46	119	90	39	17	142	0	0.306	0.370	0.633	1.003	4.11
2025	112	439	386	113	18	0	36	97	63	31	8	118	1	0.293	0.346	0.619	0.965	2.72
통산	243	1006	890	267	43	1	82	216	153	70	25	260	1	0.300	0.360	0.627	0.987	6.82

박건우

37

팀	NC	생년월일	1990-09-08
포지션	RF	투타	우투우타
연봉	80000-70000-60000		신장 184 / 체중 80
		지명순위	09 두산 2차 2라운드 10순위
학교	역삼초-서울이수중-서울고		

©NC 다이노스

이호준 감독은 박건우를 중견수로 활용하겠다는 구상을 빠르게 접었다. 주 위치인 우익수로서의 수비 능력이 예전만 못하다는 평가. 타격 성적 역시 커리어로우, 타율 0.289에 OPS 0.797로 이름값에 비하면 아쉬운 숫자를 남겼다. 2015시즌 이후 처음으로 타율 3할·OPS 0.80이 이 무너졌다. 땅볼이 늘고 뜬공은 크게 줄면서 2023년 0.7, 2024년 0.60이었던 땅볼/뜬공 비율이 지난해는 1.3을 기록했다. 시즌 출발은 좋았지만 햄스트링 부상으로 기세가 꺾였다. 여름 트레이드설로 인한 스트레스가 예년만 못한 성적의 한 요인이었을 수 있다. 7월 19경기에서 54타수 12안타 타율 0.222로 슬럼프를 겪었다. 마음의 부담을 털어낸 것일까. 8~9월은 타율 0.319 OPS 0.864로 박건우다운 성적을 올렸다.

기본기록

연도	경기	타석	타수	안타	2루타	3루타	홈런	타점	득점	볼넷	사구	삼진	도루	타율	출루율	장타율	OPS	WAR
2023	130	533	458	146	34	2	12	85	70	56	9	71	7	0.319	0.397	0.480	0.877	4.05
2024	89	362	323	111	23	1	13	53	58	33	4	54	4	0.344	0.409	0.542	0.951	2.73
2025	124	442	384	111	24	1	9	67	43	47	5	63	6	0.289	0.370	0.427	0.797	1.85
통산	1380	5322	4703	1525	314	25	132	744	807	456	89	713	102	0.324	0.390	0.486	0.876	40.53

박민우

2

팀	NC	생년월일	1993-02-06		
포지션	2B	투타	우투좌타	신장	185	체중	80
연봉	100000-90000-80000			지명순위	12 NC 1라운드 9순위
학교	서울마포초-용산구리틀-선린중-휘문고				

광역수비

3B2S

풀카운트장인·성적

수비 능력의 수치화는 여전히 쉽지 않다. 박민우의 수비상 수상을 놓고 적잖은 이가 고개를 갸웃거렸다. UZR 등을 반영한 기록 점수에서 박민우가 LG 신민재를 크게 앞섰기 때문이다. 체감과 숫자의 괴리가 컸다. 이호준 감독도 "좌우로 더 움직여야 한다"라며 수비 범위에 아쉬움을 표시했다. 잔 부상이 잦았지만, 타석에서는 꾸준했다. 득점권 타율 0.432로 리그 1위. 시즌 OPS 0.810이 득점권에선 1.189로 치솟았다. 오래된 별명 '득점권 악마'를 재소환했다. 올해도 주장으로 선수단을 이끈다. 이대로 기록을 쌓아간다면 KBO 역대 최고 2루수 논쟁은 한층 더 치열해질 전망이다. 스프링캠프 출국에 앞서 감독과 '2루수 120경기 선발 출장'을 두고 신발 내기를 걸었다.

기본기록

연도	경기	타석	타수	안타	2루타	3루타	홈런	타점	득점	볼넷	사구	삼진	도루	타율	출루율	장타율	OPS	WAR
2023	124	509	452	143	20	7	2	46	76	40	9	57	26	0.316	0.381	0.405	0.786	4.53
2024	121	528	457	150	26	2	8	50	75	54	9	79	32	0.328	0.406	0.446	0.852	4.85
2025	117	468	404	122	25	8	3	67	64	44	12	64	28	0.302	0.384	0.426	0.810	4.38
통산	1400	5809	5029	1604	264	64	42	555	921	546	125	741	303	0.319	0.395	0.422	0.817	48.55

서호철

5

팀	NC	**생년월일**	1996-10-16
포지션	3B	**투타**	우투우타	**신장**	179	**체중**	85
연봉	12000-17500-15000		**지명순위**	19 NC 2차 9라운드 87순위
학교	순천남산초-순천이수중-효천고-동의대		

빅파크배터

초구S내성

김휘집 입단 이후 입지가 많이 약해졌다. 주 포지션 3루수로 선발 출장한 경기가 2024년 100경기에서 2025년 18경기로 크게 줄었다. 2루, 3루가 아닌 1루수로 가장 많은 2720이닝을 소화했다는 건 어정쩡해진 현 위치를 방증한다. 지난해 선발 출장 68경기에 그쳤고 규정타석도 못채웠다. 불규칙한 출장 탓인지 공수 모두 대체 선수 이하 WAR을 기록했다. 팀 구성상 새 시즌도 백업으로 출발할 가능성이 크다. '차기 주장감'이라는 평가가 여러 곳에서 나올 만큼 리더십과 워크에식은 정평이 났다. 올 겨울도 신혼여행을 다녀오자마자 '엔팍 출근도장'을 찍으며 훈련했다. 서호철이 2023~2024시즌에 준하는 성적을 회복한다면 NC 야수진 뎁스는 훨씬 더 깊어진다.

기본기록

연도	경기	타석	타수	안타	2루타	3루타	홈런	타점	득점	볼넷	사구	삼진	도루	타율	출루율	장타율	OPS	WAR
2023	114	435	397	114	17	3	5	41	50	20	8	51	4	0.287	0.331	0.383	0.714	2.30
2024	141	567	512	146	19	3	10	61	68	30	16	101	1	0.285	0.342	0.393	0.735	1.44
2025	103	292	263	70	7	1	3	30	25	8	7	51	7	0.266	0.301	0.335	0.636	-0.82
통산	449	1516	1375	370	51	7	20	146	169	70	35	246	15	0.269	0.319	0.360	0.679	2.21

이우성

팀	NC	생년월일	1994-07-17
포지션	LF	투타	우투우타	신장	182	체중	95
연봉	13000-17000-16000		지명순위	13 두산 2라운드 15순위
학교	대전유천초-한밭중-대전고		

55

핫타석버프

2022년 이후 3시즌 연속 리그 평균 이상 타격 생산력을 보이던 타자가 지난해 트레이드 전까지 지독한 부진을 겪었다. 볼넷, 삼진 등 지표는 크게 변하지 않았는데 BABIP가 폭락했다. 2023년 0.368, 2024년 0.349였던 BABIP가 지난해 이적 전까지는 0.274였다. 예년의 개인 기록은 물론 리그 평균(0.312)도 한참 밑도는 숫자. NC 이적 이후 BABIP(0.342)와 타격 성적 모두 예년 수준으로 돌아왔다. KIA에서 56경기 타율 0.219, NC에서 49경기 타율 0.283으로 차이가 컸다. 아마 시절 기대치나 체격을 생각하면 홈런 숫자가 늘 아쉽다. 2024년 9홈런이 생애 최다 기록. 홈런이 늘면 BABIP을 굳이 고민할 필요가 없다.

기본기록

연도	경기	타석	타수	안타	2루타	3루타	홈런	타점	득점	볼넷	사구	삼진	도루	타율	출루율	장타율	OPS	WAR
2023	126	400	355	107	17	0	8	58	39	31	5	81	8	0.301	0.363	0.417	0.780	2.37
2024	112	449	399	115	16	1	9	54	56	44	3	89	7	0.288	0.361	0.401	0.762	0.18
2025	105	337	300	75	22	1	3	33	28	31	2	66	2	0.250	0.321	0.360	0.681	-0.33
통산	671	1864	1653	435	81	2	31	210	206	165	19	384	22	0.263	0.335	0.371	0.706	1.09

천재환

23

팀	NC	생년월일	1994-04-01		
포지션	CF	투타	우투우타	신장	181	체중	83
연봉	5000-7600-10000		지명순위	17 NC 육성선수	
학교	대전신흥초-공주중-화순고-고려대				

멀티포지션

빅파크배터

R ✦
R-편식

창단 멤버 김성욱이 떠났고, 최원준도 이적 반년 만에 FA로 유니폼을 갈아입었다. 2026년에도 중견수 자리는 구단의 아킬레스건이다. 최정원이 극적으로 타구 판단 능력을 개선하지 못한다면 주전 중견수는 천재환이다. 수비 능력은 부족하지 않다는 게 구단 내부 평가다. 오히려 타격이 고민이다. 2024시즌 타율 0.284에 OPS 0.740으로 활약하며 2017년 육성선수 입단 8년 만에 꽃을 피우는 듯했지만 2년 연속 기세를 이어가지 못했다. 지난해 타·출·장 0.238, 0.292, 0.368로 실망스러운 성적을 남겼다. 강한 타구를 날릴 수 있는 타자지만 기복이 심했다. 7월 월간 OPS 0.983를 기록했는데 그 앞뒤로 6·8월은 0.531, 0.607이었다.

기본기록

연도	경기	타석	타수	안타	2루타	3루타	홈런	타점	득점	볼넷	사구	삼진	도루	타율	출루율	장타율	OPS	WAR
2023	78	179	163	39	7	1	2	17	12	8	4	44	2	0.239	0.288	0.331	0.619	0.04
2024	89	236	215	61	9	1	5	33	31	13	4	52	8	0.284	0.335	0.405	0.740	0.38
2025	129	294	261	62	10	3	6	31	47	17	5	58	15	0.238	0.292	0.368	0.660	0.06
통산	325	745	674	167	27	5	14	82	94	38	14	165	26	0.248	0.298	0.365	0.663	-0.03

김녹원

팀	NC	생년월일	2003-05-17		
포지션	P	투타	우투우타	신장	182	체중	88
연봉	0-3000-4900		지명순위	22 NC 2차 3라운드 30순위	
학교	광주학강초-무등중-광주제일고				

선발로 장기 육성 중인 23세 유망주. 지난해 처음 1군 마운드에 올랐고 프로 첫 승까지 올렸다. 광주 출신으로 동경하던 양현종과 맞대결에서 선발승을 따내며 데뷔 시즌 마지막 등판을 마쳤다. 올해도 5선발을 놓고 경쟁한다. 비시즌 미국 트레드 애슬레틱스에서 킥체인지업을 배워왔다.

기본기록

연도	경기	선발	QS	승	패	세이브	BS	홀드	이닝	피안타	피홈런	4사구	삼진	피안타율	WHIP	피 OPS	ERA	WAR
2023	0	0	0	0	0	0	0	0	0.0	0	0	0	0	0	-	-	-	-
2024	0	0	0	0	0	0	0	0	0.0	0	0	0	0	0	-	-	-	-
2025	21	16	0	3	4	0	0	1	70.0	75	10	50	37	0.277	1.74	0.831	6.56	0.32
통산	21	16	0	3	4	0	0	1	70.0	75	10	50	37	0.277	1.74	0.831	6.56	0.32

김재열

팀	NC	생년월일	1996-01-02		
포지션	P	투타	우투우타	신장	183	체중	97
연봉	6000-12000-9000		지명순위	14 롯데 2차 7라운드 71순위	
학교	양정초-개성중-부산고				

방출 이후 사회인야구까지 마다하지 않고 공을 던졌고, 2차 드래프트로 NC 유니폼을 입었다. 2024년 올스타로 뽑히며 꽃을 피우는 듯했지만 지난해 평균자책 6.23으로 무너졌다. 2024년 68.2이닝 투구 여파가 컸다. 주무기 포크볼을 높은 존에서 얼마나 적극적으로 활용할 수 있느냐가 새 시즌 포인트다.

기본기록

연도	경기	선발	QS	승	패	세이브	BS	홀드	이닝	피안타	피홈런	4사구	삼진	피안타율	WHIP	피 OPS	ERA	WAR
2023	9	0	0	0	0	0	0	0	11.2	20	2	13	9	0.364	2.83	1.053	13.11	-0.74
2024	69	0	0	1	5	2	4	12	68.2	58	4	29	67	0.233	1.27	0.660	2.49	2.12
2025	22	0	0	0	0	0	0	2	21.2	32	5	17	16	0.356	2.22	1.061	6.23	-0.73
통산	185	0	0	3	8	3	5	21	195.0	206	23	119	159	0.273	1.62	0.805	4.98	0.42

김태경

팀	NC	생년월일	2001-04-07				
지션	P	투타	우투우타	신장	188	체중	98
연봉	0-5000-4000			지명순위	20 NC 1차		
학교	김해삼성초-김해내동중-용마고						

내동중-용마고를 나온 팀에 몇 안 남은 '로컬 보이'. 전역 후 선발 후보로 기대를 모았지만 지난해 6경기 등판에 그쳤다. 평균 139㎞ 느린 구속을 포크볼, 커브, 슬라이더 등 다양한 변화구로 만회한다. 고교 시절 조정훈 코치에게 포크볼을 사사했다.

기본기록

연도	경기	선발	QS	승	패	세이브	BS	홀드	이닝	피안타	피홈런	4사구	삼진	피안타율	WHIP	피 OPS	ERA	WAR
2023	0	0	0	0	0	0	0	0	0.0	0	0	0	0	0	-	-	-	-
2024	0	0	0	0	0	0	0	0	0.0	0	0	0	0	0	-	-	-	-
2025	6	4	0	0	0	0	0	1	11.0	18	4	11	10	0.367	2.45	1.156	10.64	-0.83
통산	30	14	0	3	2	0	0	2	71.1	65	9	48	52	0.239	1.47	0.738	4.67	0.80

김태훈

팀	NC	생년월일	2006-10-26				
포지션	P	투타	우투우타	신장	188	체중	88
연봉	0-3000-3400			지명순위	25 NC 2라운드 17순위		
학교	부평구-동인천중-소래고						

높은 타점에서 평균 150㎞ 강력한 포심을 때린다. 2025 드래프트 2라운드 전체 17순위 지명 당시부터 차세대 마무리 후보로 기대를 받았다. 비시즌 미국 트레드 애슬레틱스 '단기 유학'을 다녀왔다. 지난해 데뷔 시즌 19이닝 볼넷을 16개나 내준건 풀어야 할 숙제

기본기록

연도	경기	선발	QS	승	패	세이브	BS	홀드	이닝	피안타	피홈런	4사구	삼진	피안타율	WHIP	피 OPS	ERA	WAR
2023	0	0	0	0	0	0	0	0	0.0	0	0	0	0	0	-	-	-	-
2024	0	0	0	0	0	0	0	0	0.0	0	0	0	0	0	-	-	-	-
2025	18	0	0	0	0	0	0	0	19.0	17	4	17	9	0.224	1.74	0.774	5.21	-0.27
통산	18	0	0	0	0	0	0	0	19.0	17	4	17	9	0.224	1.74	0.774	5.21	-0.27

목지훈

팀	NC		생년월일	2004-05-11	
포지션	P	투타	우투우타	신장 181	체중 83
연봉	3000-3000-4200		지명순위	23 NC 4라운드 34순위	
학교	효제초–청량중–신일고				

아직은 본명보다 '미떼소년' 별명이 더 귀에 익은 2004년생 유망주. 지난해 1군 첫 승을 올렸다. 5월 연속 선발승을 거두며 주가를 올렸고, 6월 3경기 연속 무실점을 기록하며 가능성을 보였지만 전반적으로 기복이 컸다. 대만 타이난 2군 캠프에서 새 시즌을 준비했다.

기본기록

연도	경기	선발	QS	승	패	세이브	BS	홀드	이닝	피안타	피홈런	4사구	삼진	피안타율	WHIP	피 OPS	ERA	WAR
2023	0	0	0	0	0	0	0	0	0.0	0	0	0	0	0	-	-	-	-
2024	3	3	0	0	1	0	0	0	9.0	15	1	12	3	0.375	2.78	1.119	12.00	-0.27
2025	16	15	1	3	5	0	0	0	58.0	68	6	47	45	0.298	1.90	0.853	6.05	0.20
통산	19	18	1	3	6	0	0	0	67.0	83	7	59	48	0.310	2.01	0.893	6.85	-0.07

신영우

팀	NC		생년월일	2004-04-21	
포지션	P	투타	우투우타	신장 182	체중 84
연봉	3000-3000-3300		지명순위	23 NC 1라운드 4순위	
학교	센텀중–경남고				

퓨쳐스 기준 3년간 BB/9 12.1, 7.4, 7.7을 찍었다. 같은 기간 K/9은 11.3, 12.8, 11.2. 어느 쪽도 평범한 숫자는 아니다. 지난해 1군에서 평균구속 151.3㎞ 포심을 던졌지만, 슬라이더 구사율이 더 높았다. 직구 제구를 잡는 데 여전히 어려움이 컸다.

기본기록

연도	경기	선발	QS	승	패	세이브	BS	홀드	이닝	피안타	피홈런	4사구	삼진	피안타율	WHIP	피 OPS	ERA	WAR
2023	0	0	0	0	0	0	0	0	0.0	0	0	0	0	0	-	-	-	-
2024	4	2	0	0	1	0	0	0	9.1	9	0	17	6	0.290	2.57	0.907	10.61	-0.14
2025	8	3	0	1	3	0	0	0	14.1	8	2	19	19	0.174	1.67	0.751	7.53	-0.20
통산	12	5	0	1	4	0	0	0	23.2	17	2	36	25	0.221	2.03	0.817	8.75	-0.34

이재학

2S+CH **51**
체인지업승부

팀 NC	**생년월일** 1990-10-04
포지션 P **투타** 우언우타	**신장** 181 **체중** 84
연봉 20000-18000-13100	**지명순위** 10 두산 2라운드 10순위
학교 옥산초-경복중-대구고	

팔꿈치 부상으로 지난해를 통으로 날렸다. NC 선발진 구상도 크게 꼬였다. 5월 1군 복귀가 목표. 통산 85승으로 우규민에 이어 현역 사이드암 중 2위. 통산 100승이 좀처럼 손에 잡히질 않는다. 풀타임 첫 4년간 42승을 올렸는데, 2020년부터 6년 동안 22승에 그쳤다.

기본기록

연도	경기	선발	QS	승	패	세이브	BS	홀드	이닝	피안타	피홈런	4사구	삼진	피안타율	WHIP	피 OPS	ERA	WAR
2023	15	13	5	5	5	0	0	0	67.1	55	6	38	43	0.223	1.31	0.655	4.54	1.06
2024	21	21	7	3	12	0	0	0	104.1	108	17	46	97	0.266	1.44	0.812	5.52	1.14
2025	0	0	0	0	0	0	0	0	0.0	0	0	0	0	0	-	-	-	-
통산	306	262	92	85	88	1	0	1	1425.1	1400	164	712	1205	0.258	1.41	0.744	4.60	27.20

임지민

19

팀 NC	**생년월일** 2003-10-11
포지션 P **투타** 우투우타	**신장** 185 **체중** 82
연봉 0-3000-3100	**지명순위** 22 NC 2차 5라운드 50순위
학교 가평-춘천중-강원고	

팀 내 숱한 '구위형' 불펜 자원 중에서도 구위는 가장 강력하다는 평가. 최고 156㎞ 포심을 던진다. 1군 통산 6이닝 투구가 전부지만 이호준 감독은 임지민을 새 시즌 마무리 후보 중 하나로 언급했다. 슬라이더, 포크볼 완성도를 올리는 게 과제다. 울산 폴리그 6이닝 무실점.

기본기록

연도	경기	선발	QS	승	패	세이브	BS	홀드	이닝	피안타	피홈런	4사구	삼진	피안타율	WHIP	피 OPS	ERA	WAR
2023	2	0	0	0	0	0	0	0	1.1	2	0	4	3	0.333	4.50	0.933	13.50	-0.04
2024	0	0	0	0	0	0	0	0	0.0	0	0	0	0	0	-	-	-	-
2025	7	0	0	0	1	0	1	1	4.2	1	0	5	7	0.071	1.29	0.371	3.86	0.08
통산	9	0	0	0	1	0	1	1	6.0	3	0	9	10	0.150	2.00	0.550	6.00	0.04

정구범

팀	NC		생년월일	2000-06-16	
포지션	P	투타	좌투좌타	신장	183	체중	71
연봉	0-0-3100		지명순위	20 NC 2차 1라운드 1순위	
학교	성동구-건대부중-덕수고				

2020 드래프트 2차 1라운드 1순위 지명을 받았다. 하지만 아직 1군 첫 승이 없다. NC의 '아픈 손가락' 중 하나. 구창모와 여러 차례 비교되며 좌완 에이스 후보로 기대를 모았다. 체중을 불리고 힘을 키우는 게 우선 과제로 꼽힌다. 프로필 키가 183㎝, 몸무게는 73kg이다.

기본기록

연도	경기	선발	QS	승	패	세이브	BS	홀드	이닝	피안타	피홈런	4사구	삼진	피안타율	WHIP	피 OPS	ERA	WAR
2023	4	2	0	0	1	0	0	0	12.2	16	3	12	6	0.308	2.21	0.976	7.82	-0.11
2024	0	0	0	0	0	0	0	0	0.0	0	0	0	0	0	-	-	-	-
2025	0	0	0	0	0	0	0	0	0.0	0	0	0	0	0	-	-	-	-
통산	6	2	0	0	1	0	0	0	14.0	17	4	13	8	0.298	2.14	0.990	8.36	-0.16

최우석

팀	NC		생년월일	2005-03-31	
포지션	P	투타	우투우타	신장	190	체중	90
연봉	3000-3000-3500		지명순위	24 NC 5라운드 45순위	
학교	서흥초-동인천중-비봉고				

키 190㎝ 축복받은 신체조건이 인상적인 21세 우완 영건. 지난해 투산 1차 캠프 때만 해도 가장 돋보이는 공을 던졌는데 2차 캠프 들어 구위가 떨어지며 아쉬움을 남겼다. 올해는 그럴 걱정은 안 해도 된다. 중간 이동 없이 투손에서만 41박 43일 대장정이다.

기본기록

연도	경기	선발	QS	승	패	세이브	BS	홀드	이닝	피안타	피홈런	4사구	삼진	피안타율	WHIP	피 OPS	ERA	WAR
2023	0	0	0	0	0	0	0	0	0.0	0	0	0	0	0	-	-	-	-
2024	9	0	0	0	0	0	0	0	8.2	7	2	6	8	0.226	1.50	0.835	3.12	0.13
2025	12	0	0	0	0	0	0	0	14.1	23	1	9	15	0.359	2.23	0.916	8.16	-0.34
통산	21	0	0	0	0	0	0	0	23.0	30	3	15	23	0.316	1.96	0.889	6.26	-0.22

하준영

29

팀	NC	생년월일	1999-09-06		
포지션	P	투타	좌투좌타	신장	182	체중	79
연봉	0-11000-11000			지명순위	18 KIA 2차 2라운드 16순위
학교	이수초-성남중-성남고				

지난해 9월 공익 근무를 마치고 바로 1군에 합류했다. 복귀 후 성적은 10경기 5.1 이닝 4실점으로 기대만 못 했다. ABS 적응에 애를 먹었다. 비시즌 투구판 밟는 위치를 기존 1루에서 3루 쪽으로 바꿨다. ABS 적응에 도움이 될 거라는 김경태 투수코치의 조언.

기본기록

연도	경기	선발	QS	승	패	세이브	BS	홀드	이닝	피안타	피홈런	4사구	삼진	피안타율	WHIP	피 OPS	ERA	WAR
2023	57	0	0	1	0	0	0	2	49.0	52	4	21	49	0.274	1.45	0.722	4.59	0.32
2024	0	0	0	0	0	0	0	0	0.0	0	0	0	0	0	-	-	-	-
2025	10	0	0	1	1	0	0	1	5.1	10	0	7	5	0.385	3.19	1.053	6.75	-0.15
통산	188	0	0	11	3	0	3	22	160.2	165	15	85	161	0.265	1.52	0.733	5.21	-0.10

김한별

13

팀	NC	생년월일	2001-01-18		
포지션	SS	투타	우투우타	신장	177	체중	85
연봉	3800-3800-4800			지명순위	20 NC 2차 7라운드 61순위
학교	효제초-선린중-배재고				

김주원이 올해도 144경기를 나갈 수는 없다. 지난해 워낙 많이 뛰었다. 무엇보다 9월 아시안게임이 열린다. 백업 유격수 김한별의 역할이 더 커질 전망. 표본은 부족하지만 2년 연속 타율 3할을 기록했다. 맞히는 능력도 갖췄다. 지난해 헛스윙률 (Whiff%) 3.3을 기록했다.

기본기록

연도	경기	타석	타수	안타	2루타	3루타	홈런	타점	득점	볼넷	사구	삼진	도루	타율	출루율	장타율	OPS	WAR
2023	79	105	97	21	0	1	0	4	8	4	2	23	0	0.216	0.262	0.237	0.499	-0.40
2024	40	50	44	14	1	0	0	3	8	2	4	9	0	0.318	0.400	0.341	0.741	-0.06
2025	76	72	64	20	2	0	0	5	14	3	3	5	1	0.313	0.371	0.344	0.715	0.50
통산	219	250	226	57	3	1	0	12	30	9	9	43	1	0.252	0.307	0.274	0.581	-0.25

도태훈

팀	NC	생년월일	1993-03-18				
포지션	3B	투타	우투좌타	신장	184	체중	85
연봉	8000-8000-7300			지명순위	16 NC 육성선수		
학교	양정초-개성중-부산고-동의대						

내야 전포지션 수비가 가능한 좌타자. 하지만 갈수록 팀 내 입지가 흔들리고 있다. 2023년 117경기, 2024년 100경기를 뛰었는데 지난해는 61경기 출장에 그쳤다. 9월 롯데전 '투수'로 깜짝 등판, 133㎞ '강속구'를 던졌다. 결과는 1이닝 3피안타(1홈런) 1탈삼진 1실점.

기본기록

연도	경기	타석	타수	안타	2루타	3루타	홈런	타점	득점	볼넷	사구	삼진	도루	타율	출루율	장타율	OPS	WAR
2023	117	302	239	56	6	0	5	23	41	38	17	48	2	0.234	0.376	0.322	0.698	1.83
2024	100	181	145	31	4	0	0	15	20	24	6	29	1	0.214	0.345	0.241	0.586	0.06
2025	61	98	77	14	4	1	1	8	9	7	8	16	3	0.182	0.315	0.299	0.614	0.28
통산	521	933	765	163	23	1	11	78	107	99	39	147	7	0.213	0.331	0.289	0.620	1.80

박시원

팀	NC	생년월일	2001-05-30				
포지션	LF	투타	우투좌타	신장	185	체중	85
연봉	3000-12000-3900			지명순위	20 NC 2차 2라운드 11순위		
학교	광주서림초-광주동성중-광주제일고						

군 제대 후 2번째 시즌, 기대만큼 성장하지 못했다. 60타석에서 5볼넷을 골라내는 동안 18삼진을 당했다. 순장타율은 0.092로 2년 연속 0.1을 밑돌았다. 아직 가능성은 충분하다지만 1군에서 살아남으려면 확실한 장점 하나를 먼저 보여줘야 한다.

기본기록

연도	경기	타석	타수	안타	2루타	3루타	홈런	타점	득점	볼넷	사구	삼진	도루	타율	출루율	장타율	OPS	WAR
2023	0	0	0	0	0	0	0	0	0	0	0	0	0	-	-	-	-	0.00
2024	55	158	141	33	5	1	2	17	17	14	0	46	3	0.234	0.301	0.326	0.627	-0.44
2025	52	60	54	11	2	0	1	4	12	5	0	18	1	0.204	0.271	0.296	0.567	-0.41
통산	109	220	197	44	7	1	3	21	29	19	0	64	4	0.223	0.290	0.315	0.605	-0.92

안중열

팀	NC	생년월일	1995-09-01
포지션 C	투타	우투우타	신장 176　체중 87
연봉	7100-6600-6100	지명순위	14 KT 2차 특별 15순위
학교	가야초-개성중-부산고		

등·말소를 반복하며 1군 30경기 출장에 그쳤다. 백업 포수 박세혁이 부상으로 이탈한 기간 안중열까지 부상으로 경기를 뛰지 못했다. 박세혁이 이적한 올해는 김형준의 뒤를 받칠 '2번째 포수' 1순위. 아시안게임 기간에는 선발 마스크를 쓸 가능성이 크다.

기본기록

연도	경기	타석	타수	안타	2루타	3루타	홈런	타점	득점	볼넷	사구	삼진	도루	타율	출루율	장타율	OPS	WAR
2023	77	177	154	30	6	0	4	17	15	16	2	45	0	0.195	0.276	0.312	0.588	-0.19
2024	10	25	21	6	1	0	2	4	5	3	0	7	0	0.286	0.360	0.619	0.979	0.23
2025	33	60	49	7	3	0	0	6	2	8	2	15	0	0.143	0.288	0.204	0.492	-0.39
통산	443	990	863	182	43	1	18	84	96	91	12	248	2	0.211	0.294	0.326	0.620	-0.17

오영수

팀	NC	생년월일	2000-01-30
포지션 3B	투타	우투좌타	신장 178　체중 93
연봉	7200-5100-6200	지명순위	18 NC 2차 2라운드 19순위
학교	사파초-신월중-용마고		

9월21일 KIA전 3타점 역전 2루타를 쳤다. 정규시즌 마지막 9연승의 시발점이 된 극적인 결승타였다. 기회는 많지 않았지만 임팩트 있는 '한 방'을 여러 차례 때려냈다. NC가 데이비슨과 3년째 동행을 선택하면서 올해 역시 주전 가능성은 희박하다. 하지만 힘 있는 좌타자로 매력은 충분하다.

기본기록

연도	경기	타석	타수	안타	2루타	3루타	홈런	타점	득점	볼넷	사구	삼진	도루	타율	출루율	장타율	OPS	WAR
2023	70	238	208	49	9	1	4	24	21	17	5	55	3	0.236	0.305	0.346	0.651	-0.17
2024	20	34	30	6	0	0	3	5	4	2	1	6	0	0.200	0.265	0.500	0.765	0.08
2025	67	179	155	36	5	0	3	23	14	22	2	47	3	0.232	0.335	0.323	0.658	0.05
통산	254	734	647	149	24	1	16	83	64	64	11	175	6	0.230	0.307	0.345	0.652	-0.77

오장한

65

팀	NC	생년월일	2002-05-20				
포지션	RF	투타	우투좌타	신장	183	체중	95
연봉	0-3300-3300			지명순위	21 NC 2차 3라운드 26순위		
학교	희망대초-매향중-장안고						

2022년 퓨쳐스 홈런왕 출신 거포 유망주. 지난해 군 전역 후 퓨쳐스에서는 부진했지만 울산 폴리그에서 화끈하게 터졌다. 12경기 타율 0.436에 4홈런 17타점을 기록했다. 이호준 감독이 콕 집어 새 시즌 활약을 기대했다. 프로 와서 레그킥을 시도했다가 최근 다시 토탭으로 바꿨다.

기본기록

연도	경기	타석	타수	안타	2루타	3루타	홈런	타점	득점	볼넷	사구	삼진	도루	타율	출루율	장타율	OPS	WAR
2023	3	8	7	1	0	0	0	0	2	1	0	5	0	0.143	0.250	0.143	0.393	-0.01
2024	0	0	0	0	0	0	0	0	0	0	0	0	0	-	-	-	-	0.00
2025	0	0	0	0	0	0	0	0	0	0	0	0	0	-	-	-	-	0.00
통산	4	9	8	1	0	0	0	0	2	1	0	6	0	0.125	0.222	0.125	0.347	-0.03

윤준혁

31

팀	NC	생년월일	2001-07-26				
포지션	SS	투타	우투우타	신장	186	체중	86
연봉	3000-3500-3500			지명순위	20 KT 2차 4라운드 32순위		
학교	역촌초(은평구리틀)충암중-충암고						

FA 최원준의 보상 선수로 지명을 받았다. 2차 드래프트를 통해 KT로 넘어간 프로 입단 동기 안인산과 유니폼을 맞바꿔 입은 셈이 됐다. 내야 전 포지션을 볼 수 있고, 외야 겸업도 준비 중이다. NC의 고민거리인 중견수로 가능성을 보인다면 1군에서 활약할 기회는 그만큼 늘어난다. 리그에 보기 드문 GOP 경계병 출신.

기본기록

연도	경기	타석	타수	안타	2루타	3루타	홈런	타점	득점	볼넷	사구	삼진	도루	타율	출루율	장타율	OPS	WAR
2023	0	0	0	0	0	0	0	0	0	0	0	0	0	-	-	-	-	0.00
2024	13	18	17	3	2	0	0	0	3	1	0	6	0	0.176	0.222	0.294	0.516	-0.22
2025	28	18	17	1	1	0	0	0	4	0	0	5	1	0.059	0.059	0.118	0.177	-0.18
통산	41	36	34	4	3	0	0	0	7	1	0	11	1	0.118	0.143	0.206	0.349	-0.40

최정원

팀	NC	생년월일	2000-06-24
포지션 2B		투타 우투좌타	신장 176 / 체중 70
연봉	6600-7000-8700	지명순위	19 NC 2차 7라운드 67순위
학교	서원초-청주중-청주고		

프로 첫 3년은 2루, 이후 2년은 중견수로 가장 많이 뛰었다. 양쪽 모두 수비 평가가 좋지 않다는 게 고민. 올해는 2루수로 시작할 가능성이 크다. 맞히는 능력이 있고, 발은 대단히 빠르다. 선발 29경기 포함 91경기 밖에 나가지 못했는데 리그에서 4번째로 많은 30도루를 기록했다.

기본기록

연도	경기	타석	타수	안타	2루타	3루타	홈런	타점	득점	볼넷	사구	삼진	도루	타율	출루율	장타율	OPS	WAR
2023	39	56	50	13	3	2	0	5	12	1	3	13	4	0.260	0.315	0.400	0.715	0.36
2024	65	155	131	37	5	0	1	14	33	17	4	34	7	0.282	0.377	0.344	0.721	0.64
2025	91	155	120	33	3	0	0	11	40	18	12	22	30	0.275	0.417	0.300	0.717	1.31
통산	316	652	553	154	18	5	1	40	143	61	23	122	55	0.278	0.372	0.335	0.707	3.61

홍종표

팀	NC	생년월일	2000-05-02
포지션 2B		투타 우투좌타	신장 178 / 체중 72
연봉	3500-6500-5000	지명순위	20 KIA 2차 2라운드 16순위
학교	동막초-영남중-강릉고		

KIA 시절 사생활 구설에 올랐고, 초유의 '응원 보이콧' 시련을 겪었다. 결국 시즌 중반 3대3 트레이드로 이적했다. 타율 0.164로 프로 데뷔 후 최악의 시즌을 보냈다. 자기 책임이 컸던 만큼 변명의 여지를 찾기도 어렵다. 새 시즌 어떤 모습으로 돌아오느냐가 중요해졌다.

기본기록

연도	경기	타석	타수	안타	2루타	3루타	홈런	타점	득점	볼넷	사구	삼진	도루	타율	출루율	장타율	OPS	WAR
2023	40	12	7	0	0	0	0	0	10	3	1	1	0	0.000	0.364	0.000	0.364	0.11
2024	100	115	105	31	4	3	0	11	27	6	1	31	5	0.295	0.339	0.390	0.729	0.17
2025	62	85	73	12	0	0	0	3	16	7	0	23	1	0.164	0.235	0.164	0.399	-0.64
통산	242	300	265	63	7	3	0	21	60	20	2	68	6	0.238	0.294	0.287	0.581	-0.58

박지한 56

포지션	P	투타	좌투좌타	신장	185	체중	90	생년월일	2000-10-21
연봉	3000-3000-3000			지명순위	19 NC 2차 8라운드 77순위				
학교	동일초-부산중-부산고								

손주환 46

포지션	P	투타	우투우타	신장	177	체중	85	생년월일	2002-01-05
연봉	3000-3000-8000			지명순위	24 NC 6라운드 55순위				
학교	신정중-물금고-동아대								

원종해 56

포지션	P	투타	우투우타	신장	183	체중	83	생년월일	2005-04-09
연봉	3000-3000-3000			지명순위	24 NC 7라운드 65순위				
학교	길동초-건대부중-장충고								

이세민 68

포지션	P	투타	우투우타	신장	187	체중	100	생년월일	2005-08-08
연봉	0-3000-3000			지명순위	25 NC 6라운드 57순위				
학교	칠성초-경복중-상원고								

이준혁 40

포지션	P	투타	우투좌타	신장	184	체중	87	생년월일	2003-06-30
연봉	0-3000-4600			지명순위	22 NC 2차 1라운드 10순위				
학교	포곡초-용인처인구리틀-성일중-율곡고								

임정호 30

포지션	P	투타	좌투좌타	신장	188	체중	90	생년월일	1990-04-16
연봉	13500-20000-20000			지명순위	13 NC 3라운드 30순위				
학교	성동초-잠신중-신일고-성균관대								

조민석 47

포지션	P	투타	우투우타	신장	180	체중	83	생년월일	1998-12-21
연봉	0-5000-5000			지명순위	22 NC 2차 9라운드 90순위				
학교	천안남산초-천안북중-부천고-원광대								

최성영 26

포지션	P	투타	좌투좌타	신장	180	체중	85	생년월일	1997-04-28
연봉	8300-8000-8200			지명순위	16 NC 2차 2라운드 13순위				
학교	영랑초-설악중-설악고								

최요한 · 67

포지션	P	투타	좌투좌타	신장	180	체중	80	생년월일	2007-10-16
연봉	0-0-3000			지명순위			26 NC 3라운드 23순위		
학교	희망대초-용인송전중-용인시야구단								

고승완 · 58

포지션	LF	투타	우투좌타	신장	178	체중	81	생년월일	2001-03-15
연봉	3000-3000-3000			지명순위			24 NC 9라운드 85순위		
학교	광주대성초-무등중-광주동성고-연세대								

고준휘 · 49

포지션	CF	투타	좌투좌타	신장	181	체중	85	생년월일	2007-08-12
연봉	0-0-3000			지명순위			26 NC 4라운드 32순위		
학교	선유초(영등포리틀)-영동중-전주고								

김건 · 52

포지션	SS	투타	우투좌타	신장	180	체중	81	생년월일	2007-05-23
연봉	0-0-3000			지명순위			26 NC 4라운드 35순위		
학교	영화초-광명시리틀- 철산중-광명시주니어-경기항공고								

김정호 · 42

포지션	C	투타	우투우타	신장	172	체중	84	생년월일	1998-07-13
연봉	0-3000-3000			지명순위			21 NC 2차 8라운드 76순위		
학교	옥산초-경복중-포철고-성균관대								

신민우 · 62

포지션	C	투타	우투우타	신장	181	체중	88	생년월일	2006-08-13
연봉	0-3000-3000			지명순위			25 NC 8라운드 77순위		
학교	우암초-김해시리틀-김해내동중-마산고								

신재인 · 9

포지션	3B	투타	우투우타	신장	185	체중	83	생년월일	2007-06-28
연봉	0-0-3000			지명순위			26 NC 1라운드 2순위		
학교	함박초-용인처인구리틀-매향중-유신고								

오태양 · 6

포지션	SS	투타	우투우타	신장	180	체중	78	생년월일	2002-04-25
연봉	0-3100-3300			지명순위			21 NC 2차 5라운드 46순위		
학교	방배초-대치중-청원고								

이희성 32

포지션	C	투타	우투우타	신장	185	체중	95	생년월일	2007-04-01
연봉	0-0-3000			지명순위	26 NC 2라운드 12순위				
학교	광남초-경기광주시리틀-성일중-원주고								

한석현 33

포지션	LF	투타	좌투좌타	신장	181	체중	73	생년월일	1994-05-17
연봉	3900-3700-4800			지명순위	14 LG 2차 5라운드 48순위				
학교	후암초 – 대천중 – 경남고								

한재환 35

포지션	3B	투타	우투우타	신장	177	체중	89	생년월일	2001-10-19
연봉	4000-3000-3100			지명순위	20 NC 2차 8라운드 71순위				
학교	대청초-기장리틀-대신중-개성고								

허윤 4

포지션	2B	투타	우투좌타	신장	177	체중	73	생년월일	2007-03-29
연봉	0-0-3000			지명순위	26 NC 7라운드 62순위				
학교	역삼초-대치중-충암고								

NC 다이노스	왼쪽 폴	좌중	중	우중	오른쪽 폴	펜스 좌측	펜스-좌중	펜스-중	펜스-우중	펜스-우	잔디	최대관중(명)
창원NC파크	101	123	122	123	101	3.3	3.3	3.3	3.3	3.3	천연	24,000

주요 이슈

NC의 시즌 막판 대역전극이 없었다면 아마도 무난히 가을야구에 진출했을 것이다. 국내 선발 트리오는 이보다 더 잘할 수 없는 성적을 냈다. 소형준, 고영표, 오원석 셋이 WAR 12.1승을 합작했다. 하지만 믿었던 쿠에바스가 중도 하차했고, 헤이수스도 기대한 만큼의 성적을 내지 못했다. 가장 뼈아팠던 건 로하스의 부진일 것이다. 3할 30홈런 100타점을 책임져 주던 중심타자가 타율 2할대 부진에 빠지며 팀 공격력이 반감됐다. 득실점 마진 -9, 타격 WAR 8위, 팀 장타율 9위를 기록할 정도로 빈타에 시달렸다. 이런 팀이 승률 0.511을 기록했다는 건 접전 상황에서의 투수력이 강했다는 증거라고 봐야 한다. 2025년을 끝으로 황재균이 은퇴하면서, 새 주전 1루수를 찾아야 하는 숙제를 안고 새 시즌을 맞는다.

구단 PROFILE

구단주	김영섭
대표이사	이호식
단장	나도현
감독	이강철
주장	장성우
홈구장	수원 KT 위즈파크
2군 구장	익산 국가대표 야구훈련장

KT		영구결번
한국시리즈 우승	1회	
한국시리즈 출전	2회	
플레이오프 출전	2회	
준플레이오프 출전	2회	

타율 / 순위	출루율 / 순위	장타율 / 순위	홈런 / 순위	도루 / 순위	실책 / 순위
0.253 / 9	0.337 / 5	0.369 / 9	104 / 7	48 / 10	103 / 4

ERA / 순위	선발ERA / 순위	구원ERA / 순위	탈삼진 / 순위	볼넷허용 / 순위	피홈런 / 순위
4.09 / 4	3.89 / 5	4.45 / 5	1067 / 6	433 / 1	112 / 5

시즌 월별 성적	승	무	패	승률	순위
3~4월	16	1	14	0.533	5
5월	14	2	11	0.560	5
6월	10	0	12	0.455	7
7월	10	0	11	0.476	6
8월	12	1	12	0.500	5
9~10월	9	1	8	0.529	5
포스트시즌	-	-	-	-	-

2025시즌 좋았던 일

안정된 국내 선발진이 팀 투수력을 이끌었다. 내국인 선발진만 놓고 보면 WAR 12.42승으로 LG에 이어 리그 2위였다. 고영표 소형준 오원석은 외국인을 제외한 QS비율 리그 1위(57.5%)였다. 478⅔이닝과 35선발승도 역시 1위. 이 모든 성과가 리그 꼴찌 키움과 비슷한 수준의 득점 지원을 받으며 이뤄낸 일이기에 더욱 대단하다. 여기에 안현민이 새로운 슈퍼스타로 등장했다. 신인왕을 거머쥐며 112경기 만에 WAR 6.77승을 쌓아올렸다. 144경기 모두 출장했다면 8.70승으로 리그 1위 송성문(8.58)을 능가한다. KT는 안현민의 등장으로 당분간 우익수 걱정이 사라졌다. 야수 세대교체가 절실했던 만큼 더욱 반갑다.

2025시즌 나빴던 일

외국인 농사에 완벽하게 실패했다. 외국인 투수 합산 WAR 3.61승으로 리그 꼴찌로 떨어졌다. 쿠에바스(150만 달러), 헤이수스(100만 달러), 패트릭(27.7만 달러)에게 40억 원에 가까운 돈을 투자한 것치고는 매우 저조한 성적이었다. 25억 원(180만 달러)을 준 로하스도 시즌 중반 방출되며 스티븐슨을 영입(20만 달러)했다. 이 다섯 명에게 국내 선수 연봉 총액(105.1억 원)의 67%에 해당하는 거액을 투자했다. 투자 결과는 투타 합쳐 WAR 5.83승으로 키움에만 앞선 9위. '가성비'는 가장 나빴다. 박영현의 후반기 페이스는 위험한 신호를 보냈다. 데뷔 뒤 4년 동안 정규시즌에만 272⅔이닝을 투구했다. 전반기 평균자책점 2.60에서 후반기엔 4.88로 악화됐고, 피OPS도 0.870로 위험했다.

©KT 위즈

선발투수를 육성해 내는 이강철 감독의 안목은 오원석 트레이드에서 다시 한 번 증명됐다. 하지만 지난해에도 불펜 운용에서는 물음표를 남겼다. 구원 이닝이 리그에서 가장 적었음에도 3연투 횟수가 12회로 공동 2위였다. 투수와는 달리 내야진은 성장이 몹시 더디다. 2025년 신인왕 안현민을 배출해 냈으나, 내야 주전급인 문상철 김상수 허경민은 이제 30대 중반이다. 주전 포수 장성우도 이제 35세 나이. 황재균이 은퇴하지 않았다면 올해도 내야 주전 전원이 30대 중후반으로 '노인정스'라는 자조섞인 팬들의 농담을 들었을 것이다. 타격에서 누군가 두각을 나타내지 않으면 올해도 '투수를 갈아넣는'경기 운영이 예상된다. 승리를 위해서는 상대방을 찌를 수 있는 날카로운 무기가 필요하다. 방패만으로는 한계가 있다.

2026 팀 이슈

'1루수는 누구야?' KT 1루는 '가을야구' 도전을 하는 팀이라기에는 너무나도 초라하다. 2025년 팀 전체 1루수 공격 WAR은 0.08승으로 리그 8위였다. 1루는 공격을 책임져야 할 포지션이다. 1루수 장타율은 0.347로 리그 9위였고 홈런도 고작 5개로 리그 꼴찌. 1루수 전원이 59타점에 그쳤다. 1루수로 32타점을 올린 황재균은 은퇴를 선언했다. 힐리어드의 포지션이 일찌감치 외야수로 정해진 가운데, 김현수 문상철 오윤석 안인산이 후보군이다. 38세 시즌인 김현수를 지명타자에 안배해 준다고 가정하면, 문상철과 오윤석이 주요 경쟁 후보다. 안인산이 터지기까지에는 시간이 필요하다. 힐리어드가 1루를 맡는 게 가장 좋은 옵션이지만, 가능성이 높지는 않다.

2026 최상 시나리오

맷 사우어의 구위는 예상보다 더욱 압도적이었다. 보쉴리의 스위퍼가 KBO 리그에서 통하면서 2선발이 아닌 1.5선발급 활약을 펼친다. 외국인 선발진이 완전체가 되면서 KT 투수진은 물샐틈없는 방어력을 갖추게 된다. 선발투수 전원이 6이닝을 기본으로 소화한다. 넘쳐나는 구원진은 '혹사'라는 단어를 쓸 필요조차 없을 정도로 '자동 관리'를 받는다. 내야에서는 류현인과 이강민이 두각을 보인다. 무주공산이던 1루에는 안인산이 지난해 안현민을 연상시키는 활약을 시작한다. 류현인, 안현민, 힐리어드, 김현수가 120홈런을 합작하며 리그 상위권 화력을 뽐낸다. 1번 타자 최원준은 3할 40도루를 기록하며 상대 내야를 휘젓는다. FA 계약 2년째인 허경민은 파워가 '정상적으로' 올라가며 제2의 전성기를 맞이한다. 팬들은 외국인선수들 여권을 압수해야 한다는 농담을 하기 시작한다.

2026 최악 시나리오

오원석이 다시 한 번 제구 난조를 겪는다. 힐리어드의 외야 수비는 준수했다. 맞으면 넘기는 힘을 가졌다. 그런데 공을 배트에 맞히지 못한다. 외국인 교체설이 4월부터 나돌기 시작한다. '쓸놈쓸' 불펜이 차례로 피로를 호소하며 부상에 시달린다. 급하게 마무리를 맡게 된 스기모토는 볼넷을 남발하며 불난 집에 부채질을 한다. 보쉴리와 사우어는 감독의 마음을 아는지 모르는지 밸런스 조정을 이유로 2군 조정기간을 요청한다. 안현민은 '2년생 징크스'에 시달린다. 최원준의 타격은 2025년에서 멈춰있다. 어느 타순에 기용해도 타율 2할4푼을 넘기지 못한다. 2년 연속 WAR 마이너스다. 또다시 가을야구에 실패한다. FA 시장에서 돈을 쓰자니 1년 전 샐러리캡 여유를 확보하지 않은 게 발목을 잡는다.

고영표

팀	KT	생년월일	1991-09-16
포지션 P	투타 우언우타	신장 187	체중 88
연봉	200000-200000-260000	지명순위	14 KT 2차 1라운드 10순위
학교	대성초-광주동성중-화순고-동국대		

CHM
체인지업마스터

2S+CH
체인지업승부

S
S S
초구S

시속 150km 강속구가 난무하는 시대에 130km 중반대 속구로 KT의 에이스 역할을 맡는다. 2025시즌 커터를 장착하며 타자들에게 더욱 까다로운 투수가 됐다. 커터 구사율은 2.7%로 높지 않았으나 피장타율이 0.150에 불과할 정도로 좋은 결과를 보였다. 최근 5시즌간 QS 92경기, QS+ 50경기로 전체 1위였다. 지난해 고영표의 헛스윙 삼진 비율은 92.2%로 전체 1위다. 타자들이 칠 수 있을 거라 생각하고 배트를 휘두르지만 맞추지 못했다. 삼진 154개 중 142개가 헛스윙 삼진이었다. 그만큼 공의 무브먼트가 훌륭하다고 할 수 있다. 사이드암 투구폼에서 나오는 싱커성 공은 땅볼 유도에서도 리그 최상급이었다. 땅볼/뜬공 비율이 1.9로 리그 4위. 이런 선수를 5년 107억 원에 묶어둔 건 비싸지 않다.

기본기록

연도	경기	선발	QS	승	패	세이브	BS	홀드	이닝	피안타	피홈런	4사구	삼진	피안타율	WHIP	피 OPS	ERA	WAR
2023	28	27	21	12	7	0	0	0	174.2	181	7	28	114	0.269	1.15	0.652	2.78	6.05
2024	18	17	9	6	8	0	0	0	100.0	141	6	25	79	0.333	1.55	0.825	4.95	1.56
2025	29	26	20	11	8	0	0	0	161.0	170	10	45	154	0.272	1.24	0.692	3.30	4.17
통산	278	170	110	72	66	0	4	7	1181.2	1308	77	315	1011	0.282	1.27	0.714	3.96	28.48

박영현

팀	KT	생년월일	2003-10-11		
포지션	P	투타	우투우타	신장 183	체중 91
연봉	16000-24000-30000		지명순위	22 KT 1차	
학교	부천북초-부천중-유신고				

60

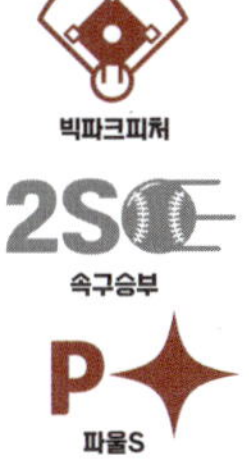

빅파크피처

2S 속구승부

P 파울S

R R-헌터

이제 명실상부한 국가대표 마무리 투수가 됐다. 지난해 11월 K-베이스볼시리즈 일본과의 2경기에서 2이닝을 완벽한 투구로 책임졌다. 평균 시속 147.5km '돌직구' 포심을 던진다. 박영현의 가장 큰 장점은 '중요한 상황에서의 대범함'에 있다. 상황의 중요도를 나타내는 지수인 LI(Leverage Index)가 0.70이하인 '보통' 상황에서는 피안타율이 0.304에 이른다. 하지만 중요한 상황(LI 1.6 이상)에서는 0.212로 떨어진다. 중요한 상황에서 엄청난 집중력을 발휘하며 위기를 막아내는 유형인 셈. 2025년에는 9이닝당 볼넷을 4.44개나 허용했다. 2024년(2.58)에 비해 크게 늘어났고, 이에 따라 WHIP도 크게 올랐다. 포심 피안타율 또한 0.246에서 0.273으로 증가하며 다소 불안한 모습을 보였다.

기본기록

연도	경기	선발	QS	승	패	세이브	BS	홀드	이닝	피안타	피홈런	4사구	삼진	피안타율	WHIP	피 OPS	ERA	WAR
2023	68	0	0	3	3	4	6	32	75.1	63	3	25	79	0.230	1.14	0.610	2.75	2.39
2024	66	0	0	10	2	25	5	0	76.2	63	12	22	87	0.220	1.11	0.653	3.52	2.41
2025	67	0	0	5	6	35	7	1	69.0	68	9	36	77	0.258	1.48	0.751	3.39	0.95
통산	253	0	0	18	12	64	19	35	272.2	240	29	103	298	0.235	1.24	0.668	3.30	6.53

배제성

19

팀	KT	**생년월일**	1996-09-29
포지션	P	**투타** 우투좌타	**신장** 190 / **체중** 90
연봉	0-25000-20000	**지명순위**	15 롯데 2차 9라운드 88순위
학교	백마초-성남중-성남고		

KT 최초 '토종 10승' 기록의 주인공. 2025년 6월 군 복무를 마치고 팀으로 복귀했다. 고영표, 소형준과 오원석이 선발진에 자리잡고 있는 상황에서 바로 선발 한 자리를 꿰차는 건 쉽지 않다. 하지만 배제성급의 선수가 5선발 후보군에서 대기 중이라는 건 KT 선발진의 뎁스를 보여준다. 2025년 투구 로케이션을 보면, 아직 달라진 리그 트렌드에 완벽히 적응하지는 못한 모습을 보인다. ABS 도입 이후 하이패스트볼과 낮은 체인지업이 리그 전체적으로 늘어났다. 하지만 배제성의 경우 타자 벨트라인 부근으로 몰리는 공이 많았다. 2년 전에 비해 타자들의 빠른공 적응력이 높아진 만큼 배제성도 볼 배합 스타일을 바꿔볼 필요가 있다. WHIP 1.81 기록으로는 KT 선발진의 문을 두드리기는 어렵다.

기본기록

연도	경기	선발	QS	승	패	세이브	BS	홀드	이닝	피안타	피홈런	4사구	삼진	피안타율	WHIP	피 OPS	ERA	WAR
2023	26	24	6	8	10	0	0	0	130.1	144	6	79	79	0.289	1.70	0.749	4.49	2.26
2024	0	0	0	0	0	0	0	0	0.0	0	0	0	0	0	-	-	-	-
2025	8	5	0	2	3	0	0	0	27.0	38	2	11	23	0.330	1.81	0.832	5.67	0.16
통산	162	121	44	42	49	0	0	0	715.0	722	44	385	524	0.265	1.53	0.719	4.25	13.97

보쉴리

36

팀	KT	생년월일	1993-10-01		
포지션	P	투타	우투우타	신장 190	체중 86
연봉	0-0-$600000		지명순위	26 KT 자유선발	
학교	Hortonville HS–University of Wisconsin				

속구100마스터

보쉴리는 2025시즌 텍사스와 마이너리그 계약을 한 뒤 4월 8일 콜업돼 주로 불펜에서 기회를 받았다. 총 43⅓이닝에서 평균자책점은 6.02. 평균 시속 148km 포심과 싱커, 그리고 시속 140km 초반 커터를 구사한다. 좌우타자별 볼배합이 극단적으로 다른 게 특징인 투수. 우타 상대 싱커 43%, 슬라이더 25%였던 반면, 좌타자에겐 포심과 커터를 주로 활용하면서 체인지업을 섞었다. 싱커, 포심, 커터, 슬라이더, 체인지업과 커브라는 여러 무기를 가졌지만 실제로 활용하는 공은 제한적이었다. 지난해 메이저리그에선 스위퍼를 1구도 던지지지 않았다. KBO리그는 아직 스위퍼를 던지는 투수가 많지 않다. 스위퍼 활용도에 따라 성적이 크게 달라질 수 있다.

기본기록

연도	경기	선발	QS	승	패	세이브	BS	홀드	이닝	피안타	피홈런	4사구	삼진	피안타율	WHIP	피 OPS	ERA	WAR
2023	0	0	0	0	0	0	0	0	0.0	0	0	0	0	0	-	-	-	-
2024	0	0	0	0	0	0	0	0	0.0	0	0	0	0	0	-	-	-	-
2025	0	0	0	0	0	0	0	0	0.0	0	0	0	0	0	-	-	-	-
통산	-	-	-	-	-	-	-	-	-	-	-	-	-	-	-	-	-	-

사우어

팀	KT	**생년월일**	1999-01-21
포지션	P	**투타** 우투우타	**신장** 193 **체중** 104
연봉	0-0-$750000		**지명순위** 26 KT 자유선발
학교	Righetti HS		

32

보더라인피칭

KT가 스토브리그 시작과 함께 야심차게 영입한 외국인 투수다. 2025년 LA 다저스에서 10경기에 등판해 평균자책점 6.37을 기록했다. 가장 높이 평가할 점은 '2025년 다저스 투수진'의 일원이었다는 것. 기본적인 실력은 충분히 입증된 셈이다. 스리쿼터 투구폼으로 평균 시속 150km대 초반 포심과 싱커를 던진다. 시속 140km대 중반 커터도 구사한다. KBO리그에서는 포심으로 높은 존을 공략하고 구속 차이가 크지 않은 싱커로 범타를 유도하는 전략을 쓸 가능성이 높다. 슬라이더는 횡적인 무브먼트보다는 커브처럼 떨어지는 움직임을 보이는 게 특징이다. 2026시즌 KT의 1선발은 사우어가 될 확률이 높다. 2025년 외인 투수 문제로 고생한 KT 입장에서는 사우어의 활약이 절실하다.

기본기록

연도	경기	선발	QS	승	패	세이브	BS	홀드	이닝	피안타	피홈런	4사구	삼진	피안타율	WHIP	피 OPS	ERA	WAR
2023	0	0	0	0	0	0	0	0	0.0	0	0	0	0	0	-	-	-	-
2024	0	0	0	0	0	0	0	0	0.0	0	0	0	0	0	-	-	-	-
2025	0	0	0	0	0	0	0	0	0.0	0	0	0	0	0	-	-	-	-
통산	-	-	-	-	-	-	-	-	-	-	-	-	-	-	-	-	-	-

소형준

30

팀	KT	**생년월일**	2001-09-16
포지션	P	**투타** 우투우타	**신장** 189 **체중** 92
연봉	22000-22000-33000	**지명순위** 20 KT 1차	
학교	호암초-의정부리틀-구리인창중-유신고		

병살버프

빠른승부

팔꿈치 수술 뒤 성공적인 복귀 시즌을 보냈다. 147⅓이닝 동안 삼진 123개를 잡으면서 볼넷은 29개만 내 줬다. FIP가 2.99로 규정이닝을 채운 투수 중 4위였다. 지난해 가장 큰 변화는 커터. 커터 구사율을 2024 년의 두 배가 훌쩍 넘는 28.1%로 끌어올리며 투심(50.5%)에 이은 제2 구종으로 삼았다. 커터 피안타율은 0.230으로 소형준의 네 개 구종 가운데 가장 좋았다. 전체 라인드라이브 타구 비율이 17.3%였다는 점은 좋지 않았다. 땅볼 비율 50% 이상인 선발투수 중 이 비율이 17% 이상인 투수는 고영표, 소형준, 콜어빈 세 명 뿐이었다. 라인드라이브 타구 증가는 BABIP(0.331) 상승으로 이어졌다. 투심을 낮게 제구하고 커터 를 높은 쪽으로 던지는 투구 패턴의 결과일 수 있다.

기본기록

연도	경기	선발	QS	승	패	세이브	BS	홀드	이닝	피안타	피홈런	4사구	삼진	피안타율	WHIP	피 OPS	ERA	WAR
2023	3	3	0	0	0	0	0	0	11.0	22	1	6	4	0.423	2.27	1.041	11.45	-0.23
2024	6	0	0	2	0	0	0	0	8.1	7	1	2	3	0.250	0.96	0.729	3.24	0.29
2025	26	24	18	10	7	1	0	0	147.1	155	6	32	123	0.268	1.25	0.657	3.30	3.72
통산	112	102	54	45	26	1	0	0	590.0	606	28	190	424	0.266	1.31	0.669	3.68	14.16

손동현

41

팀	KT	**생년월일**	2001-01-23
포지션 P		**투타** 우투좌타	**신장** 183 **체중** 88
연봉 12000-10000-15000		**지명순위** 19 KT 2차 3라운드 21순위	
학교 서울염창초-강서구리틀-덕수중-성남고			

©KT 위즈

3년차인 2023년 73⅔이닝 15홀드를 기록하며 KT의 셋업맨으로 떠올랐지만 2024년 5점대 평균자책점으로 부진했다. 2025시즌 시작 전에 일본 아카데미를 찾았다. 이곳에서 배워온 포크볼이 위력을 발휘하며 5월 중순까지 평균자책 0.92라는 놀라운 활약을 했다. 포크볼 구사율은 2024년 19.4%에서 2025년 40.4%로 크게 높아졌다. 포크볼 피안타율이 0.207은 덤. 전반기 WHIP 0.99으로 철벽이었다. 후반기엔 WHIP 1.69으로 부진했다. 포심패스트볼 구속 하락이 부진 이유로 보인다. 포크볼은 포심 구속이 떨어지면 효과가 덩달아 떨어진다. 풀시즌을 뛸 수 있는 체력을 갖춰야 한다. 지난해 이틀 연투가 16회로 박영현(18)에 이어 팀내에서 두 번째로 많았다. 아주 많지는 않지만 이 상황 평균자책점이 4.80이었다.

기본기록

연도	경기	선발	QS	승	패	세이브	BS	홀드	이닝	피안타	피홈런	4사구	삼진	피안타율	WHIP	피 OPS	ERA	WAR
2023	64	0	0	8	5	1	4	15	73.2	68	5	22	40	0.256	1.19	0.661	3.42	1.81
2024	42	0	0	1	2	1	4	4	47.1	50	5	21	27	0.267	1.48	0.726	5.32	0.17
2025	58	0	0	5	0	1	2	13	58.2	66	6	15	55	0.278	1.33	0.750	3.84	0.94
통산	221	3	0	16	10	3	10	38	247.1	256	23	99	163	0.269	1.41	0.729	4.29	3.21

스기모토

11

팀	KT	**생년월일**	2000-05-19
포지션 P	**투타** 우투우타	**신장** 182	**체중** 90
연봉 0-0-$70000		**지명순위** 26 KT 아시아쿼터	
학교 나나츠카 초등학교-카호쿠다이 중학교-오가키니혼대학부속고등학교-니혼대학			

©KT 위즈

〈불꽃야구〉에서 김성근 감독이 '볼 끝이 좋은 투수'라고 할 정도 인상적인 구위를 보여줬다. 당시에는 일정 문제로 합류가 성사되지는 않았지만 2026년 드디어 한국에서 뛴다. 독립구단 도쿠시마에서 3년간 활약했으며. 평균 시속 145km, 최고 시속 154km 포심패스트볼을 던진다. 2025년 일본 독립리그에서 62이닝 동안 삼진 53개를 잡으며 볼넷 16개를 허용했다. 선발 등판은 3회. 모두 5이닝 미만만 소화했다. 시즌 29실점 중 9실점이 선발, 이 중 한 경기에서 7점을 내준 적이 있다. 즉, 대부분 경기에서는 안정적인 불펜 요원이었던 셈이다. '투수 왕국' KT에 시속 150km를 넘나드는 공을 던지는 구원 투수가 한 명 더 추가되면 이강철 감독의 시즌 구상이 더 쉬워질 수 있다.

기본기록

연도	경기	선발	QS	승	패	세이브	BS	홀드	이닝	피안타	피홈런	4사구	삼진	피안타율	WHIP	피 OPS	ERA	WAR
2023	0	0	0	0	0	0	0	0	0.0	0	0	0	0	0	-	-	-	-
2024	0	0	0	0	0	0	0	0	0.0	0	0	0	0	0	-	-	-	-
2025	0	0	0	0	0	0	0	0	0.0	0	0	0	0	0	-	-	-	-
통산	-	-	-	-	-	-	-	-	-	-	-	-	-	-	-	-	-	-

오원석

팀	KT	**생년월일**	2001-04-23			
포지션	P	**투타**	좌투좌타	**신장**	182	**체중** 80
연봉	14000-14000-23000			**지명순위**	20 SK 1차	
학교	수진초-매송중-야탑고					

47

©KT 위즈

김민을 내주고 오원석을 KT로 영입할 때 붙었던 물음표는 이제 완전히 사라졌다. 새 팀에서 11승을 거두며 커리어하이 시즌을 보냈다. 9이닝당 볼넷 3.54개는 커리어 통산(4.39)보다 1개 가량 적었다. 지난 두 시즌 연속으로 악화됐던 컨트롤이 잡히기 시작했다. 25경기에 나와 132⅓이닝을 소화하며 5선발 임무를 준수하게 해냈다. 19.4%에 달하던 커브 비율을 7.0%로 줄이고, 체인지업 구사율을 21.9%까지 끌어올린 게 주효했다. 오원석이 던진 낮은 코스 체인지업은 2024년 헛스윙률이 30%가 채 되지 않았다. 하지만 2025년에는 60%로 급상승했다. 후반기 부진은 아쉽다. 전반기 평균자책점이 2.76에 불과했지만 후반기에는 5.62로 두 배 가량이었다. 피안타율은 0.226에서 0.326으로 딱 1푼 상승했다.

기본기록

연도	경기	선발	QS	승	패	세이브	BS	홀드	이닝	피안타	피홈런	4사구	삼진	피안타율	WHIP	피 OPS	ERA	WAR
2023	28	27	7	8	10	0	0	0	144.2	158	11	78	88	0.283	1.57	0.756	5.23	1.06
2024	29	25	2	6	9	0	0	1	121.2	122	17	78	112	0.261	1.54	0.769	5.03	2.31
2025	25	25	12	11	8	0	0	0	132.1	130	10	56	113	0.261	1.38	0.709	3.67	3.35
통산	154	123	37	38	42	0	1	3	662.1	705	66	363	529	0.274	1.55	0.759	4.84	8.44

원 상 현

63

팀	KT	생년월일	2004-10-16
포지션	P	투타	우투우타	신장	183	체중	83
연봉	3000-4000-7000	지명순위	24 KT 1라운드 7순위
학교	가산초-부산진구리틀-개성중-부산고		

RECOVER
리커버리

2S+CU
커브승부

데뷔 시즌인 2024년 선발로 10경기에 등판했다. 2025년에는 풀타임 구원으로 전업했다. 52번 등판에서 팀내 1위인 14홀드를 기록했다. 57이닝 평균자책점 5.21은 만족스럽지는 않지만 시즌 내내 붙박이 불펜으로 뛰었다는 건 소득이다. 주로 필승조로 기용되며 6, 7, 8회를 가리지 않고 등판했다. 시속 140km 후반 포심패스트볼과 시속 120km 후반 체인지업을 주무기로 활용한다. 구원으로 보직을 옮기면서 슬라이더, 커브를 상황에 맞게 섞어 쓰기 보다는 포심과 체인지업 두 가지 구종을 80% 이상 비율로 투구했다. 57이 닝 동안 35볼넷을 허용했을 정도로 아직은 제구력은 숙제다. 2026년은 원상현의 프로 3년차 시즌일 뿐이다. 올해는 필승조로 완벽하게 자리잡는 게 목표. 지난해 후반기 부진을 재연해선 안 된다.

기본기록

연도	경기	선발	QS	승	패	세이브	BS	홀드	이닝	피안타	피홈런	4사구	삼진	피안타율	WHIP	피 OPS	ERA	WAR
2023	0	0	0	0	0	0	0	0	0.0	0	0	0	0	0	-	-	-	-
2024	22	10	1	2	5	0	0	1	65.1	105	6	33	59	0.370	2.08	0.938	7.03	-0.07
2025	52	0	0	0	3	0	0	14	57.0	56	8	36	45	0.257	1.60	0.771	5.21	0.19
통산	74	10	1	2	8	0	0	15	122.1	161	14	69	104	0.321	1.86	0.865	6.18	0.12

권동진

52

팀	KT	**생년월일**	1998-09-12
포지션	2B	**투타**	우투좌타
신장	178	**체중**	87
연봉	4600-4600-7200	**지명순위**	21 KT 2차 1라운드 5순위
학교	제주신광초-세광중-세광고-원광대		

첫타석디버프

R-편식

무주공산이 된 팀 유격수 경쟁에서 살아남으며 1군 주전 유격수 자리를 얻어냈다. 1군 풀타임을 소화하며 첫 올스타전 출장 기쁨도 누렸다. 4월 한 달 타율 0.375에 OPS 0.910을 기록하며 최고의 활약을 펼쳤다. 하지만 5월 타율이 0.197로 떨어지며 하락세를 탔다. 자신은 인터뷰에서 "5월 이후 파울 비율이 높아지며 인플레이 타구가 감소한 게 부진 이유"라고 말했다. 실제로 4월까지는 콘택트 대비 인플레이 비율이 51% 였으나 5월 이후로는 41%로 뚝 떨어졌다. 그래서 2026년 주요 목표는 콘택트 대비 인플레이타구 비율을 높이는 것. 2025년 라인드라이브 타구의 비율 증가(15.5%)를 볼 때, 공을 맞춰내는 재주는 충분하다. 투수의 구위에 밀리지 않는 것이 중요하다.

기본기록

연도	경기	타석	타수	안타	2루타	3루타	홈런	타점	득점	볼넷	사구	삼진	도루	타율	출루율	장타율	OPS	WAR
2023	0	0	0	0	0	0	0	0	0	0	0	0	0	-	-	-	-	0.00
2024	9	10	9	2	0	0	0	0	3	1	0	2	0	0.222	0.300	0.222	0.522	-0.09
2025	123	309	271	61	12	3	1	25	34	30	1	91	3	0.225	0.304	0.303	0.607	0.40
통산	266	445	385	85	18	4	2	35	67	50	1	139	10	0.221	0.311	0.304	0.615	0.52

김민혁

팀	KT	생년월일	1995-11-21
포지션	LF	투타	우투좌타	신장	181	체중	71
연봉	24000-30000-29000	지명순위	14 KT 2차 6라운드 56순위
학교	서석초-배재중-배재고		

53

2024년 0.399에 이르던 BABIP이 리그 평균 수준으로 내려왔다. 그래서 타율도 0.353에서 0.287로 크게 떨어졌다. 라인드라이브 타구 비율은 11.0%로 팀내 300타석 이상 출장 타자 중 가장 낮았다. BABIP 하락의 이유로 보인다. 강한 타구는 높은 BABIP으로 이어질 가능성이 높기 때문이다. 그동안 KT의 코너 외야수로 꾸준한 활약을 펼쳤다. 올해는 힐리어드의 영입으로 포지션을 빼앗길 수도 있다. 힐리어드, 최원준, 안현민이 주전 외야수 자리를 차지하면 김민혁의 입지가 좁아지는 상황. 김민혁은 콘택트 능력은 좋은 타자다. 콘택트율 91.3%로 매우 준수하다. 하지만 코너 외야수 경쟁자인 안현민, 힐리어드와 비교해볼 때 파워에서 크게 밀리는 게 사실.

기본기록

연도	경기	타석	타수	안타	2루타	3루타	홈런	타점	득점	볼넷	사구	삼진	도루	타율	출루율	장타율	OPS	WAR
2023	113	448	397	118	20	3	3	41	68	36	3	48	11	0.297	0.356	0.385	0.741	2.63
2024	115	393	351	124	14	3	1	34	47	35	1	45	4	0.353	0.410	0.419	0.829	2.27
2025	106	417	380	109	12	2	0	35	52	25	7	41	11	0.287	0.341	0.329	0.670	-0.15
통산	884	2871	2546	742	80	18	10	225	363	223	32	363	82	0.291	0.354	0.349	0.703	6.48

김상수

팀	KT	**생년월일**	1990-03-23
포지션	SS	**투타** 우투우타	**신장** 175 **체중** 68
연봉	30000-30000-40000	**지명순위**	09 삼성 1차
학교	옥산초-경복중-경북고-대구사이버대		

7

시즌 초반에는 주전 유격수로 낙점받았다. 하지만 4월부터는 2루수로 뛴 경기가 더 많았다. 6월 천성호 트레이드 이후엔 2루 주전으로 자리를 굳혔다. BABIP가 0.319에서 0.283으로 하락했다. 타율 또한 2할7푼대에서 2할5푼대로 가라앉았다. 좌중간 타구 타율이 0.271에서 0.171로 크게 하락한 것을 주된 이유로 꼽을 수 있다. 김상수의 통산 BABIP이 0.306이라는 점을 고려한다면 올해 타율이 크게 오를 것 같지는 않다. 2루수와 유격수 어디서나 자기 몫의 수비는 해 줄 수 있다는 장점이 있다. 하지만 그 이상의 임팩트를 기대하는 데는 무리가 따른다. KT와의 계약 마지막 해, 36세 시즌을 맞이하며 3번째 FA 계약을 꿈꾼다. 후배이자 경쟁자인 신인급 내야수들을 잘 이끌어 주는 모습이 필요하다.

기본기록

연도	경기	타석	타수	안타	2루타	3루타	홈런	타점	득점	볼넷	사구	삼진	도루	타율	출루율	장타율	OPS	WAR
2023	129	512	443	120	19	1	3	56	58	55	3	68	5	0.271	0.353	0.339	0.692	2.35
2024	113	420	369	102	18	4	4	45	60	37	6	59	3	0.276	0.351	0.379	0.730	1.95
2025	113	423	355	90	14	0	5	47	42	52	4	57	3	0.254	0.349	0.335	0.684	1.17
통산	1907	7182	6255	1691	277	38	67	697	914	628	103	947	262	0.270	0.344	0.359	0.703	27.49

김현수

10

팀	KT	**생년월일**	1988-01-12
포지션 DH		**투타** 우투좌타	**신장** 188 **체중** 105
연봉	100000-50000-80000	**지명순위**	06 두산 육성선수
학교	쌍문초-신일중-신일고		

우승 반지와 함께 팀을 옮겼다. WAR 3.36승을 기록하며 최근 3년 중 최고 시즌을 보냈고, 덕분에 3년 50억 원 계약을 했다. 김현수의 영입으로 강백호의 이적에 따른 공격력 손실은 채워졌다고 봐도 무방하다. 안현민, 힐리어드, 김현수로 이어지는 중심 타선이라면 짜임새나 파괴력에서도 다른 팀에 밀리지 않는다. 구단이 '3년' 계약기간 동안 김현수에게 바라는 건 비단 성적만이 아닐 것이다 LG를 우승으로 이끈 김현수의 리더십에 더 큰 가치를 매겼을 수도 있다. KT는 김현수 영입으로 3년 내 우승에 다시 도전하겠다는 포부를 밝힌 것이나 다름없다. 당장 올해일수도 있고, 2028년이 될 수도 있다. 주목해야 할 점이 있다. 지금까지 김현수는 FA계약 첫 해에는 항상 좋은 성적을 기록했다는 사실이다.

기본기록

연도	경기	타석	타수	안타	2루타	3루타	홈런	타점	득점	볼넷	사구	삼진	도루	타율	출루율	장타율	OPS	WAR
2023	133	556	488	143	22	2	6	88	53	58	1	53	2	0.293	0.364	0.383	0.747	1.69
2024	137	583	517	152	36	2	8	69	61	47	9	76	6	0.294	0.357	0.418	0.775	1.09
2025	140	552	483	144	24	0	12	90	66	64	4	73	4	0.298	0.384	0.422	0.806	3.36
통산	2221	9384	8110	2532	471	29	261	1522	1256	1078	77	973	75	0.312	0.393	0.474	0.867	68.48

안현민

23

팀	KT	생년월일	2003-08-22
포지션 RF	투타 우투우타	신장 183	체중 90
연봉 3000-3300-18000		지명순위 22 KT 2차 4라운드 38순위	
학교 임호초-김해시리틀-개성중-마산고			

©KT 위즈

2025년 가장 아쉬웠던 점 중 하나는 안현민이 3월 시즌 개막부터 1군에서 뛰지 않았다는 것이다. 타율 2위, 출루율 1위, 장타율 2위에 올랐고, wRC+는 무려 182.7을 기록했다. 리그 평균보다 82.7% 뛰어난 타자였다. 최근 5년 동안 안현민보다 높은 wRC+를 기록한 선수는 2022년 이정후(186.4)가 유일하다. 21.9타석당 홈런 1개를 쳐냈다. 국내 타자 중에서는 최정, 노시환 다음인 3위였다. 신인이라고는 믿기 힘들 정도로 득점권에서도 좋은 타격을 보여줬다. 득점권에서 타율은 0.333, OPS는 0.990에 달했다. 후반기에 주춤했다는 점은 아쉽다. 올스타전 전까지 OPS가 1.113으로 MVP급이었지만 후반기엔 0.903이었다. 물론 0.903도 절대 나쁜 기록이 아니다. 후반기 OPS 순위는 리그 14위였다. 창원에서 OPS 1.458을 기록하며 극강의 모습을 보였다.

기본기록

연도	경기	타석	타수	안타	2루타	3루타	홈런	타점	득점	볼넷	사구	삼진	도루	타율	출루율	장타율	OPS	WAR
2023	0	0	0	0	0	0	0	0	0	0	0	0	0	-	-	-	-	0.00
2024	16	29	25	5	0	1	1	2	5	2	1	10	0	0.200	0.276	0.400	0.676	-0.07
2025	112	482	395	132	19	4	22	80	72	75	9	72	7	0.334	0.448	0.570	1.018	6.77
통산	128	511	420	137	19	5	23	82	77	77	10	82	7	0.326	0.438	0.560	0.998	6.70

장성우

22

팀	KT	**생년월일**	1990-01-17
포지션	C	**투타** 우투우타	**신장** 187 **체중** 100
연봉	50000-50000-30000	**지명순위** 08 롯데 1차	
학교	감천초-경남중-경남고-영남사이버대		

스몰파크배터

L-헌터

전지훈련 출국 전날 극적으로 FA 계약에 합의했다. 2027년까지 KT와 함께 한다. 강타자 포수들에 밀려 저평가되곤 하지만 지난해 규정 타석을 소화한 포수 4명 중에 포함됐다. 블로킹 능력이 좋다. 9이닝당 폭투+포일 허용률이 0.420으로 100경기 이상 뛴 포수 중 3위였다. 포수의 첫 글자는 '잡을 포(捕)'다. 그만큼 투구를 잘 잡는 능력이 중요하다는 것이다. 투수에게 안정감을 주고 투수 성향을 잘 파악하는 포수. KT의 장성우가 이런 타입이다. 포수는 마흔이 넘어서도 주전으로 뛸 수 있는 포지션이다. 2027년 이후 세 번째 FA 계약도 불가능한 일은 아니다.

기본기록

연도	경기	타석	타수	안타	2루타	3루타	홈런	타점	득점	볼넷	사구	삼진	도루	타율	출루율	장타율	OPS	WAR
2023	131	464	410	118	22	0	11	65	37	42	2	70	1	0.288	0.351	0.422	0.773	3.40
2024	131	489	418	112	19	0	19	81	53	60	1	86	5	0.268	0.355	0.450	0.805	3.34
2025	129	480	413	102	13	0	14	58	44	55	2	96	0	0.247	0.333	0.380	0.713	2.27
통산	1482	4805	4181	1088	158	2	133	647	451	499	19	865	13	0.260	0.337	0.394	0.731	22.15

최원준

팀	KT	생년월일	1997-03-23
포지션 CF	투타 우투좌타	신장 178	체중 85
연봉	22000-40000-60000	지명순위	16 KIA 2차 1라운드 3순위
학교	연현초-경원중-서울고		

3

©KT 위즈

1년 동안 팀을 두 번이나 옮겼다. 한 번은 트레이드로, 다른 한 번은 FA계약을 통해서. 3할·40도루를 할 수 있는 중견수라는 타이틀을 갖고 있다. 하지만 3할 타율을 기록한 지는 벌써 5년이 지났고, 40도루는 4년 전의 일이다. 타자로서의 전성기인 29세 시즌을 맞이한다. 2025년 NC에서는 공격적인 주루를 했다. 도루시도율 41.4%로 통산 기록(16.0%)보다 2배 이상 높았다. 하지만 도루성공률 70.8%(17/24)는 KIA에서 기록한 90%보다 크게 떨어졌다. 4년 48억 원 계약을 한 만큼 KT 개막전 선발 중견수로 기용될 가능성이 높다. 배정대의 출장기회는 줄어들 것으로 보인다. 하지만 지난해 최원준의 WAR이 -1.28승으로 규정타석을 채운 타자 중 꼴찌였다는 점은 '오버 페이'라는 평가를 부른다.

기본기록

연도	경기	타석	타수	안타	2루타	3루타	홈런	타점	득점	볼넷	사구	삼진	도루	타율	출루율	장타율	OPS	WAR
2023	67	274	239	61	11	2	1	23	37	31	0	39	13	0.255	0.341	0.331	0.672	0.36
2024	136	508	438	128	23	3	9	56	75	50	8	66	21	0.292	0.371	0.420	0.791	2.24
2025	126	449	413	100	13	3	6	44	62	23	6	71	26	0.242	0.289	0.332	0.621	-1.28
통산	872	3096	2752	767	125	24	31	283	439	244	41	411	136	0.279	0.344	0.375	0.719	5.61

한승혁

팀	KT	**생년월일**	1993-01-03	
포지션	P	**투타**	우투좌타	**신장** 185 **체중** 100
연봉	4900-9400-30000		**지명순위**	11 KIA 1라운드 8순위
학교	도신초-강남중-덕수고			

35

2025년 한화에서 WAR 2.54승을 기록하며 커리어하이 시즌을 보냈다. 강백호의 FA 보상 선수로 이적했다. 강백호의 지난해 WAR은 1.68승으로 한승혁이 더 공헌도가 높앗다. 시속 140km 후반 빠른공을 던지며, 주무기는 슬라이더와 포크볼이다. 시즌 64이닝 중 8회에만 49이닝을 던진 셋업맨. 8회 한정 WHIP 1.02, 평균자책 2.02를 기록할 정도로 준수했다. 손동현, 코우키 등과 함께 KT 필승조로 활약할 가능성이 높다. 올시즌 이후 FA를 앞두고 있다는 점에서 분발이 기대된다. 2025년 KT전 평균자책잠 4.91로 고전했다. 나머지 구단 상대로는 1.91이었다. 지난해 약점 중 하나가 사라진 셈. 친정 한화 상대로 잘 던진다면 다시 한 번 커리어하이를 노릴 수 있다. 다만 지난해 대전에서 투구가 원정보다 좋지 않았다.

기본기록

연도	경기	선발	QS	승	패	세이브	BS	홀드	이닝	피안타	피홈런	4사구	삼진	피안타율	WHIP	피 OPS	ERA	WAR
2023	21	7	0	0	3	0	0	1	36.1	48	3	24	28	0.324	1.90	0.855	6.44	-0.35
2024	70	0	0	5	5	0	5	19	62.2	63	2	44	64	0.264	1.61	0.700	5.03	0.76
2025	71	0	0	3	3	3	5	16	64.0	56	4	30	53	0.236	1.23	0.638	2.25	2.54
통산	390	53	9	26	35	5	17	55	574.1	636	41	358	502	0.285	1.67	0.778	5.39	3.82

허경민

<table>
<tr><td>팀</td><td>KT</td><td>생년월일</td><td colspan="3">1990-08-26</td></tr>
<tr><td>포지션</td><td>3B</td><td>투타</td><td>우투우타</td><td>신장</td><td>176</td><td>체중</td><td>69</td></tr>
<tr><td>연봉</td><td colspan="2">60000-30000-70000</td><td>지명순위</td><td colspan="3">09 두산 2차 1라운드 7순위</td></tr>
<tr><td>학교</td><td colspan="6">송정동초-충장중-광주제일고</td></tr>
</table>

13

2S내성

FA 이적 첫해 114경기에 출장해 2할8푼대 타격과 0.700대 초반 OPS를 기록했다. 기대에는 미치지 못했다. 개막전 3번 타순에 배치되었으나, 이후 2번, 6번 타순에도 나섰다. 후반기에는 주로 1번 타순에 기용됐다. 잠실에서 수원구장으로 홈구장을 옮겼음에도 장타율이 감소했다. 70타석에 한 개 정도 치던 홈런이 120타석당 하나로 변했다. 잠실이 KBO리그에서 홈런을 치기 가장 어려운 구장이라는 점에서 결코 좋은 신호라고 볼 수 없다. 장타율에서 타율을 뺀 순장타율도 0.118에서 0.072로 대폭 감소했다. 허경민이 장타력을 뽐내는 타자는 아니지만, 이런 파워 감소는 기대와는 어긋났다. 삼진을 잘 당하지 않는다. 시잔해 삼진률 7.3%는 규정타석을 채운 타자 중 유일하게 10% 아래였다.

기본기록

연도	경기	타석	타수	안타	2루타	3루타	홈런	타점	득점	볼넷	사구	삼진	도루	타율	출루율	장타율	OPS	WAR
2023	130	475	429	115	23	1	7	48	44	35	6	26	9	0.268	0.328	0.375	0.703	2.14
2024	115	477	417	129	28	0	7	61	69	36	18	25	5	0.309	0.384	0.427	0.811	3.30
2025	114	481	420	119	18	0	4	44	47	39	15	35	4	0.283	0.362	0.355	0.717	1.68
통산	1662	6214	5485	1602	287	18	64	680	812	447	152	477	129	0.292	0.358	0.386	0.744	24.95

힐리어드

34

팀	KT	**생년월일**	1994-02-21
포지션	LF	**투타** 좌투좌타	**신장** 196 / **체중** 107
연봉	0-0-$700000	**지명순위**	26 KT 자유선발
학교	Mansfield HS-Wichita State		

오랫동안 KT 중심 타자였던 로하스가 떠났다. 스티븐슨이 잠시 자리를 채웠으나 만족스러운 성적을 보여주지는 못했다. 강백호까지 떠난 상황이라 힐리어드에게 거는 기대는 더욱 커졌다. 힐리어드의 파워는 정평이 났다. 2024년 MLB에서 평균 타구속도 152km로 최상위권이었다. 주력은 상위 12%, 송구 능력은 10%로 모두 뛰어났다. 그럼에도 힐리어드가 최근 3년간 주전이 되지 못한 이유는 부족한 콘택트 능력. 최근 몇 년 동안 변화구 헛스윙율이 40%대에 달했다. 2025년에는 패스트볼에도 46%였다. 힘은 좋은데, 맞추질 못했다. 이러니 삼진 억제 능력은 최하위권일 수밖에 없었다. 30홈런을 기대할 수 있는 타자지만 4번 타자의 중압감과 콘택트 약점을 극복해야 한다. 196cm 장신이라 ABS존 적응도 또다른 변수.

기본기록

연도	경기	타석	타수	안타	2루타	3루타	홈런	타점	득점	볼넷	사구	삼진	도루	타율	출루율	장타율	OPS	WAR
2023	0	0	0	0	0	0	0	0	0	0	0	0	0	-	-	-	-	0.00
2024	0	0	0	0	0	0	0	0	0	0	0	0	0	-	-	-	-	0.00
2025	0	0	0	0	0	0	0	0	0	0	0	0	0	-	-	-	-	0.00
통산	-	-	-	-	-	-	-	-	-	-	-	-	-	-	-	-	-	0.00

김동현 

팀 KT	**생년월일** 2006-01-21		
포지션 P	**투타** 우투우타	**신장** 193	**체중** 97
연봉 0-3000-3200	**지명순위** 25 KT 1라운드 9순위		
학교 신천초-고양덕양구리틀-잠신중-서울고			

2025년 KT 1라운드 픽으로 기대를 모았다. 193cm 장신에서 나오는 높은 타점과 시속 150km를 넘나드는 포심패스트볼이 장점이다. 퓨처스리그에서 26⅓이닝 동안 삼진 25개를 잡아낸 점은 주목된다. 하지만 4사구 21개를 내준 제구력은 보완해야 한다.

기본기록

연도	경기	선발	QS	승	패	세이브	BS	홀드	이닝	피안타	피홈런	4사구	삼진	피안타율	WHIP	피 OPS	ERA	WAR
2023	0	0	0	0	0	0	0	0	0.0	0	0	0	0	0	-	-	-	-
2024	0	0	0	0	0	0	0	0	0.0	0	0	0	0	0	-	-	-	-
2025	3	0	0	0	0	0	0	0	3.1	7	2	3	4	0.438	3.00	1.339	13.50	-0.12
통산	3	0	0	0	0	0	0	0	3.1	7	2	3	4	0.438	3.00	1.339	13.50	-0.12

김민수

팀 KT	**생년월일** 1992-07-24		
포지션 P	**투타** 우투우타	**신장** 188	**체중** 80
연봉 16000-21000-20000	**지명순위** 15 KT 2차 특별 11순위		
학교 청원초-청원중-청원고-성균관대			

'30홀드 김민수'를 다시 볼 수 있을까. 한동안 포심패스트볼 구속 저하로 고생했다. 2025년에는 구위를 회복해가는 모습을 보였다. 직구와 슬라이더 투피치 투수로 보이지만 더 많은 무기가 있다. 피안타율 0.337인 슬라이더 비율을 낮춰볼 필요가 있다.

기본기록

연도	경기	선발	QS	승	패	세이브	BS	홀드	이닝	피안타	피홈런	4사구	삼진	피안타율	WHIP	피 OPS	ERA	WAR
2023	14	0	0	0	1	0	0	3	13.0	17	1	5	4	0.354	1.69	1.004	6.92	-0.13
2024	75	0	0	5	3	0	2	12	81.1	84	8	34	75	0.264	1.44	0.744	5.20	0.50
2025	58	0	0	4	3	0	1	11	52.2	63	5	16	36	0.303	1.48	0.793	4.96	0.43
통산	364	31	5	29	27	6	12	69	503.0	569	45	187	405	0.286	1.47	0.758	4.63	5.87

김정운

61

팀	KT	**생년월일**	2004-04-21
포지션	P	**투타** 우언우타	**신장** 184 **체중** 84
연봉	3100-0-3100	**지명순위**	23 KT 1라운드 10순위
학교	동천초-경주중-대구고		

상무 제대 뒤 곧바로 스프링캠프에 합류했다. 절친 이로운이 SSG에서 자리잡는 동안 군 문제를 해결했다. 노모 히데오를 연상시키는 역동적인 와인드업을 가지고 있다. 이강철 감독이 5선발 후보군으로 지목할 정도로 기대치가 높다.

기본기록

연도	경기	선발	QS	승	패	세이브	BS	홀드	이닝	피안타	피홈런	4사구	삼진	피안타율	WHIP	피 OPS	ERA	WAR
2023	5	0	0	0	0	0	0	0	7.0	6	0	8	3	0.222	1.71	0.696	3.86	0.01
2024	0	0	0	0	0	0	0	0	0.0	0	0	0	0	0	-	-	-	-
2025	0	0	0	0	0	0	0	0	0.0	0	0	0	0	0	-	-	-	-
통산	5	0	0	0	0	0	0	0	7.0	6	0	8	3	0.222	1.71	0.696	3.86	0.01

문용익

18

팀	KT	**생년월일**	1995-02-04
포지션	P	**투타** 우투우타	**신장** 178 **체중** 93
연봉	6300-5800-7000	**지명순위**	17 삼성 2차 6라운드 59순위
학교	덕양구리틀-양천중-청원고-세계사이버대		

시속 150km에 육박하는 좋은 포심패스트볼을 가지고 있다. 이강철 감독 입장에서는 문용익의 제구가 잡히기만 한다면 더 바랄게 없다. 포심과 함께 포크볼을 구사한다. 삼성 시절 구사하던 슬라이더는 거의 봉인한 상태. 날마다 제구 편차가 널뛰는 게 단점.

기본기록

연도	경기	선발	QS	승	패	세이브	BS	홀드	이닝	피안타	피홈런	4사구	삼진	피안타율	WHIP	피 OPS	ERA	WAR
2023	14	0	0	1	0	0	0	0	13.0	8	0	14	12	0.182	1.54	0.584	4.15	0.24
2024	12	0	0	0	0	0	0	0	17.0	23	2	24	17	0.315	2.65	0.932	12.18	-0.78
2025	20	2	0	1	0	0	0	0	28.2	21	3	19	31	0.212	1.40	0.710	3.14	0.71
통산	107	2	0	5	2	1	1	4	118.1	104	10	92	102	0.239	1.60	0.721	4.87	0.76

박건우

46

팀	KT	생년월일	2006-11-28		
포지션	P	투타	우투우타	신장	182	체중	95
연봉	0-3000-3200		지명순위	25 KT 2라운드 19순위	
학교	서울행당초-성동구유소년야구단-충암중-충암고				

2025년 2라운드 전체 19번으로 KT에 입단했다. 포심 구속은 시속 140km대 초반으로 빠르지 않다. 그럼에도 1군 타자 상대로 공격적인 투구를 했다. 커맨드에 자신기 있기 때문이다. 고교 시절 구위를 회복한다면 KT에 매우 큰 도움이 될 영건이다.

기본기록

연도	경기	선발	QS	승	패	세이브	BS	홀드	이닝	피안타	피홈런	4사구	삼진	피안타율	WHIP	피 OPS	ERA	WAR
2023	0	0	0	0	0	0	0	0	0.0	0	0	0	0	0	-	-	-	-
2024	0	0	0	0	0	0	0	0	0.0	0	0	0	0	0	-	-	-	-
2025	6	0	0	0	0	0	0	0	6.2	4	1	4	9	0.167	1.20	0.578	2.70	0.17
통산	6	0	0	0	0	0	0	0	6.2	4	1	4	9	0.167	1.20	0.578	2.70	0.17

우규민

12

팀	KT	생년월일	1985-01-21		
포지션	P	투타	우언우타	신장	184	체중	75
연봉	22000-20000-20000		지명순위	03 LG 2차 3라운드 19순위	
학교	성동초-휘문중-휘문고				

KT 이적 뒤 나이를 잊은 듯한 활약을 보여주고 있다. 2시즌 연속 2점대 평균자책점을 기록했다. 9이닝당 1개 미만 볼넷 허용률은 경이로울 정도. 포심, 커브, 슬라이더, 체인지업의 균형적 배합으로 130km대 후반에 그치는 패스트볼 구속을 커버하고 있다.

기본기록

연도	경기	선발	QS	승	패	세이브	BS	홀드	이닝	피안타	피홈런	4사구	삼진	피안타율	WHIP	피 OPS	ERA	WAR
2023	56	0	0	3	1	0	2	13	43.0	55	3	8	28	0.316	1.40	0.759	4.81	0.17
2024	45	0	0	4	1	1	1	4	43.1	47	1	4	39	0.272	1.13	0.636	2.49	1.31
2025	53	0	0	1	2	0	1	9	44.1	45	2	7	24	0.259	1.08	0.615	2.44	1.12
통산	857	130	57	87	89	91	42	119	1471.0	1613	113	444	929	0.282	1.31	0.725	3.86	29.88

이상동

P · 파울S · 2S+FL 스플리터승부 · 37

팀	KT	생년월일	1995-11-24		
포지션	P	투타	우투우타	신장 181	체중 88
연봉	6000-5900-10000		지명순위	19 KT 2차 4라운드 31순위	
학교	옥산초-경복중-경북고-영남대				

30세 시즌에 43⅓이닝 5홀드 평균자책점 2.49에 WAR 1.12승으로 최고 시즌을 보냈다. 2024년 크게 떨어졌던 포심패스트볼 구속을 회복하고, 슬라이더를 장착한 게 주효했다. 마운드에 올라가면 '더 정확하게' 던지는 것만 생각한다고 한다.

기본기록

연도	경기	선발	QS	승	패	세이브	BS	홀드	이닝	피안타	피홈런	4사구	삼진	피안타율	WHIP	피 OPS	ERA	WAR
2023	36	0	0	4	1	0	0	1	40.2	45	4	15	43	0.280	1.48	0.757	3.98	0.71
2024	29	0	0	0	1	0	0	3	32.0	42	3	17	30	0.328	1.75	0.860	5.34	-0.05
2025	41	0	0	3	0	0	1	5	43.1	31	4	11	34	0.203	0.92	0.573	2.49	1.12
통산	123	0	0	7	3	0	1	10	134.2	146	13	52	115	0.281	1.43	0.763	4.75	1.27

전용주

땅볼러 · 29

팀	KT	생년월일	2000-02-12		
포지션	P	투타	좌투좌타	신장 188	체중 87
연봉	3200-3600-4200		지명순위	19 KT 1차	
학교	양진초-안성시리틀-성일중-안산공고				

2025년 포심패스트볼 평균 시속 147.9km로 전년 대비 시속 4.1km나 올랐다. 마무리캠프와 대만 교류전에서 경험은 자양분이 될 것이다. '김광현의 뒤를 잇는 안산공고 좌완 에이스'라는 기대를 늘 모으는 투수.

기본기록

연도	경기	선발	QS	승	패	세이브	BS	홀드	이닝	피안타	피홈런	4사구	삼진	피안타율	WHIP	피 OPS	ERA	WAR
2023	15	0	0	0	1	0	0	1	10.1	6	0	7	9	0.167	1.16	0.580	4.35	0.30
2024	4	0	0	0	0	0	0	0	1.2	2	0	4	4	0.286	3.00	0.831	10.80	-0.21
2025	21	0	0	0	1	0	0	4	13.2	18	0	7	11	0.310	1.83	0.758	3.95	0.17
통산	44	0	0	0	2	0	0	5	28.2	32	1	24	25	0.281	1.88	0.783	5.65	0.03

주권

팀	KT	**생년월일**	1995-05-31
포지션 P		**투타** 우투우타	**신장** 181 **체중** 82
연봉	20000-20000-15000	**지명순위**	15 KT 신생팀 특별지명
학교	우암초-청주중-청주고		

필승조는 아니지만, 팀이 급한 상황에서 항상 1순위로 떠오르는 선수다. 투수진에 갑자기 큰 구멍이 생겼을 때나 큰 점수 차로 지고 있는 상황에서 경기를 마무리하는 역할로 주로 기용됐다. 강하게 드러나지 않지만 없어서는 안 될 선수.

기본기록

연도	경기	선발	QS	승	패	세이브	BS	홀드	이닝	피안타	피홈런	4사구	삼진	피안타율	WHIP	피 OPS	ERA	WAR
2023	42	3	0	1	2	0	0	5	47.0	49	4	21	17	0.278	1.45	0.748	4.40	0.30
2024	48	1	0	1	1	0	2	0	58.0	78	7	14	31	0.342	1.53	0.884	6.67	-0.28
2025	34	0	0	0	1	0	1	0	40.2	48	3	13	19	0.302	1.50	0.724	4.43	0.31
통산	520	55	8	34	40	4	18	110	718.2	823	84	256	378	0.294	1.46	0.800	5.17	8.82

류현인

팀	KT	**생년월일**	2000-11-08
포지션 SS		**투타** 우투좌타	**신장** 174 **체중** 80
연봉	3100-0-3200	**지명순위**	23 KT 7라운드 70순위
학교	광주수창초-진흥중-진흥고-단국대		

2025년 상무 소속으로 98경기 369타석에서 4할 타율을 기록했다. 게다가 71볼넷 38삼진이라는 경이로운 선구안을 보여주면서 2026년 전지훈련 명단에 이름을 올렸다. "공간에 스트라이크존 포인트를 잡을 줄 아는 선수"라는 게 박치왕 상무 감독의 평.

기본기록

연도	경기	타석	타수	안타	2루타	3루타	홈런	타점	득점	볼넷	사구	삼진	도루	타율	출루율	장타율	OPS	WAR
2023	17	24	23	3	0	0	0	3	6	1	0	4	0	0.130	0.167	0.130	0.297	-0.44
2024	0	0	0	0	0	0	0	0	0	0	0	0	0	-	-	-	-	0.00
2025	0	0	0	0	0	0	0	0	0	0	0	0	0	-	-	-	-	0.00
통산	17	24	23	3	0	0	0	3	6	1	0	4	0	0.130	0.167	0.130	0.297	-0.44

문상철

팀	KT	**생년월일**	1991-04-06
포지션 1B	**투타** 우투우타	**신장** 184	**체중** 85
연봉 11000-17000-13500		**지명순위** 14 KT 2차 특별 11순위	
학교 중대초-잠신중-배명고-고려대			

힐리어드가 1루 수비 부적합 판정을 받으면서 다시 한 번 주전 1루수 기회를 받게 됐다. KT는 타구단 대비 1루수의 생산성이 매우 저조하다. 그래서 안인산과 김현수도 후보군으로 오르고 있다. 살아남기 위해서는 최소 OPS 0.8을 목표로 해야 한다.

기본기록

연도	경기	타석	타수	안타	2루타	3루타	홈런	타점	득점	볼넷	사구	삼진	도루	타율	출루율	장타율	OPS	WAR
2023	112	330	304	79	20	0	9	46	30	16	3	81	3	0.260	0.298	0.414	0.712	-0.24
2024	125	403	347	89	11	0	17	58	50	45	7	86	6	0.256	0.351	0.435	0.786	1.70
2025	79	209	173	37	6	1	5	20	22	25	5	44	1	0.214	0.325	0.347	0.672	0.38
통산	603	1515	1343	318	60	3	48	189	172	123	23	388	16	0.237	0.308	0.393	0.701	0.53

배정대

팀	KT	**생년월일**	1995-06-12
포지션 CF	**투타** 우투우타	**신장** 185	**체중** 80
연봉 32000-34000-26000		**지명순위** 14 LG 2차 1라운드 3순위	
학교 도신초-성남중-성남고-디지			

2026년 이후 FA 자격을 취득할 수 있다. 지난해엔 타율 0.204라는 극심한 부진을 겪으며 주전 중견수 자리를 스티븐슨에 내줬다. 올해는 FA 최원준이 입단했다. 자기 포지션으ㄹ지키기 매우 위태로운 상황. 타고난 강견을 뽐내기 위해서는 타격을 되살려야 한다.

기본기록

연도	경기	타석	타수	안타	2루타	3루타	홈런	타점	득점	볼넷	사구	삼진	도루	타율	출루율	장타율	OPS	WAR
2023	97	361	311	86	16	0	2	38	48	38	3	76	13	0.277	0.356	0.347	0.703	1.73
2024	113	473	404	111	25	1	7	59	49	50	4	114	9	0.275	0.355	0.394	0.749	0.91
2025	99	276	240	49	11	2	2	28	25	19	7	65	6	0.204	0.279	0.292	0.571	-0.03
통산	952	3107	2700	702	130	9	43	325	393	306	37	721	93	0.260	0.340	0.363	0.703	10.50

안인산

팀	KT	생년월일	2001-02-27		
포지션	1B	투타	우투우타	신장 181	체중 95
연봉	3000-3000-3000		지명순위	20 NC 2차 3라운드 21순위	
학교	오금초-안양리틀-평촌중-야탑고				

2차 드래프트로 KT로 이적했다. 2025년 퓨처스리그 48경기에서 타율 0.322 출루율 0.417 장타율 0.559를 기록했다. 야수 전향 첫 시즌 0.141/0.381에서 엄청나게 향상됐다 .장타자가 절실한 KT에게 안인산의 활약은 매우 큰 도움이 될 수 있다.

기본기록

연도	경기	타석	타수	안타	2루타	3루타	홈런	타점	득점	볼넷	사구	삼진	도루	타율	출루율	장타율	OPS	WAR
2023	0	0	0	0	0	0	0	0	0	0	0	0	0	-	-	-	-	0.00
2024	0	0	0	0	0	0	0	0	0	0	0	0	0	-	-	-	-	0.00
2025	4	7	6	0	0	0	0	1	0	0	0	3	0	0.000	0.000	0.000	0.000	-0.18
통산	6	7	6	0	0	0	0	1	0	0	0	3	0	0.000	0.000	0.000	0.000	-0.18

오윤석

팀	KT	생년월일	1992-02-24		
포지션	2B	투타	우투우타	신장 180	체중 87
연봉	14000-16000-13500		지명순위	14 롯데 육성선수	
학교	화중초-자양중-경기고-연세대				

2024년 후반기 타격을 이어가지 못한 점이 아쉽다. 8월 22일 손목 골절 부상으로 시즌 아웃되는 시련까지 겪었다. 주전 2루수 경쟁에서 확실한 모습을 보여주지 못한 게 가장 아쉽다. 2026년은 오윤석이 내야 유틸리티 자원이 아닌, 명확한 포지션을 잡아야 할 시기다.

기본기록

연도	경기	타석	타수	안타	2루타	3루타	홈런	타점	득점	볼넷	사구	삼진	도루	타율	출루율	장타율	OPS	WAR
2023	82	223	199	50	13	1	4	17	24	13	5	44	3	0.251	0.313	0.387	0.700	0.57
2024	73	201	174	51	12	2	6	27	33	18	4	41	0	0.293	0.369	0.489	0.858	1.57
2025	77	184	156	40	8	1	0	19	30	12	7	41	0	0.256	0.335	0.321	0.656	0.66
통산	622	1617	1390	353	67	5	26	172	195	151	28	345	11	0.254	0.336	0.365	0.701	5.61

유준규

67

팀	KT	**생년월일**	2002-08-16
포지션	2B	**투타**	우투좌타	**신장**	176	**체중**	69
연봉	0-3000-3400		**지명순위**	21 KT 2차 3라운드 25순위
학교	군산신풍초–군산중–군산상고		

육상부 출신 외야수. 그래서 발이 빠르다. 장타력보다는 스피드와 수비에 장점이 많다. 2025년 퓨처스리그에서 53경기에서 14도루를 기록했다. 첫 풀타임 소화를 하며 체중 관리의 중요성을 느꼈다고 한다. 올해 목표는 1군 풀타임과 급격한 몸무게 감소 방지.

기본기록

연도	경기	타석	타수	안타	2루타	3루타	홈런	타점	득점	볼넷	사구	삼진	도루	타율	출루율	장타율	OPS	WAR
2023	0	0	0	0	0	0	0	0	0	0	0	0	0	-	-	-	-	0.00
2024	0	0	0	0	0	0	0	0	0	0	0	0	0	-	-	-	-	0.00
2025	35	41	34	4	2	0	0	3	13	7	0	13	2	0.118	0.268	0.176	0.444	-0.12
통산	42	57	48	7	2	0	0	3	16	8	0	19	2	0.146	0.268	0.188	0.456	-0.23

이정훈

33

팀	KT	**생년월일**	1994-12-07
포지션	LF	**투타**	우투좌타	**신장**	185	**체중**	90
연봉	6000-6500-7100		**지명순위**	17 KIA 2차 10라운드 94순위
학교	교문초–배재중–휘문고–경희대		

지난해 148타석에서 4홈런을 기록했다. 37타석당 1홈런은 새로 영입한 김현수를 포함해도 팀내 3위(1위 안현민, 2위 장성우)에 해당한다. 포수에서 외야수로 전향하며 타격에 집중하는 만큼, 2025년 0.379보다는 높은 장타율을 기록할 필요가 있다.

기본기록

연도	경기	타석	타수	안타	2루타	3루타	홈런	타점	득점	볼넷	사구	삼진	도루	타율	출루율	장타율	OPS	WAR
2023	59	171	152	45	7	0	1	17	17	13	3	28	1	0.296	0.357	0.362	0.719	0.08
2024	65	116	100	30	8	0	0	18	10	13	0	21	0	0.300	0.374	0.380	0.754	0.14
2025	59	148	132	34	4	0	4	14	20	13	3	48	0	0.258	0.338	0.379	0.717	-0.08
통산	244	618	541	145	26	0	7	66	61	60	10	137	1	0.268	0.348	0.355	0.703	-0.03

장준원

<table>
<tr><td>팀</td><td>KT</td><td>생년월일</td><td>1995-11-21</td><td></td><td></td></tr>
<tr><td>포지션</td><td>3B</td><td>투타</td><td>우투우타</td><td>신장 183</td><td>체중 77</td></tr>
<tr><td>연봉</td><td>5300-5100-6600</td><td colspan="2">지명순위</td><td colspan="2">14 LG 2차 2라운드 23순위</td></tr>
<tr><td>학교</td><td colspan="5">경운초-김해시리틀-개성중-경남고</td></tr>
</table>

56

9월 3일 윤성빈을 상대로 동점 솔로 홈런을 쳐내며 역전의 발판을 마련했다. 2023년 이후 첫 홈런. 8월 한 달간 타율 0.313을 기록하며 가능성을 보여줬다. 2루수, 3루수, 유격수를 모두 소화할 수 있는 내야 유틸리티. 2군에서는 더 이상 보여줄 게 없다.

기본기록

연도	경기	타석	타수	안타	2루타	3루타	홈런	타점	득점	볼넷	사구	삼진	도루	타율	출루율	장타율	OPS	WAR
2023	69	104	87	15	2	1	1	10	10	12	1	25	3	0.172	0.277	0.253	0.530	0.17
2024	17	18	14	1	0	0	0	0	1	4	0	5	0	0.071	0.278	0.071	0.349	-0.03
2025	73	154	140	29	3	0	1	11	10	8	0	27	0	0.207	0.248	0.250	0.498	0.03
통산	287	456	403	78	10	1	6	38	42	36	1	93	4	0.194	0.259	0.268	0.527	0.06

장진혁

<table>
<tr><td>팀</td><td>KT</td><td>생년월일</td><td>1993-09-30</td><td></td><td></td></tr>
<tr><td>포지션</td><td>CF</td><td>투타</td><td>우투좌타</td><td>신장 184</td><td>체중 90</td></tr>
<tr><td>연봉</td><td>5800-11500-9000</td><td colspan="2">지명순위</td><td colspan="2">16 한화 2차 4라운드 39순위</td></tr>
<tr><td>학교</td><td colspan="5">광주화정초-충장중-광주제일고-단국대</td></tr>
</table>

51

엄상백의 보상선수로 지명돼 KT로 이적했다. 2024년 한화에서 OPS 0.747을 기록하며 커리어하이 시즌을 보냈다. 이적 뒤 활약에는 아쉬움이 있다. 시즌 타율(0.209)에 비해 임팩트있는 경기가 많았다. 8월 9일 삼성, 8월 24일 두산전에서 모두 결승 홈런을 때려냈다.

기본기록

연도	경기	타석	타수	안타	2루타	3루타	홈런	타점	득점	볼넷	사구	삼진	도루	타율	출루율	장타율	OPS	WAR
2023	68	178	162	36	5	1	0	12	24	15	0	41	5	0.222	0.287	0.265	0.552	-0.62
2024	99	327	289	76	16	0	9	44	56	29	3	72	14	0.263	0.335	0.412	0.747	0.60
2025	86	157	139	29	3	1	4	19	19	13	0	46	1	0.209	0.275	0.331	0.606	-0.01
통산	476	1228	1095	262	46	9	16	119	163	104	10	278	38	0.239	0.309	0.342	0.651	-0.48

조대현

팀 KT	**생년월일** 1999-08-06		
포지션 C	**투타** 우투우타	**신장** 183	**체중** 81
연봉 3100-4300-6100		**지명순위** 18 KT 2차 10라운드 91순위	
학교 길동초-매송중-유신고			

2024년 3할 타자에서 1할 타자로 추락했다. 물론 타석 수는 적었다. 전반기(0.241)보다 후반기(0.152)가 더 좋지 않았다. 포수 수비에서도 두각을 보이지 못했다. 2024년보다 두 배 많은 이닝에 나섰지만 도루저지율이 70.0%에서 11.8%로 급락했다. 블로킹도 좋지 않았다.

기본기록

연도	경기	타석	타수	안타	2루타	3루타	홈런	타점	득점	볼넷	사구	삼진	도루	타율	출루율	장타율	OPS	WAR
2023	0	0	0	0	0	0	0	0	0	0	0	0	0	-	-	-	-	0.00
2024	26	45	36	11	2	0	0	3	2	3	0	12	0	0.306	0.350	0.361	0.711	0.48
2025	64	90	75	14	4	0	0	11	7	7	2	22	0	0.187	0.274	0.240	0.514	-0.39
통산	96	139	115	25	6	0	0	14	9	10	2	37	0	0.217	0.289	0.270	0.559	0.00

한승택

팀 KT	**생년월일** 1994-06-21		
포지션 C	**투타** 우투우타	**신장** 174	**체중** 83
연봉 6500-6500-15000		**지명순위** 13 한화 3라운드 23순위	
학교 서울잠전초-남양주리틀-잠신중-덕수고			

4년 총액 10억 원 FA 계약으로 KT로 이적했다. 백업 포수로 우승 반지 2개를 갖고 있다. 통산 9이닝당 포일+폭투 0.516에 도루저지율은 25.6%. 지난해 도루저지율 9.6%에 불과한 장성우의 약점을 메워줄 수 있다.

기본기록

연도	경기	타석	타수	안타	2루타	3루타	홈런	타점	득점	볼넷	사구	삼진	도루	타율	출루율	장타율	OPS	WAR
2023	49	104	85	11	2	0	0	3	6	11	2	32	0	0.129	0.245	0.153	0.398	-0.55
2024	20	15	11	3	0	0	0	2	2	4	0	1	0	0.273	0.467	0.273	0.740	-0.07
2025	15	23	21	5	1	0	0	0	3	1	1	7	0	0.238	0.304	0.286	0.590	0.08
통산	628	1310	1132	235	35	2	19	118	103	118	20	340	1	0.208	0.293	0.292	0.585	0.88

강건  99

포지션	P	투타	우투우타	신장	183	체중	85	생년월일	2004-07-12
연봉	3500-3500-3400			지명순위	23 KT 11라운드 110순위				
학교	원일초-영통구리틀-매향중-장안고								

고준혁  68

포지션	P	투타	좌투좌타	신장	186	체중	81	생년월일	2005-05-29
연봉	0-0-3000			지명순위	26 KT 5라운드 46순위				
학교	인천문학초-인천연수중-중앙고-동원과학기술대								

권성준  15

포지션	P	투타	좌투좌타	신장	185	체중	88	생년월일	2003-03-09
연봉	0-3000-3000			지명순위	22 KT 2차 8라운드 78순위				
학교	대구옥산초-경복중-경북고								

박지훈  66

포지션	P	투타	우투우타	신장	188	체중	90	생년월일	2007-01-19
연봉	0-0-3000			지명순위	26 KT 1라운드 6순위				
학교	천안남산초-개군중-전주고								

이원재  64

지선	P	투타	좌투좌타	신장	187	체중	98	생년월일	2003-05-07
연봉	3000-0-3000			지명순위	22 두산 2차 2라운드 19순위				
학교	수영초-경남중-경남고								

이정현  21

포지션	P	투타	우투우타	신장	188	체중	93	생년월일	1997-12-05
연봉	3500-3500-3700			지명순위	17 KT 2차 1라운드 1순위				
학교	무학초-마산동중-용마고								

이채호  17

포지션	P	투타	우언우타	신장	185	체중	85	생년월일	1998-11-23
연봉	5300-5000-5200			지명순위	18 SK 2차 6라운드 55순위				
학교	동광초-김해시리틀-양산원동중-용마고								

임준형  14

포지션	P	투타	좌투좌타	신장	180	체중	87	생년월일	2000-11-16
연봉	4800-5500-5500			지명순위	19 LG 2차 8라운드 75순위				
학교	광주서석초-진흥중-진흥고								

조이현  54

포지션	P	투타	우투좌타	신장	185	체중	95	생년월일	1995-06-27
연봉	6000-5700-6300			지명순위	14 한화 2차 5라운드 47순위				
학교	송정동초-배재중-제주고								

최동환  16

포지션	P	투타	우투우타	신장	184	체중	83	생년월일	1989-09-19
연봉	13000-11000-11000			지명순위	09 LG 2차 2라운드 13순위				
학교	인헌초-선린중-경동고								

한차현  2

포지션	P	투타	우투우타	신장	180	체중	80	생년월일	1998-11-30
연봉	3100-3500-4000			지명순위	21 KT 2차 2라운드 15순위				
학교	사능초-남양주리틀-청원중-포철공고-성균관대								

강민성  5

포지션	2B	투타	우투우타	신장	180	체중	85	생년월일	1999-12-08
연봉	3600-3700-4200			지명순위	19 KT 2차 6라운드 51순위				
학교	옥산초-경상중-경북고								

강현우  55

포지션	C	투타	우투우타	신장	180	체중	90	생년월일	2001-04-13
연봉	5000-5000-5500			지명순위	20 KT 2차 1라운드 2순위				
학교	원종초-부천원미리틀-부천중-유신고								

김건휘  97

포지션	3B	투타	우투우타	신장	180	체중	92	생년월일	2007-09-11
연봉	0-0-3000			지명순위	26 KT 3라운드 26순위				
학교	청주석교초-양천중-충암고								

김민석  44

포지션	C	투타	우투우타	신장	181	체중	93	생년월일	2005-07-22
연봉	3000-3000-3200			지명순위	24 KT 10라운드 97순위				
학교	창영초-동인천중-제물포고								

안치영  8

포지션	RF	투타	우투좌타	신장	176	체중	72	생년월일	1998-05-29
연봉	5000-4500-5000			지명순위	17 KT 2차 6라운드 51순위				
학교	중동초-원미구리틀-천안북중-북일고								

오서진 

포지션	SS	투타	우투우타	신장	188	체중	80	생년월일	2006-06-08
연봉	0-3000-3200		지명순위	25 KT 6라운드 59순위					
학교	수원신곡초-수원북중-유신고								

이강민 

포지션	SS	투타	우투우타	신장	181	체중	82	생년월일	2007-01-27
연봉	0-0-3000		지명순위	26 KT 2라운드 16순위					
학교	송호초-안산중앙중-유신-유신고								

이재원 

포지션	LF	투타	우투좌타	신장	180	체중	80	생년월일	2007-04-27
연봉	0-0-3000		지명순위	26 KT 6라운드 56순위					
학교	양덕초-신월중-마산고								

임상우 

포지션	2B	투타	우투좌타	신장	180	체중	75	생년월일	2003-01-03
연봉	0-0-3000		지명순위	26 KT 4라운드 36순위					
학교	안현초-광명리틀-영동중-경기고-단국대								

최성민 

포지션	LF	투타	좌투좌타	신장	179	체중	84	생년월일	2002-07-05
연봉	3000-3200-3300		지명순위	21 KT 2차 6라운드 55순위					
학교	송정동초-무등중-광주동성고								

KT 위즈	왼쪽 폴	좌중	중	우중	오른쪽 폴	펜스 좌측	펜스-좌중	펜스-중	펜스-우중	펜스-우	잔디	최대관중(명)
수원 케이티 위즈 파크	98	115	120	115	98	4	4	4	4	4	천연	18,700

2026년 시범경기가 열렸다 ⓒ롯데 자이언츠

주요 이슈

프로야구 역사상 전례 없는 DTD(내려갈 팀은 내려간다). 김재박 전 현대 감독이 창안한 이 명언이 원래 2005년 롯데에 대한 언급이었다는 점에서 숙명적이기까지 하다. 8월 6일까지 롯데는 58승 45패 3무를 기록하고 있었다. 포스트시즌 진출 확률은 95%. 하지만 이후 14경기에서 악몽의 12연패(2무)를 당했다. 8월 28일까지 정규시즌 3위였던 팀이 최종 승률 5할 미만으로 가을 야구에 실패한 건 롯데가 처음이다. 하지만 전체적으로 2025년 롯데는 운이 좋은 팀이었다. 득실점에 기반한 피타고라스 기대 승률로는 롯데는 실력보다 4.1승을 더 거뒀다. 전해 타선의 미래로 보였던 '윤나고황' 쿼더러플 중 윤동희만 제 몫을 했다. 박세웅의 8연속 승리 뒤 3승 12패는 팀 롤러코스터 못지 않았다. 그리고 가장 뛰어난 투수 데이비슨을 12연패 직전에 방출했다.

구단 PROFILE

구단주	신동빈
대표이사	이강훈
단장	박준혁
감독	김태형
주장	전준우
홈구장	사직 야구장
2군 구장	상동 야구장

롯데		영구결번	
한국시리즈 우승	2회	최동원 / 11	
한국시리즈 출전	5회	이대호 / 10	
플레이오프 출전	4회		
준플레이오프 출전	8회		

타율 / 순위	출루율 / 순위	장타율 / 순위	홈런 / 순위	도루 / 순위	실책 / 순위
0.267 / 3	0.346 / 3	0.372 / 8	75 / 10	91 / 7	111 / 6
ERA / 순위	**선발ERA / 순위**	**구원ERA / 순위**	**탈삼진 / 순위**	**볼넷허용 / 순위**	**피홈런 / 순위**
4.75 / 8	4.87 / 8	4.65 / 8	1173 / 3	560 / 9	128 / 7

시즌 월별 성적	승	무	패	승률	순위
3~4월	18	1	13	0.581	4
5월	13	2	11	0.542	6
6월	12	0	10	0.546	3
7월	12	0	9	0.571	3
8월	7	3	16	0.304	10
9~10월	4	0	13	0.235	10
포스트시즌	-	-	-	-	-

전반기 팀 타율 0.280으로 1위를 달렸다. 레이예스(0.340)를 필두로 주전 여섯 명이 0.294 이상을 쳤다. 시즌 전체로는 가장 라인드라이브 타구를 많이 날렸다. 16.8% 비율로 10개 구단 1위였다. 21세 이호준, 22세 한태양, 23세 박찬형, 25세 김동혁이 첫 100+타석 시즌을 보내며 두각을 드러냈다. 롯데 야수진은 타석으로 가중한 평균 나이가 키움 다음으로 젊었다. 한동희는 상무에서 2군을 폭격하고 전역했다. 롯데 유니폼보다 11월 국가대표 유니폼을 먼저 입었다. 레이예스는 최다 안타 타이틀을 2연패했다. 마운드에선 김원중이 세이브 3위에 올랐다. 교체 외국인 투수 감보아는 리그 역사상 가장 빠른 공을 던진 왼손이었다. 나균안은 재기에 성공했고, 이민석은 더 나아졌다. 윤성빈과 홍민기는 최준용과 함께 포심 평균 시속 150km를 넘기는 불펜 트리오를 이뤘다.

후반기 팀 타율은 0.244로 꼴찌였다. 전반기 기대 이상이던 타자들이 약속이나 한 듯 무너졌다. 설마 DPD(Down Player is Down)? 팀 홈런 꼴찌 타선이 안타마저 치지 못하니 점수를 낼 수 없었다. 8월 7일 이후 38경기 승률이 0.229였던 이유다. 병살타 123개는 리그 최다. 젊은 야수진은 실적 면에서 퇴보했다. 부상이 너무 많았다. 선발투수 WAR 10.9승은 8위, 불펜은 4.2승으로 6위에 그쳤다. 포스트시즌을 위해 에이스를 포기하고 영입한 벨라스케스의 WAR은 -0.3승. 1999년 길포일을 제치고 구단 역사상 외국인 투수 최저 기록을 세웠다. 수비력은 또다시 꼴찌. 11월 2차 드래프트 시장에 한현희와 노진혁을 내놨지만 아무도 관심을 보이지 않았다. 지난해 롯데는 두 선수에게 연봉 17억 원을 지불했고, WAR -0.2승을 대가로 받았다. 그래서 외부 FA 영입은 3년 연속 0건.

사직경기장에 모여 열렬히 응원하는 관중들 ⓒ롯데 자이언츠

감독

김태형

김태형 감독은 현역 은퇴 3년째인 2004년 처음으로 1군 코치가 됐다. 이 해 두산 사령탑이 감독 첫 시즌을 보낸 김경문이었다. 김경문 감독이 2011년 6월 자진사퇴하기까지 함께 했다. 그래서인지 김경문 감독과 스타일이 겹친다. 신예를 과감히 기용하면서 팀 내 경쟁 압력을 높여 성과를 낸다. 2023년 롯데 25세 이하 야수들은 1,864타석에서 WAR -0.03승에 그쳤다. 김태형 체제 2년 평균은 2,145타석 WAR 8.0승이다. 선수를 보는 눈이 밝다. 2024년 손호영, 2025년 전민재 트레이드는 모두 취약 포지션에 새 주전이 등장하는 얻는 놀라운 결과를 가져왔다. 불펜을 험하게 굴린다는 점도 두산과 NC 시절 김경문 감독과 닮았다. 2025년 롯데 불펜의 3일 연투는 28회로 2위 키움(13회)의 두 배가 넘었다. 2024년에도 3일 연투 21회로 2위의 두 배 이상이었다.

2026 팀 이슈

'도대체 주전이 누구야?' 롯데 팬이라면 2025년에 자주 가졌을 의문이다. 지난해 주전 포수 유강남은 332타석에만 들어섰다. 10개 구단 주전 포수 가운데 8위. 주전 선수의 타석 비중이 낮은 포지션은 포수만이 아니었다. 1루수 6위, 2루수 8위, 3루수 8위, 유격수 6위로 내야 네 포지션 평균 순위는 7위였다. 외야에서 가장 수비가 중요한 중견수는 10위. 좌익수, 우익수, 지명타자는 3-5위권. 이 세 포지션은 다른 구단들도 선수를 돌려가며 쓴다. 잦은 주전 부상이 큰 이유였다. '유스 무브먼트'가 진행 중인 팀 상황도 있었다. 젊은 선수는 한 해 잘하더라도 다음 해 부진하곤 한다. 지난해 롯데가 바로 그런 팀이었다. 낮은 주전 타석 비율에는 긍정적인 면도 있고, 부정적인 면도 있다. 하지만 이유와 상황이 어떻든, 주전 전력이 약한 팀은 컨텐더가 되기 어렵다.

2026년 3월 15일 시범경기에서 승리한 롯데 선수들이 하이파이브를 하고 있다
ⓒ롯데 자이언츠

2026 최상 시나리오

돌아온 한동희가 사직구장에 홈런을 다시 가져온다. 2016년 2군 홈런왕 한동민이 복귀 뒤 첫 풀시즌에 때려낸 29홈런 기록을 뛰어넘는다. 고승민은 본업인 2루로 복귀하며, 1루수 나승엽은 '천재 타자'라는 별명에 묻었던 얼룩을 씻어낸다. 이 세계선에선 대만 원정 도박사건이 일어나지 않았다. 유격수 포지션에는 누군가가 치열한 경쟁 끝에 살아남는다. 레이예스는 이병규에 이어 두 번째로 최다안타 타이틀을 3연패한다. '단독 1위'로는 사상 최초다. 박세웅은 2025년의 추락에서 얻은 교훈을 실적으로 보여준다. 나균안은 두 번째 실수는 하지 않는다. 이민석은 체인지업을 자기 공으로 만들면서 리그 최강 5선발로 자리매김한다. 김원중이 커리어 네 번째 30세이브와 통산 200세이브를 달성하며, 최준용과 홍민기는 시즌 내내 건강하다. 그리고 윤성빈은 플레이오프 1차전이 열리는 구장 전광판에 시속 163km를 찍는다.

2026 최악 시나리오

BABIP신이 청구서를 내민다. 2019~2020년 롯데의 인플레이타구 타율은 모두 리그 평균보다 낮았다. 이후 5년은 높았다. 이제 내려갈 때가 왔다. 2년 연속 팀 홈런 최하위. 사직구장 홈런 마진은 −22개에서 −30개로 악화된다. 팬들은 "이럴 거면 '성 담장'은 왜 없앴냐"라며 분노한다. 야수진은 여전히 젊다. 하지만 여전히 확실한 주전은 없다. 그리고 여전히 롯데 수비는 10개 구단 최악이다. 비슬리의 공은 일본 시절처럼 좋았다. 건강 문제도 일본 시절과 마찬가지다. 쿄야마는 올드 팬들에게 '모리 가즈마'라는 이름을 떠올리게 한다. 김태형 감독 3년째 시즌에 불펜 부상은 눈에 띄게 증가한다. 하지만 여전히 리그에서 3일 연투가 가장 많은 감독이다. 또다시 가을야구는 남의 일이다. 오프시즌, 다급해진 프런트는 기량이 하락세인 FA와 거액에 계약한다.

김원중

34

팀	롯데	생년월일	1993-06-14				
포지션	P	투타	우투좌타	신장	192	체중	96
연봉	50000-110000-80000			지명순위	12 롯데 1라운드 5순위		
학교	광주학강초-광주동성중-광주동성고						

빅파크피처

2S+FL
스플리터승부

2025년 32세이브는 커리어 세 번째 30+세이브이자 개인 통산 두 번째로 많았다. 마무리로 6시즌 동안 통산 164세이브로 구단 최다 기록을 갖고 있다. 2위인 손승락의 94세이브를 크게 앞지른다. 스플리터 스페셜리스트. 지난해 구사율은 53.4%로 10개 구단 투수 가운데 가장 높았다. 김원중 개인에게도 처음으로 50%를 넘긴 시즌이었다. 상대 타자들도 김원중을 만나면 스플리터에 대비하고 본다. 그래서인지 피치밸류는 2024년 9.2점에서 지난해 2.9점으로 크게 하락했다. 하지만 이 공의 헛스윙/스윙 비율은 41.3%로 리그 평균(32.0%)을 크게 앞섰다. 포심은 다소 우려된다. 2024년보다 평균 구속이 시속 0.7km 향상됐다. 하지만 측정장비 차이를 감안하면 실질적으로는 하락했을 수 있다.

기본기록

연도	경기	선발	QS	승	패	세이브	BS	홀드	이닝	피안타	피홈런	4사구	삼진	피안타율	WHIP	피 OPS	ERA	WAR
2023	63	0	0	5	6	30	5	0	63.2	51	2	30	82	0.220	1.19	0.600	2.97	1.28
2024	56	0	0	3	6	25	6	0	63.1	59	4	32	68	0.250	1.42	0.667	3.55	2.20
2025	53	0	0	4	3	32	6	0	60.2	58	4	35	69	0.250	1.50	0.713	2.67	1.61
통산	434	73	19	43	52	164	33	4	735.2	768	85	400	742	0.268	1.53	0.768	4.88	11.04

나균안

팀	롯데	**생년월일**	1998-03-16
포지션 P		**투타** 우투우타	**신장** 186 **체중** 109
연봉 17000-12000-18000			**지명순위** 17 롯데 2차 1라운드 3순위
학교 무학초-신월중-용마고			

43

©롯데 자이언츠

FSM
스플리터마스터

2S+FL
스플리터승부

2023년의 리그에서 성공과 아시안게임 금메달은 2024년 몰락으로 이어졌다. WAR 2.9승 투수가 -0.7승 투수가 됐다. 지난해 WAR 3.0승은 시즌 도중 방출된 데이비슨을 제외하곤 팀 내 1위. 재기를 위해 노력했다는 건 나균안의 지난해 포심 구속에서 확인할 수 있다. 지난해 4월에 PTS 기준으로 전년 대비 시속 0.7km 빨라졌다. 시그니처 피치인 스플리터도 돌아왔다. 2024년 나균안의 이 공 피치밸류는 -9.3점. 리그에서 두 번째로 형편없는 스플리터였다. 지난해엔 5.3점으로 200구 이상 기준 리그 5위였다. 갈팡질팡하던 제구력도 안정됐다. 수비 요인을 제거한 FIP가 평균자책점보다 높았다는 점은 불안 요소. 2S 스플리터 삼진률이 19.4%로 리그 평균(20.2%)에 미달했다.

기본기록

연도	경기	선발	QS	승	패	세이브	BS	홀드	이닝	피안타	피홈런	4사구	삼진	피안타율	WHIP	피 OPS	ERA	WAR
2023	23	23	12	6	8	0	0	0	130.1	140	8	47	114	0.276	1.40	0.721	3.80	2.90
2024	26	14	2	4	7	0	0	0	73.0	114	15	52	74	0.353	2.21	0.991	8.51	-0.68
2025	28	26	9	3	7	0	0	0	137.1	143	13	55	116	0.268	1.41	0.728	3.87	3.01
통산	139	83	30	17	32	1	3	3	504.2	584	45	218	454	0.289	1.55	0.778	4.78	7.36

로드리게스

31

팀	롯데	생년월일	1998-03-31		
포지션	P	투타	우투우타	신장	193	체중	97
연봉	0-0-$650000			지명순위	26 롯데 자유선발
학교	Cenapec Online				

메이저리그 3시즌, 일본 프로야구 2시즌 커리어가 있다. 메이저리그에선 홈런과 볼넷이 문제였다. 9이닝당 홈런 3.6개, 볼넷 3.8개를 내줬다. 하지만 일본에선 0.7개, 2.9개로 모두 좋아지며 2024년 후반기 야쿠르트 주력 구원투수로 활약했다. KBO 리그에선 NPB보다 홈런은 늘어나고, 볼넷은 줄어들 가능성이 있다. 포심 평균 구속은 2024년 야쿠르트에서 시속 151.5km, 지난해 메이저리그에서 시속 151.9km였다. 빠르고 회전이 좋다. 포심, 슬라이더, 체인지업을 모두 삼진아웃 피치로 쓸 수 있다. 가장 효과적인 보조 구종은 슬라이더였다. 이 공 헛스윙/스윙 비율이 44.0%에 달했다. 지난해 KBO 리그 평균은 28.7%. 지난해 밀워키의 홈 개막전 선발투수였다. 지난 두 시즌 동안 불펜에서 주로 뛰었다.

기본기록

연도	경기	선발	QS	승	패	세이브	BS	홀드	이닝	피안타	피홈런	4사구	삼진	피안타율	WHIP	피 OPS	ERA	WAR
2023	0	0	0	0	0	0	0	0	0.0	0	0	0	0	0	-	-	-	-
2024	0	0	0	0	0	0	0	0	0.0	0	0	0	0	0	-	-	-	-
2025	0	0	0	0	0	0	0	0	0.0	0	0	0	0	0	-	-	-	-
통산	-	-	-	-	-	-	-	-	-	-	-	-	-	-	-	-	-	-

박세웅

21

팀 롯데	**생년월일** 1995-11-30		
포지션 P	**투타** 우투우타	**신장** 182	**체중** 85
연봉 135000-135000-210000	**지명순위** 14 KT 1차		
학교 경운초-경운중-경북고			

CUM

커브마스터

타이밍싸움

커브를 적게 던졌기 때문이었을까? 5월 11일까지 박세웅은 8연승을 달리며 평균자책점 2.25로 에이스의 투구를 했다. 최고의 공은 커브였다. 8연승 기간 커브로는 출루를 단 한 번도 허용하지 않았다. 이후 20경기에선 3승 12패에 평균자책점 6.36. 커브 구사율을 줄였고, 맞아 나갔다. 커브와 함께 삼진도 줄어들었다. 두 기간 9이닝당 삼진은 각각 10.93개, 7.57개였다. 하지만 가장 큰 문제는 포심패스트볼이었다. 시즌 피치밸류가 -16.6점으로 10개 구단 전체 투수 중 최악이었다. 포심뿐 아니라 모든 구종을 통틀어. 규정이닝을 채운 내국인 투수 중 포심 평균 구속(시속 147.0km)이 가장 빨랐다. 자기에게 맞는 피칭플랜 수립이 필요해 보인다. 너무 잘 던지려고 하는 게 문제일 수 있다.

기본기록

연도	경기	선발	QS	승	패	세이브	BS	홀드	이닝	피안타	피홈런	4사구	삼진	피안타율	WHIP	피 OPS	ERA	WAR
2023	27	27	16	9	7	0	0	0	154.0	145	8	63	129	0.248	1.32	0.650	3.45	3.68
2024	30	30	14	6	11	0	0	0	173.1	188	13	67	124	0.275	1.41	0.717	4.78	3.52
2025	29	28	12	11	13	0	0	0	160.2	183	15	62	156	0.282	1.48	0.769	4.93	1.95
통산	282	269	117	79	101	0	0	0	1489.0	1621	151	605	1204	0.277	1.44	0.753	4.65	28.24

비슬리

23

팀	롯데	**생년월일**	1995-11-20
포지션 P		**투타** 우투우타	**신장** 188 **체중** 106
연봉	0-0-$650000	**지명순위**	26 롯데 자유선발
학교	Toombs County High School–Clemson University		

메이저리그에선 통산 18경기 구원으로만 뛰며 빛을 보지 못했다. 하지만 2023~2024년 '투수 왕국' 한신의 주력 투수로 활약했다. 로드리게스와는 달리 선발로도 25경기에 등판했다. 2024년 선발 13경기 평균자책점이 2.15로 대단했다. 이 점에서 올해 롯데의 에이스로 기대를 모은다. 포심 구속은 지난해 평균 시속 149.8km로 로드리게스보다 떨어진다. 하지만 회전수는 메이저리그에서도 최상위권이었다. 슬라이더가 살아나야 한다. 2024년 비슬리의 슬라이더 피치밸류는 7.9점으로 NPB 전체 6위였다. 그런데 지난해엔 타자들이 슬라이더 유인구에 잘 속지 않았다. 그래서 우타 상대 삼진률이 30.1%에서 13.0%로 급감했다. 일본에서 볼넷률은 리그 평균보다 높았다. 한국에선 낮아질 것이다.

기본기록

연도	경기	선발	QS	승	패	세이브	BS	홀드	이닝	피안타	피홈런	4사구	삼진	피안타율	WHIP	피 OPS	ERA	WAR
2023	0	0	0	0	0	0	0	0	0.0	0	0	0	0	0	-	-	-	-
2024	0	0	0	0	0	0	0	0	0.0	0	0	0	0	0	-	-	-	-
2025	0	0	0	0	0	0	0	0	0.0	0	0	0	0	0	-	-	-	-
통산	-	-	-	-	-	-	-	-	-	-	-	-	-	-	-	-	-	-

윤성빈

55

팀	롯데	**생년월일**	1999-02-26
포지션	P	**투타**	우투우타	**신장** 197	**체중** 90
연봉	3100-3100-4500	**지명순위**	17 롯데 1차
학교	동일초-경남중-부산고		

RECOVER
리커버리

보더라인피칭

초구S버프

K피치

지난해 한국시리즈에서 문동주는 KBO 리그 사상 가장 빠른 공을 던졌다. 하지만 포심 평균 구속 1위 투수는 롯데 윤성빈(시속 155.0km)이었다. 스탯티즈가 구속 기록을 집계한 2013년 이후 전체 1위. NPB에서도 지난해 윤성빈보다 빠른 공을 던진 일본인 투수는 네 명뿐이다. 2018년 4월 13일 프로 통산 네 번째 경기에서 6이닝 2실점 QS로 부산 팬들을 설레게 했다. 하지만 이 QS가 커리어 처음이자 마지막이었다. 부상과 제구력 문제로 2019~2024년 1군 2⅓이닝만 던지며 잊혀졌다. 지난해 5월 20일 첫 등판에선 1이닝 동안 볼넷 6개를 내주며 9실점. 하지만 6월 1군 복귀 뒤엔 30경기에서 주력 구원투수로 활약했다. 평균자책점 7점대지만 수비요인을 제거한 FIP는 3.89로 리그 평균(3.92)보다 좋았다.

기본기록

연도	경기	선발	QS	승	패	세이브	BS	홀드	이닝	피안타	피홈런	4사구	삼진	피안타율	WHIP	피 OPS	ERA	WAR
2023	0	0	0	0	0	0	0	0	0.0	0	0	0	0	0	-	-	-	-
2024	1	1	0	0	1	0	0	0	1.0	4	1	2	1	0.571	6.00	1.810	45.00	-0.19
2025	31	1	0	1	2	0	0	0	27.0	26	3	24	44	0.245	1.70	0.781	7.67	-0.00
통산	52	13	1	3	9	0	0	0	80.0	81	9	69	110	0.260	1.79	0.806	7.54	0.37

정철원

팀 롯데	**생년월일** 1999-03-27		
포지션 P	**투타** 우투우타	**신장** 192	**체중** 95
연봉 16500-12000-18000	**지명순위** 18 두산 2차 2라운드 20순위		
학교 역북초-용인송전중-안산공고			

65

©롯데 자이언츠

주자압박

2022년 신인왕 정철원이 수상 2년이 갓 지난 시점에 롯데로 트레이드된다는 건 예상이 어려웠을 것이다. 2024년 워낙 부진했다. 이닝당 주자 두 명 이상을 내보냈다. ABS존의 낮은 코스 판정 적응 문제인지 볼넷이 급격하게 늘어났다. 포심 구속은 데뷔 시즌보다 시속 3.7km 하락했다. 포심 위력은 지난해 롯데에서도 크게 회복되지 않았다. 하지만 9이닝당 볼넷이 7.24개에서 3.60개로 절반 수준으로 떨어졌다. 지난해 ABS 존 하단은 1cm 낮아졌다. ABS가 2024년 볼넷 남발 이유였다면 정철원에겐 매우 긴 1cm였던 셈이다. 롯데에서 슬라이더 구사율을 40% 이상으로 끌어올렸다. 지난해 정철원의 가장 좋은 공이 슬라이더기도 했다. CSW(Callde Strikes + Whiffs)율이 27.4%로 개인 통산 가장 좋았던 점도 긍정적이다.

기본기록

연도	경기	선발	QS	승	패	세이브	BS	홀드	이닝	피안타	피홈런	4사구	삼진	피안타율	WHIP	피 OPS	ERA	WAR
2023	67	0	0	7	6	13	9	11	72.2	66	8	34	55	0.242	1.35	0.675	3.96	0.01
2024	36	0	0	2	1	6	1	1	32.1	39	5	31	39	0.295	2.01	0.919	6.40	-0.16
2025	75	0	0	8	3	0	6	21	70.0	72	4	35	55	0.268	1.43	0.714	4.24	1.03
통산	236	0	0	21	13	22	19	56	247.2	237	21	128	196	0.254	1.41	0.713	4.11	2.42

정현수

팀	롯데	**생년월일**	2001-05-10
포지션 P	**투타** 좌투좌타	**신장** 180	**체중** 84
연봉 3000-4000-9000		**지명순위** 24 롯데 2라운드 13순위	
학교 대연초-부산중-부산고-송원대			

57

©롯데 자이언츠

타이밍싸움

피네스K

정현수는 지난해 10개 구단에서 가장 많은 82경기에 등판한 구원투수였다. 프랜차이즈 신기록. 2일 연투 31회에 3일 연투도 7회나 됐다. 모두 리그 최다. 2003년 81경기에 등판한 선배 가득염처럼 왼손 원포인트 역할이었다. 이를 고려해도 김태형 감독의 사랑을 너무 과하게 받았다. 부산고 재학 시절 프로 지명을 받지 못했지만, 송원대에서 기량을 끌어올렸다. 2023년 아시아야구선수권대회에서 대표로 뽑힌 대학 투수세 명에 포함됐다. 강속구와는 거리가 먼 좌완. 슬라이더를 50% 비율로 던진다. 지난해 슬라이더 피안타율 0.176으로 대단했다. 좌타자에겐 0.155로 더 뛰어났다. 우타 상대로는 커브를 15% 비율로 던져 피안타율 0.167을 기록했다. 야구 예능 〈최강야구〉 출연 경력이 있다.

기본기록

연도	경기	선발	QS	승	패	세이브	BS	홀드	이닝	피안타	피홈런	4사구	삼진	피안타율	WHIP	피 OPS	ERA	WAR
2023	0	0	0	0	0	0	0	0	0.0	0	0	0	0	0	-	-	-	-
2024	18	4	0	1	1	0	1	1	23.2	20	0	14	25	0.235	1.35	0.658	4.56	0.74
2025	82	0	0	2	0	0	0	12	47.2	34	4	28	47	0.201	1.26	0.635	3.97	1.03
통산	100	4	0	3	1	0	1	13	71.1	54	4	42	72	0.213	1.29	0.643	4.16	1.77

최준용

56

팀	롯데	**생년월일**	2001-10-10
포지션 P		**투타** 우투우타	**신장** 185 **체중** 85
연봉 16300-11000-14000		**지명순위** 20 롯데 1차	
학교 수영초-대천중-경남고			

2025년 좋았던 일. 포심 평균 구속이 시속 150.3km를 찍었다. '트랙맨 효과'를 차감하더라도 전년 대비 시속 3~4km 빨라졌다. 2024년 8월 어깨 수술에서 성공적으로 복귀했다는 신호였다. 나빴던 일. 구속 상승이 성적 향상으로 변환되지 않았다. 평균자책점은 2년 연속 5점대였고, WAR은 0.4승을 넘지 못했다. 하지만 아주 나쁘지는 않았다. 9이닝당 삼진이 10.27개에 달했다. 평균자책점은 높았지만 수비 요인을 제거한 FIP는 3.46으로 훨씬 좋았다. 스플리터 구사율을 줄인 건 부상 전과의 차이다. 대신 구사율을 10%로 높인 커브는 지난해 피치밸류가 가장 높은 공이었다. 2023년에 이어 두 번째로 본격적으로 커브를 던진 시즌이었다. 최준용의 FIP가 가장 좋았던 시즌이 바로 2023년이다.

기본기록

연도	경기	선발	QS	승	패	세이브	BS	홀드	이닝	피안타	피홈런	4사구	삼진	피안타율	WHIP	피 OPS	ERA	WAR
2023	47	0	0	2	3	0	4	14	47.2	50	2	19	40	0.266	1.43	0.662	2.45	1.47
2024	27	0	0	1	2	0	4	3	21.2	28	2	15	12	0.322	1.94	0.854	5.40	0.13
2025	49	0	0	4	4	1	4	17	54.1	50	5	22	62	0.243	1.21	0.682	5.30	0.33
통산	266	0	0	14	17	16	17	68	271.2	263	28	112	265	0.254	1.32	0.707	4.01	5.24

쿄야마

48

팀	롯데	생년월일	1998-07-04

포지션	P	투타	우투우타	신장	183	체중	80

연봉	0-0-$80000	지명순위	26 롯데 아시아쿼터

학교	오미고등학교

'일본 투수는 제구력이 좋다'는 고정관념이 있다. 쿄야마는 제구력이 나쁜 파워피처다. 2022년 1군 76이닝 평균자책점 3.23으로 커리어하이 시즌을 보냈다. 2024년 시속 155km로 개인 구속 기록을 세웠다. 고질적인 제구 불안으로 큰 빛을 보지 못했다. 통산 1군 9이닝당 볼넷이 5.19개였다. 지난해엔 2군에서만 뛰며 22⅓이닝 동안 4사구 28개를 내줬다. 스플리터 헛스윙/스윙 비율은 무려 41.7%에 달했다. 문제는 역시 포심 제구. 이 공 로케이션+가 44에 불과했다. 이 수치는 100이 리그 평균이다. 특히 좌타자 몸쪽으로 포심을 제대로 붙이지 못했다. 2023년 입스 증세를 겪기도 했다. 신인이던 2017년 아시아윈터베이스볼리그(대만) 결승 한국전에 선발로 등판한 적 있다. K팝 애호가.

기본기록

연도	경기	선발	QS	승	패	세이브	BS	홀드	이닝	피안타	피홈런	4사구	삼진	피안타율	WHIP	피 OPS	ERA	WAR
2023	0	0	0	0	0	0	0	0	0.0	0	0	0	0	0	-	-	-	-
2024	0	0	0	0	0	0	0	0	0.0	0	0	0	0	0	-	-	-	-
2025	0	0	0	0	0	0	0	0	0.0	0	0	0	0	0	-	-	-	-
통산	-	-	-	-	-	-	-	-	-	-	-	-	-	-	-	-	-	-

홍민기

팀 롯데		**생년월일** 2001-07-20	
포지션 P	**투타** 좌투좌타	**신장** 185	**체중** 85
연봉 3100-3100-6000		**지명순위** 20 롯데 2차 1라운드 4순위	
학교 법동초–한밭중–대전고			

38

ⓒ롯데 자이언츠

땅볼러

보더라인피칭

초구S버프

R-헌터

2018년 이후 내국인 왼손으로 포심 평균 구속 1위는 지난해 삼성 배찬승(시속 151.7km). 그리고 2위가 2025년 롯데 홍민기(시속 150.1km)다. 5월 17일 삼성과의 시즌 데뷔전에서 처음 던진 포심이 시속 153km로 찍혔다. 6월엔 시속 156km까지 올라왔다. 8월 19일 LG전에서 평균 구속이 갑자기 시속 145.5km까지 떨어지자 2군으로 내려갔고, 이후 복귀하지 못했다. 팔꿈치 통증과 투구 폼 문제가 동시에 찾아왔다. 11월 미야자키 마무리 캠프에는 정상 참가했다. 2020년 드래프트 1라운더 유망주지만 2024년까지 1군 50이닝만 던졌다. 2군에서도 2023년까지 10⅔이닝이 전부. 부상과 군 복무로 공백이 길었다. 지난해 확실히 가능성을 보여줬다. 구위가 강력하면서 스트라이크를 던질 줄 알고 볼넷이 적다.

기본기록

연도	경기	선발	QS	승	패	세이브	BS	홀드	이닝	피안타	피홈런	4사구	삼진	피안타율	WHIP	피 OPS	ERA	WAR
2023	0	0	0	0	0	0	0	0	0.0	0	0	0	0	-	-	-	-	-
2024	3	1	0	0	0	0	0	0	3.2	8	0	3	2	0.381	2.45	0.982	12.27	-0.06
2025	25	2	0	0	2	0	0	3	32.0	24	0	13	39	0.211	1.09	0.559	3.09	1.06
통산	29	3	0	0	2	0	0	3	36.0	32	0	18	41	0.235	1.28	0.630	4.25	0.99

고승민

2

팀	롯데	**생년월일**	2000-08-11
포지션 2B	**투타** 우투좌타	**신장** 189	**체중** 92
연봉 8000-18500-18500		**지명순위** 19 롯데 2차 1라운드 8순위	
학교 군산신풍초-배명중-북일고			

©롯데 자이언츠

스몰파크배터

2024년 커리어하이 시즌에서 미끄러졌다. 통산 두 번째로 3할 시즌 뒤 부진을 겪었다. 징크스가 되면 곤란하다. 낮은 코스 약점은 2024년에 개선됐다 지난해 다시 악화됐다. ABS존 하향 조정이 이유인지도 모른다. 빠른 타구 속도가 오랫동안 장점이었다. 빠른 타구는 장타의 조건 중 하나다. 하지만 지난해 순수장타율은 0.079로 커리어 최악. 홈런은 딱 10개가 줄었다. 존을 벗어나는 공에 스윙이 줄었다는 점은 긍정적이다. 왼손투수에 대한 약점에서 벗어났다. 좌투 상대 타율이 0.295였다. 문제는 우투에게 0.259였다. 오른손 투수의 스플리터에 당한 게 컸다. 야수진 줄부상으로 1루수 45경기, 2루수 60경기, 우익수 22경기에 출장했다. 2루수로 고정되는 게 자신과 팀에게 좋을 것이다.

기본기록

연도	경기	타석	타수	안타	2루타	3루타	홈런	타점	득점	볼넷	사구	삼진	도루	타율	출루율	장타율	OPS	WAR
2023	94	308	255	57	14	2	2	24	35	42	1	64	8	0.224	0.331	0.318	0.649	0.09
2024	120	532	481	148	27	6	14	87	79	41	1	78	5	0.308	0.358	0.476	0.834	3.18
2025	121	538	469	127	21	2	4	45	71	56	3	83	5	0.271	0.350	0.350	0.700	2.05
통산	457	1729	1522	427	83	13	25	192	223	168	5	288	19	0.281	0.350	0.401	0.751	7.18

나승엽

51

팀	롯데	생년월일	2002-02-15
포지션	1B	투타	우투좌타
연봉	4000-12000-9500	신장	190
학교	남정초-선린중-덕수고	체중	82

신장 190 체중 82

지명순위 21 롯데 2차 2라운드 11순위

©롯데 자이언츠

롯데 타선의 2025년은 '윤나고황' 쿼더러플의 전체적인 득점 생산성 하락으로 요약할 수 있다. 1루수 나승엽이 가장 부진했다. WAR이 무려 2.3승 감소했다. 2024년 커리어 첫 3할 타율로 화려한 1군 복귀 시즌을 보냈다. 지난해 타율은 27% 감소했다. 시즌 마지막 달인 9월 타율은 0.122로 끔찍했다. 홈런은 두 개를 더 때렸지만 2루타와 3루타는 25개나 줄었다. 운도 따르지 않았다. BABIP이 0.259로 리그 평균(0.312)에 크게 못 미쳤다. 일부는 땅볼 타구 증가가 이유지만 일부는 불운이다. 나승엽은 좌타자지만 2024년에 좌투 상태 타율이 0.338로 대단했다. 지난해엔 0.171로 추락했다. 놀랍게도 왼손투수의 브레이킹볼에 안타를 단 하나도 치지 못했다. 다른 팀 투수들도 알았을 것이다.

기본기록

연도	경기	타석	타수	안타	2루타	3루타	홈런	타점	득점	볼넷	사구	삼진	도루	타율	출루율	장타율	OPS	WAR
2023	0	0	0	0	0	0	0	0	0	0	0	0	0	-	-	-	-	0.00
2024	121	489	407	127	35	4	7	66	59	69	4	83	1	0.312	0.411	0.469	0.880	2.29
2025	105	392	328	75	12	2	9	44	40	55	5	65	0	0.229	0.347	0.360	0.707	-0.07
통산	286	1009	848	225	49	6	18	120	115	138	9	181	2	0.265	0.371	0.401	0.772	1.88

레이예스

29

팀	롯데	생년월일	1994-10-05		
포지션	RF	투타	우투양타	신장	196	체중	87
연봉	$950000-$1250000-$1112000	지명순위	24 롯데 자유선발		
학교	escuela dr. Felipe Guevara				

©롯데 자이언츠

빅파크배터

CU헌터

레이예스는 롯데에 가장 적합한 외국인 타자일까. 2024년 첫 시즌에 202안타로 KBO리그 신기록을 썼다. 지난해엔 최다안타 타이틀을 2연패했다. 하지만 홈런은 두 시즌 합쳐 28개를 쳤을 뿐이다. 삼성 디아즈, NC 데이비슨, KIA 위즈덤, LG 오스틴이 2025년 한 해에만 쳐낸 홈런보다 적었다. 롯데는 홈런 파워가 약한 팀이다. 레이예스는 메이저리그 5시즌을 준주전으로 뛰었지만 통산 394경기에서 홈런 16개만 때려냈다. 마이너리그에서도 2023년 AAA 20홈런이 시즌 최다다. 체격으로는 슬러거 타입이지만 스윙은 그렇지 않다. 배트가 공과 최단 거리인 직선으로 나간다. 스윙길이가 짧고 타구 발사각도 낮다. 배럴 컨트롤이 뛰어나 라인드라이브 타구를 양산하지만 홈런에는 불리한 스윙이다.

기본기록

연도	경기	타석	타수	안타	2루타	3루타	홈런	타점	득점	볼넷	사구	삼진	도루	타율	출루율	장타율	OPS	WAR
2023	0	0	0	0	0	0	0	0	0	0	0	0	0	-	-	-	-	0.00
2024	144	632	574	202	40	3	15	111	88	46	1	82	5	0.352	0.394	0.510	0.904	3.51
2025	144	643	573	187	44	1	13	107	75	58	3	66	7	0.326	0.386	0.475	0.861	3.21
통산	288	1275	1147	389	84	4	28	218	163	104	4	148	12	0.339	0.390	0.493	0.883	6.72

유강남

27

팀	롯데	생년월일	1992-07-15				
포지션	C	투타	우투우타	신장	182	체중	88
연봉	100000-110000-70000			지명순위	11 LG 7라운드 50순위		
학교	청원초-휘문중-서울고						

©롯데 자이언츠

핫타석버프

2024년 최악의 부진에서 벗어났다. 지난해 wRC+ 101.4는 2020년대 들어 유강남의 가장 좋은 기록이었다. 10개 구단 포수 중에선 4위. 라인드라이브 비율은 50타석 이상 출장한 포수 가운데 가장 높았다. 유인구에 헛스윙을 자주 했음에도 좋은 타격을 했던 이유다. 포심 타율은 0.330, 체인지업은 0.393이었다. 특히 왼손투수의 체인지업에는 타율 4할이었다. 포수로서 유강남의 최대 장점은 뛰어난 프레이밍이었다. ABS 시대에는 효용이 거의 사라진 기술. 그럼에도 수비 득점기여도는 72경기 이상 출장한 포수 중 7위였다. 선방으로 평가할 수 있다. 최대 문제는 도루에 취약하다는 것. 지난해 상대 도루시도 62회 중 딱 여섯 번만 잡아냈다. 60경기 이상 출장 포수 중 가장 낮았다.

기본기록

연도	경기	타석	타수	안타	2루타	3루타	홈런	타점	득점	볼넷	사구	삼진	도루	타율	출루율	장타율	OPS	WAR
2023	121	403	352	92	13	0	10	55	45	37	8	64	1	0.261	0.342	0.384	0.726	2.41
2024	52	155	136	26	3	0	5	20	11	9	7	25	0	0.191	0.275	0.324	0.599	0.08
2025	110	350	303	83	18	0	5	38	35	26	13	66	0	0.274	0.352	0.383	0.735	2.09
통산	1313	4234	3769	997	170	1	123	560	430	271	118	754	8	0.265	0.331	0.408	0.739	23.85

윤동희

91

팀 롯데	**생년월일** 2003-09-18		
포지션 CF	**투타** 우투우타	**신장** 187	**체중** 85
연봉 9000-20000-18000	**지명순위** 22 롯데 2차 3라운드 24순위		
학교 현산초-대원중-야탑고			

©롯데 자이언츠

6월 허벅지 부상을 당했다. 7월 복귀했지만 8월에 72타석에서 타율 0.179라는 끔찍한 부진을 겪어 다시 2군으로 내려갔다. 그래서 47경기나 결장해야 했다. 그럼에도 WAR 3.1승으로 팀 야수진 2위에 올랐다. 전 경기 출장한 레이예스(3.2)와 거의 차이가 없었다. 프로 4년차지만 항저우 아시안게임부터 다섯 번이나 국가대표로 뽑히며 롯데 타선의 기둥이 되고 있다. 데뷔 이후 매년 볼넷률이 오르고 있다. 지난해 ABS존이 투수에게 유리하게 하향조정 됐음에도 삼진율은 떨어졌다. 이상적인 방향이다. 슬러거 타입이 아님에도 지난해 볼을 얻어낸 비율이 리그 4위(300타석 이상)였다. 우익수 수비는 향상되고 있다. 지난해엔 예년보다 더 많은 타구를 안정적으로 처리했다.

기본기록

연도	경기	타석	타수	안타	2루타	3루타	홈런	타점	득점	볼넷	사구	삼진	도루	타율	출루율	장타율	OPS	WAR
2023	107	423	387	111	18	1	2	41	45	28	1	69	3	0.287	0.333	0.354	0.687	0.36
2024	141	613	532	156	35	4	14	85	97	67	7	114	7	0.293	0.376	0.453	0.829	3.23
2025	97	399	330	93	21	1	9	53	54	49	11	65	4	0.282	0.386	0.433	0.819	3.14
통산	349	1448	1262	362	75	6	25	180	197	144	19	250	14	0.287	0.364	0.415	0.779	6.43

전민재

13

팀	롯데	**생년월일**	1999-06-30			
포지션	SS	**투타**	우투우타	**신장**	181	**체중**	73
연봉	3400-7500-11000			**지명순위**	18 두산 2차 4라운드 40순위	
학교	천안남산초–천안북중–대전고					

©롯데 자이언츠

4월 24일 사직 한화전을 마쳤을 때까지 전민재는 '4할 타자'였다. 전 해 11월 정철원과 함께 두산에서 트레이드됐을 당시 기대치는 높지 않았다. 통산 타율 0.255에 홈런은 두 개만 때려냈다. 하지만 LG와의 원정 개막전 2안타를 시작으로 5월까지 타율 0.387이라는 엄청난 활약을 했다. 6월 이후 타율은 0.211로 급감했다. 첫 풀시즌에, 헤드샷 포함 부상을 두 번 당했다. 어쨌든 성공적인 시즌이었다. 안주해선 안 된다. 전민재의 라인드라이브 비율 11.4%는 200타석 이상 출장 유격수 11명 중 11위, 볼넷률 6.0%는 10위다. 지난해 BABIP 0.340은 리그 평균(0.312)를 크게 상회한다. 수비 범위가 좁다는 점도 약점이다. 시즌 뒤 한태양과 함께 지바 롯데 마무리 캠프로 파견됐다.

기본기록

연도	경기	타석	타수	안타	2루타	3루타	홈런	타점	득점	볼넷	사구	삼진	도루	타율	출루율	장타율	OPS	WAR
2023	19	18	17	4	2	0	0	1	3	0	0	3	0	0.235	0.235	0.353	0.588	-0.28
2024	100	276	248	61	5	1	2	32	34	17	4	53	7	0.246	0.301	0.298	0.599	-0.30
2025	101	369	331	95	15	0	5	34	39	22	4	63	3	0.287	0.337	0.378	0.715	1.13
통산	278	722	653	177	24	1	7	71	90	39	8	135	13	0.271	0.317	0.343	0.660	0.79

전준우

8

팀	롯데	**생년월일**	1986-02-25
포지션	DH	**투타**	우투우타	**신장**	184	**체중**	98
연봉	130000-40000-70000		**지명순위**	08 롯데 2차 2라운드 15순위
학교	흥무초-경주중-경주고-건국대			

39세 베테랑의 지난해 114경기 출장은 그렇게 적지 않다. 하지만 8월 6일 전준우가 왼쪽 햄스트링 부상으로 2군으로 내려간 다음날부터 롯데가 12연패를 당했다는 점은 뼈아팠다. 통산 타율 0.299의 강타자. 35세이던 2021년부터 타율은 0.312. 역대 35~39세 나이에 500경기 이상 출장한 타자 중 박용택(0.332)과 유한준(0.316)에 이어 3위. 2024년 17개였던 홈런이 8개로 줄어든 건 아쉽다. 하지만 후반기 부상으로 1홈런에 그친 탓이 컸다. 40세 시즌에도 두 자릿수 홈런을 기대할 수 있다. 롯데가 강했던 2000년대 후반 주전 중 유일하게 팀을 지키고 있다. 당시 멤버 손아섭이 지난해 한화로 이적해 역대 한국시리즈에 못 가 본 선수 중 정규시즌 최다 출장 기록 보유자가 됐다.

기본기록

연도	경기	타석	타수	안타	2루타	3루타	홈런	타점	득점	볼넷	사구	삼진	도루	타율	출루율	장타율	OPS	WAR
2023	138	559	493	154	21	3	17	77	80	52	7	65	9	0.312	0.381	0.471	0.852	3.53
2024	109	483	423	124	26	2	17	82	57	49	5	84	3	0.293	0.369	0.485	0.854	1.85
2025	114	472	410	120	26	1	8	70	50	44	9	71	2	0.293	0.369	0.420	0.789	1.39
통산	1839	7730	6872	2056	412	26	221	1040	1103	646	101	1157	138	0.299	0.364	0.463	0.827	35.58

한태양

팀 롯데	**생년월일** 2003-09-15
포지션 2B	**투타** 우투우타	**신장** 181	**체중** 76
연봉 0-3800-7000	**지명순위** 22 롯데 2차 6라운드 54순위
학교 역삼초-언북중-덕수고	

6

©롯데 자이언츠

첫타석버프

초구B버프

상무에서 복귀한 첫 해 준수한 타격을 했다. 200타석 이상 출장 2루수 중 OPS 0.745는 김선빈 박민우 신민재에 리그 4위. 지난해 개막전에서 대타로 출장한 뒤 5월까지 15타석에 그쳤다. 6월부터 1루수로 옮긴 고승민을 대신해 주전 2루수로 기용됐다. 7월까지 타율 0.316으로 기대를 한참 넘어섰다. 8월 이후 0.230으로 처진 건 아쉬웠다. 브레이킹볼 공략에는 능하지만 떨어지는 스플리터와 체인지업에 약점을 보였다. 홈 타율 0.336이지만 원정에선 0.214로 부진했다. 좌우 투수는 딱히 가리지 않았다. 주전 유격수를 맡기에는 수비 범위와 송구가 떨어진다. 상무에서는 3루수로 뛰었다. 지난해 2루수 수비로는 평균보다 0.26점을 더 막아냈다. 48+경기 출장 기준 리그 7위.

기본기록

연도	경기	타석	타수	안타	2루타	3루타	홈런	타점	득점	볼넷	사구	삼진	도루	타율	출루율	장타율	OPS	WAR
2023	0	0	0	0	0	0	0	0	0	0	0	0	0	-	-	-	-	0.00
2024	0	0	0	0	0	0	0	0	0	0	0	0	0	-	-	-	-	0.00
2025	108	267	230	63	14	2	2	22	42	32	2	69	3	0.274	0.367	0.378	0.745	1.52
통산	146	339	291	72	15	2	2	25	56	37	4	93	4	0.247	0.340	0.333	0.673	1.23

황성빈

0

팀	롯데	**생년월일**	1997-12-19
포지션	LF	**투타**	우투좌타	**신장**	172	**체중**	76
연봉	7600-15500-11000	**지명순위**	20 롯데 2차 5라운드 44순위
학교	관산초-안산중앙중-소래고-경남대		

©롯데 자이언츠

어린이날에 어린이들에게 헤드퍼스트슬라이딩을 왜 하면 안 되는지를 보여줬다. 5월 5일 사직구장에서 이 위험한 플레이를 하다 왼손 중수골이 골절됐다. 그래서 앞 시즌보다 46경기 더 결장해야 했다. 부상 전 0.324이던 타율은 복귀 뒤 0.200으로 급락했다. 이 플레이로 롯데는 대략 2승 정도를 날려먹었다. 타격에선 할 말이 없었지만 도루 25개는 팀내 1위. 한 베이스를 더 가는 주루도 뛰어나다. 도루를 제외한 베이스러닝에서 팀에 추가 3.17점을 안겼다. 황성빈을 제외하고 지난해 롯데에서 누구도 1점 이상을 기록하지 못했다. 여전히 롯데에서 가장 유능한 주자였다. 망할 헤드퍼스트슬라이딩은 빼고. 이 슬라이딩이 그냥 달리는 것보다 1루에 도달하는 데 시간이 더 걸린다는 건 이미 증명돼 있다.

기본기록

연도	경기	타석	타수	안타	2루타	3루타	홈런	타점	득점	볼넷	사구	삼진	도루	타율	출루율	장타율	OPS	WAR
2023	74	191	170	36	5	2	0	8	22	12	1	27	9	0.212	0.268	0.265	0.533	0.08
2024	125	406	366	117	15	8	4	26	94	31	2	56	51	0.320	0.375	0.437	0.812	2.41
2025	79	273	246	63	4	4	1	22	43	18	4	46	25	0.256	0.315	0.317	0.632	0.14
통산	380	1223	1102	310	36	18	6	72	221	83	9	184	95	0.281	0.335	0.363	0.698	2.63

구승민

팀	롯데	생년월일	1990-06-12
포지션	P	투타	우투우타	신장	182	체중	86
연봉	45000-30000-30000	지명순위	13 롯데 6라운드 52순위
학교	동일초-청원중-청원고-홍익대		

FA 계약 첫 시즌에 11경기 등판에 그쳤다. FA 전해인 2024년 이미 커리어 최악의 부진을 겪었다. ABS존이 아래로 내려왔음에도 주무기 스플리터 위력을 되찾지 못했다. 9이닝당 볼넷이 딱 7개로 제구난을 겪었다. 커리어 최다. 롯데와의 FA 계약에는 올시즌 뒤 옵트아웃 조항이 있다.

기본기록

연도	경기	선발	QS	승	패	세이브	BS	홀드	이닝	피안타	피홈런	4사구	삼진	피안타율	WHIP	피 OPS	ERA	WAR
2023	67	0	0	2	6	3	5	22	63.2	65	4	34	66	0.264	1.48	0.698	3.96	0.81
2024	66	0	0	5	3	0	2	13	57.2	68	6	41	62	0.293	1.79	0.809	4.84	0.08
2025	11	0	0	0	1	0	0	1	9.0	9	1	8	10	0.243	1.78	0.783	7.00	-0.22
통산	459	3	0	28	31	5	21	122	454.1	428	53	249	477	0.250	1.44	0.732	4.52	5.23

김강현

팀	롯데	생년월일	1995-02-27
포지션	P	투타	우투좌타	신장	177	체중	84
연봉	3200-4000-9000	지명순위	15 롯데 육성선수
학교	고명초-청원중-청원고		

서른 살 나이에 처음으로 맞은 1군 풀시즌에 기대 이상이었다. 포수 출신으로 입단 7년차던 2022년 투수로 전향했다. 9이닝당 6개가 넘던 볼넷을 2.63개로 줄인 게 성공 이유. 구종은 단조롭다. 포심과 슬라이더 두 개만 던진다. 하지만 슬라이더가 피안타율 0.229에 CSW율 31%로 뛰어났다.

기본기록

연도	경기	선발	QS	승	패	세이브	BS	홀드	이닝	피안타	피홈런	4사구	삼진	피안타율	WHIP	피 OPS	ERA	WAR
2023	2	0	0	0	0	0	0	0	3.0	1	0	3	0	0.111	1.00	0.444	3.00	0.07
2024	26	0	0	0	0	0	1	0	25.1	28	2	20	24	0.275	1.82	0.766	3.55	0.46
2025	67	0	0	2	2	0	0	4	72.0	69	9	28	36	0.254	1.25	0.734	4.00	0.93
통산	95	0	0	2	2	0	1	4	100.1	98	11	51	60	0.256	1.39	0.737	3.86	1.46

김진욱

15

팀	롯데	생년월일	2002-07-05		
포지션	P	투타	좌투좌타	신장	185	체중	90
연봉	6000-10000-7000		지명순위	21 롯데 2차 1라운드 1순위	
학교	수원신곡초-춘천중-강릉고				

커리어 최악의 부진을 겪었다. 데뷔 시즌 김진욱의 포심은 리그 평균보다 시속 1.6km 빨랐다. 2025년엔 평균 대비 시속 2.4km 느려졌다. 포심 100구당 피치밸류는 -4.8점으로 200구 이상 기준 리그 모든 구종을 통틀어 최악. 2024년 좋았던 슬라이더도 마이너스였다. 변화가 필요하다.

기본기록

연도	경기	선발	QS	승	패	세이브	BS	홀드	이닝	피안타	피홈런	4사구	삼진	피안타율	WHIP	피 OPS	ERA	WAR
2023	50	0	0	2	1	0	0	8	36.1	37	4	31	35	0.262	1.82	0.795	6.44	-0.22
2024	19	18	3	4	3	0	0	0	84.2	89	13	47	87	0.264	1.57	0.813	5.31	1.75
2025	14	6	1	1	3	0	2	0	27.0	42	10	18	24	0.365	2.15	1.126	10.00	-0.73
통산	136	41	6	13	18	0	2	16	240.1	253	33	191	243	0.269	1.77	0.828	6.40	0.99

김태혁

24

팀	롯데	생년월일	1988-01-02		
포지션	P	투타	우투우타	신장	180	체중	88
연봉	16000-24000-15000		지명순위	06 삼성 2차 2라운드 15순위	
학교	서울신자초-자이언츠리틀-자양중-신일고-(방송통신대)				

롯데에서 첫 두 시즌 동안 WAR 2.5승으로 기대 이상이었다. 3년째던 지난해엔 부진했다. 볼넷과 안타가 모두 늘어나며 후반기엔 1경기 등판에 그쳤다. 포심 피치밸류가 앞 시즌 7.0점에서 지난해 -5.7점으로 12.7점이나 감소했다. 시즌 뒤 과감하게 FA 신청을 했고 계약에 성공했다.

기본기록

연도	경기	선발	QS	승	패	세이브	BS	홀드	이닝	피안타	피홈런	4사구	삼진	피안타율	WHIP	피 OPS	ERA	WAR
2023	67	0	0	4	2	1	3	18	52.0	45	2	24	36	0.238	1.27	0.623	3.12	1.53
2024	74	0	0	8	4	2	3	17	73.2	71	5	31	56	0.255	1.32	0.681	4.15	0.94
2025	45	0	0	0	1	2	0	3	36.2	48	4	21	27	0.314	1.80	0.846	6.38	-0.52
통산	700	15	1	37	46	50	33	140	785.0	829	75	435	703	0.275	1.56	0.769	4.96	7.67

박진

팀	롯데	생년월일	1999-04-02		
포지션	P	투타	우투우타	신장	182	체중	106
연봉	3300-6000-9500		지명순위	19 롯데 2차 4라운드 38순위	
학교	대연초-부산중-부산고				

입단 7년차에 가장 오래 1군에서 던졌다. 적극적으로 존을 노리는 타입이라 볼넷이 적은 게 장점이다. 단점은 낮은 탈삼진 능력. 우투지만 좌타에 강하고 우타에 약한 '역스플릿'이다. 홈런 10개를 모두 우타 승부에서 맞았다. 포심 위력이 떨어지지만, 우타 승부에서 슬라이더 외 변화구가 없다.

기본기록

연도	경기	선발	QS	승	패	세이브	BS	홀드	이닝	피안타	피홈런	4사구	삼진	피안타율	WHIP	피 OPS	ERA	WAR
2023	4	0	0	0	0	0	0	0	5.0	7	1	7	2	0.333	2.80	1.071	9.00	-0.08
2024	38	3	1	2	4	1	0	0	49.1	60	4	13	35	0.311	1.44	0.776	4.38	0.97
2025	51	5	0	3	3	1	1	3	69.1	76	10	23	50	0.277	1.41	0.774	5.32	0.03
통산	95	8	1	5	7	2	1	3	124.2	145	15	44	88	0.294	1.49	0.794	5.13	0.91

송재영

팀	롯데	생년월일	2002-06-20		
포지션	P	투타	좌투좌타	신장	181	체중	84
연봉	3100-3200-4700		지명순위	21 롯데 2차 4라운드 31순위	
학교	잠원초-수원영통구리틀-매향중-라온고				

2024년까지 1군 통산 38경기에서 평균자책점이 12.52였다. 상무 제대 2년째인 지난해 4.00으로 확 끌어내렸다. 9이닝당 볼넷 8.00개는 더 끌어내려야 한다. 김강현처럼 포심+슬라이더 투 피치지만 왼손이다. 좌타 상대 피안타율 0.164가 1군 46경기에 나올 수 있었던 이유다.

기본기록

연도	경기	선발	QS	승	패	세이브	BS	홀드	이닝	피안타	피홈런	4사구	삼진	피안타율	WHIP	피 OPS	ERA	WAR
2023	0	0	0	0	0	0	0	0	0.0	0	0	0	0	0	-	-	-	-
2024	19	0	0	0	1	1	1	3	8.1	9	2	6	9	0.290	1.68	0.976	10.80	-0.35
2025	46	0	0	1	0	0	0	3	27.0	19	3	24	28	0.202	1.59	0.698	4.00	0.13
통산	84	0	0	1	3	1	2	7	50.0	52	8	43	50	0.274	1.86	0.871	7.92	-0.81

이민석

<table>
<tr><td>팀</td><td>롯데</td><td>생년월일</td><td>2003-12-10</td></tr>
<tr><td>포지션</td><td>P</td><td>투타</td><td>우투우타</td><td>신장</td><td>189</td><td>체중</td><td>95</td></tr>
<tr><td>연봉</td><td>3800-4000-8000</td><td colspan="2">지명순위</td><td colspan="3">22 롯데 1차</td></tr>
<tr><td>학교</td><td colspan="7">수영초-대천중-개성고</td></tr>
</table>

22세 파워피처. 지난해 포심 평균 구속이 시속 150.2km였다. KBO 리그에 강속구 영건은 늘어나고 있지만 대개 구원이다. 지난해 이민석은 문동주, 곽빈과 함께 리그에서 셋뿐인 '평균 시속 150km 내국인 선발'이었다. 천장이 높은 기대주. 지난해 체인지업이 가능성을 보였다.

기본기록

연도	경기	선발	QS	승	패	세이브	BS	홀드	이닝	피안타	피홈런	4사구	삼진	피안타율	WHIP	피 OPS	ERA	WAR
2023	1	0	0	0	0	0	0	0	1.1	0	0	1	1	0.000	0.75	0.200	0.00	0.07
2024	18	5	0	0	2	0	0	1	31.0	38	3	27	20	0.302	2.03	0.885	7.26	0.03
2025	20	17	4	2	5	0	0	0	87.1	104	10	58	61	0.295	1.83	0.820	5.26	0.95
통산	66	23	4	3	8	0	0	6	153.1	185	17	107	119	0.297	1.87	0.834	5.75	0.67

최충연

<table>
<tr><td>팀</td><td>롯데</td><td>생년월일</td><td>1997-03-05</td></tr>
<tr><td>포지션</td><td>P</td><td>투타</td><td>우투우타</td><td>신장</td><td>190</td><td>체중</td><td>85</td></tr>
<tr><td>연봉</td><td>4700-4500-4500</td><td colspan="2">지명순위</td><td colspan="3">16 삼성 1차</td></tr>
<tr><td>학교</td><td colspan="7">대구수창초-대구중-경북고</td></tr>
</table>

지난해 11월 2차 드래프트 3라운드에서 롯데에 지명됐다. 2018년 아시안게임 금메달리스트지만 2020년 음주운전 적발과 토미존 수술로 2년 공백을 겪었다. 지난 두 시즌 1군에서 11이닝만 던졌다. 지난해 최종전 포심 구속은 시속 140.8km. 아직 29세로 젊은 나이다.

기본기록

연도	경기	선발	QS	승	패	세이브	BS	홀드	이닝	피안타	피홈런	4사구	삼진	피안타율	WHIP	피 OPS	ERA	WAR
2023	7	0	0	0	0	0	0	0	9.1	10	3	10	8	0.278	1.82	0.991	4.82	-0.13
2024	0	0	0	0	0	0	0	0	0.0	0	0	0	0	0	-	-	-	-
2025	4	0	0	0	0	0	0	0	1.2	7	1	3	1	0.583	5.40	1.584	37.80	-0.30
통산	198	11	0	5	19	9	5	23	262.2	294	29	175	260	0.282	1.70	0.819	6.10	1.40

한현희

팀	롯데	생년월일	1993-06-25
포지션	P	투타	우언우타	신장	182	체중	98
연봉	30000-100000-50000	지명순위	12 넥센 1라운드 2순위
학교	동삼초-경남중-경남고		

4년 FA 계약 마지막 시즌을 맞는다. 앞 3년 동안 WAR 1.9승을 올렸을 뿐이다. 연봉 10억 원이었던 지난해 WAR은 0.02승에 불과했다. 볼넷은 적었지만 피안타율이 0.342로 개인 통산 가장 높았다. 여전히 포심과 슬라이더에 의존하는 투 피치. 슬라이더 피안타율은 무려 0.462였다.

기본기록

연도	경기	선발	QS	승	패	세이브	BS	홀드	이닝	피안타	피홈런	4사구	삼진	피안타율	WHIP	피 OPS	ERA	WAR
2023	38	18	5	6	12	0	1	3	104.0	123	11	55	74	0.297	1.61	0.820	5.45	0.55
2024	57	5	1	5	3	0	1	8	76.1	92	7	34	70	0.305	1.52	0.811	5.19	1.36
2025	3	2	0	0	0	0	0	1	8.2	13	2	3	8	0.342	1.73	0.943	6.23	0.02
통산	514	141	53	76	58	8	12	117	1160.1	1220	111	496	929	0.271	1.37	0.741	4.44	21.91

김동혁

팀	롯데	생년월일	2000-09-15
포지션	LF	투타	좌투좌타	신장	177	체중	77
연봉	3100-3300-4500	지명순위	22 롯데 2차 7라운드 64순위
학교	서화초-상인천중-제물포고-강릉영동대		

대졸 3년차 시즌에 첫 풀타임을 뛰었다. 빠르고 날렵한 외야수로 대타, 대수비 요원으로 주로 기용됐다. 타격에선 선구안이 강점. 볼넷률 15.8%로 50+타석 기준 팀 내 1위에 헛스윙률 7.7%는 세 번째로 낮았다. 파워는 기대하기 어렵다. 13도루는 팀 내 3위지만 베이스러닝은 두드러지지 않았다.

기본기록

연도	경기	타석	타수	안타	2루타	3루타	홈런	타점	득점	볼넷	사구	삼진	도루	타율	출루율	장타율	OPS	WAR
2023	15	9	7	0	0	0	0	0	3	2	0	3	1	0.000	0.222	0.000	0.222	0.01
2024	39	17	15	3	0	1	0	1	8	2	0	5	3	0.200	0.294	0.333	0.627	0.16
2025	93	114	89	20	4	1	0	6	19	18	3	26	13	0.225	0.373	0.292	0.665	0.83
통산	147	140	111	23	4	2	0	7	30	22	3	34	17	0.207	0.353	0.279	0.632	1.00

김동현

<table>
<tr><td>팀</td><td>롯데</td><td>생년월일</td><td colspan="3">2004-12-30</td></tr>
<tr><td>포지션</td><td>LF</td><td>투타</td><td>우투좌타</td><td>신장</td><td>185</td><td>체중</td><td>100</td></tr>
<tr><td>연봉</td><td colspan="3">0-3000-3100</td><td>지명순위</td><td colspan="3">25 롯데 6라운드 54순위</td></tr>
<tr><td>학교</td><td colspan="7">인천병방초-인천서구리틀-재능중-제물포고-부산과학기술대</td></tr>
</table>

2026시즌 야수 기대주. 입단 시즌에 1군에선 한 경기도 뛰지 못했다. 하지만 퓨처스에서 OPS 0.915으로 활약했다. 200타석 이상 타자 중 13위. 11홈런은 팀 내에서 가장 많았다. 미국 드라이브라인 파견 뒤 11월 폴리그에서 타율 4할로 우수타자로 선정됐다. 부모님이 모두 운동선수였다.

기본기록

연도	경기	타석	타수	안타	2루타	3루타	홈런	타점	득점	볼넷	사구	삼진	도루	타율	출루율	장타율	OPS	WAR
2023	0	0	0	0	0	0	0	0	0	0	0	0	0	-	-	-	-	0.00
2024	0	0	0	0	0	0	0	0	0	0	0	0	0	-	-	-	-	0.00
2025	0	0	0	0	0	0	0	0	0	0	0	0	0	-	-	-	-	0.00
통산	-	-	-	-	-	-	-	-	-	-	-	-	-	-	-	-	-	0.00

김민성

<table>
<tr><td>팀</td><td>롯데</td><td>생년월일</td><td colspan="3">1988-12-17</td></tr>
<tr><td>포지션</td><td>2B</td><td>투타</td><td>우투우타</td><td>신장</td><td>181</td><td>체중</td><td>94</td></tr>
<tr><td>연봉</td><td colspan="3">20000-20000-15000</td><td>지명순위</td><td colspan="3">07 롯데 2차 2라운드 13순위</td></tr>
<tr><td>학교</td><td colspan="7">고명초-잠신중-덕수정보고-영남사이버대</td></tr>
</table>

9월 26일 사직 삼성전 4-5로 뒤진 2사에서 역전 결승 만루 홈런을 쏘아 올렸다. 통산 6호. 2009년 5월 14일 사직에서 때려낸 프로 1호 홈런도 그랜드슬램이었다. 시즌 뒤 재계약에 성공했다. 커리어 마지막 홈런도 만루 홈런이 될 수 있을까. 지난해 타석당 0.138타점(팀 내 4위)는 베테랑의 존재감.

기본기록

연도	경기	타석	타수	안타	2루타	3루타	홈런	타점	득점	볼넷	사구	삼진	도루	타율	출루율	장타율	OPS	WAR
2023	112	316	273	68	11	0	8	41	34	25	7	58	2	0.249	0.326	0.377	0.703	1.68
2024	35	84	70	14	5	0	2	8	6	10	3	18	0	0.200	0.321	0.357	0.678	0.10
2025	96	254	214	52	13	0	3	35	25	33	4	48	0	0.243	0.353	0.346	0.699	0.15
통산	1827	6311	5517	1472	298	11	136	768	694	522	115	1081	52	0.267	0.339	0.399	0.738	22.61

노진혁

52
R-편식

팀	롯데	생년월일	1989-07-15		
포지션	SS	투타	우투좌타	신장 184	체중 80
연봉	60000-70000-60000	지명순위	12 NC 특별 20순위		
학교	대성초-광주동성중-광주동성고-성균관대				

4년 FA 계약 첫 시즌인 2023년 노진혁의 WAR은 2.4승이었다. 이후 두 시즌은 모두 마이너스다. 지난해 28경기 중 수비수로는 11경기만 뛰었다. 본업인 유격수 출장은 없었다. 2군에서도 단 13경기 출장. 8월 6일 첫 1군 콜업 뒤 타격이 리그 평균과 비슷했다는 점은 2026시즌에 대한 희망이다.

기본기록

연도	경기	타석	타수	안타	2루타	3루타	홈런	타점	득점	볼넷	사구	삼진	도루	타율	출루율	장타율	OPS	WAR
2023	113	390	334	86	26	1	4	51	43	45	3	84	7	0.257	0.347	0.377	0.724	2.39
2024	73	157	137	30	6	0	2	13	13	15	1	39	0	0.219	0.297	0.307	0.604	-0.25
2025	28	69	63	17	1	2	1	5	11	5	1	20	0	0.270	0.333	0.397	0.730	-0.16
통산	1015	3209	2843	748	167	14	78	400	372	293	22	718	15	0.263	0.334	0.414	0.748	15.23

박승욱

53

팀	롯데	생년월일	1992-12-04		
포지션	SS	투타	우투좌타	신장 184	체중 83
연봉	13500-17000-10000	지명순위	12 SK 3라운드 31순위		
학교	칠성초-경복중-상원고				

2022년 롯데 이적 뒤 가장 부진한 시즌을 보냈다. 개막전 선발 유격수였지만 4경기에서 안타를 하나도 치지 못하고 2군으로 내려갔다. 타지로서 박승욱의 장점은 '눈 야구'다. 하지만 볼넷률이 2024년 10.0%에서 지난해 5.4%로 반토막났다. 2024년 악화된 수비도 나아지지 않았다. 위기다.

기본기록

연도	경기	타석	타수	안타	2루타	3루타	홈런	타점	득점	볼넷	사구	삼진	도루	타율	출루율	장타율	OPS	WAR
2023	123	338	290	83	18	3	0	30	37	35	1	87	15	0.286	0.364	0.369	0.733	1.88
2024	139	468	405	106	19	1	7	53	57	47	10	120	4	0.262	0.351	0.365	0.716	1.05
2025	54	92	84	16	3	0	0	5	10	5	1	30	1	0.190	0.244	0.226	0.470	-0.31
통산	798	1901	1653	414	64	15	18	163	246	166	28	505	45	0.250	0.328	0.340	0.668	2.30

박찬형

팀	롯데	생년월일	2002-10-17		
포지션	SS	투타	우투좌타	신장	175	체중	78
연봉	0-3000-5500			지명순위	25 롯데 육성선수
학교	중대초-언북중-배재고				

독립리그에서 세 번째 시즌을 보내다 5월 15일 롯데 육성선수로 입단했다. 1군 데뷔는 6월 18일. 다음날 첫 안타, 6번째 경기에서 첫 홈런을 때려냈다. 이후 타격은 기대 이상이었다. 100타석 이상 출장한 팀 내 타자 중 wRC+가 152.1로 가장 높았다. 수비도 팀내 3루수 가운데 가장 뛰어났다.

기본기록

연도	경기	타석	타수	안타	2루타	3루타	홈런	타점	득점	볼넷	사구	삼진	도루	타율	출루율	장타율	OPS	WAR
2023	0	0	0	0	0	0	0	0	0	0	0	0	0	-	-	-	-	0.00
2024	0	0	0	0	0	0	0	0	0	0	0	0	0	-	-	-	-	0.00
2025	48	148	129	44	8	2	3	19	21	11	7	26	1	0.341	0.419	0.504	0.923	1.19
통산	48	148	129	44	8	2	3	19	21	11	7	26	1	0.341	0.419	0.504	0.923	1.19

손성빈

팀	롯데	생년월일	2002-01-14		
포지션	C	투타	우투우타	신장	186	체중	92
연봉	5000-6800-6000			지명순위	21 롯데 1차
학교	희망대초-신흥중-장안고				

2루 송구 능력은 메이저리그급. 지난해 리그 48경기 이상 출장 포수 중 도루저지율(41.7%)이 가장 높았다. 반면 9이닝당 폭투+패스트볼은 0.71개로 가장 많았다. 2024년 10월 손목 수술 영향인지 밀어치기 비율이 50+타석 기준 팀 내에서 가장 낮았다. OPS 0.403은 같은 기준 리그 전체 193명 중 189위.

기본기록

연도	경기	타석	타수	안타	2루타	3루타	홈런	타점	득점	볼넷	사구	삼진	도루	타율	출루율	장타율	OPS	WAR
2023	45	80	76	20	3	0	1	15	13	2	0	10	0	0.263	0.282	0.342	0.624	0.30
2024	86	171	152	30	6	2	6	21	24	13	3	38	0	0.197	0.271	0.382	0.653	0.08
2025	51	69	62	9	0	0	1	3	6	4	1	20	0	0.145	0.209	0.194	0.403	-0.20
통산	202	342	309	65	9	2	8	39	47	22	4	74	0	0.210	0.270	0.330	0.600	0.31

손호영

33

팀 롯데	**생년월일** 1994-08-23		
포지션 3B	**투타** 우투우타	**신장** 182	**체중** 88
연봉 4500-12500-9500		**지명순위** 20 LG 2차 3라운드 23순위	
학교 부곡초-평촌중-충훈고-홍익대			

롯데 이적 첫해인 2024년 30경기 연속 안타 기록을 세우며 OPS 0.896이라는 엄청난 타격을 했다. 리그 평균보다 득점 생산성이 21.7% 높았다. 2025년엔 28.7% 떨어지는 타자로 전락했다. 패스트볼에 타이밍이 늦었고, 2024년 매우 강했던 낮은 코스 타율이 급락했다. ABS 존 하향조정이 문제였을까?

기본기록

연도	경기	타석	타수	안타	2루타	3루타	홈런	타점	득점	볼넷	사구	삼진	도루	타율	출루율	장타율	OPS	WAR
2023	27	45	44	9	0	0	1	6	8	1	0	12	2	0.205	0.222	0.273	0.495	-0.34
2024	102	430	398	126	26	4	18	78	70	17	9	65	7	0.317	0.354	0.538	0.892	2.28
2025	97	375	328	82	12	0	4	41	39	22	10	66	7	0.250	0.313	0.323	0.636	0.20
통산	293	975	884	248	40	6	26	142	141	48	20	165	21	0.281	0.328	0.428	0.756	1.78

이호준

30

팀 롯데	**생년월일** 2004-03-20		
포지션 2B	**투타** 우투좌타	**신장** 172	**체중** 72
연봉 3000-3100-5500		**지명순위** 24 롯데 3라운드 23순위	
학교 대구옥산초-경운중-상원고			

2년차 시즌에 순수장타율 0.182로 팀 내 50타석 이상 출장 타자 중 1위였다. 2020년 딕슨 마차도가 세운 롯데 유격수 시즌 최다 홈런 기록(12개)을 깰 잠재력이 있다. 유격수 수비는 아직 리그 평균 이하. 하지만 지난해 롯데에서 평균 이상으로 점수를 막아낸 유격수는 아무도 없었다.

기본기록

연도	경기	타석	타수	안타	2루타	3루타	홈런	타점	득점	볼넷	사구	삼진	도루	타율	출루율	장타율	OPS	WAR
2023	0	0	0	0	0	0	0	0	0	0	0	0	0	-	-	-	-	0.00
2024	12	7	6	2	1	1	0	3	5	1	0	1	0	0.333	0.429	0.833	1.262	0.11
2025	99	153	132	32	7	4	3	23	20	14	3	33	1	0.242	0.327	0.424	0.751	0.80
통산	111	160	138	34	8	5	3	26	25	15	3	34	1	0.246	0.331	0.442	0.773	0.92

장두성

7

팀	롯데	생년월일	1999-09-16

포지션	RF	투타	우투좌타	신장	176	체중	75

연봉	4000-4600-7500	지명순위	18 롯데 2차 10라운드 93순위

학교	축현초-재능중-동산고

6월 12일 수원 KT전까지 타율 0.303을 때려내며 롯데의 새 1번 타자로 활약했다. 이 경기에서 견제구에 맞아 폐출혈을 일으켰다. 7월 복귀 뒤 타율 0.194로 부진한 게 아쉽다. 타격뿐 아니라 수비도 크게 향상됐다. 수비 공헌도는 윤동희와 고승민에 이은 팀 내 3위. 장기인 '발'은 미친 듯이 빠르다.

기본기록

연도	경기	타석	타수	안타	2루타	3루타	홈런	타점	득점	볼넷	사구	삼진	도루	타율	출루율	장타율	OPS	WAR
2023	25	15	13	2	0	0	0	1	7	1	0	3	2	0.154	0.214	0.154	0.368	0.17
2024	71	37	32	5	0	0	0	1	23	3	2	9	14	0.156	0.270	0.156	0.426	-0.12
2025	118	284	248	65	3	3	0	25	51	24	3	64	17	0.262	0.332	0.298	0.630	0.71
통산	310	405	352	84	5	4	0	31	100	38	5	99	41	0.239	0.320	0.276	0.596	0.43

정보근

42

팀	롯데	생년월일	1999-08-31

포지션	C	투타	우투우타	신장	175	체중	94

연봉	7500-7700-7000	지명순위	18 롯데 2차 9라운드 83순위

학교	수영초-경남중-경남고

2024년 3개뿐이던 볼넷을 여섯 배로 늘렸다. 하나는 커리어 첫 고의4구. 3월 25일 문학 SSG전 9회 초 2사 2루였다. 이때까지 시즌 타율이 0.429였기 때문이다. 하지만 커리어 네 번째 1할대 타율로 시즌을 마쳤다. 포수로 유강남보다 도루를 잘 막고, 손성빈보다 공을 잘 잡는다. 그의 존재 이유.

기본기록

연도	경기	타석	타수	안타	2루타	3루타	홈런	타점	득점	볼넷	사구	삼진	도루	타율	출루율	장타율	OPS	WAR
2023	55	101	81	27	6	1	1	13	11	14	1	13	1	0.333	0.433	0.469	0.902	1.37
2024	89	140	133	30	0	1	2	7	9	3	0	31	0	0.226	0.243	0.286	0.529	-0.60
2025	93	152	129	24	4	1	1	15	4	18	1	39	0	0.186	0.291	0.256	0.547	0.02
통산	443	826	725	148	14	3	5	56	44	64	6	182	2	0.204	0.273	0.252	0.525	-1.24

김영준  35

포지션	P	투타	우투우타	신장	185	체중	90	생년월일	1999-01-12
연봉	3600-4200-4200		지명순위	18 LG 1차					
학교	인천연학초-인천남구리틀-선린중-선린고								

박세진  41

포지션	P	투타	좌투좌타	신장	178	체중	93	생년월일	1997-06-27
연봉	3500-3700-3700		지명순위	16 KT 1차					
학교	본리초-경운중-경북고								

박시영  62

포지션	P	투타	우투우타	신장	181	체중	92	생년월일	1989-03-10
연봉	9000-5000-5000		지명순위	08 롯데 2차 4라운드 31순위					
학교	축현초-신흥중-제물포고-영남사이버대								

박정민  36

포지션	P	투타	우투좌타	신장	188	체중	95	생년월일	2003-09-26
연봉	0-0-3000		지명순위	26 롯데 2라운드 14순위					
학교	서당초-매송중-장충고-한일장신대								

박준우  58

포지션	P	투타	우투우타	신장	190	체중	94	생년월일	2005-05-27
연봉	3000-3100-3300		지명순위	24 롯데 4라운드 33순위					
학교	상동초-원미구리틀-부천중-유신고								

신동건  67

포지션	P	투타	우투우타	신장	193	체중	85	생년월일	2007-10-05
연봉	0-0-3000		지명순위	26 롯데 1라운드 4순위					
학교	수유초-자양중-동산고								

이영재 40

포지션	P	투타	좌투좌타	신장	180	체중	71	생년월일	2006-10-20
연봉	0-3000-3100		지명순위	25 롯데 7라운드 64순위					
학교	태봉초-의정부시유소년야구단-신흥중-신흥고								

이준서  54

포지션	P	투타	우투우타	신장	177	체중	77	생년월일	2006-08-05
연봉	0-0-3000		지명순위	26 롯데 7라운드 64순위					
학교	늘푸른초-용인처인구리틀-매송중-유신고								

이진하 45 

포지션	P	투타	우투우타	신장	191	체중	96	생년월일	2004-06-02
연봉	3200-0-3200			지명순위	23 롯데 2라운드 13순위				
학교	백송초-일산리틀-영남중-장충고								

정성종 18 

포지션	P	투타	우투좌타	신장	181	체중	93	생년월일	1995-11-16
연봉	3900-3700-3700			지명순위	18 롯데 2차 2라운드 13순위				
학교	광주서석초-무등중-광주제일고-인하대								

최이준 49 

포지션	P	투타	우투우타	신장	182	체중	90	생년월일	1999-04-10
연봉	3800-0-4300			지명순위	18 KT 2차 2라운드 11순위				
학교	이수초-대치중-장충고								

현도훈 17 

포지션	P	투타	우투좌타	신장	188	체중	95	생년월일	1993-01-13
연봉	3200-3300-3300			지명순위	18 두산 육성선수				
학교	풍양초-남양주시리틀-신일중-일본 교토고쿠사이고								

김세민 5 

포지션	2B	투타	우투우타	신장	183	체중	78	생년월일	2003-06-14
연봉	0-3100-3100			지명순위	22 롯데 2차 3라운드 28순위				
학교	중앙초-하슬라중-강릉고								

김한울 95 

포지션	LF	투타	우투좌타	신장	189	체중	83	생년월일	2006-12-12
연봉	0-0-3000			지명순위	26 롯데 5라운드 44순위				
학교	도곡초-휘문중-휘문고								

박재엽 26

포지션	C	투타	우투우타	신장	184	체중	92	생년월일	2006-01-23
연봉	0-3000-3200			지명순위	25 롯데 4라운드 34순위				
학교	대연초-개성중-부산고								

신윤후 3 

포지션	CF	투타	우투우타	신장	177	체중	77	생년월일	1996-01-05
연봉	5200-4800-4400			지명순위	19 롯데 2차 10라운드 98순위				
학교	무학초-마산중-마산고-동의대								

이서준

63

포지션	SS	투타	우투우타	신장	183	체중	83	생년월일	2007-10-10
연봉	0-0-3000			지명순위	26 롯데 3라운드 24순위				
학교	수영초-경남중-부산고								

이태경

69

포지션	2B	투타	우투우타	신장	176	체중	77	생년월일	2002-11-24
연봉	0-3000-3100			지명순위	25 롯데 육성선수				
학교	송정초-무등중-광주제일고-한일장신대								

정문혁

32

포지션	C	투타	우투우타	신장	185	체중	95	생년월일	2007-02-24
연봉	0-0-3000			지명순위	26 롯데 9라운드 84순위				
학교	양덕초-동강중-경남고								

조세진

12

포지션	LF	투타	우투우타	신장	181	체중	86	생년월일	2003-11-21
연봉	0-4000-3800			지명순위	22 롯데 2차 1라운드 4순위				
학교	성남장안초-성남중원구리틀-선린중-서울고								

최항

14

포지션	2B	투타	우투좌타	신장	183	체중	88	생년월일	1994-01-03
연봉	3100-5000-4600			지명순위	12 SK 8라운드 70순위				
학교	대일초-매송중-유신고								

한동희

25

포지션	3B	투타	우투우타	신장	182	체중	108	생년월일	1999-06-01
연봉	16200-0-16200			지명순위	18 롯데 1차				
학교	대연초-경남중-경남고								

롯데 자이언츠	왼쪽 폴	좌중	중	우중	오른쪽 폴	펜스 좌측	펜스-좌중	펜스-중	펜스-우중	펜스-우	잔디	최대관중(명)
사직 야구장	96	-	121	-	96	4.8	4.8	4.8	4.8	4.8	천연	22,758

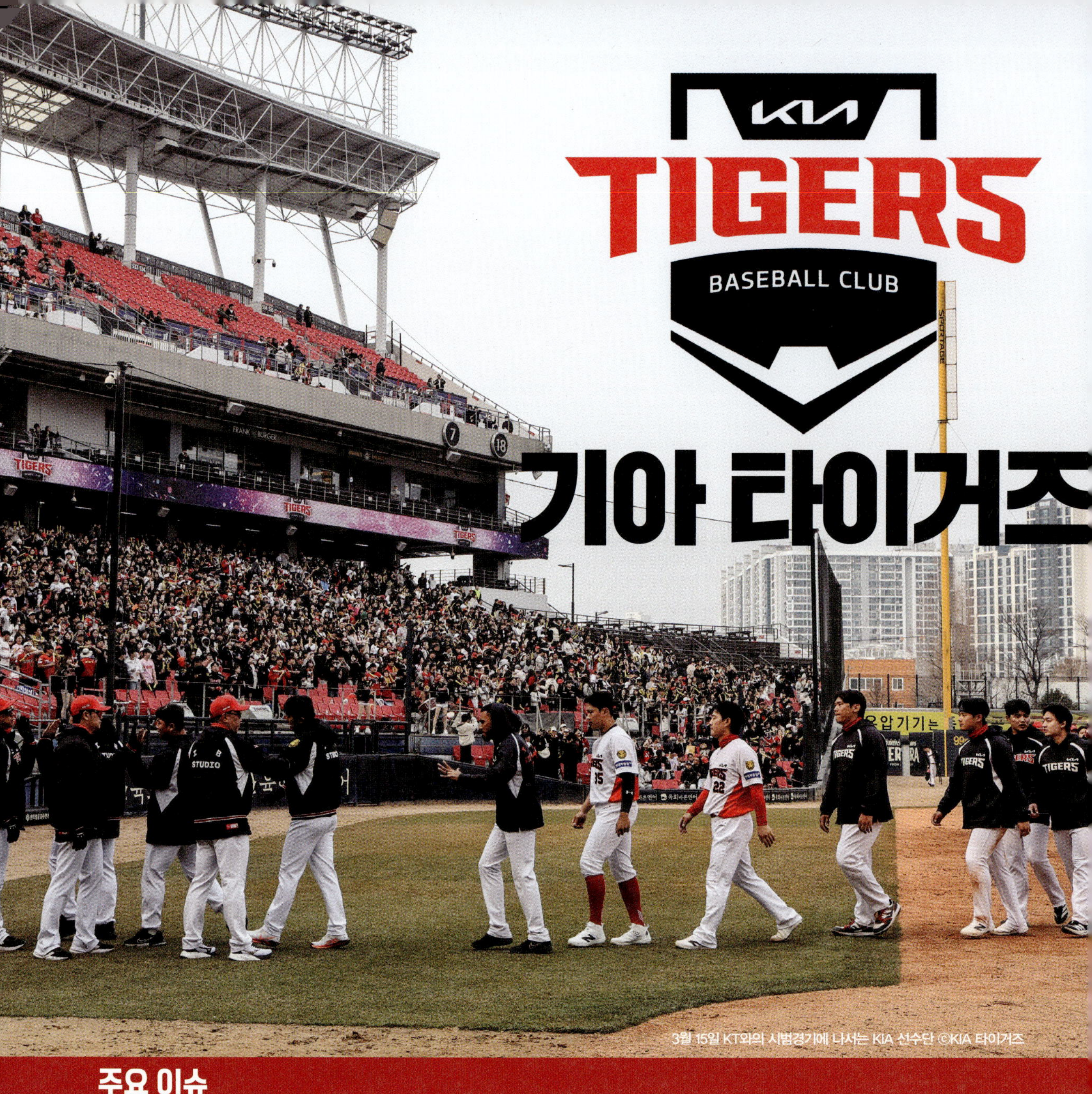

3월 15일 KT와의 시범경기에 나서는 KIA 선수단 ⓒKIA 타이거즈

주요 이슈

'디펜딩 챔피언'이 8위로 추락했다. 그전까지 전년도 한국시리즈 우승팀이 8위로 떨어진 건 1996년 OB(현 두산)밖에 없었다. 단일리그 기준 PS 진출 실패도 불과 4차례였다. 주축들의 부상이 줄이었지만, 그걸로 변명하기도 어려웠다. 6월 '함평 타이거즈' 신드롬을 일으키며 전반기를 4위로 마쳤는데 나성범과 김선빈이 부상에서 돌아온 후반기 오히려 몰락했다. 올스타 브레이크 이후 KIA는 20승 1무 35패, 0.364로 리그 승률 최하위를 기록했다. 8월 12연패를 기록한 롯데보다도 후반기 승률이 낮았다. 전례 드문 추락은 흥행 한파로 이어졌다. 홈 관중 107만 9676명으로 2024년과 비교해 17만 9673명이 줄었다. 1,200만 관중 시대를 열어젖힌 2025년, 전년 대비 홈 관중이 감소한 건 10개 팀 중 KIA 하나뿐이었다.

구단 PROFILE

구단주	송호성
대표이사	최준영
단장	심재학
감독	이범호
주장	나성범
홈구장	광주-KIA 챔피언스필드
2군 구장	KIA 챌린저스필드

KIA	
한국시리즈 우승	12회
한국시리즈 출전	12회
플레이오프 출전	6회
준플레이오프 출전	4회

영구결번	
선동열 / 18	
이종범 / 7	

타율 / 순위	출루율 / 순위	장타율 / 순위	홈런 / 순위	도루 / 순위	실책 / 순위
0.258 / 7	0.335 / 6	0.399 / 3	144 / 2	77 / 9	123 / 10
ERA / 순위	**선발ERA / 순위**	**구원ERA / 순위**	**탈삼진 / 순위**	**볼넷허용 / 순위**	**피홈런 / 순위**
4.66 / 7	4.28 / 6	5.22 / 9	1058 / 7	511 / 6	110 / 4

시즌 월별 성적	승	무	패	승률	순위
3~4월	14	0	16	0.467	6
5월	12	1	12	0.500	7
6월	15	2	7	0.682	1
7월	6	1	12	0.333	9
8월	10	0	14	0.417	9
9~10월	8	0	14	0.364	9
포스트시즌	-	-	-	-	-

중견수 김호령이 33세 나이에 데뷔 후 최고 성적을 기록했다. 규정타석을 채우지 못했는데도 WAR 2.82로 리그 중견수 중 4위였다. 원래도 좋았던 수비에 타격까지 터졌다. 타·출·장 모두 커리어하이를 찍었다. 6월 '함평 타이거즈' 돌풍 속에 미래 자원들의 가능성도 확인했다. 18홈런을 때린 오선우가 새 시즌 주전 1루수 자리를 예약했다. 윤도현은 40경기 출장에 그쳤지만, 고교 시절 김도영과 라이벌로 불렸던 이유를 보여줬다. 김도현은 전반기 국내 선발 다섯 손가락 안에 드는 투구를 했고, 10라운드 신인 성영탁이 불펜 필승조로 활약했다. 나성범, 김선빈이 전반기를 개점휴업하고 MVP 김도영이 30경기 출장에 그쳤는데도 팀 wRC+ 104.0로 리그 3위를 기록했다. 2026년 반등을 위한 기본 전력은 살아있다는 뜻이다.

부상은 차치하자. KIA의 몰락은 나성범, 김선빈, 이의리가 돌아온 후반기부터였다. 시즌 내내 KIA를 괴롭힌 건 수비였다. 수비 효율(67.1%) 7위에 그쳤고, 2년 연속 최다실책 불명예를 썼다. 좀처럼 타구를 쫓아가지 못했고, 기껏 따라간 뒤에도 실책 때문에 제대로 마무리하지 못했다. 부실한 수비 탓에 ERA−FIP 0.40은 키움(0.46), 롯데(0.40) 다음으로 높게 나타났다. 세 팀 모두 큰 차이로 5강 탈락했다. 베테랑 주축들이 노쇠화 조짐을 보이기 시작한 시즌이기도 했다. 에이스 양현종이 규정이닝 기준 평균자책 리그 최하위로 부진했다. 김선빈, 나성범은 복귀 후 타격에서 클래스를 증명했지만 수비에서는 구멍 소리를 피하기 어려웠다. 리그 최고령 야수 최형우가 경이적인 활약을 펼쳤지만 FA로 이적했다.

루상에 나선 데일 ⓒKIA 타이거즈

이범호 감독 ©KIA 타이거즈

감독

이범호

이범호 감독은 부임 2년 동안 '천당과 지옥'을 극적으로 경험했다. 우승 시즌 찬사받았던 '형님 리더십'은 카리스마 부족으로 비판받았다. 비시즌 선수들을 방임한 것 아니냐는 비난과 함께 감독 본인의 방송 출연 횟수까지 도마 위에 올랐다. 6월 딱 한 달만 좋았다. '함평 타이거즈'를 앞세워 한때 리그 2위까지 치고 올라가면서 여론도 수습되는 듯했다. 월간 대타 타율 0.429를 기록했고, 극적인 승리 또한 이어졌다. 그러나 반대급부가 컸다. 마무리 정해영이 전반기 2이닝 투구 3차례 포함 멀티이닝만 8차례 소화했다. 체력 저하로 눈에 띄게 구위가 떨어졌다. 후반기 역전패 13차례를 당했다. 추락이 계속되면서 이범호 감독도 더그아웃에서 표정 관리에도 어려움을 겪었다. 경기 중 포수 한준수의 볼배합을 질책하는 장면이 방송 중계를 타고 고스란히 나갔다.

2026 팀 이슈

KIA는 지난겨울 로스터 변동이 가장 큰 팀이다. 리드오프 유격수 박찬호와 4번 최형우가 이탈했다. 새 시즌 김도영이 건강하게 활약하지 못한다면 화력 약화는 불가피하다. 홈런 하나 만큼은 확실했던 위즈덤이 떠난 자리를 MLB 6시즌 통산 16홈런이 전부인 카스토로가 메워줄지도 아직은 의구심이 남는다. 네일·올러와 재계약하면서 원투펀치 안정성은 일단 지켰다. 하지만 그 뒤 세 자리는 물음표가 붙는다. 양현종이 170이닝을 다시 던질 수는 없다. 이의리가 제 구위를 찾지 못한다면 아시아쿼터 유격수 선택의 기회비용이 커질 수 있다. 지난해 역전패 최다 2위를 기록한 만큼 비시즌 '불펜 올인' 승부수는 무조건 효과를 봐야 한다. 김범수는 지난해 WAR 1.33으로 리그 좌완 불펜 중 1위를 기록했다. KIA 좌완 불펜의 WAR 총합은 −0.24였다.

한 시즌을 힘차게 나서는 선수들 ⓒKIA 타이거즈

2026 최상 시나리오

건강한 김도영이 2024년 이상으로 폭발한다. 도루 숫자는 줄었지만, 홈런을 그 이상으로 때린다. 네일이 KBO 3년 만에 투수 GG를 품에 안고, 올러가 최강 2선발로 도약한다. 양현종이 불과 120이닝만 던지고도 WAR 4를 넘기면서 선발진은 어느 때보다 탄탄하다. 외인구단처럼 외딴섬 지옥훈련을 견뎌낸 젊은 야수들이 물샐틈 없는 수비로 뒤를 지킨다. 날렵해진 김선빈은 4년 만에 규정타석을 채우고 가볍게 타율 3할을 넘긴다. 수비 부담을 덜어낸 나성범은 통산 3번째 30홈런을 경험한다. 8위 추락으로 충격을 안겼던 팀이 이번에는 2년 만의 정규시즌 1위 탈환으로 놀라움을 선사한다. 신상필벌 확실한 구단답게 비시즌 연봉 협상이 화기애애한 분위기 속 순식간에 마무리된다. 운영팀은 다시 비즈니스 클래스 좌석을 예약한다.

2026 최악 시나리오

부상 악령이 다시 구단을 덮친다. '요즘 선수들은 러닝을 안 해서 문제'라는 올드스쿨들의 푸념이 챔피언스필드 위를 맴돈다. '수비 원툴' 외국인 유격수를 바라보는 팬들의 심정은 그저 착잡하다. '유도영' 논쟁이 하루가 멀고 온라인 커뮤니티 최다 댓글을 장식한다. 수비진은 3년 연속 팀 최다 실책을 향해 순항하고, BABIP 숫자를 확인하며 한숨짓는 투수들이 늘어난다. 카스트로가 내·외야 모든 포지션을 섭렵하지만, 어디에 세워놔도 불안감이 남는다. 베테랑들의 노쇠화에 가속도가 붙는다. 치고 올라오는 신예도 좀처럼 보이지 않는다. 양현종이 부침 속에서도 꾸준히 리그 새 역사를 남기지만 부진한 팀 성적 탓에 쉽사리 웃지 못한다. 리그가 1,200만을 넘어 1,300만 관중을 향해 나아가는 동안 KIA만 2년 연속 홈 관중 감소 위기에 몸서리친다.

곽도규

0

팀	KIA	생년월일	2004-04-12		
포지션	P	투타	좌투좌타	신장	185	체중	90
연봉	3300-12000-9000			지명순위	23 KIA 5라운드 42순위
학교	도척초-공주중-공주고				

희귀한 좌완 스리쿼터에서 나오는 투심 패스트볼의 위력이 절륜하다. 최고 구속 150㎞를 웃돌고 수평 무브먼트도 강력하다. 2024년 투심 구종 가치 12..4로 리그 전체 1위를 기록했다. 주 무기 투심과 슬라이더 투피치로 같은 해 9이닝당 탈삼진 10.35를 기록했다. 제구 약점을 강력한 구위로 만회하며 국가대표에도 뽑혔다. 지난 시즌을 앞두고 ABS존이 하향 조정되면서 투심 위력이 더 커질 것이라고 자신했지만 9차례 등판 만에 팔꿈치 부상으로 시즌 아웃됐다. 5월 15일 일본에서 토미 존 수술을 받았고 이후 재활에 전념했다. 리그에 소문난 학구파 투수. 고교 3학년 때부터 '만약'을 대비해 영어 공부를 열심히 했다. 외국인선수들과 막힘없이 대화 가능한 수준. 또래 선수들과 비교해 인터뷰 깊이가 다르다는 평가도 이어진다.

기본기록

연도	경기	선발	QS	승	패	세이브	BS	홀드	이닝	피안타	피홈런	4사구	삼진	피안타율	WHIP	피 OPS	ERA	WAR
2023	14	0	0	0	0	0	0	0	11.2	14	0	12	14	0.311	2.06	0.812	8.49	-0.19
2024	71	0	0	4	2	2	4	16	55.2	43	4	38	64	0.207	1.38	0.627	3.56	1.14
2025	9	0	0	0	0	0	1	3	4.0	3	0	8	5	0.214	2.25	0.714	13.50	-0.24
통산	94	0	0	4	2	2	5	19	71.1	60	4	58	83	0.225	1.54	0.666	4.92	0.71

김도현

60

팀	KIA	생년월일	2000-09-15
포지션	P	투타 우투우타	신장 183 / 체중 87
연봉	3500-9000-13000	지명순위	19 한화 2차 4라운드 33순위
학교	서울길원초-동대문구리틀-잠신중-신일고-(영남사이버대)		

평균자책 기준 전반기 3.18, 후반기 9.09로 극과 극을 달렸다. 9월 시즌 아웃 이후 피로골절이 발견되면서 안타까움이 더했다. 건강하게 복귀만 한다면 KIA 선발진에 다시 힘을 보탤 수 있는 자원. 2024년 첫 풀타임 시즌을 치렀고, 2025년 전반기 한 단계 더 발전한 모습을 선보였다. 포심과 슬라이더 비중을 낮추는 대신 투심과 체인지업 위주 투구가 효과를 봤다. 뜬공 타구 비율이 2024년 48.4%에서 2025년 37.8%로 떨어졌고, 9이닝당 피홈런도 1.08개에서 0.79로 줄었다. KT 안현민과 함께 '취사병 신데렐라'로 화제가 됐다. 안현민이 군대에서 3대 600kg 괴물로 변신했다면, 김도현은 군대에서 직구 구속을 5㎞ 이상 끌어올렸다.

기본기록

연도	경기	선발	QS	승	패	세이브	BS	홀드	이닝	피안타	피홈런	4사구	삼진	피안타율	WHIP	피 OPS	ERA	WAR
2023	0	0	0	0	0	0	0	0	0.0	0	0	0	0	0	-	-	-	-
2024	35	10	1	4	6	0	0	3	75.0	87	9	40	59	0.291	1.57	0.797	4.92	1.01
2025	24	24	9	4	7	0	0	0	125.1	149	11	43	71	0.296	1.45	0.780	4.81	0.97
통산	106	64	12	14	25	0	0	3	339.2	402	35	186	210	0.296	1.64	0.808	5.46	2.50

김범수

팀	KIA	**생년월일**	1995-10-03	
포지션	P	**투타** 좌투좌타	**신장** 181	**체중** 92
연봉	19300-14300-40000		**지명순위** 15 한화 1차	
학교	온양온천초-온양중-북일고			

49

2S+SL
슬라이더승부

구원으로 73차례 등판해 48이닝 동안 평균자책 2.25를 기록하며 한화의 한국시리즈 진출에 기여했다. 이후 KIA와 3년 총액 20억 원 FA 계약을 맺었다. 농담처럼 꺼낸 자주포 한 대 가격(80억 원)에는 크게 못미쳤지만 그간의 커리어를 생각하면 기대 이상의 금액. 지난해 스프링캠프부터 커브 완성도를 올리는 데 공들인 효과를 톡톡히 봤다. 2024년 커브 구사율 4.2%에서 2025년 12.2%로 3배 가까이 끌어올렸다. ABS 이후 커브 대유행을 상징하는 투수 중 1명. 커브를 주요 레퍼토리에 추가하면서 예년보다 카운트 싸움을 한결 유리하게 끌고 갈 수 있었고, 주 무기 슬라이더의 위력도 극적으로 반등했다. 2024년 −2.1로 데뷔 후 최악을 기록했던 슬라이더 구종 가치가 2025년 10.3으로 치솟았다.

기본기록

연도	경기	선발	QS	승	패	세이브	BS	홀드	이닝	피안타	피홈런	4사구	삼진	피안타율	WHIP	피 OPS	ERA	WAR
2023	76	0	0	5	5	1	7	18	62.1	64	3	36	52	0.263	1.56	0.698	4.19	0.14
2024	39	0	0	0	0	0	1	4	34.0	33	11	25	38	0.254	1.56	0.895	5.29	0.01
2025	73	0	0	2	1	2	0	6	48.0	30	0	26	41	0.181	1.08	0.501	2.25	1.33
통산	481	34	5	27	47	5	20	72	538.2	540	60	370	484	0.262	1.62	0.772	5.18	3.08

네일

팀	KIA	**생년월일**	1993-02-08
포지션	P	**투타** 우투우타	**신장** 193 **체중** 83
연봉	$700000-$1800000-$1600000	**지명순위**	24 KIA 자유선발
학교	Charleston High School-University of Alabama at Birmingham		

40

©KIA 타이거즈

땅볼러

SLM
슬라이더마스터

2S+SL
슬라이더승부

CHM
체인지업마스터

총액 200만 달러 조건으로 재계약했다.. 2026년 KBO 리그 외국인선수 중 최고 몸값이다. 비시즌 빅리그 복수 구단의 관심을 끌었지만 선발 에이스로 활약할 수 있는 KIA와 3년째 동행을 선택했다. 네일 본인이 '용의 꼬리'를 원하지 않았다. 투심과 스위퍼 기본 레퍼토리에 최근 대세 킥체인지업을 추가하면서 지난해도 최고급 외국인 투수로 활약했다. WAR 6.59로 한화 코디 폰세, 삼성 아리엘 후라도에 이어 전체 3위. KBO 첫해 약점으로 지적받았던 이닝 소화 능력도 크게 개선됐다. 경기당 6.09이닝으로 전체 4위, QS도 19차례나 기록했다. 그럼에도 8승밖에 거두지 못한 건 팀 타선 책임이 크다. 9이닝당 득점 지원 3.5점으로 규정이닝 기준 SSG 드류 앤더슨(3.2점)에 이어 2번째로 낮았다.

기본기록

연도	경기	선발	QS	승	패	세이브	BS	홀드	이닝	피안타	피홈런	4사구	삼진	피안타율	WHIP	피 OPS	ERA	WAR
2023	0	0	0	0	0	0	0	0	0.0	0	0	0	0	0	-	-	-	-
2024	26	26	13	12	5	0	0	0	149.1	154	11	44	138	0.259	1.27	0.674	2.53	4.31
2025	27	27	19	8	4	0	0	0	164.1	135	6	56	152	0.225	1.07	0.580	2.25	6.59
통산	53	53	32	20	9	0	0	0	313.2	289	17	100	290	0.242	1.16	0.626	2.38	10.90

성영탁

팀	KIA	**생년월일**	2004-07-28
포지션	P	**투타**	우투우타	**신장**	180	**체중**	89
연봉	3000-3000-12000	**지명순위**	24 KIA 10라운드 96순위
학교	동주초-부산서구리틀-개성중-부산고

65

©KIA 타이거즈

SLM
슬라이더마스터

R
R-편식

2025년 KIA의 몇 안 되는 위안거리. 대학 원서를 쓰느라 드래프트 현장에 가지도 못했던, 10라운드 전체 96순위 선수가 입단 2년 만에 1군 필승조로 올라왔다. 3승 2패 7홀드에 평균자책 1.55. 삼진 잡는 능력은 떨어지지만 좀처럼 볼넷이 없다. 9이닝당 볼넷 2.24로 팀 내 1위. 리그 전체로 따져도 최상위권이다. 같은 폼에서 서로 다른 방향으로 휘어지는 투심과 커터의 콤보가 위력적. 5월 20일 데뷔 이후 17.1이닝 연속 무실점, 신기록까지 불과 2.1이닝을 남기고 실점했다. 기록이 깨지고 바로 다음 날 3실점 하며 그대로 무너지나 했는데 이후 7경기 연속 다시 무실점을 기록했다. 11월 체코·일본과 평가전 때 국가대표로 깜짝 발탁. 초등학생 시절 이후 처음으로 태극마크를 달았다.

기본기록

연도	경기	선발	QS	승	패	세이브	BS	홀드	이닝	피안타	피홈런	4사구	삼진	피안타율	WHIP	피 OPS	ERA	WAR
2023	0	0	0	0	0	0	0	0	0.0	0	0	0	0	0	-	-	-	-
2024	0	0	0	0	0	0	0	0	0.0	0	0	0	0	0	-	-	-	-
2025	45	0	0	3	2	0	0	7	52.1	38	2	13	30	0.209	0.97	0.535	1.55	1.99
통산	45	0	0	3	2	0	0	7	52.1	38	2	13	30	0.209	0.97	0.535	1.55	1.99

양현종

54

팀	KIA	생년월일	1988-03-01
포지션 P	투타 좌투좌타	신장 183	체중 91
연봉	50000-50000-80000	지명순위	07 KIA 2차 1라운드 1순위
학교	광주학강초-광주동성중-광주동성고		

CHM
체인지업마스터

규정이닝 기준 평균자책(5.06)으로 리그 최하위를 기록했다. 바로 위 순위가 평생의 라이벌 김광현(5.00) 이었다. 격세지감을 느낄 수밖에 없는 대목. 전성기 리그 최상위권이던 포심 구종 가치가 지난해 −6.1까지 떨어졌다. 시즌 전 커브 장착을 고민했지만 실전에서 쓰지는 못했다.(구사율 5.3%) 5~7월 기록(평균자책 3.86)은 나쁘지 않았다. 시즌 초반 난타당한 내상이 컸다. 2024년까지 이어온 10시즌 연속 170이닝 투구 기록도 지난해 153이닝으로 끝이 났다. 새 시즌은 아예 이닝 목표를 머릿속에서 지웠다. 이닝에 집착하기 보다 마운드 위에서 투구 퀄리티를 끌어올리는데 집중한다는 각오. 2+1년 최대 45억 원 조건으로 FA 계약을 맺고 구단에 남았다. 타이거즈 역대 3번째 영구결번을 예약했다.

기본기록

연도	경기	선발	QS	승	패	세이브	BS	홀드	이닝	피안타	피홈런	4사구	삼진	피안타율	WHIP	피 OPS	ERA	WAR
2023	29	29	14	9	11	0	0	0	171.0	181	13	49	133	0.272	1.34	0.704	3.58	3.59
2024	29	29	15	11	5	0	0	0	171.1	174	21	47	129	0.257	1.25	0.727	4.10	4.34
2025	30	30	11	7	9	0	0	0	153.0	171	12	61	109	0.285	1.49	0.744	5.06	0.86
통산	543	442	233	186	127	0	1	9	2656.2	2636	222	1052	2185	0.262	1.37	0.714	3.90	63.50

올러

팀	KIA	**생년월일**	1994-10-17
포지션	P	**투타** 우투우타	**신장** 193 **체중** 102
연봉	0-$1000000-$700000	**지명순위**	25 KIA 자유선발
학교	Northwestern State University of Louisiana		

33

SLM
슬라이더마스터

CHM
체인지업마스터

S S S
초구S

스토브리그 전력 유출이 컸지만 외국인 원투 펀치와 모두 재계약에 성공한 건 KIA의 작지 않은 성과다. KIA는 제임스 네일을 놓칠 경우 올러 교체를 생각했지만, 네일이 총액 200만 달러에 도장을 찍으면서 고민할 필요가 없어졌다. 1선발로는 몰라도 2선발로는 차고 넘친다는 판단. 지난해 WAR 3.61로 투수 전체 14위를 기록했다. 후반기 초반 부상 공백이 뼈아팠다. 올러가 빠진 그 시점부터 팀도 본격 내리막을 탔다. 슬라이더 구종 가치 32.2로 네일과 함께 리그 전체 1위를 찍었다. 다만 네일의 슬라이더는 스위퍼, 올러의 슬라이더는 보통 슬러브로 구분된다. 네일의 스위퍼가 강력한 횡적 움직임이 돋보인다면 올러의 슬러브는 거기에 종으로 떨어지는 움직임까지 더해진다. 지난해 9이닝당 탈삼진 10개 이상을 기록한 5명 중 하나였다.

기본기록

연도	경기	선발	QS	승	패	세이브	BS	홀드	이닝	피안타	피홈런	4사구	삼진	피안타율	WHIP	피 OPS	ERA	WAR
2023	0	0	0	0	0	0	0	0	0.0	0	0	0	0	0	-	-	-	-
2024	0	0	0	0	0	0	0	0	0.0	0	0	0	0	0	-	-	-	-
2025	26	26	16	11	7	0	0	0	149.0	125	8	55	169	0.226	1.15	0.618	3.62	3.61
통산	26	26	16	11	7	0	0	0	149.0	125	8	55	169	0.226	1.15	0.618	3.62	3.61

이의리

팀	KIA	**생년월일**	2002-06-16
포지션	P	**투타** 좌투좌타	**신장** 185 **체중** 90
연봉	17000-17000-13000	**지명순위** 21 KIA 1차	
학교	수창초-충장중-광주제일고		

48

©KIA 타이거즈

첫타석디버프

초구S버프

팔꿈치 수술 후 1년 만에 복귀했다. 포심 평균 147.8㎞, 구속은 여전했지만 부상 이전에 비해 피안타율이 크게 올랐다. 건강했던 데뷔 첫 3년 피안타율이 0.214로 리그 최상위권이었는데 지난해는 0.266을 기록했다. 구위까지 완전히 돌아온 건 아니라는 뜻. 여전한 제구 불안에 피안타율까지 치솟으니 매 이닝이 험난할 수밖에 없었다. 다만 스프링캠프부터 제대로 몸을 만들고 시작하는 새 시즌은 다를 거라는 기대. 구위까지 예년 수준으로 회복한다면 선발진 중추로 활약할 수 있다. KIA가 아시아쿼터로 10개 구단 유일하게 투수가 아닌 야수를 택한 것도 이의리를 포함한 선발진은 계산이 선다는 판단 때문이다. 구종별로는 체인지업 구사율이 20%까지 올라간 게 눈에 띈다. 기존 체인지업에 부상 전 배웠던 킥 체인지업을 더했다.

기본기록

연도	경기	선발	QS	승	패	세이브	BS	홀드	이닝	피안타	피홈런	4사구	삼진	피안타율	WHIP	피 OPS	ERA	WAR
2023	28	28	6	11	7	0	0	0	131.2	103	4	101	156	0.213	1.49	0.620	3.96	2.85
2024	4	4	0	1	0	0	0	0	13.1	17	3	14	14	0.309	2.33	0.976	5.40	0.04
2025	10	10	2	1	4	0	0	0	39.2	41	6	34	42	0.266	1.82	0.876	7.94	-0.36
통산	90	89	24	27	26	0	0	0	433.1	358	37	290	466	0.222	1.44	0.680	4.26	7.16

전상현

51

팀	KIA	생년월일	1996-04-18
포지션	P	투타	우투우타	신장	182	체중	88
연봉	17000-30000-31000	지명순위	16 KIA 2차 4라운드 38순위
학교	남도초-경복중-상원고		

SLM
슬라이더마스터

불펜 집단 붕괴 속에서 고군분투. 70이닝과 25홀드 모두 데뷔 후 최다 기록이다. 공로를 생각하면 연봉 1,000만 원 인상이 다소 아쉬울 수도 있다. 그래도 3억 1000만 원으로 팀 내 투수 최고 연봉자(FA 제외)가 됐다. 과거 30%를 웃돌던 탈삼진율은 17% 수준으로 내려앉았지만 그만큼 볼넷도 줄었다. 타석당 투구 수 3.61개, 대단히 공격적인 투구로 상대를 압박했다. 땅볼 유도 비율 47.2%은 커리어 최고 수치. 지난 2년 간 최다 실책 불명예를 썼던 KIA 내야 수비가 새 시즌 좀 더 강해진다면 전상현도 상당한 수혜를 누릴 수 있다. 2024년부터 본격적으로 던지기 시작한 포크볼 구사율이 22%까지 올라갔다. 팀 내 전문 포크볼러가 많지 않은 탓에 롯데 김원중, 구승민을 찾아가 배운 공이다. 배움에는 국적도 나이도 구단도 없다.

기본기록

연도	경기	선발	QS	승	패	세이브	BS	홀드	이닝	피안타	피홈런	4사구	삼진	피안타율	WHIP	피 OPS	ERA	WAR
2023	64	0	0	8	3	1	2	13	58.2	50	1	27	50	0.233	1.30	0.600	2.15	1.67
2024	66	0	0	10	5	7	7	19	66.0	55	5	25	54	0.224	1.14	0.626	4.09	1.40
2025	74	0	0	7	5	1	7	25	70.0	64	4	22	50	0.242	1.20	0.643	3.34	1.36
통산	386	3	0	34	26	26	25	109	386.0	344	24	154	359	0.239	1.26	0.649	3.38	8.98

정해영

팀	KIA	**생년월일**	2001-08-23
포지션	P	**투타**	우투우타	**신장** 198	**체중** 98
연봉	20000-36000-30000	**지명순위**	20 KIA 1차
학교	대성초-광주동성중-광주제일고		

62

©KIA 타이거즈

P
파울S

어쩌면 2025년 가장 불운했던 투수인지도 모른다. 9이닝당 탈삼진 10.51개로 커리어 최다를 기록했고, 9이닝당 볼넷은 데뷔 이후 가장 적은 2.63개밖에 되지 않았다. 그런데 BABIP가 0.401. 50이닝 이상 기준으로 BABIP 4할은 리그를 통틀어 정해영 1명뿐이었다. 땅볼 비율을 49.5%까지 끌어올린 건 좋았는데 시즌 내내 불안했던 KIA 내야 수비와 궁합이 영 좋지 않았다. 그 결과가 커리어 최고 FIP(2.86), 커리어 최악의 ERA(3.79)다. 그러나 이런 여러 불운으로 결과를 변명할 수 없는 게 마무리 투수의 숙명이기도 하다. 구원패 7차례로 리그 최다를 기록했고, 블론세이브 7개는 두산 김택연 다음으로 많았다.

기본기록

연도	경기	선발	QS	승	패	세이브	BS	홀드	이닝	피안타	피홈런	4사구	삼진	피안타율	WHIP	피 OPS	ERA	WAR
2023	52	0	0	3	4	23	3	1	49.1	53	3	21	30	0.277	1.48	0.731	2.92	1.30
2024	53	0	0	2	3	31	3	1	50.2	47	8	17	50	0.244	1.24	0.709	2.49	2.20
2025	60	0	0	3	7	27	7	0	61.2	75	4	21	72	0.299	1.51	0.748	3.79	0.70
통산	331	0	0	21	29	148	24	13	321.1	319	25	135	276	0.261	1.38	0.707	3.00	8.86

조상우

11

팀	KIA	**생년월일**	1994-09-04
포지션 P		**투타** 우투우타	**신장** 186 **체중** 97
연봉 34000-40000-40000			**지명순위** 13 넥센 1라운드 1순위
학교 서화초-상인천중-대전고			

©KIA 타이거즈

S 초구S버프

R R-펀식

스프링캠프 출국 이틀 전 간신히 원소속 구단 KIA와 2년 최대 15억 원 FA 계약을 맺었다. 2019년 평균 152.2km를 마지막으로 훅 내려간 포심 구속은 지난해도 돌아오지 않았다. 2024년과 같은 145.5km. 데뷔 후 늘 60% 이상을 기록했던 포심 비중을 37%까지 낮춘 것도 어쩔 수 없는 선택이었다. 대신 한 시즌도 제대로 던지지 않았던 투심 비중을 20%까지 가져갔지만 별 효과는 보지 못했다. 피안타율 0.316에 구종 가치 0.7. 6월까지 위태위태하게 버티다가 7월 들어 완전히 무너졌다. 6월 30일 3.44였던 ERA가 7월 31일 5.02로 솟구쳤다. 셋업맨 조상우가 흔들리면서 마무리 정해영의 부담 또한 커졌고 결국 둘 다 무너졌다. KIA의 추락도 그때부터 시작됐다.

기본기록

연도	경기	선발	QS	승	패	세이브	BS	홀드	이닝	피안타	피홈런	4사구	삼진	피안타율	WHIP	피 OPS	ERA	WAR
2023	0	0	0	0	0	0	0	0	0.0	0	0	0	0	0	-	-	-	-
2024	44	0	0	0	1	6	2	9	39.2	40	2	20	36	0.272	1.51	0.709	3.18	0.73
2025	72	0	0	6	6	1	3	28	60.0	64	5	33	55	0.277	1.52	0.773	3.90	1.03
통산	415	7	1	39	31	89	19	82	479.1	427	27	212	485	0.240	1.28	0.652	3.21	12.47

김도영

팀	KIA	**생년월일**	2003-10-02
포지션	3B	**투타** 우투우타	**신장** 183 **체중** 85
연봉	10000-50000-25000	**지명순위** 22 KIA 1차	
학교	광주대성초-광주동성중-광주동성고		

5

명실상부 국내 최고 슈퍼스타. 그라운드 안팎 김도영의 영향력을 KIA는 지난해 전방위로 체감했다. 2024년 정규시즌 87승을 거둔 통합우승 팀이 1년 만에 65승 8위로 추락했다. 1,200만 시대에 10개 구단 중 KIA만이 홈 관중이 줄었다. 김도영이 햄스트링만 3차례 다치며 30경기밖에 뛰지 못한 여파다. 8월 시즌 아웃 이후 독하게 다시 재활했다. 1월 사이판 캠프에서 "야수 중 가장 몸 상태가 좋다"는 류지현 감독의 칭찬을 여러 차례 받았다. 박찬호가 FA로 팀을 떠나면서 '유도영' 논쟁에 다시 불이 붙었다. 일단 3루로 시즌을 출발할 계획. 3루수든 유격수든 사실 중요한 문제는 아니다. 햄스트링 부상 없이 다시 풀타임 시즌을 보내는 게 절대적인 과제다. 김도영만 건강하다면 KIA를 가볍게 볼 사람은 아무도 없다.

기본기록

연도	경기	타석	타수	안타	2루타	3루타	홈런	타점	득점	볼넷	사구	삼진	도루	타율	출루율	장타율	OPS	WAR
2023	84	385	340	103	20	5	7	47	72	38	1	62	25	0.303	0.371	0.453	0.824	3.76
2024	141	625	544	189	29	10	38	109	143	66	7	110	40	0.347	0.420	0.647	1.067	8.59
2025	30	122	110	34	9	0	7	27	20	10	0	23	3	0.309	0.361	0.582	0.943	1.33
통산	358	1386	1218	379	69	19	55	202	272	136	11	257	81	0.311	0.381	0.534	0.915	15.43

김선빈

3

팀 KIA	**생년월일** 1989-12-18		
포지션 2B	**투타** 우투우타	**신장** 165	**체중** 77
연봉 60000-60000-60000	**지명순위** 08 KIA 2차 6라운드 43순위		
학교 화순초-화순중-화순고			

부상으로 84경기밖에 출장하지 못했지만 타격 성적은 훌륭했다. 적은 표본을 논외로 둔다면 wRC+ 136.6은 2017년 136 이후 개인 최고 기록. 문제는 건강, 그리고 수비다. 9시즌 연속 수비 WAR 마이너스다. 지난해도 84경기에서 dWAR −0.63을 기록했다. 갈수록 수비 범위가 좁아진다는 게 고민이다. 비시즌 절치부심하며 혹독하게 감량하면서 몰라보게 몸이 날렵해졌다. 감량 효과가 수비 범위 회복으로 이어질 것인지 올해 지켜볼 부분이다. 최형우가 이적하면서 예년보다 지명타자로 나가는 경기가 많아질 전망. 하지만 주전 2루수는 결국 김선빈이다. 아시아쿼터 유격수 제러드 데일과 빠르게 호흡을 맞춰야 한다. 키스톤 콤비가 흔들리면 '2년 연속 최다 실책' KIA의 수비 불안은 올해도 계속될 수밖에 없다.

기본기록

연도	경기	타석	타수	안타	2루타	3루타	홈런	타점	득점	볼넷	사구	삼진	도루	타율	출루율	장타율	OPS	WAR
2023	119	473	419	134	16	0	0	48	41	38	5	26	3	0.320	0.381	0.358	0.739	2.71
2024	116	466	423	139	23	0	9	57	48	30	5	39	5	0.329	0.380	0.447	0.827	2.46
2025	84	308	271	87	18	1	3	46	31	31	3	35	4	0.321	0.395	0.428	0.823	2.11
통산	1709	6506	5662	1732	278	14	44	667	770	615	52	563	158	0.306	0.376	0.383	0.759	41.36

김태군

<table>
<tr><td>팀</td><td>KIA</td><td>생년월일</td><td>1989-12-30</td></tr>
<tr><td>포지션</td><td>C</td><td>투타</td><td>우투우타</td><td>신장</td><td>182</td><td>체중</td><td>92</td></tr>
<tr><td>연봉</td><td>70000-70000-60000</td><td>지명순위</td><td>08 LG 2차 3라운드 17순위</td></tr>
<tr><td>학교</td><td>양정초-대동중-부산고-방송통신대</td></tr>
</table>

42

©KIA 타이거즈

2S내성

L-편식

비IFA 3년 25억 원 계약이 올해로 끝난다. 양의지, 박동원, 최재훈, 박세혁 등 각 구단 주전급 포수들이 함께 시장에 풀린다는 게 아쉽지만, 새 시즌 꾸준히 활약한다면 충분히 가치를 인정받을 수 있다. 지난 2년간 KIA 유니폼을 입고 205경기 출장해 타율 0.261에 OPS 0.708로 하위타순에서 제구실을 해냈다. 볼넷은 적지만 삼진 또한 좀처럼 당하지 않는다. 부상병동이던 KIA 야수진에서 시즌 내내 1군을 지킨 몇 안 되는 선수이기도 하다. 강점은 역시 수비. 9이닝당 포일+폭투 허용 개수에서 2024, 2025시즌 연속 리그 최저를 기록했다. '좋은 형' 스타일이 많은 KIA 팀 내에서 쓴소리를 많이 하는 군기반장이다. 올해 또한 그 역할을 마다하지 않겠다는 각오다.

기본기록

연도	경기	타석	타수	안타	2루타	3루타	홈런	타점	득점	볼넷	사구	삼진	도루	타율	출루율	장타율	OPS	WAR
2023	114	346	311	80	10	1	1	42	24	15	8	30	2	0.257	0.305	0.305	0.610	0.22
2024	105	270	235	62	7	0	7	34	24	12	11	24	0	0.264	0.328	0.383	0.711	1.16
2025	100	274	236	61	10	1	5	31	20	17	10	20	0	0.258	0.331	0.373	0.704	1.77
통산	1500	3892	3406	852	132	3	37	368	311	202	109	484	3	0.250	0.310	0.323	0.633	8.59

김호령

27

팀	KIA	**생년월일**	1992-04-30
포지션	CF	**투타**	우투우타	**신장** 178	**체중** 85
연봉	9000-8000-25000		**지명순위** 15 KIA 2차 10라운드 102순위
학교	안산관산초-안산중앙중-군산상고-동국대		

©KIA 타이거즈

CH헌터

중견수 수비는 리그 최고로 일찌감치 인정받았다. 지난해는 타격까지 터졌다. 2016년 이후 처음으로 100 경기 이상 출장하며 0.283-0.359-0.434라는 보기 좋은 슬래시 라인을 그렸다. 인상률 212.5%로 연봉 2억 5000만 원에 사인하며 기존 5억 원에서 반 토막이 난 김도영과 함께 야수 최고 연봉자로(FA 제외) 이름을 올렸다. 지난해 시즌 개막 전만 해도 상상하기 어려웠던 결과. 만 33세 시즌에 커리어하이 기록을 세웠다. 규정타석을 다 채우지 못했는데도 WAR 2.82로 리그 중견수 중 4번째로 높았다. 개막전 선발 중견수로 나설 올 시즌은 새로운 증명의 기회다. 지난해 성적이 그저 높은 BABIB(0.378) 때문이 아니라는 걸 입증해야 한다. 프로 첫 FA가 눈앞인 만큼 동기부여도 충분하다.

기본기록

연도	경기	타석	타수	안타	2루타	3루타	홈런	타점	득점	볼넷	사구	삼진	도루	타율	출루율	장타율	OPS	WAR
2023	76	107	95	17	7	0	0	6	16	8	1	38	1	0.179	0.250	0.253	0.503	0.20
2024	64	67	59	8	2	0	1	4	12	8	0	25	3	0.136	0.239	0.220	0.459	-0.21
2025	105	381	332	94	26	3	6	39	46	34	6	94	12	0.283	0.359	0.434	0.793	2.82
통산	775	1858	1631	400	77	12	26	161	281	147	33	488	58	0.245	0.319	0.355	0.674	5.46

나성범

47

팀	KIA	**생년월일**	1989-10-03
포지션	RF	**투타** 좌투좌타	**신장** 183	**체중** 100
연봉	80000-80000-80000	**지명순위** 12 NC 2라운드 10순위
학교	대성초-진흥중-진흥고-연세대	

스몰파크배터

초구선호

R
R-헌터

2022시즌까지 데뷔 후 10년 동안 전 경기 출장만 5차례. 리그를 대표하던 철강왕이 이제는 유리몸으로 전락했다. 지난 3년간 도합 242경기 출장에 그쳤다. 지난해도 82경기밖에 소화하지 못했다. 후반기 복귀 이후 53경기 타율 0.292 OPS 0.864로 활약했지만 체감 효과는 크지 않았다. 가을 야구를 향해 마지막 희망을 걸었던 9월 월간 타율 0.231 OPS 0.625로 크게 부진했다. 같은 기간 KIA도 6승 13패 3할대 승률로 산소호흡기를 결국 떼고 말았다. 데뷔 이후 줄곧 3할이 넘던 직구 타율이 0.254로 주저앉고 장타율도 0.385까지 내려앉았다는 것도 나이를 생각하면 신경이 쓰이는 대목. 최형우가 FA로 이적한 올해는 우익수보다 지명타자로 나가는 경기가 더 많아질 전망이다.

기본기록

연도	경기	타석	타수	안타	2루타	3루타	홈런	타점	득점	볼넷	사구	삼진	도루	타율	출루율	장타율	OPS	WAR
2023	58	253	222	81	12	1	18	57	51	26	1	36	0	0.365	0.427	0.671	1.098	3.68
2024	102	424	374	109	17	1	21	80	51	38	4	98	0	0.291	0.357	0.511	0.868	1.79
2025	82	310	261	70	16	0	10	36	30	42	6	79	0	0.268	0.381	0.444	0.825	1.91
통산	1467	6399	5679	1770	357	30	282	1100	1038	535	130	1412	100	0.312	0.381	0.534	0.915	52.55

데일

팀	KIA	**생년월일**	2000-09-11
포지션	SS	**투타** 우투우타	**신장** 188 **체중** 90
연봉	0-0-$70000	**지명순위** 26 KIA 아시아쿼터
학교	McKinnon Secondary College	

32

©KIA 타이거즈

초구선호

풀히터

KBO 리그 역사를 통틀어 외국인 유격수는 6명뿐. 2시즌 이상 활약한 건 틸슨 브리또, 딕슨 마차도, 에디슨 러셀 3명에 불과하다. KIA의 아시아쿼터 유격수는 확실히 모험수다. KIA를 제외한 9개 구단이 투수를 택했다. 그만큼 유격수 박찬호의 공백이 컸다. 현장에서 유격수 보강을 강력하게 요청했다. 구단 합류 후 자체 평가는 나쁘지 않다. 이범호 감독은 데일을 유격수 겸 1번 타자로 기용하겠다는 구상을 밝혔다. 총액 80억 원 계약을 맺고 두산으로 떠난 박찬호의 빈자리를 최대 15만 달러 데일로 메울 수 있다면 남는 장사가 될 수도 있다. 수비는 뚜껑을 열어봐야 알겠지만, 리드오프에 걸맞은 공격력을 보여줄 수 있을지는 우려가 앞선다. 마이너리그 6시즌 통산 출루율 0.314에 그쳤다.

기본기록

연도	경기	타석	타수	안타	2루타	3루타	홈런	타점	득점	볼넷	사구	삼진	도루	타율	출루율	장타율	OPS	WAR
2023	0	0	0	0	0	0	0	0	0	0	0	0	0	-	-	-	-	0.00
2024	0	0	0	0	0	0	0	0	0	0	0	0	0	-	-	-	-	0.00
2025	0	0	0	0	0	0	0	0	0	0	0	0	0	-	-	-	-	0.00
통산	-	-	-	-	-	-	-	-	-	-	-	-	-	-	-	-	-	0.00

오선우

팀	KIA	**생년월일**	1996-12-13
포지션	RF	**투타** 좌투좌타	**신장** 186　**체중** 95
연봉	3300-3400-12000		**지명순위** 19 KIA 2차 5라운드 50순위
학교	성동초-자양중-배명고-인하대		

56

노림수

지난해 KIA가 발굴한 몇 안 되는 수확 중 하나. 124경기에서 18홈런을 때렸다. 문제는 콘택트 능력. 타석당 삼진율(33.3%), Whiff%(17.7%), CSW%(33.4%) 등 콘택트 능력을 가늠할 수 있는 여러 지표에서 규정타석 기준 리그 최악을 기록했다. 맞히는 능력을 개선하지 못한다면 결국 더 많은 장타를 생산해야만 만회할 수 있다. 구단이 오선우에게 바라는 것도 삼진을 덜 당하기보다는 홈런을 더 때리는 것이다. KIA는 위즈덤과 결별했고, 최형우를 떠나보냈다. 지난해 홈런 1, 2위 타자를 차례로 잃었다. 지난해 10실책을 기록한 수비 역시 개선이 필요하다. 지난해에야 팀 사정상 어쩔 수 없이 외야와 1루를 오갔다는 변명이 가능하지만 올해는 고정 1루수로 나선다.

기본기록

연도	경기	타석	타수	안타	2루타	3루타	홈런	타점	득점	볼넷	사구	삼진	도루	타율	출루율	장타율	OPS	WAR
2023	33	31	28	5	0	0	2	5	2	3	0	15	0	0.179	0.258	0.393	0.651	-0.22
2024	3	7	7	2	0	0	0	1	0	0	0	3	0	0.286	0.286	0.286	0.572	-0.06
2025	124	474	437	116	17	1	18	56	58	34	3	158	0	0.265	0.323	0.432	0.755	0.03
통산	255	658	607	148	18	2	25	80	77	44	7	235	0	0.244	0.302	0.404	0.706	-1.10

윤도현

16

팀	KIA	생년월일	2003-05-07

포지션	SS	투타	우투우타	신장	181	체중	84

연봉	3000-3200-5500	지명순위	22 KIA 2차 2라운드 15순위

학교	광주화정초-무등중-광주제일고

©KIA 타이거즈

노림수

풀히터

5월 한 달 동안 홈런 2개 포함 25타수 8안타로 OPS 0.946을 기록했다. 5월 28일 키움전부터 6월 1일 KT 전까지 4경기 3홈런을 때리며 폭발력도 과시했다. 반짝반짝 빛나는 시기가 있었지만 부상으로 상승세를 이어가지 못한 게 흠. 등록·말소를 반복하며 40경기 160타석을 소화하는 데 그쳤다. 내야 주전 김도영, 김 선빈이 모두 부상으로 이탈했던 지난 시즌, 윤도현까지 부상으로 출장 기회를 놓친 건 구단도 선수도 모 두 아쉽다. 순장타율 0.195는 새 시즌 기대치를 키우는 숫자. 동갑내기 절친 김도영과는 고교 시절부터 라 이벌로 주목받았다. 김선빈이 지명타자로 나서면 선발 2루수로 출장할 가능성이 크다. 수비 불안은 풀어 야 할 숙제. 건강 또한 증명해야 한다. '유리몸' 이름표를 달기엔 아직 너무 어리다.

기본기록

연도	경기	타석	타수	안타	2루타	3루타	홈런	타점	득점	볼넷	사구	삼진	도루	타율	출루율	장타율	OPS	WAR
2023	1	1	1	0	0	0	0	0	0	0	0	1	0	0.000	0.000	0.000	0.000	-0.06
2024	6	27	27	11	2	0	1	8	5	0	0	9	1	0.407	0.407	0.593	1.000	0.51
2025	40	160	149	41	7	2	6	17	24	8	1	36	2	0.275	0.316	0.470	0.786	0.38
통산	47	188	177	52	9	2	7	25	29	8	1	46	3	0.294	0.328	0.486	0.814	0.84

카스트로

26

팀	KIA	**생년월일**	1993-11-30
포지션	LF	**투타** 우투좌타	**신장** 183 **체중** 88
연봉	0-0-$700000	**지명순위** 26 KIA 자유선발	
학교	U.E.N. Luis Mariano Rivera		

포수를 제외하고 내·외야 전 포지션을 소화할 수 있다. 라인업 유동성에 크게 보탬이 될 만한 유형. 하지만 KBO 리그에서 외국인 타자가 해줘야 할 역할을 생각할 때 유틸리티 플레이어 타입이 최적의 선택인지는 의구심이 남는다. 여러 포지션을 볼 수 있다고 하지만 메이저리그 기준 수비 능력 자체는 평균 이하. 6시즌 통산 누적 OAA −42를 기록했다. OAA는 평균적인 수비수와 비교해 아웃카운트를 얼마나 더 혹은 덜 만들었는지를 나타낸다. 배드볼 히터 유형이지만 메이저리그 통산 타율 0.278을 기록한 만큼 콘택트 능력은 갖췄다. 흥미로운 건 지난해 AAA에서 기록한 홈런 숫자다. 마이너리그 808경기 통산 36홈런을 때렸는데 그중 21개가 지난 시즌 99경기에서 나왔다. 만 32세 시즌에 장타에 눈을 뜬 것인지 지켜볼 대목이다.

기본기록

연도	경기	타석	타수	안타	2루타	3루타	홈런	타점	득점	볼넷	사구	삼진	도루	타율	출루율	장타율	OPS	WAR
2023	0	0	0	0	0	0	0	0	0	0	0	0	0	-	-	-	-	0.00
2024	0	0	0	0	0	0	0	0	0	0	0	0	0	-	-	-	-	0.00
2025	0	0	0	0	0	0	0	0	0	0	0	0	0	-	-	-	-	0.00
통산	-	-	-	-	-	-	-	-	-	-	-	-	-	-	-	-	-	0.00

김건국

43

팀	KIA	생년월일	1988-02-02		
포지션	P	투타	우투우타	신장	183	체중	86
연봉	4000-4500-6500		지명순위	06 두산 2차 1라운드 6순위	
학교	서울한서초-서부리틀-청량중-덕수정보고				

최형우가 팀을 떠나면서 팀 내 최고참이 됐다. 양현종과 같은 1988년생이지만 2월에 태어난 김건국이 1년 선배다. 지난해 46이닝 동안 평균자책 6.85, 승 없이 3패만 기록했다. 애덤 올러가 부상 이탈했던 7월 임시 선발로 버텨준 공로를 인정받아 6,500만 원으로 연봉이 올랐다.

기본기록

연도	경기	선발	QS	승	패	세이브	BS	홀드	이닝	피안타	피홈런	4사구	삼진	피안타율	WHIP	피 OPS	ERA	WAR
2023	6	5	0	0	1	0	0	0	16.0	18	0	5	9	0.286	1.38	0.746	6.75	-0.03
2024	20	3	0	0	1	0	0	0	34.1	48	5	16	20	0.327	1.81	0.871	7.86	-0.29
2025	26	6	0	0	3	0	1	1	46.0	59	11	22	31	0.311	1.65	0.909	6.85	-0.75
통산	140	20	0	7	10	0	2	5	228.1	268	27	104	160	0.294	1.55	0.804	5.68	0.72

김시훈

61

팀	KIA	생년월일	1999-02-24		
포지션	P	투타	우투우타	신장	188	체중	95
연봉	11000-13500-11000		지명순위	18 NC 1차	
학교	양덕초-마산동중-마산고				

NC에서 커리어로우 부진 끝에 3대3 트레이드로 팀을 옮겼다. 이적 이후에도 반등하지 못했다. 평균자책 8.06으로 시즌을 마쳤다. 데뷔 이후 3년 만에 구속 7㎞가 증발했다. 지난해 포심 평균 구속이 140.3㎞. 포크볼이 안 떨어지는 날은 난타를 피하지 못했다.

기본기록

연도	경기	선발	QS	승	패	세이브	BS	홀드	이닝	피안타	피홈런	4사구	삼진	피안타율	WHIP	피 OPS	ERA	WAR
2023	61	0	0	4	3	3	3	12	52.2	57	3	35	49	0.278	1.73	0.762	4.44	0.04
2024	39	18	3	3	4	0	0	5	107.1	110	7	62	74	0.269	1.57	0.747	4.53	1.92
2025	24	0	0	1	0	0	0	1	25.2	33	7	10	18	0.308	1.68	0.925	8.06	-0.72
통산	183	25	4	12	12	3	5	29	269.0	275	24	154	220	0.266	1.57	0.748	4.45	3.21

김태형

10

팀	KIA	**생년월일** 2006-12-15
포지션	P	**투타** 우투우타　**신장** 184　**체중** 95
연봉	0-3000-6000	**지명순위** 25 KIA 1라운드 5순위
학교	화순초-화순중-덕수고	

고교 시절 최고 153㎞를 던졌는데 프로 입단 후 140㎞ 초반으로 주저앉으며 우려를 샀다. 본인 스스로 "프로 와서 고교 때만큼 운동을 안 했다"라고 고백했다. 다행히 2군에서 제 구속을 되찾았다. 9월 23일 프로 7번째 등판에서 첫 5이닝을 던졌다. 첫 승은 새 시즌으로 미뤘다.

기본기록

연도	경기	선발	QS	승	패	세이브	BS	홀드	이닝	피안타	피홈런	4사구	삼진	피안타율	WHIP	피 OPS	ERA	WAR
2023	0	0	0	0	0	0	0	0	0.0	0	0	0	0	0	-	-	-	-
2024	0	0	0	0	0	0	0	0	0.0	0	0	0	0	0	-	-	-	-
2025	8	3	0	0	3	0	0	0	23.2	25	4	12	14	0.272	1.35	0.802	4.56	0.33
통산	8	3	0	0	3	0	0	0	23.2	25	4	12	14	0.272	1.35	0.802	4.56	0.33

이준영

2S+SL

20

팀	KIA	**생년월일** 1992-08-10
포지션	P	**투타** 좌투좌타　**신장** 177　**체중** 85
연봉	14000-17000-20000	**지명순위** 15 KIA 2차 4라운드 42순위
학교	군산남초-군산중-군산상고-중앙대	

좌타 상대 피안타율 0.276. 보직을 생각하면 만족하기 어려운 숫자다. 우타 상대로는 지난해도 8이닝밖에 던지지 못했고, 피OPS 0.989를 기록했다. 1군 리그에 3타자 의무 상대 규정이 적용된다면 대단히 힘들어질 수 있다. 3년 최대 12억 원 FA 계약으로 KIA에 남았다.

기본기록

연도	경기	선발	QS	승	패	세이브	BS	홀드	이닝	피안타	피홈런	4사구	삼진	피안타율	WHIP	피 OPS	ERA	WAR
2023	64	0	0	1	0	0	0	10	33.2	26	0	25	30	0.211	1.46	0.594	3.21	0.85
2024	56	0	0	4	0	0	1	9	35.0	37	5	19	33	0.268	1.54	0.792	3.86	0.32
2025	57	0	0	3	1	0	1	7	34.0	36	6	12	34	0.273	1.38	0.818	4.76	-0.14
통산	400	3	0	13	8	2	7	67	277.0	287	25	153	237	0.264	1.56	0.742	4.84	1.03

이태양

팀	KIA	생년월일	1990-07-03		
포지션	P	투타	우투좌타	신장	192	체중	97
연봉	50000-27000-27000		지명순위	10 한화 5라운드 36순위	
학교	여수서초-여수중-효천고				

지난해 한화에서는 통 기회를 받지 못했다. 11.1이닝 투구에 그쳤다. 퓨처스 27경기 평균자책 1.77을 기록했지만, 이태양 정도 베테랑에게는 크게 의미 없는 숫자. 2차 드래프트 전체 2순위로 KIA 지명을 받았다. 5선발 혹은 롱맨으로 쓰임새는 확실하다.

기본기록

연도	경기	선발	QS	승	패	세이브	BS	홀드	이닝	피안타	피홈런	4사구	삼진	피안타율	WHIP	피 OPS	ERA	WAR
2023	50	12	1	3	3	0	0	2	100.1	100	7	24	72	0.260	1.21	0.709	3.23	1.49
2024	10	1	0	0	2	0	0	0	9.1	17	4	2	2	0.370	2.04	1.092	11.57	-0.49
2025	14	0	0	0	1	0	1	0	11.1	14	0	6	8	0.318	1.68	0.832	3.97	0.19
통산	422	113	37	38	55	1	7	33	925.2	1048	141	325	624	0.286	1.44	0.809	4.96	10.44

최지민

팀	KIA	생년월일	2003-09-10		
포지션	P	투타	좌투좌타	신장	185	체중	100
연봉	10000-12000-10000		지명순위	22 KIA 2차 1라운드 5순위	
학교	율곡초-강릉리틀-경포중-강릉고				

2023년 BB/9 3.94는 그저 우연이었던 걸까. 2024년 7.83으로 치솟았고, 2025년은 8.61로 더 나빠졌다. 53.1이닝 던진 구원 투수가 51볼넷으로 최다 9위를 기록했다. 릴리스포인트 안정화를 위해 시즌 내내 공을 들였지만 별 효과를 거두지 못했다.

기본기록

연도	경기	선발	QS	승	패	세이브	BS	홀드	이닝	피안타	피홈런	4사구	삼진	피안타율	WHIP	피 OPS	ERA	WAR
2023	58	0	0	6	3	3	2	12	59.1	45	4	30	44	0.216	1.20	0.623	2.12	0.75
2024	56	0	0	3	3	3	4	12	46.0	44	2	44	37	0.250	1.83	0.745	5.09	0.29
2025	66	0	0	2	4	0	0	9	53.1	46	5	55	39	0.238	1.82	0.765	6.58	-0.15
통산	186	0	0	11	10	6	6	33	164.2	147	12	135	127	0.242	1.63	0.728	4.81	0.61

한재승

팀	KIA	생년월일	2001-11-21		
포지션	P	투타	우투우타	신장 180	체중 90
연봉	3400-7500-7500		지명순위	21 NC 2차 4라운드 36순위	
학교	동막초-상인천중-인천고				

이적 후 첫 세 경기에서 차례로 구원승, 세이브, 홀드를 올렸지만 이후 연일 난타를 당했다. KIA 유니폼을 입고 15.1이닝 동안 18자책점 평균자책 10.57을 기록했다. 평균 구속 147㎞에 수직 무브먼트도 좋은 묵직한 직구를 던지지만 좀처럼 존 안에 넣지 못했다.

기본기록

연도	경기	선발	QS	승	패	세이브	BS	홀드	이닝	피안타	피홈런	4사구	삼진	피안타율	WHIP	피 OPS	ERA	WAR
2023	11	0	0	0	1	0	0	0	9.2	9	2	5	10	0.231	1.45	0.728	4.66	-0.02
2024	51	0	0	1	2	0	3	6	45.1	37	2	30	44	0.222	1.41	0.646	3.97	0.73
2025	36	0	0	1	1	1	0	1	33.1	40	5	32	35	0.317	2.13	0.918	6.48	-0.49
통산	110	0	0	2	4	1	3	9	99.0	99	9	78	100	0.265	1.74	0.766	4.73	0.24

홍건희

팀	KIA	생년월일	1992-09-29		
포지션	P	투타	우투우타	신장 187	체중 97
연봉	30000-30000-65000		지명순위	11 KIA 2라운드 9순위	
학교	화순초-화순중-화순고				

16이닝 평균자책 6.19를 기록하고 옵트아웃 모험수를 던졌는데 결국 무리수였다. 2년 15억 보장 계약이 단년 최대 7억 원으로 쪼그라들었다. 금전 손실은 어쩔 수 없고 자존심 회복이 남았다. 팔꿈치 부상을 털어내고, 떨어진 구위를 살리는 게 당면과제다.

기본기록

연도	경기	선발	QS	승	패	세이브	BS	홀드	이닝	피안타	피홈런	4사구	삼진	피안타율	WHIP	피 OPS	ERA	WAR
2023	64	0	0	1	5	22	3	5	61.2	67	4	24	62	0.272	1.48	0.722	3.06	1.04
2024	65	0	0	4	3	9	6	11	59.1	55	5	38	45	0.253	1.48	0.719	2.73	1.39
2025	20	0	0	2	1	0	0	0	16.0	18	2	15	15	0.273	2.06	0.786	6.19	0.01
통산	488	33	7	27	48	58	24	55	677.0	758	76	327	602	0.286	1.57	0.791	4.92	5.81

홍민규

팀	KIA	생년월일	2006-09-11		
포지션	P	투타	우투좌타	신장	183	체중	87
연봉	0-3000-4300		지명순위	25 두산 3라운드 26순위	
학교	서울논현초-용산구리틀-대원중-야탑고				

박찬호의 FA 보상 선수로 KIA 유니폼을 입었다. 프로 2년 차 신예. 심재학 단장은 "현재와 미래를 동시에 살폈다"라고 설명했다. 당장 2026시즌부터 1군 투수로 활용할 수 있다는 기대다. 두산 시절 이승엽 전 감독도 "신인답지 않은 제구"라며 아꼈던 재목.

기본기록

연도	경기	선발	QS	승	패	세이브	BS	홀드	이닝	피안타	피홈런	4사구	삼진	피안타율	WHIP	피 OPS	ERA	WAR
2023	0	0	0	0	0	0	0	0	0.0	0	0	0	0	0	-	-	-	-
2024	0	0	0	0	0	0	0	0	0.0	0	0	0	0	0	-	-	-	-
2025	20	2	0	2	1	1	0	0	33.1	37	4	16	17	0.280	1.56	0.768	4.59	0.03
통산	20	2	0	2	1	1	0	0	33.1	37	4	16	17	0.280	1.56	0.768	4.59	0.03

황동하

팀	KIA	생년월일	2002-07-30		
포지션	P	투타	우투우타	신장	183	체중	96
연봉	3500-10000-8000		지명순위	22 KIA 2차 7라운드 65순위	
학교	진북초-전라중-인상고				

횡단보도를 건너다 차에 부딪히는 어처구니없을 만큼 불운한 사고로 크게 다쳤다. 사고 4개월 만인 9월에야 1군으로 돌아올 수 있었다. 안정된 제구를 바탕으로 공격적인 투구를 한다. 템포도 대단히 빠른 편. 김태형, 홍민규, 이태양 등과 5선발 경쟁에 나선다.

기본기록

연도	경기	선발	QS	승	패	세이브	BS	홀드	이닝	피안타	피홈런	4사구	삼진	피안타율	WHIP	피 OPS	ERA	WAR
2023	13	6	0	0	3	0	0	0	31.1	35	5	22	19	0.285	1.79	0.894	6.61	-0.12
2024	25	21	2	5	7	0	0	0	103.1	109	13	52	81	0.268	1.48	0.757	4.44	1.78
2025	18	3	0	1	2	0	1	0	35.2	38	4	13	31	0.277	1.35	0.818	5.30	0.06
통산	56	30	2	6	12	0	1	0	170.1	182	22	87	131	0.273	1.51	0.795	5.02	1.72

고종욱

팀	KIA	생년월일	1989-01-11		
포지션	LF	투타	우투좌타	신장	184	체중	83
연봉	15000-15000-10000		지명순위	11 넥센 3라운드 19순위	
학교	역삼초-대치중-경기고-한양대				

수비가 아쉬울 뿐 콘택트는 타고났다. 지난해도 Whiff%를 10.5%로 억제하며 시즌 타율 0.296을 기록했다. KIA가 연일 승전고를 울리던 6월 가장 뜨거웠다. 월간 타율 0.375로 '함평 타이거즈'의 맏형 노릇을 했다. 그러나 여름 이후 페이스가 훅 떨어졌고, KIA의 진격도 막을 내렸다.

기본기록

연도	경기	타석	타수	안타	2루타	3루타	홈런	타점	득점	볼넷	사구	삼진	도루	타율	출루율	장타율	OPS	WAR
2023	114	286	270	80	17	0	3	39	35	14	0	58	2	0.296	0.329	0.393	0.722	0.57
2024	28	36	32	8	2	0	1	4	3	4	0	6	0	0.250	0.333	0.406	0.739	-0.02
2025	46	123	115	34	2	0	3	16	13	5	0	17	2	0.296	0.317	0.391	0.708	0.18
통산	1106	3497	3274	989	165	36	50	413	493	175	17	678	130	0.302	0.338	0.420	0.758	6.39

김규성

팀	KIA	생년월일	1997-03-08		
포지션	2B	투타	우투좌타	신장	185	체중	88
연봉	5500-6500-9000		지명순위	16 KIA 2차 7라운드 63순위	
학교	갈산초-선린중-선린고				

박찬호의 빈자리를 채울 새 주전 유격수 후보로 기대를 모았지만, 구단은 호주 국가대표 데일을 택했다. 수비는 당장 1군 주전으로 써도 모자라지 않다는 평가. 타격이 늘 아쉽다. 1군 6시즌 통산 OPS 0.566. 133경기 222타석을 소화한 지난 시즌도 OPS 0.614에 그쳤다.

기본기록

연도	경기	타석	타수	안타	2루타	3루타	홈런	타점	득점	볼넷	사구	삼진	도루	타율	출루율	장타율	OPS	WAR
2023	99	177	158	37	6	1	2	11	29	13	1	43	6	0.234	0.297	0.323	0.620	0.53
2024	27	15	12	3	1	0	0	2	5	2	0	4	1	0.250	0.357	0.333	0.690	-0.18
2025	133	222	193	45	4	0	3	16	30	21	2	49	5	0.233	0.313	0.301	0.614	0.53
통산	486	689	606	127	14	3	9	46	107	55	4	165	14	0.210	0.279	0.287	0.566	-0.31

김석환

팀	KIA	**생년월일**	1999-02-28
포지션	1B	**투타** 좌투좌타	**신장** 187 **체중** 97
연봉	4000-4000-5500	**지명순위**	17 KIA 2차 3라운드 24순위
학교	광주서석초-광주동성중-광주동성고		

터질 듯 터지지 않는 파워 히터 유망주. 올해 만 27세, 유망주 꼬리표도 유통기한이 다 되어가고 있다. 6월 22일 대타로 나와 역전 투런포를 때려내며 팀 6연승을 이끌었다. KIA도 김석환도 지난해 가장 행복했던 순간이다. 퓨처스에선 더 보여줄 게 없다. 하지만 1군 통산 삼진율 36%라는 숫자가 발목을 잡는다.

기본기록

연도	경기	타석	타수	안타	2루타	3루타	홈런	타점	득점	볼넷	사구	삼진	도루	타율	출루율	장타율	OPS	WAR
2023	12	26	23	3	1	0	0	3	1	2	0	9	0	0.130	0.200	0.174	0.374	-0.41
2024	0	0	0	0	0	0	0	0	0	0	0	0	0	-	-	-	-	0.00
2025	47	134	117	31	1	2	2	16	14	14	2	55	0	0.265	0.351	0.359	0.710	-0.08
통산	116	289	255	53	4	2	6	29	31	26	6	104	0	0.208	0.295	0.310	0.605	-1.05

박민

팀	KIA	**생년월일**	2001-06-05
포지션	SS	**투타** 우투우타	**신장** 184 **체중** 84
연봉	3500-3800-5500	**지명순위**	20 KIA 2차 1라운드 6순위
학교	갈산초-성남중-야탑고		

고교 톱클래스 수비를 인정받아 2020 드래프트 2차 1라운드 KIA 지명을 받았다. 지금도 수비는 내야 어디서든 모자랄 것 없다는 평가. 그러나 역시 타격이 아쉽다. 1군 통산 6시즌 177타석에서 볼넷 9개를 골라내는 동안 51삼진을 당했다. 지난해 프로 첫 홈런을 때렸다.

기본기록

연도	경기	타석	타수	안타	2루타	3루타	홈런	타점	득점	볼넷	사구	삼진	도루	타율	출루율	장타율	OPS	WAR
2023	0	0	0	0	0	0	0	0	0	0	0	0	0	-	-	-	-	0.00
2024	16	30	29	8	4	0	0	2	5	1	0	7	0	0.276	0.300	0.414	0.714	-0.01
2025	71	105	94	19	5	0	1	6	11	5	3	33	1	0.202	0.265	0.287	0.552	-0.15
통산	117	177	161	33	10	0	1	11	21	9	4	51	1	0.205	0.264	0.286	0.550	-0.41

박정우

팀	KIA	**생년월일**	1998-02-01
포지션	CF	**투타** 좌투좌타	**신장** 175 **체중** 68
연봉	3800-6500-6000	**지명순위**	17 KIA 2차 7라운드 64순위
학교	역삼초-언북중-덕수고		

대주자 전문이 2년 연속 '끝내기 주루사'를 기록했다. 2024년 3루에서 머뭇거리다 아웃이 됐고, 2025년은 지나치게 리드를 가져갔다가 횡사했다. 2025년 주루사는 타격이 더 컸다. SNS에서 팬과 언쟁으로 구설에 올랐고 2군으로 내려갔다.

기본기록

연도	경기	타석	타수	안타	2루타	3루타	홈런	타점	득점	볼넷	사구	삼진	도루	타율	출루율	장타율	OPS	WAR
2023	21	12	9	3	0	0	0	0	2	0	0	1	0	0.333	0.333	0.333	0.666	0.24
2024	66	69	65	20	3	1	0	11	17	4	0	14	0	0.308	0.348	0.385	0.733	0.43
2025	53	75	62	17	2	0	0	4	17	10	3	12	2	0.274	0.400	0.306	0.706	0.45
통산	188	220	187	50	6	1	0	21	41	24	5	36	2	0.267	0.366	0.310	0.676	1.24

변우혁

팀	KIA	**생년월일**	2000-03-18
포지션	1B	**투타** 우투우타	**신장** 185 **체중** 100
연봉	6000-8500-6500	**지명순위**	19 한화 1차
학교	일산초-현도중-북일고		

2024년 69경기에서 5홈런을 때려내며 OPS 0.839로 통합우승에 힘을 보탰다. 2025시즌 큰 기대를 모았지만 타율 0.219로 다시 추락하고 말았다. 같은 포지션 김도영이 부상으로 개점 휴업하고, 위즈덤마저 기대만 못했지만 아쉬운 성적 탓에 많은 기회를 받을 수 없었다.

기본기록

연도	경기	타석	타수	안타	2루타	3루타	홈런	타점	득점	볼넷	사구	삼진	도루	타율	출루율	장타율	OPS	WAR
2023	83	226	200	45	4	0	7	24	23	23	3	74	0	0.225	0.314	0.350	0.664	-0.31
2024	69	187	168	51	9	2	5	21	22	16	2	48	1	0.304	0.369	0.470	0.839	0.75
2025	47	153	142	31	7	0	0	17	11	10	1	47	0	0.218	0.275	0.268	0.543	-0.11
통산	249	688	624	155	24	2	16	72	68	56	7	207	1	0.248	0.317	0.370	0.687	0.11

이창진

8

팀	KIA	생년월일	1991-03-04		
포지션	LF	투타	우투우타	신장 173	체중 85
연봉	12000-14000-9000	지명순위	14 롯데 2차 6라운드 60순위		
학교	신도초-동인천중-인천고-건국대				

6월에 시즌을 시작해 8월에 마쳤다. 3월 햄스트링 부상으로 석 달을 쉬었고, 8월 경기 중 발목을 다쳐 시즌아웃됐다. 37경기 출장 타율 0.161에 그쳤다. 지난 3시즌 연속 wRC+ 100 이상을 기록했던 이창진의 공백 또한 지난해 KIA를 고통스럽게 했다.

기본기록

연도	경기	타석	타수	안타	2루타	3루타	홈런	타점	득점	볼넷	사구	삼진	도루	타율	출루율	장타율	OPS	WAR
2023	104	284	244	66	11	3	4	29	35	34	2	44	9	0.270	0.362	0.389	0.751	1.41
2024	103	247	191	50	10	0	1	18	36	45	2	36	4	0.262	0.401	0.330	0.731	0.55
2025	37	113	93	15	3	0	1	9	11	16	2	22	0	0.161	0.295	0.226	0.521	-0.10
통산	652	1962	1661	433	82	6	22	192	256	240	15	338	29	0.261	0.356	0.357	0.713	6.80

정해원

9

팀	KIA	생년월일	2004-05-21		
포지션	2B	투타	우투우타	신장 185	체중 87
연봉	3100-3100-5000	지명순위	23 KIA 3라운드 22순위		
학교	신광초-덕수중-휘문고				

퓨처스 51경기 타율 0.362로 팬들의 기대치를 한껏 키웠다. 2루타 17개로 갭 히터로 가능성을 보였다. 1군에서는 40타수 3안타에 그쳤고, 11점 차 리드 도루로 불문율 논란에 휘말리기도 했다. 하지만 이제 만 21세, 시간은 충분하다.

기본기록

연도	경기	타석	타수	안타	2루타	3루타	홈런	타점	득점	볼넷	사구	삼진	도루	타율	출루율	장타율	OPS	WAR
2023	0	0	0	0	0	0	0	0	0	0	0	0	0	-	-	-	-	0.00
2024	0	0	0	0	0	0	0	0	0	0	0	0	0	-	-	-	-	0.00
2025	24	46	40	3	0	0	0	0	5	5	1	14	0	0.075	0.196	0.075	0.271	-0.39
통산	24	46	40	3	0	0	0	0	5	5	1	14	0	0.075	0.196	0.075	0.271	-0.39

정현창

팀	KIA	생년월일	2006-07-14		
포지션	SS	투타	우투좌타	신장 177	체중 70
연봉	0-3000-5500		지명순위	25 NC 7라운드 67순위	
학교	장유–신월중–부산공고				

'유도영'이 아니라면, 향후 KIA 유격수를 노릴 자원. 2025 드래프트 NC 지명을 받았지만, 프로 첫 해 3대3 트레이드로 유니폼을 갈아입었다. 연차 대비 수비는 기대 이상, 타격도 재질을 인정받았다. 증량이 우선 과제다. 72~73kg 체중을 80kg까지 불린다는 목표다.

기본기록

연도	경기	타석	타수	안타	2루타	3루타	홈런	타점	득점	볼넷	사구	삼진	도루	타율	출루율	장타율	OPS	WAR
2023	0	0	0	0	0	0	0	0	0	0	0	0	0	-	-	-	-	0.00
2024	0	0	0	0	0	0	0	0	0	0	0	0	0	-	-	-	-	0.00
2025	16	21	19	5	0	0	0	0	4	2	0	5	0	0.263	0.333	0.263	0.596	0.08
통산	16	21	19	5	0	0	0	0	4	2	0	5	0	0.263	0.333	0.263	0.596	0.08

황대인

팀	KIA	생년월일	1996-02-10		
포지션	1B	투타	우투우타	신장 178	체중 100
연봉	8000-7000-5500		지명순위	15 KIA 2차 1라운드 2순위	
학교	군산신풍초–자양중–경기고				

구단이 야수진 줄부상으로 신음하는 중에도 별 기회를 받지 못했다. 5월 콜업이 됐지만 18경기 0.189에 그쳤고, 다시 1군에서 뛰지 못했다. 홈런 딱 하나를 쳤는데 상대 투수가 코디 폰세. 폰세에게 홈런을 때린 9명 중 1명이다. 팀을 떠난 최형우의 등번호 34번을 물려받았다.

기본기록

연도	경기	타석	타수	안타	2루타	3루타	홈런	타점	득점	볼넷	사구	삼진	도루	타율	출루율	장타율	OPS	WAR
2023	60	199	174	37	4	0	5	26	19	18	4	50	0	0.213	0.296	0.322	0.618	-0.25
2024	3	7	7	2	1	0	0	3	1	0	0	1	0	0.286	0.286	0.429	0.715	-0.05
2025	18	57	53	10	3	0	1	8	3	3	0	14	0	0.189	0.228	0.302	0.530	-0.16
통산	397	1312	1184	290	55	1	40	199	111	97	15	277	0	0.245	0.307	0.394	0.701	-0.52

김기훈 53

포지션	P	투타	좌투좌타	신장	184	체중	93	생년월일	2000-01-03
연봉	4000-5500-6500			지명순위	19 KIA 1차				
학교	광주수창초-무등중-광주동성고								

김대유 69

포지션	P	투타	좌투좌타	신장	187	체중	92	생년월일	1991-05-08
연봉	11000-12000-7000			지명순위	10 넥센 3라운드 18순위				
학교	중앙초-부산중-부산고								

김사윤 21

포지션	P	투타	좌투좌타	신장	182	체중	90	생년월일	1994-06-08
연봉	3400-4000-4000			지명순위	13 SK 3라운드 28순위				
학교	광주화정초-무등중-화순고								

김정엽 46

포지션	P	투타	우투우타	신장	185	체중	96	생년월일	2006-04-18
연봉	0-3000-3300			지명순위	25 KIA 5라운드 45순위				
학교	수영초-개성중-부산고								

김현수(17) 17

포지션	P	투타	우투우타	신장	185	체중	90	생년월일	2000-07-10
연봉	4500-4500-5500			지명순위	19 롯데 2차 3라운드 28순위				
학교	효제초-홍은중-장충고								

김현수(64) 64

포지션	P	투타	우투우타	신장	189	체중	100	생년월일	2007-11-08
연봉	0-0-3000			지명순위	26 KIA 2라운드 20순위				
학교	송정동초-화순중-광남BC								

유지성 4

포지션	P	투타	좌투좌타	신장	189	체중	94	생년월일	2000-11-15
연봉	3100-3200-3500			지명순위	20 KIA 2차 4라운드 36순위				
학교	수유초-자양중-북일고								

윤영철 13

포지션	P	투타	좌투좌타	신장	187	체중	87	생년월일	2004-04-20
연봉	9000-12000-10000			지명순위	23 KIA 1라운드 2순위				
학교	서대문구-충암중-충암고								

윤중현

 **19**

포지션	P	투타	우언우타	신장	180	체중	84	생년월일	1995-04-25
연봉	6500-6000-6000			지명순위	18 KIA 2차 9라운드 86순위				
학교	광주서석초-무등중-광주제일고-성균관대								

이도현

 **66**

포지션	P	투타	우투우타	신장	188	체중	90	생년월일	2005-01-07
연봉	3000-3000-5000			지명순위	23 KIA 7라운드 62순위				
학교	가동초-휘문중-휘문고								

이성원

 **58**

포지션	P	투타	우투우타	신장	184	체중	90	생년월일	2006-05-18
연봉	0-3000-3300			지명순위	25 KIA 10라운드 95순위				
학교	호동초-화성B리틀-안산중앙중-유신고								

이형범

 **28**

포지션	P	투타	우투우타	신장	181	체중	80	생년월일	1994-02-27
연봉	7000-6500-5500			지명순위	12 NC 특별 23순위				
학교	화순초-화순중-화순고								

이호민

 **63**

포지션	P	투타	우투우타	신장	182	체중	85	생년월일	2006-08-26
연봉	0-3000-5500			지명순위	25 KIA 2라운드 15순위				
학교	북일초-해남리틀-이평중-전주고								

장재혁

 **38**

포지션	P	투타	우투우타	신장	180	체중	86	생년월일	2001-08-02
연봉	3000-3100-3400			지명순위	20 KIA 2차 6라운드 56순위				
학교	부산금강초-대신중-경남고								

정찬화

45

지선	P	투타	우투우타	신장	183	체중	90	생년월일	2006-06-10
연봉	0-0-3000			지명순위	26 KIA 5라운드 50순위				
학교	천안남산초-천안북중-청담고								

김민규

 **37**

포지션	CF	투타	우투우타	신장	180	체중	73	생년월일	2007-01-26
연봉	0-0-3000			지명순위	26 KIA 3라운드 30순위				
학교	도곡초-휘문중-휘문고								

박상준 50

포지션	1B	투타	좌투좌타	신장	178	체중	104	생년월일	2001-08-21
연봉	3000-3000-3000			지명순위	22 KIA 육성선수				
학교	석교초-세광중-세광고-강릉영동대								

박재현 15

포지션	LF	투타	우투좌타	신장	180	체중	73	생년월일	2006-12-08
연봉	0-3000-5000			지명순위	25 KIA 3라운드 25순위				
학교	동막초-재능중-인천고								

이호연 36

포지션	2B	투타	우투좌타	신장	177	체중	87	생년월일	1995-06-03
연봉	8500-7000-7000			지명순위	18 롯데 2차 6라운드 53순위				
학교	광주수창초-진흥중-광주제일고-성균관대								

주효상 22

포지션	C	투타	우투좌타	신장	183	체중	85	생년월일	1997-11-11
연봉	4400-4400-5500			지명순위	16 넥센 1차				
학교	역북초-강남중-서울고								

최정용 23

포지션	2B	투타	우투좌타	신장	179	체중	84	생년월일	1996-10-24
연봉	4300-4500-4500			지명순위	15 삼성 2차 2라운드 15순위				
학교	서원초-세광중-세광고								

한승연 31

포지션	LF	투타	우투우타	신장	183	체중	90	생년월일	2003-06-09
연봉	0-0-3100			지명순위	22 KIA 2차 8라운드 75순위				
학교	군산신풍초-군산중-전주고								

한준수 25

포지션	C	투타	우투좌타	신장	184	체중	95	생년월일	1999-02-13
연봉	5000-14000-10000			지명순위	18 KIA 1차				
학교	광주서석초-광주동성중-광주동성고								

KIA 타이거즈	왼쪽 폴	좌중	중	우중	오른쪽 폴	펜스 좌측	펜스-좌중	펜스-중	펜스-우중	펜스-우	잔디	최대관중(명)
광주-기아 챔피언스 필드	99	116	121	116	99	2.6	2.6	2.6	2.6	2.6	천연	20,500

2025년 11월 23일 열린 곰들의 모임 ⓒ두산 베어스

주요 이슈

시즌 초반부터 하위권을 맴돌았고, 5월 17일 9위 추락 이후 시즌 마지막까지 같은 자리를 지켰다. 부임 첫해부터 2시즌 연속 5강 진출을 이끌었던 이승엽 감독이 6월 2일 사임했다. 조성환 감독 대행 체제 전환 이후로도 큰 반등은 없었다. 이승엽 감독 사임 전까지 승률 0.418, 사임 이후 승률 0.458을 기록했다. 시즌 막판 8위 가능성을 보이기도 했으나 사실 큰 의미는 없었다. 불펜 영건 대부분이 혹사 여파로 기록이 떨어졌다. 독야청청했던 양의지 1명을 제외하고 김재환·양석환 등 베테랑 야수들 역시 성적이 급전직하했다. 내야에서 신예들이 가능성을 보이긴 했지만 팀 성적을 바꿀만할 정도는 아니었다. 화수분 고갈 이후 고액 FA들에 의존하던 야구는 결국 한계를 보였고, 세대교체 과도기 속 실망스런 성적표를 받아들여야 했다.

구단 PROFILE

구단주	박정원
구단주 대행	전풍
대표이사	고영섭
단장	김태룡
감독	김원형
주장	양의지
홈구장	서울종합운동장 야구장
2군 구장	이천 베어스 파크

두산		영구결번
한국시리즈 우승	6회	김영신 / 54
한국시리즈 출전	15회	박철순 / 21
플레이오프 출전	15회	
준플레이오프 출전	11회	

타율 / 순위	출루율 / 순위	장타율 / 순위	홈런 / 순위	도루 / 순위	실책 / 순위
0.262 / 5	0.331 / 8	0.383 / 6	102 / 9	144 / 2	120 / 9
ERA / 순위	**선발ERA / 순위**	**구원ERA / 순위**	**탈삼진 / 순위**	**볼넷허용 / 순위**	**피홈런 / 순위**
4.30 / 6	4.28 / 6	4.34 / 4	1054 / 8	542 / 7	109 / 3

시즌 월별 성적	승	무	패	승률	순위
3~4월	12	0	18	0.400	8
5월	11	3	13	0.458	9
6월	8	0	14	0.364	10
7월	10	2	8	0.556	4
8월	13	1	12	0.520	3
9~10월	7	0	12	0.368	8
포스트시즌	-	-	-	-	-

오명진, 안재석, 박준순, 박지훈, 임종성 등 평균 연령 23.2세 내야수 5명이 도합 960타석을 소화하며 WAR 4.99를 합작했다. 메말랐던 야수 팜에 새싹이 돋았고, 1군 무대에서도 가능성을 보이기 시작했다. 소총수로 군 복무하며 15kg 증량으로 '인체 개조'에 성공한 안재석은 35경기에서 장타율 0.541을 기록했다. 마운드에서도 신인 최민석을 비롯해 양재훈, 제환유, 윤태호 등 젊은 선발들이 희망을 키웠다. 베테랑들의 성적은 실망스러웠지만 양의지만큼은 달랐다. 38세 시즌에 커리어하이에 가까운 타격 성적을 기록하며 10번째 골드글러브를 수상했다. 어빈을 대신해 에이스 노릇을 했던 잭로그와 재계약했고, 빅리그 현역 플렉센을 복귀시켰다. 플렉센이 2020년처럼 던져준다면 리그 수위권 선발 프런트라인을 구성할 수 있다.

투고타저 바람을 타고 대부분 구단의 홈런 수가 줄었지만, 두산은 그중에서도 정도가 심했다. 팀 홈런 102개로 전년보다 32%가 줄었다. 압도적 최저 홈런 팀인 롯데(-40%) 다음으로 낙폭이 컸다. 김재환, 양석환의 홈런이 반토막난 결과다. 올해 양석환은 만 35세다. 김재환은 아예 팀을 떠났다. 화력 부족은 2026시즌에도 타선의 고민거리가 될 공산이 크다. 불펜 혹사의 대가는 1년 만에 바로 치러야 했다. 2024년 6.77이던 불펜 WAR가 2025년 4분의 1 수준인 1.63으로 쪼그라들었다. 최지강, 이병헌 둘이 합쳐 겨우 45.2이닝을 던졌다. 김택연의 활약도 신인 때만 못했다. 내야에서는 세대교체에 시동을 걸었지만, 외야에서는 여전히 새 얼굴이 보이지 않았다. 정수빈, 카메론을 뺀 외야 한 자리가 여전히 무주공산이다.

김원형 감독 취임식 ⓒ두산 베어스

김원형 감독 ⓒ두산 베어스

감독

—

김원형

두산이 황금기를 달리던 시절 사령탑은 김경문, 김태형 감독이었다. 리그에 소문난 용장들. 성격이 불 같기로는 김원형 감독도 뒤지지 않는다. 어쩌면 9위 추락으로 침체한 팀 분위기를 끌어올리는 데 가장 필요한 유형일지도 모른다. 부임 회견에서도 '자율야구'와는 선을 그었다. 팬들의 반응은 나쁘지 않다. 두산 코치 출신으로 '허슬두'를 가까이에서 체감한 인물이기도 하다. 김원형 감독이 투수코치로 있던 2019, 2020시즌 두산은 팀 평균자책 2위, 1위를 기록했다. 다른 모든 신임 감독들과 마찬가지로 임기 중 우승을 목표로 내걸었다. 공약을 달성한다면 SSG 시절인 2022년 '와이어 투 와이어' 우승에 이어 2개 구단에서 우승하는 감독이 된다. KBO 역대를 통틀어 김응룡 전 감독(해태·삼성)만 가진 기록이다.

노모어 화수분!

2026 팀 이슈

지난해 선발 유격수로만 8명을 썼다. 자원이 넘쳐서가 아니다. 누구 하나 만족스럽지 못했기 때문이다. 최근 몇 년간 '포스트 김재호'를 찾는데 골머리를 앓았다. FA 시장에서 확실한 해답을 찾았다. 박찬호에게 4년 80억 거액을 베팅했다. 그라운드 안팎에서 속썩이던 어빈을 내보내고 검증된 에이스 플렉센을 복귀시켰다. 팀을 떠날 때보다 여섯 살 더 먹었지만, 안정성을 택했다. 그만큼 지난해 어빈에게 데인 내상이 컸다. 신인 드래프트에서 2년 연속 1라운드 야수를 뽑았다. 투수 대세인 KBO 드래프트 기조에서 파격적이라는 평가를 받았다. 그만큼 야수진 세대교체가 절실하기도 했다. 지난해 1라운더 박준순은 첫해부터 1군 298타석에 나갔다. 올해 신인 김주오도 비슷한 수준의 기회를 받을 수 있다. 어차피 외야 한 자리는 아직 주인이 없다.

두산베어스 창단 기념식장에 나란히 선 신인선수들 ©두산 베어스

2026 최상 시나리오

박찬호가 중심을 잡고, 신예들이 연쇄폭발한다. 더 이상 삼성 내야가 부럽지 않다. 2023 WBC 이후 국내 정상급 선발로 성장했던 곽빈이 2026 WBC 경험을 발판 삼아 한 단계 더 스텝업한다. 반복되던 기복도 제구 불안도 없는, 말 그대로 '트루 에이스'다. 김택연의 포심이 다시 춤을 추고, 안식년을 보낸 이병헌과 최지강이 구위를 회복한다. 타무라까지 가세한 불펜은 명실상부 리그 최강. 누가 나오든 확실하게 10이닝을 막아주니 더 이상 '투마카세'를 떠올릴 이유도 없다. 양의지가 기어코 리그 최고령 타격왕에 오르며 11번째 골든글러브로 새 역사를 쓴다. 신인 김주오가 약속대로 잠실 장외를 넘기는 150.05m 홈런을 때려내지만 좀처럼 1군 선발 기회를 잡지 못한다. 김민석과 김대한이 동반 활약하며 매일 주전 경쟁이 치열하다.

2026 최악 시나리오

양의지가 다시 잔 부상에 시달린다. 포수보다 지명타자로 나서는 경기가 더 많아진다. 김택연의 슬라이더는 자꾸 존을 벗어나고, 150㎞ 포심에도 좀처럼 헛스윙이 나오지 않는다. 돌아온 플렉센이 6년 전과 전혀 다른 투수가 되면서 외국인 투수 잔혹사가 계속된다. 외국인 타자도 작년이 나았다는 인스타 글에 케이브가 '좋아요'를 누른다. 좌익수는 시즌 마지막까지 주전감이 나오질 않는다. 박찬호를 둘러싸고 FA 가성비 논쟁이 이어진다. 곽빈이 분전하지만 또래의 안우진, 원태인과는 격차가 여전하다. 2019년 이후 처음으로 팀 100홈런을 밑돈다. 문학 담장 버프를 제대로 누리고 반등한 김재환을 보며 광활한 잠실을 원망하는 목소리가 새삼 커진다. 임시로 쓸 잠실주경기장은 외야 펜스까지 몇 m일지가 팬들의 우려 섞인 관심사로 떠오른다.

곽빈

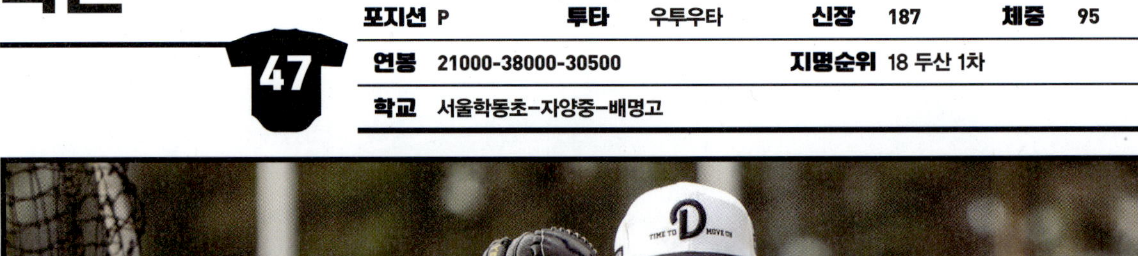

팀	두산	생년월일	1999-05-28		
포지션	P	투타	우투우타	신장	187	체중	95
연봉	21000-38000-30500	지명순위	18 두산 1차		
학교	서울학동초-자양중-배명고				

47

©두산 베어스

타이밍싸움

R-편식

부상으로 시즌 출발이 늦었다. 6월 3일 1군 첫 등판을 했다. 19경기 109.1이닝으로 규정이닝에 못 미쳤다. 6~9월 월간 ERA가 5.67-1.67-5.34-3.86으로 요동쳤다. 2024년도 유사한 그래프를 그렸다. 한 달 간격으로 널뛰는 투구가 2년 연속 이어진 셈. 시즌 성적은 아쉽지만 구속은 전년 대비 3km나 더 올랐다. 포심 평균 구속 151.4km로 국내 선발 중 문동주(152.3km)에 이어 2번째로 빠른 공을 던졌다. K/9 8.81, BB/9 3.38 모두 커리어하이 수준. 아쉬운 건 역시 기복이다. 긁히는 동안 곽빈은 리그 최고 투수다. 2024년 5월과 2025년 7월 곽빈은 1할대 피안타율과 1점대 ERA로 상대를 압도했다. 컨디션이 좋지 않은 기간 '저점 방어'가 절실하다.

기본기록

연도	경기	선발	QS	승	패	세이브	BS	홀드	이닝	피안타	피홈런	4사구	삼진	피안타율	WHIP	피 OPS	ERA	WAR
2023	23	23	13	12	7	0	0	0	127.1	96	7	63	106	0.212	1.21	0.609	2.90	3.92
2024	30	30	17	15	9	0	0	0	167.2	142	11	82	154	0.229	1.30	0.647	4.24	4.39
2025	19	19	7	5	7	0	0	0	109.1	96	9	43	107	0.232	1.25	0.667	4.20	2.01
통산	152	120	48	47	40	1	2	4	681.2	599	53	370	627	0.236	1.36	0.687	4.01	14.87

김택연

팀	두산	**생년월일**	2005-06-03		
포지션	P	**투타**	우투우타	**신장** 181	**체중** 88
연봉	3000-14000-22000			**지명순위** 24 두산 1라운드 2순위	
학교	동막초-상인천중-인천고				

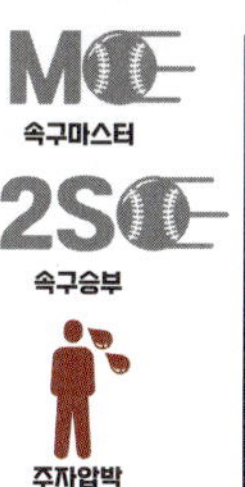

©두산 베어스

'2년차 징크스'라고 한다면 너무 지나친 말일까. 신인 시절을 생각하면 지난해 성적은 아무래도 아쉽다. 평균자책 3.53에 블론세이브는 리그 최다인 9개를 기록했다. 세부 지표는 크게 달라지지 않았는데 장타 허용이 많았다. 지난해 66.1이닝 동안 6홈런을 맞았다. 2024년은 65이닝 2피홈런이었다. 5월에만 3홈런을 맞으면서 잠시 마무리 자리를 내려놓기도 했다. 구사율 70%를 웃도는 포심은 여전히 위력적이지만 리그 타자들이 조금씩 적응하기 시작했고, 일발장타 리스크가 커졌다. 구종 추가에 앞서 제2구종 슬라이더 완성도를 끌어올리는 게 보다 더 효과적일 수 있다. 김택연의 생각도 방향이 다르지 않다. 구종 추가를 묻는 말에 "지금 가진 공을 100%로 던지는 게 우선"이라고 했다.

기본기록

연도	경기	선발	QS	승	패	세이브	BS	홀드	이닝	피안타	피홈런	4사구	삼진	피안타율	WHIP	피 OPS	ERA	WAR
2023	0	0	0	0	0	0	0	0	0.0	0	0	0	0	0	-	-	-	-
2024	60	0	0	3	2	19	5	4	65.0	51	2	35	78	0.216	1.26	0.605	2.08	2.92
2025	64	0	0	4	5	24	9	0	66.1	47	6	36	79	0.196	1.18	0.596	3.53	1.32
통산	124	0	0	7	7	43	14	4	131.1	98	8	71	157	0.206	1.22	0.600	2.81	4.24

박신지

49

팀	두산	생년월일	1999-07-16				
포지션	P	투타	우투우타	신장	185	체중	75
연봉	3500-3200-7000			지명순위	18 두산 2차 1라운드 10순위		
학교	목암초-의정부리틀-영동중-경기고						

주자압박

프로 입단 7시즌 만에 커리어하이를 찍었다. 데뷔 후 최다인 불펜 60이닝 동안 평균자책 2.85를 기록했다. 140㎞ 초중반에 머물던 포심 평균 구속이 지난해 147㎞까지 오르면서 투구에 자신감이 붙었다. 스트라이크 비율이 올랐고, 이닝당 투구 수는 줄었다. 포심이 살아나면서 슬라이더(피안타율 0.180)도 위력을 발휘했다. 고교 시절부터 박신지는 '경기고 로켓'이란 별명처럼 포심이 돋보이는 투수였다. 2018 드래프트 2차 1라운드 지명받을 만큼 기대치도 컸다. 프로 입단 후 부상 등으로 구속이 오히려 떨어졌고, 실망스러운 성적만 남겼다. 2025년이 반전의 시작이 될 수 있다. 2025년 연봉 3,200만원에서 3,800만원 오른 7,000만원에 계약했다. 인상률 118.8%는 팀 투수 중 최고치다.

기본기록

연도	경기	선발	QS	승	패	세이브	BS	홀드	이닝	피안타	피홈런	4사구	삼진	피안타율	WHIP	피 OPS	ERA	WAR
2023	15	1	0	0	0	0	0	0	26.0	39	1	14	15	0.342	1.92	0.893	5.54	-0.03
2024	6	1	0	0	1	0	0	0	8.2	8	0	9	3	0.258	1.85	0.748	2.08	0.19
2025	54	0	0	2	4	0	1	5	60.0	55	3	34	36	0.244	1.40	0.718	2.85	0.47
통산	125	11	0	4	13	0	2	5	180.1	210	15	115	111	0.290	1.72	0.817	4.89	0.10

이영하

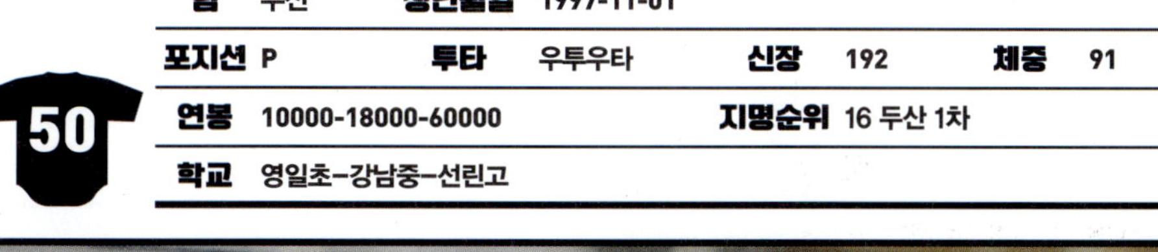

팀	두산	생년월일	1997-11-01				
포지션	P	투타	우투우타	신장	192	체중	91
연봉	10000-18000-60000			지명순위	16 두산 1차		
학교	영일초-강남중-선린고						

50

©두산 베어스

2S+SL
슬라이더승부

4년 52억 원 FA 계약을 맺고 구단에 남았다. 그 자신이 "생각한 금액 이상"이라고 했다. 총액 기준 역대 불펜 FA 6번째 기록. 당연히 우려가 따른다. 바로 직전해 LG 장현식이 같은 4년 52억 원 계약을 했지만 팀에 아무 기여를 하지 못했다. 그러나 두산은 '불펜 이영하'가 아닌 '선발 이영하'에 베팅했다. 2022년 이후 4년 만에 선발 복귀를 준비한다. 외국인 원투펀치, 곽빈에 이어 4선발로 나설 계획. 제3구종이 선발 전환 성패를 가를 열쇠가 될 수 있다. 2019년 선발 17승까지 올렸던 이영하가 결국 불펜으로 돌아선 것도 투피치로 한계를 맞았기 때문. 일단은 커브가 포심. 슬라이더를 받칠 '세 번째 공' 후보다. 지난해 구사율 7.8%까지 끌어올리면서 카운트 싸움에 적잖은 도움을 봤다.

기본기록

연도	경기	선발	QS	승	패	세이브	BS	홀드	이닝	피안타	피홈런	4사구	삼진	피안타율	WHIP	피 OPS	ERA	WAR
2023	36	0	0	5	3	0	0	4	39.1	40	2	25	28	0.256	1.55	0.724	5.49	-0.35
2024	59	1	0	5	4	2	1	5	65.1	62	4	38	59	0.243	1.50	0.688	3.99	0.45
2025	73	0	0	4	4	0	5	14	66.2	63	4	45	72	0.254	1.53	0.710	4.05	0.90
통산	355	98	38	60	46	9	8	27	802.1	834	61	453	586	0.270	1.55	0.746	4.71	9.13

잭로그

팀 두산	**생년월일** 1996-04-23			
포지션 P	**투타** 좌투좌타	**신장** 183	**체중** 84	
연봉 $0-$800000-$700000	**지명순위** 25 두산 자유선발			
학교 Archbishop Moeller HS–University of Kentucky				

39

빠른승부

속구마스터

3B2S
풀카운트장인

두산 외국인 3인방 중 홀로 재계약에 성공했다. WAR 5.43로 투수 전체 6위, ERA 2.81로 5위를 기록했다. 강점은 역시 리그 최강의 좌타 상대 능력. 좌완 스리쿼터 투구 폼에다 좌타자 기준 바깥으로 크게 휘어나가는 스위퍼, 몸쪽으로 바짝 파고드는 커터의 조합으로 리그 좌타자들에게 악몽을 선사했다. 좌타 상대 피안타율(0.165), 피출루율(0.213), 피장타율(0.211) 모두 리그 1위. 우타 상대 성적(피OPS 0.700)도 크게 부족하지 않았다. 29차례 선발 등판 중 17차례 QS를 기록할 만큼 마운드 위에서 쉽게 흔들리지 않았다. 5이닝을 못 채운 건 딱 2차례였다. 좀처럼 승운이 따르지 않았지만 마지막 선발 등판에서 10승째를 올렸다. 지난해 두산의 유일한 10승이었다.

기본기록

연도	경기	선발	QS	승	패	세이브	BS	홀드	이닝	피안타	피홈런	4사구	삼진	피안타율	WHIP	피 OPS	ERA	WAR
2023	0	0	0	0	0	0	0	0	0.0	0	0	0	0	0	-	-	-	-
2024	0	0	0	0	0	0	0	0	0.0	0	0	0	0	0	-	-	-	-
2025	30	29	17	10	8	0	0	1	176.0	146	8	56	156	0.224	1.05	0.595	2.81	5.34
통산	30	29	17	10	8	0	0	1	176.0	146	8	56	156	0.224	1.05	0.595	2.81	5.34

최민석

팀 두산		**생년월일** 2006-07-02	
포지션 P	**투타** 우투우타	**신장** 188	**체중** 84
연봉 0-3000-6300		**지명순위** 25 두산 2라운드 16순위	
학교 중대초–양천중–서울고			

68

©두산 베어스

R-편식

행정 착오인지 신인 드래프트 현장에 초대받지 못했다. 2라운드 6순위 전체 16번째로 이름이 불리는 걸 집에서 TV로 봤다. 부랴부랴 어머니 차를 탔다. 다행히 집이 10분 거리였다. '얼리픽'이 아니냐는 말이 나왔는데 '스틸픽'이었다. 17경기에서 WAR 1.43을 찍었다. 앞서 지명된 15명 중 이보다 높은 WAR을 기록한 건 서울고 선배 김우영 1명뿐이다. 140㎞ 중반대 움직임 좋은 투심으로 땅볼 유도 51%를 기록했다. BB/9 3.94개도 연차를 생각하면 준수한 편. 시즌 후반 성적이 아쉽다. 7월까지 0.630이었던 피OPS가 8월 한 달 0.770으로 나빠졌고, 마지막 9월에는 0.907로 치솟았다. 증량과 체력 강화를 새 시즌 과제로 정했다.

기본기록

연도	경기	선발	QS	승	패	세이브	BS	홀드	이닝	피안타	피홈런	4사구	삼진	피안타율	WHIP	피 OPS	ERA	WAR
2023	0	0	0	0	0	0	0	0	0.0	0	0	0	0	0	-	-	-	-
2024	0	0	0	0	0	0	0	0	0.0	0	0	0	0	0	-	-	-	-
2025	17	15	4	3	3	0	0	0	77.2	72	7	39	53	0.248	1.36	0.715	4.40	1.43
통산	17	15	4	3	3	0	0	0	77.2	72	7	39	53	0.248	1.36	0.715	4.40	1.43

최승용

28

팀	두산	생년월일	2001-05-11				
포지션	P	투타	좌투좌타	신장	190	체중	87
연봉	10200-8500-15500			지명순위	21 두산 2차 2라운드 20순위		
학교	양오초-모가중-소래고						

©두산 베어스

손톱 불운에 울었다. 시즌 중 엔트리 말소가 3차례. 모두 손톱 부상 때문이었다. 5월 한화전, 7월 KT전, 8월 KIA전 투구 중 손톱이 깨져 마운드에서 내려왔다. 7월 부상 때문에 생애 첫 올스타전 출장 기회도 날렸다. 손톱 관리를 위해 주변 코치·동료들은 물론 챗GPT에도 자문을 구했고, 네일샵까지 다녀왔다. 손톱 외에 다른 부상 없이 꾸준히 선발 로테이션을 지켰다는 건 그래도 다행. 2024년 피로골절 후유증은 없었다. 두산 국내 투수 중 최다인 116⅓이닝을 던졌다. 구속이 아주 빠르지는 않지만 볼넷이 적고 쉽게 흔들리지 않는다. 새 시즌 가장 유력한 4선발 후보. 최근 3년 후반기 기록이 계속 전반기보다 좋았다. 3~4월 성적만 끌어올린다면 리그 대표 좌완 선발로 올라설 수 있는 재목이다.

기본기록

연도	경기	선발	QS	승	패	세이브	BS	홀드	이닝	피안타	피홈런	4사구	삼진	피안타율	WHIP	피 OPS	ERA	WAR
2023	34	20	4	3	6	1	0	0	111.0	116	9	38	82	0.269	1.35	0.688	3.97	1.69
2024	12	6	1	2	0	0	0	1	27.0	37	6	7	21	0.319	1.63	0.910	6.00	0.08
2025	23	23	9	5	7	0	0	0	116.1	121	8	42	71	0.265	1.35	0.704	4.41	1.70
통산	132	66	16	13	20	1	0	8	366.0	398	34	143	254	0.275	1.44	0.738	4.60	4.08

최원준

61

팀	두산	생년월일	1994-12-21				
포지션	P	투타	우언우타	신장	182	체중	91
연봉	25000-22500-40000			지명순위	17 두산 1차		
학교	수유초-신일중-신일고-동국대						

스리쿼터로 팔을 들어 올렸다. 포심 평균 142.7㎞를 던졌고, 포크볼(24.9%)을 슬라이더(23.7%)보다 더 많이 던졌다. 포심 평속 140㎞를 넘긴 것도 포크볼을 슬라이더보다 더 많이 던진 것도 2018년 프로 데뷔 후 처음이다. 평균자책 4.71을 기록하며 직전 2년간 내림세를 일단 멈춰세웠다. 좌타 상대 피OPS는 최원준의 베스트 시즌으로 남아있는 2021년 0.704 이후 가장 좋은 기록. 피홈런이 늘 아쉽다. 지난해 홈런 18개를 맞았다. NC 신민혁, 삼성 원태인에 이은 최다 3위. 최근 3년 누적도 이들에 이은 최다 3위. 최원준은 앞선 두 명보다 훨씬 큰 잠실을 홈으로 쓴다. 4년 38억 원 FA 계약을 맺고 잔류했다. 지난해처럼 선발과 불펜을 가리지 않고 마운드 빈자리를 메울 전망.

기본기록

연도	경기	선발	QS	승	패	세이브	BS	홀드	이닝	피안타	피홈런	4사구	삼진	피안타율	WHIP	피 OPS	ERA	WAR
2023	26	20	7	3	10	0	0	0	107.2	119	11	40	71	0.287	1.37	0.799	4.93	1.13
2024	24	24	3	6	7	0	0	0	110.0	125	21	44	72	0.283	1.45	0.835	6.46	1.15
2025	47	16	5	4	7	0	2	9	107.0	105	18	42	62	0.258	1.34	0.767	4.71	0.95
통산	238	140	50	44	45	1	2	13	834.2	900	104	284	568	0.275	1.35	0.764	4.28	14.11

타무라

18

팀	두산	**생년월일**	1994-09-19
포지션 P		**투타** 우투좌타	**신장** 173 **체중** 79
연봉	0-0-$178000	**지명순위** 26 두산 아시아쿼터	
학교	고베시립야마다중학교-호토쿠가쿠엔고등학교-릿쿄대학		

직전해 성적은 10개 구단 아시아쿼터 중 가장 돋보인다. 세이부 소속으로 NPB 1군 20경기에 불펜으로 등판해 27.2이닝 동안 평균자책 3.58을 기록했다. 140㎞ 중반대 직구를 중심으로 투심, 커터, 체인지업, 포크볼, 너클 커브 등 갖가지 공을 던진다. '볼끝'이 좋고 제구 또한 안정적이다. NPB 1군 통산 WHIP가 1.28이다. 지난해 LG 임찬규(1.27), KT 소형준(1.25) 등이 그와 비슷한 숫자를 찍었다. 흠이라면 피지컬. 키 173㎝로 아시아쿼터 중 NC 토다 나츠키(170㎝) 다음으로 키가 작다. 다수 구단이 아시아쿼터 투수들을 선발 후보로 염두에 두고 있지만 두산은 일찌감치 타무라를 불펜 필승조로 확정했다. 선발로 옮기는 이영하의 빈자리를 채워줄 후보다.

기본기록

연도	경기	선발	QS	승	패	세이브	BS	홀드	이닝	피안타	피홈런	4사구	삼진	피안타율	WHIP	피 OPS	ERA	WAR
2023	0	0	0	0	0	0	0	0	0.0	0	0	0	0	0	-	-	-	-
2024	0	0	0	0	0	0	0	0	0.0	0	0	0	0	0	-	-	-	-
2025	0	0	0	0	0	0	0	0	0.0	0	0	0	0	0	-	-	-	-
통산	-	-	-	-	-	-	-	-	-	-	-	-	-	-	-	-	-	-

플렉센

77

팀	두산	**생년월일**	1994-07-01
포지션	P	**투타**	우투우타	**신장**	191	**체중**	113
연봉	0-0-$650000		**지명순위**	20 두산 자유선발
학교	Newark Mem. HS		

보더라인피칭

'KBO 역수출' 성공 사례 중 1명. 2020년 맹활약으로 두산을 한국시리즈까지 이끌었고 빅리그 복귀에 성 공했다. 이후 지난해까지 5시즌 동안 147경기(선발 100경기) 623.1이닝 평균자책 4.48로 준수하게 활약했 다. 지난해는 시카고 컵스에서 불펜으로 뛰며 평균자책 3.09에 5승 1패를 기록했다. 언뜻 보면 방출이 이 해되지 않는 성적이지만 투구 내용이 좋지 않았다. MLB 복귀 이후 매년 6 이상을 기록했던 K/9이 지난해 4.53으로 떨어졌다. 7월 6경기 15.2이닝 동안 피홈런 6개로 15실점했고, 8월 결국 짐을 쌌다. 이후 MLB 새 직장을 찾지 못했다. 그러나 두산은 플렉센이 KBO 기준으로는 여전히 강력한 구위라고 판단했다. 포 심 평균 구속도 147.8㎞로 6년 전과 비교해 큰 차이가 없다.

기본기록

연도	경기	선발	QS	승	패	세이브	BS	홀드	이닝	피안타	피홈런	4사구	삼진	피안타율	WHIP	피 OPS	ERA	WAR
2023	0	0	0	0	0	0	0	0	0.0	0	0	0	0	0	-	-	-	-
2024	0	0	0	0	0	0	0	0	0.0	0	0	0	0	0	-	-	-	-
2025	0	0	0	0	0	0	0	0	0.0	0	0	0	0	0	-	-	-	-
통산	21	21	12	8	4	0	0	0	116.2	97	6	32	132	0.226	1.09	0.577	3.01	3.53

강승호

팀 두산	**생년월일** 1994-02-09		
포지션 2B	**투타** 우투우타	**신장** 178	**체중** 88
연봉 25500-37000-29800		**지명순위** 13 LG 1라운드 3순위	
학교 순천북초-천안북중-북일고			

23

추가진루

지난 시즌을 앞두고 3루수 포지션 전향을 준비했으나 상처만 남았다. 수비 불안을 계속 노출했고 타격에도 악영향을 끼쳤다. 3루수로 주로 나섰던 5월 1일까지 타율 0.202에 허덕였다. 이날 KT전 이후 3루수 선발 출장은 딱 1차례 더 있었다. 1, 2루를 번갈아 나갔다. 3루수로 선발 출장한 날 OPS가 0.541, 1루수로는 0.784였다. 수비 스트레스가 생각 이상으로 더 컸을 수 있다. 2022년 이후 3년 만에 규정타석에 미달했고, OPS 0.674로 시즌을 마쳤지만 4년 연속 비IFA 팀 내 고과 1위를 기록했다. 고연봉 FA 노장들과 경험 부족한 신예들로 양극화한 두산 로스터의 불균형을 보여주는 단적인 사례다. 새 시즌 주 포지션 2루를 놓고 이유찬, 박준순, 오명진 등과 경쟁해야 한다.

기본기록

연도	경기	타석	타수	안타	2루타	3루타	홈런	타점	득점	볼넷	사구	삼진	도루	타율	출루율	장타율	OPS	WAR
2023	127	459	419	111	18	6	7	59	51	27	6	110	13	0.265	0.316	0.387	0.703	1.54
2024	140	566	521	146	34	7	18	81	81	32	7	158	16	0.280	0.328	0.476	0.804	3.83
2025	115	400	360	85	19	3	8	37	51	24	11	113	14	0.236	0.302	0.372	0.674	1.55
통산	816	2815	2554	653	142	21	60	346	349	163	39	713	67	0.256	0.307	0.398	0.705	10.90

박찬호

7

팀	두산	**생년월일**	1995-06-05
포지션	SS	**투타**	우투우타
신장	178	**체중**	72
연봉	30000-45000-80000	**지명순위**	14 KIA 2차 5라운드 50순위
학교	서울신답초-성동구리틀-건대부중-장충고		

©두산 베어스

추가진루

4년 총액 80억 원 FA 계약을 맺고 두산 유니폼을 입었다. 보장액 78억 원은 KT 강백호(최대 100억-보장 80억 원)와 같은 수준. 전임 이승엽 감독 시절부터 수년간 '포스트 김재호'를 찾아내려 했지만 끝내 실패한 두산이 거액을 투자했다. 2019년 이후 7시즌 연속 130경기 이상을 출장할 만큼 내구성은 검증됐다. 지난 4년간 평균 타율 0.291로 리그 유격수 중 1위. 같은 기간 WAR 총합도 15.19로 박성한, 오지환 다음이다. 참고로 같은 기간 두산 유격수 전체 WAR 총합은 10.06이었다. 2024년 60.6%로 곤두박질쳤던 도루 성공률도 1년 만에 81.8%로 회복하며 27도루를 기록했다. 김주원, 박성한과 함께 리그 최고의 '유격수 1번'을 놓고 경쟁한다.

기본기록

연도	경기	타석	타수	안타	2루타	3루타	홈런	타점	득점	볼넷	사구	삼진	도루	타율	출루율	장타율	OPS	WAR
2023	130	507	452	136	18	4	3	52	73	40	2	56	30	0.301	0.356	0.378	0.734	4.23
2024	134	577	515	158	24	1	5	61	86	48	1	44	20	0.307	0.363	0.386	0.749	2.87
2025	134	595	516	148	18	2	5	42	75	62	3	69	27	0.287	0.363	0.359	0.722	4.56
통산	1088	4019	3579	951	134	17	23	353	514	336	11	535	187	0.266	0.328	0.332	0.660	15.03

안재석

62

팀 두산	**생년월일** 2002-02-15		
포지션 SS	**투타** 우투좌타	**신장** 185	**체중** 75
연봉 0-4300-6700	**지명순위** 21 두산 1차		
학교 성내초-배재중-서울고			

배드볼히터

초구S내성 ✦S

FS헌터 FS

강원도 화천에서 소총수로 군 복무한 1년 6개월 동안 15kg을 증량했다. 근육으로 온몸을 꽉꽉 채우면서 입대 전과 전혀 다른 타자로 돌아왔다. 프로 첫 3년 222경기에서 때린 2루타가 불과 20개였는데 지난해 군 제대 후 35경기에서 2루타 16개를 쳐냈다. 0.319-0.370-0.541 슬래시 라인은 147타석 작은 표본을 감안하더라도 놀라운 숫자. 입대 직전 3.8%였던 라인드라이브 타구 비율이 14.7% 비약적으로 상승했다. 풀타임 시즌 어디까지 기록을 유지할 수 있을지가 관심. FA 유격수 박찬호가 입단하면서 새 시즌은 3루수로 나선다. 유격수 송구에서 결국 불합격 판정을 받았다. 수비 부담을 덜어낸 만큼 타석에서 더 성과를 낼 수 있다면 구단도 선수도 크게 아쉬울 건 없다.

기본기록

연도	경기	타석	타수	안타	2루타	3루타	홈런	타점	득점	볼넷	사구	삼진	도루	타율	출루율	장타율	OPS	WAR
2023	27	68	64	12	2	1	1	5	8	3	0	12	2	0.188	0.221	0.297	0.518	0.10
2024	0	0	0	0	0	0	0	0	0	0	0	0	0	-	-	-	-	0.00
2025	35	147	135	43	16	1	4	20	25	11	0	27	2	0.319	0.370	0.541	0.911	1.77
통산	257	703	634	156	36	4	10	56	83	49	8	163	9	0.246	0.305	0.363	0.668	3.37

양석환

팀	두산	**생년월일**	1991-07-15
포지션	1B	**투타**	우투우타	**신장**	185	**체중**	90
연봉	30000-30000-30000		**지명순위**	14 LG 2차 3라운드 28순위
학교	백운초-신일중-신일고-동국대		

53

풀히터

커리어 내내 60%를 웃돌던 뜬공 비율이 49.2%로 주저앉았다. 여기에 리그 공인구 반발계수까지 떨어지면서 홈런이 대폭락했다. 2021년 두산 이적 이후 4년간 103홈런을 친 타자가 지난해 8홈런에 그친 것. 이승엽 감독이 시즌 중 사임하면서 팀 내 입지는 더 좁아졌다. 조성환 감독 대행 부임 이틀 차 김재환, 강승호 등과 함께 2군행 통보를 받았다. "야구장에서 인상 쓰지 말라"라는 이례적인 강한 메시지도 이어졌다. 한 달 만에 1군으로 올라왔지만 부진이 계속되며 18일 만에 다시 2군으로 내려갔다. 9월 복귀해 한 달 동안 OPS 0.838을 기록했지만 큰 의미를 찾기는 어려웠다. 반전이 필요한 새 시즌이다. 김원형 신임 감독은 양석환을 일단 주전 1루수로 천명했다.

기본기록

연도	경기	타석	타수	안타	2루타	3루타	홈런	타점	득점	볼넷	사구	삼진	도루	타율	출루율	장타율	OPS	WAR
2023	140	582	524	147	28	0	21	89	73	41	6	133	4	0.281	0.333	0.454	0.787	2.92
2024	142	593	533	131	25	1	34	107	83	49	7	128	5	0.246	0.316	0.488	0.804	2.24
2025	72	294	262	65	16	0	8	31	32	24	5	82	1	0.248	0.320	0.401	0.721	1.24
통산	1111	4207	3819	997	196	7	164	637	495	284	49	902	27	0.261	0.317	0.445	0.762	10.97

양의지

25

팀	두산	생년월일	1987-06-05		
포지션	C	투타	우투우타	신장	180	체중	95
연봉	50000-160000-420000		지명순위	06 두산 2차 8라운드 59순위	
학교	송정동초-무등중-진흥고				

배드볼히터

컷타석디버프

FS헌터

포수 수비이닝은 726이닝밖에 되지 않았다. 키움 김건희(731이닝) 보다 더 적은 리그 7위. 그럼에도 양의지의 포수 골드글러브 수상에 이견은 없었다. 타격이 워낙 압도적이었기 때문이다. 20홈런을 때렸고, 타율 0.337로 리그 1위를 기록했다. 2013년 이병규에 이어 역대 2번째로 나이 많은 타격왕이다. 4년 만에 3-4-5 슬래시 라인을 그렸고, NC 시절을 제외하면 커리어하이인 wRC+ 162.8을 38세 시즌에 찍었다. 2024년 잔부상에 시달리며 '양의지 기준'으로 아쉬운 성적을 찍은 탓에 '에이징 커브' 이야기가 조심스럽게 나왔지만 1년 만에 쏙 들어갔다. WAR 6.79는 송성문(8.58)에 이은 리그 야수 전체 2위. WBC 주전 포수 박동원(5.12)과 비교해도 차이가 상당했다.

기본기록

연도	경기	타석	타수	안타	2루타	3루타	홈런	타점	득점	볼넷	사구	삼진	도루	타율	출루율	장타율	OPS	WAR
2023	129	510	439	134	23	0	17	68	56	57	11	56	8	0.305	0.396	0.474	0.870	6.18
2024	119	485	430	135	18	1	17	94	57	40	9	56	2	0.314	0.379	0.479	0.858	3.31
2025	130	517	454	153	27	1	20	89	56	50	7	63	4	0.337	0.406	0.533	0.939	6.79
통산	1963	7383	6358	1968	353	12	282	1195	932	718	179	820	60	0.310	0.390	0.502	0.892	77.49

오명진

6

팀 두산	**생년월일** 2001-09-04		
포지션 SS	**투타** 우투좌타	**신장** 179	**체중** 79
연봉 3100-3100-11200	**지명순위** 20 두산 2차 6라운드 59순위		
학교 대전신흥초-한밭중-북일고			

멀티포지션

초구선호

2024년까지 프로 3시즌 동안 1군 통산 9경기, 8타수 무안타가 전부였던 선수. 그러나 지난해 봄 전지훈련부터 코칭스태프의 확실한 눈도장을 받았고 시즌 내내 전폭적인 지원이 이어졌다. 4월 한 달 OPS 0.874를 시작으로 7월까지 기세를 이어가며 올스타에도 뽑혔다. 여름 이후 페이스가 뚝 떨어진 게 흠. 후반기 타율 0.211 OPS 0.549에 그쳤다. 부침은 있었지만 107경기를 소화하며 팀 내 야수 고과 2위를 기록했다. 연봉 3,100만 원에서 1억 1200만 원으로 수직 상승. 인상액과 인상률 모두 팀 내 1위다. '오빠가 억대 연봉을 왜 받느냐'라는 동생의 반응이 백미. 본인도 아직은 억대 연봉이 익숙하지 않다. 두산 '신 화수분' 야구의 선두주자가 될 만한 자원.

기본기록

연도	경기	타석	타수	안타	2루타	3루타	홈런	타점	득점	볼넷	사구	삼진	도루	타율	출루율	장타율	OPS	WAR
2023	0	0	0	0	0	0	0	0	0	0	0	0	0	-	-	-	-	0.00
2024	2	2	1	0	0	0	0	1	0	1	0	1	0	0.000	0.500	0.000	0.500	-0.01
2025	107	371	331	87	14	4	4	41	38	27	3	94	5	0.263	0.321	0.366	0.687	1.80
통산	116	380	339	87	14	4	4	42	39	28	3	97	5	0.257	0.316	0.357	0.673	1.46

이유찬

팀 두산	**생년월일** 1998-08-05		
포지션 2B	**투타** 우투우타	**신장** 175	**체중** 68
연봉 8500-10500-11200	**지명순위** 17 두산 2차 5라운드 50순위		
학교 동막초-천안북중-북일고			

13

1루와 포수를 제외하고 야수 전 포지션을 소화했다. 아쉬운 건 타격. 장타율 0.290으로 300타석 이상 기준 뒤에서 2번째. SSG 정준재와 함께 리그에서 '유이'하게 장타율 0.300을 밑돌았다. 순장타율 0.086도 리그 최하위권. 2024년 OPS 0.705를 기록하며 데뷔 후 처음으로 0.700을 넘었는데 1년 만에 다시 주저앉았다. 다만 유격수 자리에서 예년보다 훨씬 안정적인 수비를 펼쳤고, 낯설 수밖에 없던 외야에서도 큰 흠결 없이 수비해 냈다. 여러 포지션을 전전하며 고민이 없었던 건 아니지만, 어떻게든 팀에 기여하는 것이 우선이라고 각오를 다졌다. MLB는 물론 KBO에서도 똘똘한 유틸리티 1명의 가치는 갈수록 커지고 있다. LG 구본혁이 대표적인 사례.

기본기록

연도	경기	타석	타수	안타	2루타	3루타	홈런	타점	득점	볼넷	사구	삼진	도루	타율	출루율	장타율	OPS	WAR
2023	104	239	210	51	7	2	1	16	31	20	3	51	12	0.243	0.316	0.310	0.626	0.88
2024	103	262	231	64	11	0	3	23	39	22	1	51	16	0.277	0.341	0.364	0.705	1.04
2025	89	311	269	65	8	1	1	16	36	33	2	66	12	0.242	0.328	0.290	0.618	0.84
통산	463	988	863	219	29	4	6	66	150	90	9	214	60	0.254	0.329	0.317	0.646	3.07

정수빈

팀	두산	**생년월일**	1990-10-07
포지션	RF	**투타**	좌투좌타	**신장**	175	**체중**	70
연봉	60000-60000-60000	**지명순위**	09 두산 2차 5라운드 39순위
학교	신곡초-수원북중-유신고

31

추가진루

두산 황금기를 상징하던 '90라인' 중 홀로 남았다. 김재환이 논란 끝에 SSG로 이적하면서 과거 '잠실 아이돌'이던 그가 외야 최고참이 됐다. 지난해 wRC+ 104.8로 타격은 예년 수준을 유지했다. 3루타 4개를 추가하며 통산 3루타 100개까지 9개만 남겼다. KBO 리그 역사를 통틀어 3루타 100개는 전준호 딱 1명뿐이다. 도루가 2024년 52개에서 2025년 26개로 반토막 났고, 성공률도 80%에서 66.7%로 크게 떨어졌지만 주루 능력 자체는 여전했다. 추가 진루 100회로 신민재(102회)에 이어 전체 2위를 기록했다. 이번 시즌이 끝나면 생애 2번째 FA 자격을 얻는다. 같은 1990년생, 잠실 중견수 라이벌인 박해민이 한발 먼저 4년 60억 원 FA 계약을 따냈다. 동기부여는 충분하다.

기본기록

연도	경기	타석	타수	안타	2루타	3루타	홈런	타점	득점	볼넷	사구	삼진	도루	타율	출루율	장타율	OPS	WAR
2023	137	583	498	143	14	11	2	33	75	64	7	63	39	0.287	0.375	0.371	0.746	4.40
2024	136	608	510	145	21	3	4	47	95	71	9	72	52	0.284	0.376	0.361	0.737	3.07
2025	132	546	462	119	16	4	6	38	89	61	11	57	26	0.258	0.355	0.348	0.703	2.83
통산	1811	6617	5739	1596	218	91	42	582	1004	604	91	835	353	0.278	0.353	0.370	0.723	31.25

조수행

팀 두산	**생년월일** 1993-08-30		
포지션 LF	**투타** 우투좌타	**신장** 178	**체중** 73
연봉 9500-20000-20000		**지명순위** 16 두산 2차 1라운드 5순위	
학교 노암초-경포중-강릉고-건국대			

2S내성

멀티포지션

초구S내성

두산에는 도루왕 출신만 3명이다. FA로 입단한 박찬호, 프랜차이즈 스타 정수빈 그리고 조수행이다. 지난 시즌도 81% 높은 성공률로 30도루를 기록했다. 도루 능력을 생각할수록 낮은 출루 능력이 아쉽다. 타율 0.244, 출루율 0.323을 기록했다. 장기였던 기습 번트도 지난해는 통하지 않았다. 12번 시도해 2번만 살아 나갔다. 성공률 16.7%. 2023~2024 두 시즌 동안 조수행은 37.5% 성공률로 번트 안타 27개를 기록했다. 지난해 조수행이 때려낸 전체 안타 29개에 맞먹는 숫자다. 4년 총액 16억 원 FA 계약을 맺고 구단에 남았 다. 대수비, 대주자로 쓰임새를 인정받은 셈이지만 1군 생존을 확신할 수는 없다. 시드니 스프링캠프에 참 가한 외야수만 그를 포함해 9명이다.

기본기록

연도	경기	타석	타수	안타	2루타	3루타	홈런	타점	득점	볼넷	사구	삼진	도루	타율	출루율	장타율	OPS	WAR
2023	126	249	219	48	2	1	1	17	41	23	2	38	26	0.219	0.298	0.251	0.549	-0.03
2024	130	382	328	87	5	2	0	30	60	33	3	53	64	0.265	0.334	0.293	0.627	1.00
2025	108	140	119	29	4	0	0	9	30	14	0	29	30	0.244	0.323	0.277	0.600	-0.06
통산	905	1328	1166	298	25	9	4	99	281	111	10	234	180	0.256	0.324	0.303	0.627	2.06

카메론

24

팀	두산	**생년월일**	1997-01-15
포지션	RF	**투타**	우투우타	**신장**	183	**체중**	83
연봉	0-0-$500000		**지명순위**	26 두산 자유선발
학교	Eagle's Landing			

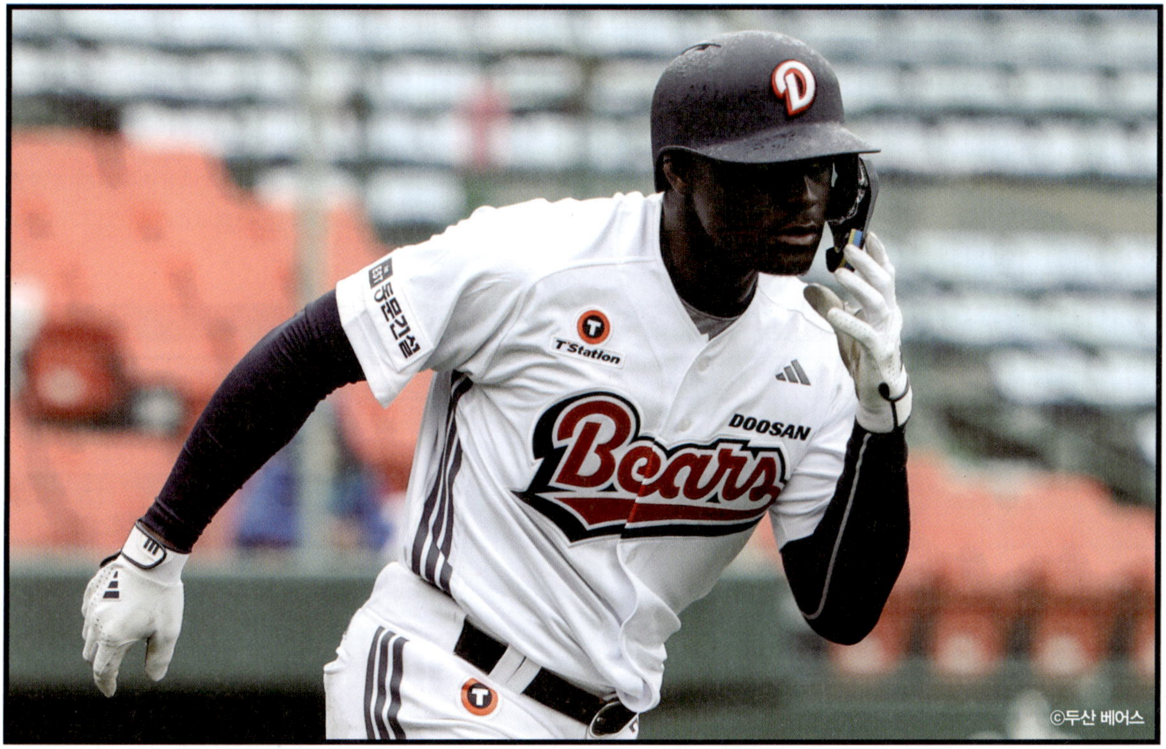

라인드라이브 히터로 분류되지만 홈런도 때릴 수 있다. 지난해 AAA 65경기 299타석에서 18홈런을 때렸다. 16.6타석당 1홈런꼴. 드넓은 잠실에서 AAA시절 홈런 생산 능력을 보여줄지는 미지수다. 2023년 AAA 275타석에서 16홈런(17.2타석당 1홈런)을 때린 제이크 케이브는 두산에서 593타석 16홈런(37.1타석당 1홈런)에 그쳤다. MLB 드래프트 1라운드 출신이지만, AAAA형 이상으로 성장하지는 못했다. 콘택트와 선구안이 기준 이하였다. MLB 통산 5시즌 동안 31볼넷, 141삼진으로 BB/K 0.22를 기록했다. 다만 마이너리그에서는 BB/K 0.5 수준으로 양호했다. 외야 수비와 주루 능력은 빅리그 기준으로도 평균 이상이라는 평가를 받았다.

기본기록

연도	경기	타석	타수	안타	2루타	3루타	홈런	타점	득점	볼넷	사구	삼진	도루	타율	출루율	장타율	OPS	WAR
2023	0	0	0	0	0	0	0	0	0	0	0	0	0	-	-	-	-	0.00
2024	0	0	0	0	0	0	0	0	0	0	0	0	0	-	-	-	-	0.00
2025	0	0	0	0	0	0	0	0	0	0	0	0	0	-	-	-	-	0.00
통산	-	-	-	-	-	-	-	-	-	-	-	-	-	-	-	-	-	0.00

김명신

팀	두산	생년월일	1993-11-29		
포지션	P	투타	우투우타	신장 178	체중 90
연봉	22500-16500-10500		지명순위	17 두산 2차 2라운드 20순위	
학교	남도초-대구중-경북고-경성대				

2021~2023년 3시즌 동안 도합 225.2이닝을 던졌다. 2024년 평균자책 9.37로 무너졌고, 지난해는 1군 8경기 출장에 그쳤다. 2군에서도 39.2이닝 평균자책 4.76으로 부진했다. 불펜 투수의 가혹한 숙명을 보여주는 또 다른 사례. 새 시즌 반등이 절실하다.

기본기록

연도	경기	선발	QS	승	패	세이브	BS	홀드	이닝	피안타	피홈런	4사구	삼진	피안타율	WHIP	피 OPS	ERA	WAR
2023	70	0	0	3	3	1	1	24	79.0	72	3	33	65	0.245	1.25	0.655	3.65	1.14
2024	35	0	0	2	1	0	1	4	32.2	63	8	10	25	0.409	2.17	1.050	9.37	-1.40
2025	8	0	0	0	0	0	0	0	8.1	13	0	4	6	0.342	1.92	0.869	5.40	-0.20
통산	294	3	0	14	11	1	6	45	327.1	369	27	121	249	0.288	1.41	0.755	4.48	1.88

김정우

팀	두산	생년월일	1999-05-15		
포지션	P	투타	우투우타	신장 183	체중 87
연봉	3100-3000-3800		지명순위	18 SK 1차	
학교	소래초-동산중-동산고				

8월 16일 데뷔 첫 홀드, 8월 17일 데뷔 첫 세이브를 기록했다. 21이닝 평균자책 3.86으로 시즌을 마쳤다. 2018년 1차 지명 이후 기록지에 의미 있는 숫자를 남기기까지 세월이 너무 길었다. 2023년 SSG에서 두산으로 이적 후에도 2년간 8경기가 전부였다. 2025년이 반전의 출발점이 돼야 한다.

기본기록

연도	경기	선발	QS	승	패	세이브	BS	홀드	이닝	피안타	피홈런	4사구	삼진	피안타율	WHIP	피 OPS	ERA	WAR
2023	7	0	0	0	0	0	0	0	6.2	11	1	7	6	0.355	2.70	0.990	9.45	-0.21
2024	1	0	0	0	0	0	0	0	0.1	3	0	0	0	1.000	9.00	2.667	81.00	-0.13
2025	18	0	0	0	0	1	0	1	21.0	26	1	12	13	0.302	1.67	0.764	3.86	-0.02
통산	27	0	0	0	0	1	0	1	29.0	42	2	20	19	0.336	2.03	0.870	6.21	-0.37

박정수

팀	두산	생년월일	1996-01-29				
포지션	P	투타	우언좌타	신장	178	체중	74
연봉	5500-5200-6400			지명순위	15 KIA 2차 7라운드 65순위		
학교	서울청구초-서울이수중-야탑고						

1년 만에 4점대 ERA를 회복했지만, 좌타 상대 피OPS 0.905로 고전했다. 2022년 21.7%였던 탈삼진률이 12.6%까지 떨어진 것도 고민거리. ABS 도입 이후 사이드암 투수들의 생존 환경은 더 가혹해졌다. 어떻게든 활로를 찾아야 할 시점.

기본기록

연도	경기	선발	QS	승	패	세이브	BS	홀드	이닝	피안타	피홈런	4사구	삼진	피안타율	WHIP	피 OPS	ERA	WAR
2023	25	0	0	1	0	1	0	0	36.2	37	1	24	28	0.268	1.50	0.754	4.17	0.08
2024	29	1	0	1	2	0	0	4	29.2	38	2	14	22	0.309	1.69	0.787	5.16	0.15
2025	29	0	0	1	0	0	0	3	26.1	31	1	12	15	0.304	1.48	0.753	4.10	0.33
통산	163	13	0	8	10	1	0	9	236.1	260	20	145	181	0.283	1.58	0.797	5.52	0.56

박치국

팀	두산	생년월일	1998-03-10				
포지션	P	투타	우언우타	신장	177	체중	78
연봉	13000-11000-18700			지명순위	17 두산 2차 1라운드 10순위		
학교	숭의초-신흥중-제물포고						

고민 끝에 다시 팔 각도를 올렸다. 50이닝 이상 사이드암 기준 포심 평균 구속(146.1㎞), 구종 가치(7.2) 모두 리그 1위. 평균자책 3.75에 16홀드로 반등에도 성공했다. 최근 몇 년째 계속되는 '짝수해 부진' 징크스를 털어내는 게 과제다.

기본기록

연도	경기	선발	QS	승	패	세이브	BS	홀드	이닝	피안타	피홈런	4사구	삼진	피안타율	WHIP	피 OPS	ERA	WAR
2023	62	0	0	5	3	2	2	11	52.2	54	3	26	48	0.258	1.42	0.704	3.59	0.59
2024	52	0	0	2	3	1	3	3	48.0	59	8	28	35	0.316	1.60	0.873	6.38	-0.06
2025	73	0	0	4	4	2	4	16	62.1	58	4	28	57	0.245	1.27	0.682	3.75	0.22
통산	437	3	0	22	25	11	19	79	419.1	444	35	208	356	0.274	1.43	0.752	4.25	3.77

양재훈

30

팀	두산	**생년월일**	2003-05-01

포지션	P	**투타**	우투우타	**신장**	186	**체중**	89

연봉	0-3000-4700	**지명순위**	25 두산 7라운드 66순위

학교	수영초-사직중-개성고-동의과학대

7라운드 신인이 첫해부터 1군 맛을 봤다. 불펜으로 23.1이닝을 던지며 프로 첫 세이브도 경험했다. 새 시즌 5선발 후보로 이름을 올렸다. 김원형 신임 감독에게 "제구가 좋다"라는 칭찬을 들었다. 제구가 되는 투수는 어떻게든 1군에서 쓰임새를 얻을 수 있다.

기본기록

연도	경기	선발	QS	승	패	세이브	BS	홀드	이닝	피안타	피홈런	4사구	삼진	피안타율	WHIP	피 OPS	ERA	WAR
2023	0	0	0	0	0	0	0	0	0.0	0	0	0	0	0	-	-	-	-
2024	0	0	0	0	0	0	0	0	0.0	0	0	0	0	0	-	-	-	-
2025	19	0	0	0	0	1	0	0	23.1	19	3	8	19	0.226	1.16	0.671	4.24	0.35
통산	19	0	0	0	0	1	0	0	23.1	19	3	8	19	0.226	1.16	0.671	4.24	0.35

윤태호

65

팀	두산	**생년월일**	2003-10-10

포지션	P	**투타**	우투우타	**신장**	190	**체중**	88

연봉	3000-3000-3500	**지명순위**	22 두산 2차 5라운드 49순위

학교	상인천초-동인천중-인천고

2022년 신인 지명 이후 3년 만에 1군 마운드에 올랐다. 데뷔 첫 등판에서 4이닝 무실점을 기록했지만, 이후 3경기 연속 실점했다. 평균 구속 149㎞, RPM 2600 포심이 묵직하다. SSG 윤수호와는 쌍둥이 형제다. KBO 리그 역사상 쌍둥이 투수 맞대결은 아직 없다.

기본기록

연도	경기	선발	QS	승	패	세이브	BS	홀드	이닝	피안타	피홈런	4사구	삼진	피안타율	WHIP	피 OPS	ERA	WAR
2023	0	0	0	0	0	0	0	0	0.0	0	0	0	0	0	-	-	-	-
2024	0	0	0	0	0	0	0	0	0.0	0	0	0	0	0	-	-	-	-
2025	10	1	0	0	1	0	0	1	17.1	16	2	5	16	0.246	1.21	0.727	6.75	-0.14
통산	10	1	0	0	1	0	0	1	17.1	16	2	5	16	0.246	1.21	0.727	6.75	-0.14

이교훈

36

팀	두산		생년월일	2000-05-29	
포지션	P	투타	좌투좌타	신장	181	체중	83
연봉	3300-3800-3800		지명순위	19 두산 2차 3라운드 29순위	
학교	구리초–남양주–청원중–서울고				

지난해 두산은 42세 고효준을 끌어다 쓸 만큼 좌완 기근에 시달렸다. 그런 와중에도 이교훈은 7⅔이닝밖에 던지지 못했다. 2군 ERA 8.87 투수를 1군 마운드에 세울 수는 없었다. 구단도 본인도 아쉬움 컸던 시즌. FA 유격수 박찬호에게 등 번호 7번을 양보하고 명품가방을 선물 받았다.

기본기록

연도	경기	선발	QS	승	패	세이브	BS	홀드	이닝	피안타	피홈런	4사구	삼진	피안타율	WHIP	피 OPS	ERA	WAR
2023	0	0	0	0	0	0	0	0	0.0	0	0	0	0	0	-	-	-	-
2024	33	0	0	1	1	0	0	1	35.1	43	7	19	27	0.297	1.70	0.909	7.39	-0.59
2025	10	0	0	1	0	0	0	0	7.2	4	0	5	7	0.174	1.04	0.538	1.17	0.17
통산	59	0	0	2	1	0	0	1	55.2	66	10	32	45	0.295	1.69	0.891	7.28	-0.83

이병헌

29

팀	두산		생년월일	2003-06-04	
포지션	P	투타	좌투좌타	신장	183	체중	95
연봉	3600-13000-9400		지명순위	22 두산 1차	
학교	역삼초–영동중–서울고				

2024년 21세 나이로 리그 최다 77경기에 나갔다. 2025년 구속과 구위 모두 떨어졌고, 제구는 더 나빠졌다. K/BB는 2024년 1.68에서 2025년 0.90으로 반토막이 났다. 1군 13이닝으로 '안식년'을 보낸 만큼 새 시즌 구위 회복이 필요하다.

기본기록

연도	경기	선발	QS	승	패	세이브	BS	홀드	이닝	피안타	피홈런	4사구	삼진	피안타율	WHIP	피 OPS	ERA	WAR
2023	36	0	0	0	0	0	2	5	27.0	25	2	23	28	0.248	1.74	0.760	4.67	-0.17
2024	77	0	0	6	1	1	1	22	65.1	61	3	37	57	0.256	1.45	0.681	2.89	1.68
2025	22	0	0	0	0	0	0	4	13.0	11	1	10	9	0.244	1.62	0.708	6.23	-0.12
통산	144	0	0	6	1	1	3	31	110.1	102	6	78	99	0.252	1.59	0.709	3.75	1.48

이용찬

팀	두산		생년월일	1989-01-02		
포지션	P	투타	우투우타	신장	185	체중 85
연봉	40000-20000-10000		지명순위	07 두산 1차 1순위		
학교	신원초-양천중-장충고					

선발로 나선 시즌 첫 3경기에서 도합 9.20이닝 11실점 난타를 당했다. 불펜으로 돌아간 뒤에도 살아나질 못했다. 어깨 통증 여파가 있었다. 평균자책 10.57 참혹한 성적을 남겼다. 2차 드래프트에서 두산의 지명을 받았다. 2020시즌 이후 6년 만의 귀향, 유종의 미를 준비한다.

기본기록

연도	경기	선발	QS	승	패	세이브	BS	홀드	이닝	피안타	피홈런	4사구	삼진	피안타율	WHIP	피 OPS	ERA	WAR
2023	60	0	0	4	4	29	6	0	61.0	53	5	22	51	0.233	1.18	0.635	4.13	1.03
2024	57	0	0	3	9	16	4	2	54.1	82	6	23	49	0.353	1.90	0.952	6.13	-1.23
2025	12	3	0	1	2	0	1	1	15.1	23	1	16	14	0.348	2.28	0.925	10.57	-0.44
통산	569	105	55	65	71	173	37	10	1068.0	1118	85	416	828	0.272	1.39	0.727	3.94	19.98

최지강

팀	두산		생년월일	2001-07-23		
포지션	P	투타	우투좌타	신장	180	체중 88
연봉	3400-9500-8700		지명순위	22 두산 육성선수		
학교	광주서석초-광주동성중-광주동성고-강릉영동대					

2024년 FIP 5.27, ERA 3.24를 기록했는데 2025년에는 거꾸로였다. FIP 3.47로 준수했지만 ERA가 6.34로 치솟았다. 이제 풀타임 2시즌째를 마친 만큼, 최지강의 2025시즌 BABIP 0.422가 전적으로 본인 통제 범위 바깥의 문제였는지는 좀 더 살펴볼 필요가 있다.

기본기록

연도	경기	선발	QS	승	패	세이브	BS	홀드	이닝	피안타	피홈런	4사구	삼진	피안타율	WHIP	피 OPS	ERA	WAR
2023	25	0	0	2	1	0	0	2	22.0	16	0	21	14	0.205	1.64	0.622	5.32	0.08
2024	55	0	0	3	1	1	2	15	50.0	48	6	30	45	0.253	1.44	0.758	3.24	1.10
2025	39	0	0	2	5	0	4	5	32.2	41	3	15	38	0.313	1.65	0.804	6.34	-0.56
통산	121	0	0	7	7	1	6	22	106.1	111	9	68	99	0.272	1.60	0.764	4.91	0.45

김기연

팀	두산	생년월일	1997-09-07		
포지션	C	투타	우투우타	신장 178	체중 106
연봉	4000-11000-9500		지명순위	16 LG 2차 4라운드 34순위	
학교	광주수창초–진흥중–진흥고				

데뷔 후 처음으로 1군 100경기에 출장했지만, 포수 수비이닝은 오히려 줄었다. 조성환 감독 대행에게 '포수로 색깔이 옅어진 것 같다'라는 쓴소리도 들었다. 백업 이상의 책임감을 가지라는 뜻. 양의지의 나이를 생각하면 김기연의 역할은 다른 팀 백업 포수들보다 더 클 수밖에 없다.

기본기록

연도	경기	타석	타수	안타	2루타	3루타	홈런	타점	득점	볼넷	사구	삼진	도루	타율	출루율	장타율	OPS	WAR
2023	28	40	34	4	0	0	0	2	3	5	0	10	1	0.118	0.231	0.118	0.349	-0.63
2024	95	283	252	70	10	0	5	31	31	22	2	47	0	0.278	0.337	0.377	0.714	1.20
2025	100	245	219	54	9	0	2	24	19	19	1	44	1	0.247	0.307	0.315	0.622	0.30
통산	237	577	514	130	19	0	7	58	53	46	3	104	2	0.253	0.315	0.331	0.646	0.86

김대한

팀	두산	생년월일	2000-12-06		
포지션	CF	투타	우투우타	신장 185	체중 83
연봉	3700-4200-3800		지명순위	19 두산 1차	
학교	숭인초–강북구리틀–덕수중–휘문고				

구단의 기대치도 이제는 바닥을 보이고 있다. 지난해 16경기 출장에 그쳤다. 신인이던 2019년 19경기보다 출장 횟수가 더 적었다. 이른바 '킹캉 스쿨'까지 수료했지만 효과를 보지 못했다. 좌익수 한자리를 놓고 경쟁한다. 올해로 26세, 남은 기회가 아주 많지는 않다.

기본기록

연도	경기	타석	타수	안타	2루타	3루타	홈런	타점	득점	볼넷	사구	삼진	도루	타율	출루율	장타율	OPS	WAR
2023	33	89	81	16	3	1	1	7	10	7	1	21	1	0.198	0.270	0.296	0.566	-0.82
2024	61	89	75	10	1	0	1	7	10	8	2	26	1	0.133	0.230	0.187	0.417	-0.65
2025	16	37	36	7	0	0	1	5	1	1	0	6	0	0.194	0.216	0.278	0.494	-0.32
통산	180	343	303	56	10	2	7	30	38	24	9	89	4	0.185	0.263	0.300	0.563	-1.40

김동준

팀	두산	생년월일	2002-09-04		
포지션	1B	투타	좌투좌타	신장 193	체중 100
연봉	3000-3000-4100		지명순위	22 두산 2차 1라운드 9순위	
학교	군산신풍초-군산중-군산상고				

팀을 떠난 김재환과 공통점이 많다. 체격 좋은 좌타 외야수에 얼굴도 잘생겼다. 그러나 가장 중요한 장타 능력을 아직 닦지 못했다. 1군 데뷔 시즌이던 지난해 36 경기에서 순장타율 0.096에 머물렀다. '로 파워(raw power)'를 실전 생산력으로 연결하는 것이 과제.

기본기록

연도	경기	타석	타수	안타	2루타	3루타	홈런	타점	득점	볼넷	사구	삼진	도루	타율	출루율	장타율	OPS	WAR
2023	0	0	0	0	0	0	0	0	0	0	0	0	0	-	-	-	-	0.00
2024	0	0	0	0	0	0	0	0	0	0	0	0	0	-	-	-	-	0.00
2025	36	100	93	22	3	0	2	10	8	5	1	30	1	0.237	0.283	0.333	0.616	-0.65
통산	36	100	93	22	3	0	2	10	8	5	1	30	1	0.237	0.283	0.333	0.616	-0.65

김민석

팀	두산	생년월일	2004-05-09		
포지션	CF	투타	우투좌타	신장 185	체중 83
연봉	8500-7500-8100		지명순위	23 롯데 1라운드 3순위	
학교	신도초-휘문고-휘문고				

수비 약점은 여전한데 타석에서도 성장세가 더디다. 순장타율 0.070 타자가 타석 당 삼진율 25.1%를 기록했다. 2024년 홈런왕 맷 데이비슨(26.9%)과 비슷한 숫자 다. 파워와 어깨 모두 약한 코너 외야수가 콘택트 능력까지 없다면 감독이 1군에 서 쓸 이유 또한 많지 않다.

기본기록

연도	경기	타석	타수	안타	2루타	3루타	홈런	타점	득점	볼넷	사구	삼진	도루	타율	출루율	장타율	OPS	WAR
2023	129	454	400	102	24	0	3	39	53	31	6	112	16	0.255	0.314	0.338	0.652	0.10
2024	41	83	76	16	3	1	0	6	14	2	4	20	3	0.211	0.268	0.276	0.544	-0.39
2025	95	247	228	52	7	3	1	21	21	12	2	62	3	0.228	0.269	0.298	0.567	-1.31
통산	265	784	704	170	34	4	4	66	88	45	12	194	22	0.241	0.295	0.318	0.613	-1.60

김인태

팀 두산	**생년월일** 1994-07-03		
포지션 LF	**투타** 좌투좌타	**신장** 178	**체중** 78
연봉 9000-7200-8700	**지명순위** 13 두산 1라운드 4순위		
학교 포철서초-천안북중-북일고			

대타로 리그 최다 54타석에 나와 타율 0.341, OPS 1.037을 기록했다. 선발 출장 타율 0.169 OPS 0.556이 의아한 수준. 프로 10시즌 통산으로 따져도 대타 188타석 OPS 0.963이다. 주전 외야 3자리가 확실한 구단에서 가치가 더 클 수 있다. 두산이 그런 팀은 아니다.

기본기록

연도	경기	타석	타수	안타	2루타	3루타	홈런	타점	득점	볼넷	사구	삼진	도루	타율	출루율	장타율	OPS	WAR
2023	47	115	98	25	5	0	1	14	8	15	1	26	2	0.255	0.360	0.337	0.697	0.38
2024	10	26	23	4	0	0	1	2	3	2	0	7	0	0.174	0.231	0.304	0.535	-0.37
2025	106	225	183	39	10	1	3	25	17	36	5	57	0	0.213	0.356	0.328	0.684	0.80

박계범

팀 두산	**생년월일** 1996-01-11		
포지션 SS	**투타** 우투우타	**신장** 177	**체중** 84
연봉 8500-6800-7700	**지명순위** 14 삼성 2차 2라운드 17순위		
학교 순천북초-서울이수중-효천고-대구사이버대			

내야 전 포지션을 커버하며 백업으로 제 역할을 했지만 안정감은 아쉬웠다. 수비 WAR −0.53으로 3년 연속 음수를 기록했다. 백업 내야수 기준으로 타율 0.263은 나쁘지 않은 숫자다. 득점권 타율 0.345로 찬스에 특히 강했다는 데도 가산점이 붙는다.

기본기록

연도	경기	타석	타수	안타	2루타	3루타	홈런	타점	득점	볼넷	사구	삼진	도루	타율	출루율	장타율	OPS	WAR
2023	78	194	169	37	6	0	2	15	18	15	2	44	2	0.219	0.286	0.290	0.576	-0.31
2024	24	20	15	3	1	0	0	0	5	5	0	7	1	0.200	0.400	0.267	0.667	-0.31
2025	94	198	175	46	9	2	1	27	23	14	1	45	3	0.263	0.319	0.354	0.673	-0.07
통산	537	1344	1158	279	51	4	17	143	159	119	20	291	23	0.241	0.319	0.336	0.655	1.81

박준순

52

팀 두산	**생년월일** 2006-07-13		
포지션 SS	**투타** 우투우타	**신장** 180	**체중** 80
연봉 0-3000-6900		**지명순위** 25 두산 1라운드 6순위	
학교 서울배봉초-동대문구리틀-청량중-덕수고			

신인 야수가 1군에서 타율 0.284를 기록한 건 평가할 만하다. 흔치 않은 '야수 1라운더'로 구단의 기대도 크다. 다만 선구안은 개선해야 할 과제다. 298타석에서 볼넷 10개를 골라내는 데 그쳤다. 순출루율 0.023으로 200타석 이상 기준 리그 최저였다.

기본기록

연도	경기	타석	타수	안타	2루타	3루타	홈런	타점	득점	볼넷	사구	삼진	도루	타율	출루율	장타율	OPS	WAR
2023	0	0	0	0	0	0	0	0	0	0	0	0	0	-	-	-	-	0.00
2024	0	0	0	0	0	0	0	0	0	0	0	0	0	-	-	-	-	0.00
2025	91	298	282	80	11	2	4	19	34	10	1	56	10	0.284	0.307	0.379	0.686	-0.05
통산	91	298	282	80	11	2	4	19	34	10	1	56	10	0.284	0.307	0.379	0.686	-0.05

박지훈

37

팀 두산	**생년월일** 2000-09-07		
포지션 2B	**투타** 우투우타	**신장** 183	**체중** 80
연봉 3600-3240-5200		**지명순위** 20 두산 2차 5라운드 49순위	
학교 김해삼성초-경남중-마산고			

9월 한 달 기회를 몰아서 받았고, 월간 타율 0.452로 시즌 마지막을 화끈하게 불태웠다. 내야 전체 포지션을 소화할 수 있는 유틸리티 플레이어에 2021년 퓨처스에서 24도루를 기록할 만큼 발도 빠르다. 새 시즌은 외야 겸업을 준비한다. 활용 폭이 커질 수 있다.

기본기록

연도	경기	타석	타수	안타	2루타	3루타	홈런	타점	득점	볼넷	사구	삼진	도루	타율	출루율	장타율	OPS	WAR
2023	22	21	19	4	1	0	0	2	2	2	0	7	1	0.211	0.286	0.263	0.549	-0.20
2024	0	0	0	0	0	0	0	0	0	0	0	0	0	-	-	-	-	0.00
2025	37	55	48	20	4	0	1	8	11	5	1	12	1	0.417	0.481	0.563	1.044	0.82
통산	103	92	81	28	6	0	1	12	20	8	2	24	5	0.346	0.418	0.457	0.875	0.76

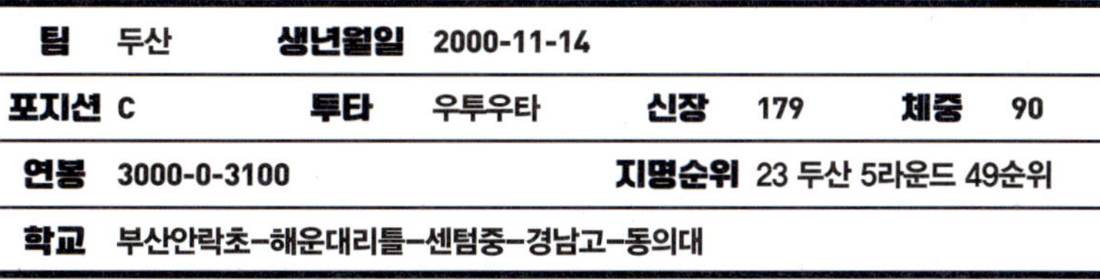

윤준호

팀	두산		생년월일	2000-11-14		
포지션	C	투타	우투우타	신장	179	체중	90
연봉	3000-0-3100		지명순위	23 두산 5라운드 49순위		
학교	부산안락초-해운대리틀-센텀중-경남고-동의대					

상무 주전 포수로 퓨처스 91경기 장타율 0.563을 기록하고 지난해 12월 제대했다. 2024년 퓨처스 장타율 0.455와 비교해 한층 더 나은 숫자를 남겼다. 1군에서도 타격 성장세를 이어갈 수 있느냐가 관건이다. 김기연과 백업 포수 자리를 놓고 경쟁한다.

기본기록

연도	경기	타석	타수	안타	2루타	3루타	홈런	타점	득점	볼넷	사구	삼진	도루	타율	출루율	장타율	OPS	WAR
2023	0	0	0	0	0	0	0	0	0	0	0	0	0	-	-	-	-	0.00
2024	3	4	4	1	0	0	0	1	1	0	0	1	0	0.250	0.250	0.250	0.500	-0.07
2025	0	0	0	0	0	0	0	0	0	0	0	0	0	-	-	-	-	0.00
통산	3	4	4	1	0	0	0	1	1	0	0	1	0	0.250	0.250	0.250	0.500	-0.07

임종성

팀	두산		생년월일	2005-03-03		
포지션	2B	투타	우투우타	신장	183	체중	90
연봉	3000-3100-4500		지명순위	24 두산 3라운드 22순위		
학교	본리초-대구중-경북고					

33경기 출전에 그쳤지만 잊지 못할 순간을 여러 차례 만들었다. 2025년 5월 한화전 연장 11회 결승타로 데뷔 첫 타점을 올렸다. 같은 달 SSG전에는 역전 결승 만루포로 데뷔 첫 홈런을 장식했다. 3루 수비도 안정적이라는 평가를 받았다. 안재석에 이은 백업 3루수로 기회를 노린다.

기본기록

연도	경기	타석	타수	안타	2루타	3루타	홈런	타점	득점	볼넷	사구	삼진	도루	타율	출루율	장타율	OPS	WAR
2023	0	0	0	0	0	0	0	0	0	0	0	0	0	-	-	-	-	0.00
2024	1	4	3	0	0	0	0	0	0	1	0	1	0	0.000	0.250	0.000	0.250	-0.01
2025	33	89	83	23	4	0	2	11	7	3	1	26	1	0.277	0.307	0.398	0.705	0.65
통산	34	93	86	23	4	0	2	11	7	4	1	27	1	0.267	0.304	0.384	0.688	0.64

김민규  19

포지션	P	투타	우투좌타	신장	183	체중	90	생년월일	1999-05-07
연봉	5000-4200-3700		지명순위	18 두산 2차 3라운드 30순위					
학교	서울장평초-광진구리틀-잠신중-휘문고								

김유성  55

포지션	P	투타	우투우타	신장	190	체중	98	생년월일	2002-01-01
연봉	3000-3300-3200		지명순위	23 두산 2라운드 19순위					
학교	김해삼성초-김해내동중-김해고-고려대								

김지윤  104

포지션	P	투타	우투우타	신장	183	체중	84	생년월일	2004-01-13
연봉	0-0-3000		지명순위	25 두산 육성선수					
학교	서흥초-신흥중-인천고-여주대								

김한중  95

포지션	P	투타	우투우타	신장	183	체중	89	생년월일	2004-11-03
연봉	0-3000-3100		지명순위	25 두산 육성선수					
학교	고명초-덕수중-경기상고-여주대								

김호준  56

포지션	P	투타	좌투좌타	신장	180	체중	82	생년월일	1998-05-17
연봉	3100-3300-4200		지명순위	18 두산 육성선수					
학교	일산초-성일중-안산공고								

서준오  41

포지션	P	투타	우투우타	신장	178	체중	83	생년월일	2005-03-05
연봉	0-0-3000		지명순위	26 두산 3라운드 27순위					
학교	월포초-SK와이번스리틀-소래중-인천연수MBC-동산고-한양대(얼리)								

이주엽  43

포지션	P	투타	우투우타	신장	188	체중	90	생년월일	2001-03-26
연봉	3000-3000-3000		지명순위	20 두산 1차					
학교	서울이수초-성남중-성남고								

이주호  35

포지션	P	투타	좌투좌타	신장	177	체중	83	생년월일	2006-11-21
연봉	0-0-3000		지명순위	undefined					
학교	가평초-가평리틀-성일중-경기항공고								

최우인  101

포지션	P	투타	우투우타	신장	191	체중	91	생년월일	2002-08-09
연봉	3000-3000-3000		지명순위	21 롯데 2차 8라운드 71순위					
학교	가동초-대치중-서울고								

최종인  40

포지션	P	투타	우투우타	신장	185	체중	84	생년월일	2001-05-01
연봉	3000-3500-3000		지명순위	20 두산 2차 9라운드 89순위					
학교	해강초-센텀중-부산고								

최주형  15

포지션	P	투타	좌투좌타	신장	174	체중	70	생년월일	2006-08-19
연봉	0-0-3000		지명순위	26 두산 2라운드 17순위					
학교	거제고현초-거제시리틀야구단-거제외포중-마산고								

최준호  59

포지션	P	투타	우투우타	신장	188	체중	90	생년월일	2004-06-03
연봉	3000-5800-4500		지명순위	23 두산 1라운드 9순위					
학교	온양온천초-온양중-북일고								

김민혁  10

포지션	1B	투타	우투우타	신장	188	체중	100	생년월일	1996-05-03
연봉	3800-3420-3300		지명순위	15 두산 2차 2라운드 16순위					
학교	광주대성초-광주동성중-광주동성고								

김주오  66

포지션	LF	투타	우투우타	신장	178	체중	95	생년월일	2007-09-14
연봉	0-0-3000		지명순위	26 두산 1라운드 7순위					
학교	무학초-마산동중-용마고								

류현준  67

포지션	C	투타	우투우타	신장	182	체중	92	생년월일	2005-03-25
연봉	3000-3100-3200		지명순위	24 두산 10라운드 92순위					
학교	문정초-송파구B리틀-배재중-신일고								

박민준 26

포지션	C	투타	우투우타	신장	183	체중	95	생년월일	2002-10-21
연봉	3000-3100-3100		지명순위	23 두산 8라운드 79순위					
학교	아라초-함안리틀-마산동중-마산용마고-동강대								

신우열

38

포지션	RF	투타	우투우타	신장	182	체중	100	생년월일	2001-12-30
연봉	0-0-3000			지명순위	26 두산 4라운드 37순위				
학교	화곡초-영남중-배재고-미국 마이애미데이드대								

심건보

117

포지션	3B	투타	우투좌타	신장	183	체중	85	생년월일	2003-11-17
연봉	0-0-3000			지명순위	26 두산 9라운드 87순위				
학교	백마초-신일중-소래고-한양대								

전다민

9

포지션	RF	투타	우투좌타	신장	177	체중	75	생년월일	2001-08-21
연봉	3000-3500-3400			지명순위	24 두산 6라운드 52순위				
학교	길동초-청원중-설악고-강릉영동대								

홍성호

34

포지션	RF	투타	우투좌타	신장	187	체중	98	생년월일	1997-07-15
연봉	3300-3300-3500			지명순위	16 두산 2차 4라운드 36순위				
학교	인헌초-선린중-선린고								

두산 베어스	왼쪽 폴	좌중	중	우중	오른쪽 폴	펜스 좌측	펜스-좌중	펜스-중	펜스-우중	펜스-우	잔디	최대관중(명)
서울종합운동장 야구장	100	120	125	120	100	2.6	2.6	2.6	2.6	2.6	천연	23,750

키움 히어로즈

시범경기에서 덕아웃 전경 ©키움 히어로즈

주요 이슈

역사적인 마운드 붕괴였다. 2025년 투수진 WAR은 -3.5승은 1982년 삼미 슈퍼스타즈(-6.7)에 이어 역대 두 번째로 낮았다. 어떤 관점에선 키움의 조상 격인 삼미는 프로야구 원년에 불멸의 기록인 시즌 승률 0.188(15승 65패)을 남겼다. 키움의 지난해 시즌 승률은 0.336으로 그보다는 높았다. 하지만 창단 이후 최저 기록을 피할 수는 없었다. 불펜은 더 처참했다. 구원 WAR -7.6승으로 원년 삼미(-6.1)를 제치고 '역대 최악의 불펜' 타이틀을 가져왔다. 키움은 외국인선수 쿼터 세 장 중 두 명을 야수에 썼다. 하필 2025년은 KBO 리그 역사상 외국인 투수 WAR 비중이 가장 높은 시즌이었다. 2025년을 젊은 투수에게 경험치를 쌓게 하는 시즌으로 삼았다. 하지만 국내 투수 가운데 WAR이 플러스인 투수는 딱 세 명에 불과했다. 그나마 한 명은 8월에 시즌아웃됐다.

구단 PROFILE

구단주	박세영
대표이사	위재민
단장	허승필
감독	설종진
주장	임지열
홈구장	고척 스카이돔
2군 구장	고양 국가대표 야구훈련장

키움		영구결번
한국시리즈 우승	–	
한국시리즈 출전	3회	
플레이오프 출전	4회	
준플레이오프 출전	6회	

타율 / 순위	출루율 / 순위	장타율 / 순위	홈런 / 순위	도루 / 순위	실책 / 순위
0.244 / 10	0.312 / 10	0.359 / 10	104 / 7	83 / 8	119 / 8

ERA / 순위	선발ERA / 순위	구원ERA / 순위	탈삼진 / 순위	볼넷허용 / 순위	피홈런 / 순위
5.39 / 10	5.13 / 10	5.79 / 10	937 / 10	550 / 8	146 / 9

시즌 월별 성적	승	무	패	승률	순위
3~4월	11	0	22	0.333	10
5월	4	1	22	0.154	10
6월	10	2	10	0.500	6
7월	3	1	15	0.167	10
8월	12	0	14	0.462	7
9~10월	7	0	10	0.412	7
포스트시즌	-	-	-	-	-

2025시즌 좋았던 일

송성문이 KBO 리그 최고 타자로 올라섰다. WAR 8.6승은 한화 폰세(8.4)에 앞선 리그 1위. 프로야구 44년 전체 역사에서 14위에 해당한다. 역대 8승 이상 야수 중 20-20 클럽에 가입한 선수는 2025년 송성문과 에릭 테임즈(2015), 이종범(1996, 1997), 양준혁(1996), 김도영(2024)까지 다섯 명뿐이다. 시즌 뒤 박병호에서 강정호, 김하성, 이정후, 김혜성으로 이어지는 구단 메이저리그 진출 계보도 이었다. 일본프로야구(NPB)와 멕시칸리그에서 부진했던 알칸타라는 변함없는 구위로 '한국형 외국인 투수'임을 다시 입증했다. 하영민은 2024~25년 성공이 우연이 아니었음을 보였고, 주승우는 부상 전까지 훌륭한 마무리였다. 고척돔에는 역대 최다인 관객 87만4183명이 입장했다. 입장 수입은 150억 원에 달했다. 1승당 선수 몸값을 가장 적게 지불하는 '효율 경영'을 했다.

2025시즌 나빴던 일

마운드만 구단 사상 최악이 아니었다. 야수진 WAR은 6.9승으로 역시 2008년 창단 시즌 이후 가장 적었다. 송성문을 제외하면 -1.7승이 된다. 주전 야수라면 WAR 2승은 해줘야 한다. 키움에는 1승을 넘긴 야수가 세 명 뿐이었다. KBO리그는 높은 외국인선수 의존도가 특징이다. 정원은 팀당 세 명이지만 평균적으로 팀 WAR의 30%를 차지한다. 지난해 키움 외국인 타자 세 명 전원은 WAR이 마이너스였다. 투수 통계에서 CSW율은 헛스윙과 콜드(루킹)스트라이크의 합을 전체 투구 수로 나눈 값이다. '좋은 스트라이크'를 얼마나 던졌는지를 보여준다. 키움 투수진의 CSW율은 26.1%로 리그 평균(28.0%)에 크게 못 미친 꼴찌였다. 25세 이하 투수는 24.2%로 더 나빴다. 고척돔 관객은 늘어났지만 늘 원정 팬이 더 많았다. 이하는 지면이 부족하여 더 담을 수가 없다.

박준현 ©키움 히어로즈

설종진 감독 ⓒ키움 히어로즈

올스타 브레이크 중인 7월 14일 경질된 홍원기 감독의 뒤를 이어 대행을 맡았다. 첫 8경기 결과는 1승 7패. 하지만 이후 19승 25패 1무로 시즌을 마쳤다. 지휘봉을 잡은 후반기 전체 승률은 0.385로 롯데와 KIA에 앞선 8위였다. 타격이 나아졌다. OPS는 전반기 0.650에서 후반기 0.707로 향상됐다. 그래도 떨어지는 타격 경쟁력을 '뛰는 야구'로 만회하려 했다. 전반기 도루 시도는 경기당 0.52회였지만 후반기엔 0.96회로 두 배 가량이었다. 성공률도 80.4%로 2위. 다만 대타 성공률은 4위(0.270)에서 0.127(10위)로 하락했다. 전임자보다 경기당 구원투수 0.8명을 더 기용했다. 연투가 늘어나는 건 어쩔 수 없다. 하지만 8월 5~7일 창원 원정에서 원종현, 조영건, 주승우를 모두 3연투시킨 건 이해하기 어렵다. 사흘 뒤 주승우는 시즌아웃으로 이어진 부상을 당했다.

2026 팀 이슈

프로스포츠에서 '탱킹'은 전력이 약한 팀이 지출을 줄이고 유망주를 모아 후일을 도모하는 전략이다. KBO리그에는 이 개념이 잘 성립하지 않는다. 선수 이동 시장이 제한돼 있다. 리그와 구단 수익성이 떨어져 수익분배도 약하다. 메이저리그에서 탱킹이 가능한 이유 중 하나가 스몰 마켓 팀에 거액의 수익 분배가 이뤄지기 때문이다. 구단 예산은 시장보다는 모기업의 지원 의사에 따라 결정된다. 모기업이 없는 키움은 탱킹을 택할 수 있는 거의 유일한 구단이다. 3년 연속 최하위를 했지만 당기 순이익은 2023년 192억 원, 2024년 77억 원이었다. 창단 이후 최대 입장 수입에 송성문의 이적료 수입까지 들어온 2025년 흑자 규모도 클 것이다. 경영 면에서는 성공적인 '탱킹'이다. 하지만 선수단 전력은 매년 하락하고 있다. 이장석 씨는 2026년에도 이 기조를 이어갈 것인가.

선수단 하이파이브 ⓒ키움 히어로즈

2026 최상 시나리오

안우진의 어깨 수술과 재활 경과는 매우 좋았다. 5월 말 복귀해 부상 이전과 다를 바 없는 공을 뿌린다. 하영민은 풀타임 선발 3년째 시즌에도 제 몫을 한다. 외국인 투수 두 명이 모두 제 몫을 해주며 키움 선발 로테이션은 경쟁력을 회복한다. 김재웅은 '라이징패스트볼'을 앞세워 뒷문을 수호한다. 젊은 투수들에게 지난 두 시즌 부진은 자양분이었다. 2026년은 앞 2년보다 훨씬 낫다. 이주형은 처음으로 건강한 풀시즌을 보내며 '넥스트 송성문'으로 거듭난다. '어게인 2023년'이라고 할 수도 있다. 최주환과 안치홍은 베테랑의 자존심을 세운다. 상무에서 돌아온 박찬혁을 비롯해 김건희, 김동헌, 박주홍, 주성원, 전태현, 어준서는 한 단계 업그레이드된다. 최대 주주 이장석 씨는 구단을 매각한다. 팬들은 더 이상 스타 선수가 다른 팀에 팔려나갈 걱정을 하지 않아도 된다.

2026 최악 시나리오

팀 승률은 구단 사상 최초로 2할대를 찍는다. 프로야구 역사상 프로야구 통산 다섯 번째에, 2002년 롯데 이후 24년 만이다. 리그 사상 두 번째 4년 연속 최하위에 히어로즈 팬들은 비탄에 빠지지만 다른 9개 구단은 행복하다. 안우진의 어깨는 부상 전과 달랐다. 이주형은 올해도 부상에 시달리는 '유리몸'이다. 젊은 선수들은 성장하지 않았고, 최주환과 안치홍은 나이를 이기지 못한다. 중견급 중 누군가가 두각을 드러내지만, 시즌 중 트레이드 블록에 오른다. 외국인선수 WAR은 2년 연속 10개 구단 최하위다. 고척돔의 홈 관객석은 작년보다 빈자리가 더 많다. 최대 주주 이장석 씨는 구단을 매각한다. 그가 일으켰던 형사적인 문제는 일단 제쳐두고, 혁신적이고 도전적인 구단 운영도 함께 사라진다. 다양성이 감소한 KBO 리그 생태계는 변화에 대처할 능력이 크게 떨어진다.

김윤하

19

팀	키움	생년월일	2005-03-07
포지션	P	투타	우투우타	신장	185	체중	90
연봉	3000-4500-4200	지명순위	24 키움 1라운드 9순위
학교	와부초-남양주리틀-덕수중-장충고		

©키움 히어로즈

스몰파크피처

2024년까지 KBO 리그 역사상 시즌 10패 이상을 기록한 투수는 모두 215명이었다. 이들 가운데 무승 투수는 전무했다. 1986년 장명부의 1승(18패)이 최소승리 기록이다. 2025년 김윤하가 무승 12패로 새 기록을 썼다. 2024년 데뷔 시즌부터 따지면 선발 17연패. 역시 리그 최장 기록이다. 구원을 포함하면 장시환의 19연패가 최장. 후반기 네 경기에서 피출루율을 0.290으로 떨어뜨린 건 긍정적이다. 다만 16⅔이닝 동안 홈런 여섯 개를 맞았다. 시즌 최종전에서 시즌 첫 구원 등판에 나섰고, 이후 2군으로 내려갔다. 9월 초 어깨 부상을 당했지만, 다행히 정도는 가벼웠다. CSW율은 콜드스트라이크와 헛스윙을 전체 투구로 나눈 값이다. '좋은 스트라이크'를 얼마나 던졌는지를 보여준다. 지난해 리그 평균은 28.0%. 김윤하는 23.5%였다.

기본기록

연도	경기	선발	QS	승	패	세이브	BS	홀드	이닝	피안타	피홈런	4사구	삼진	피안타율	WHIP	피 OPS	ERA	WAR
2023	0	0	0	0	0	0	0	0	0.0	0	0	0	0	0	-	-	-	-
2024	19	12	4	1	6	0	0	2	79.0	93	6	39	43	0.296	1.62	0.805	6.04	0.34
2025	19	18	4	0	12	0	1	0	88.0	113	16	47	52	0.309	1.78	0.884	6.14	-0.84
통산	38	30	8	1	18	0	1	2	167.0	206	22	86	95	0.303	1.71	0.848	6.09	-0.50

박준현

18

팀	키움	생년월일	2007-08-29		
포지션	P	투타	우투우타	신장	188	체중	95
연봉	0-0-3000		지명순위	26 키움 1라운드 1순위	
학교	율하초-경상중-북일고				

2024년 최하위 키움은 지난해 9월 열린 드래프트에서 전체 1순위 지명권을 갖고 있었다. 천안북일고 우완 박준현의 지명은 당연했다. 박준현과 '빅3'로 평가된 문서준과 김성준이 메이저리그행을 선택했기 때문이다. 박준현도 메이저리그 구단들로부터 입단 제안을 받았지만 KBO 리그를 선택했다. 고교 2학년 때 이미 시속 153km를 스피드건에 찍었고, 3학년 때는 시속 157km로 더 빨라졌다. 각도가 큰 파워커브와 슬라이더도 던진다. 메이저리거인 팀 선배 이정후와는 아버지가 KBO 리그 스타(박석민)라는 공통점이 있다. 3월 13일 두산과의 올해 첫 시범경기에서 선발 하영민을 구원해 신고식을 치렀다. 빠른공은 시속 153km까지 나왔다. 설종진 감독은 "조금 흥분한 것 같다"라고 말했다. 고교 시절에도 연타를 맞으면 흥분하는 경향이 있다는 지적이 있었다.

기본기록

연도	경기	선발	QS	승	패	세이브	BS	홀드	이닝	피안타	피홈런	4사구	삼진	피안타율	WHIP	피 OPS	ERA	WAR
2023	0	0	0	0	0	0	0	0	0.0	0	0	0	0	0	-	-	-	-
2024	0	0	0	0	0	0	0	0	0.0	0	0	0	0	0	-	-	-	-
2025	0	0	0	0	0	0	0	0	0.0	0	0	0	0	0	-	-	-	-
통산	-	-	-	-	-	-	-	-	-	-	-	-	-	-	-	-	-	-

알칸타라

54

팀	키움	생년월일	1992-12-04
포지션	P	투타	우투우타	신장	193	체중	100
연봉	$150000-$400000-$700000	지명순위	19 KT 자유선발
학교			

5월 19일 웨이버 공시된 야시엘 푸이그의 대체선수로 KBO 리그로 돌아왔다. 멕시칸리그에서 평균자책점 7.17로 한창 부진 중이라 우려가 컸다. 하지만 6월 1일 복귀전에서 앞 시즌 소속 팀 두산을 6이닝 셧아웃으로 눌렀다. 19경기 만에 WAR 3.0승을 쌓았다. 그를 제외한 키움 선발진 전체는 4.1승이었다. 복귀 뒤 첫 세 경기에서 포심 구속이 떨어지며 우려를 샀다. 하지만 여독이 풀리자 구속도 돌아왔다. 알칸타라는 2020년 KT에서 두산으로 이적한 뒤 스플리터를 장착하며 에이스급 투수로 변신했다. 지난 시즌엔 스플리터를 의식하는 타자에게 포심이 좋은 승부구가 됐다. 이 골 피치밸류 14.3점으로 리그 8위였다. 삼진이 적은 성향은 여전했다. 하지만 9이닝당 볼넷 0.74개는 100+이닝 기준 리그 1위였다.

기본기록

연도	경기	선발	QS	승	패	세이브	BS	홀드	이닝	피안타	피홈런	4사구	삼진	피안타율	WHIP	피 OPS	ERA	WAR
2023	31	31	22	13	9	0	0	0	192.0	171	16	40	162	0.236	1.07	0.623	2.67	5.36
2024	12	12	5	2	2	0	0	0	64.1	58	10	24	34	0.238	1.24	0.724	4.76	1.15
2025	19	19	14	8	4	0	0	0	121.0	125	11	14	92	0.267	1.12	0.678	3.27	3.00
통산	120	120	86	54	28	0	0	0	748.2	717	64	152	570	0.250	1.12	0.660	3.22	21.36

안우진

41

팀 키움		**생년월일** 1999-08-30		
포지션 P	**투타** 우투우타	**신장** 192	**체중** 90
연봉 0-48000-48000		**지명순위** 18 넥센 1차		
학교 강남초-서울이수중-휘문고				

KBO 리그 에이스. 2022년 WAR 7.8승은 최근 10년 동안 국내 투수로는 최고 기록이다. 2023년 9월 토미존 수술을 받았고, 사회복무요원으로 병역을 이행했다. 전역 직전인 지난해 8월 벌칙 훈련을 하다 어깨 인대를 다쳤다. 접합 수술을 받아 2026년 개막전 등판이 무산됐다. 빠르면 올해 5월말 1군에 복귀할 수 있다. 관절이 아닌 인대 부상이라는 점은 불행 중 다행이다. KBO 리그판 '구속 혁명' 스타트를 끊은 세대. 곽빈과 윤성빈이 안우진의 동기다. 트랙맨 기준으로 시속 159.8km(PTS 측정치 시속 158.4km)까지 던졌다. 2022년 슬라이더를 완성하면서 이전과 다른 투수가 됐다. 초년병 시절에는 볼넷이 너무 많았다. 하지만 2023년 9이닝당 볼넷 2.27개로 개인 통산 가장 적었다. 3월 월드베이스볼클래식(WBC) 무대에서 볼 수 없었다는 게 아쉽다.

기본기록

연도	경기	선발	QS	승	패	세이브	BS	홀드	이닝	피안타	피홈런	4사구	삼진	피안타율	WHIP	피 OPS	ERA	WAR
2023	24	24	16	9	7	0	0	0	150.2	121	5	39	164	0.217	1.06	0.557	2.39	5.94
2024	0	0	0	0	0	0	0	0	0.0	0	0	0	0	0	-	-	-	-
2025	0	0	0	0	0	0	0	0	0.0	0	0	0	0	0	-	-	-	-
통산	156	95	55	43	35	2	5	14	620.0	503	39	233	665	0.219	1.16	0.609	3.21	17.28

오석주

31

팀	키움	**생년월일**	1998-04-14
포지션	P	**투타** 우투우타	**신장** 180 **체중** 74
연봉	4000-3900-7800	**지명순위** 17 LG 2차 6라운드 52순위	
학교	양정초-대천중-제주고		

스몰파크피처

2S+CU

커브승부

타이밍싸움

L·편식

2023년 시즌 뒤 2차 드래프트로 LG에서 이적했다. 첫 시즌 17이닝을 던지며 두 자릿수 평균자책점에 이닝당 2명 이상 주자를 내보냈다. 하지만 지난해 53경기에서 3점대 평균자책점과 WHIP 1.39로 달라졌다. WAR 0.9승은 키움 불펜에서 마무리 주승우 다음이었다. 야누스적 시즌이었다. 전반기 피안타율 0.324에 WHIP 1.78로 앞 시즌과 크게 다를 바 없었다. 하지만 후반기엔 0.100/0.78로 완전히 다른 투수가 됐다. 후반기 10이닝 던진 리그 투수 가운데 가장 뛰어났다. 개막 이후 첫 한 달 동안 가뭄에 콩나듯 던지던 슬라이더를 5월 13일 경기부터 다시 던진 게 변신의 이유였다. 평균 시속 140km에도 미치지 못하는 포심이 슬라이더와 콤보를 이루자 다른 공이 됐다. 8월에는 스플리터까지 레퍼토리에 추가했다.

기본기록

연도	경기	선발	QS	승	패	세이브	BS	홀드	이닝	피안타	피홈런	4사구	삼진	피안타율	WHIP	피 OPS	ERA	WAR
2023	9	0	0	0	0	0	0	0	10.0	12	2	3	11	0.293	1.50	0.829	6.30	-0.02
2024	17	0	0	1	1	0	0	0	17.0	28	0	14	16	0.368	2.29	0.909	11.12	-0.51
2025	53	0	0	2	1	0	1	7	58.1	52	4	36	44	0.249	1.39	0.697	3.70	0.85
통산	95	0	0	3	2	0	1	7	102.1	111	9	62	84	0.282	1.59	0.776	5.45	0.33

와일스

34

팀	키움	**생년월일**	1998-07-02
포지션 P		**투타** 우투우타	**신장** 193 **체중** 103
연봉 0-0-$910000		**지명순위** 26 키움 자유선발	
학교 University of Oklahoma			

헛타석버프

3B2S
풀카운트장인

험난한 프로 초년병 시절을 보냈다. 2019년 드래프트 8라운드로 탬파베이에 입단했다. 이듬해 코로나19 팬데믹으로 마이너리그가 취소됐다. 겨울을 호주 프로야구(ABL)에서 보냈다. 2021년은 토미존 수술로 통째로 쉬었다. 복귀 시즌인 2022년부터 4년 연속 AAA에서 뛰며 가능성은 인정받았다. 지난해 3월 시범경기 기간에 애틀랜타가 그를 현금 트레이드로 영입한 이유였다. 메이저리그 커리어는 4월 22일 데뷔전 한 경기 1이닝이 전부다. 하지만 지난해 인터내셔널리그(IL)에서 평균자책점 3.04를 찍었다. 100+이닝 기준 리그 1위다. 마에다 겐타가 이 리그에서 평균자책점 5.40이었다. 피안타율 0.238을 찍은 주무기 포심이 위력적이다. 평균 시속 148.9km는 KBO 리그 기준으로도 대단치 않다. 하지만 분당회전수가 높고, 수직무브먼트가 좋다.

기본기록

연도	경기	선발	QS	승	패	세이브	BS	홀드	이닝	피안타	피홈런	4사구	삼진	피안타율	WHIP	피 OPS	ERA	WAR
2023	0	0	0	0	0	0	0	0	0.0	0	0	0	0	0	-	-	-	-
2024	0	0	0	0	0	0	0	0	0.0	0	0	0	0	0	-	-	-	-
2025	0	0	0	0	0	0	0	0	0.0	0	0	0	0	0	-	-	-	-
통산	-	-	-	-	-	-	-	-	-	-	-	-	-	-	-	-	-	-

유토

48

팀	키움	생년월일	1999-11-04
포지션 P	투타 우투좌타	신장 185	체중 87
연봉 0-0-$100000		지명순위 26 키움 아시아쿼터	
학교 이치하라니시중-도카이대학부속이치하라보요고			

일본 프로야구 8년 경력자. 2019년 야쿠르트에 입단해 3년차부터 1군에서 6시즌을 뛰었다. 2021년이 커리어하이 시즌. 10경기(선발 8회)에서 42⅔이닝 평균자책점 2.74로 호투했다. 야쿠르트는 이해 20년 만에 일본시리즈에서 우승했다. 하지만 이후 4시즌 동안 1군에서 35이닝만 던지는 데 그쳤다. 구속 저하와 어깨 부상을 겪었다. 지난해 1군 14이닝에서 포심 평균 구속은 시속 149.1km까지 올라왔다. 2022년보다는 시속 5.8km 올라왔다. 슬라이더(23%), 스플리터(9%), 가나쿠보의 포심은 독특한 그립으로 싱커 같은 움직임을 보인다. 체인지업(4%)도 구사했다. 하지만 포심 포함 세 구종 모두 CSW율이 26% 미만이었다. 지난해 NPB 평균은 28%였다. 2군에서도 '좋은 스트라이크'를 잘 잡지 못했다. 선발과 구원 모두 활용이 가능하다.

기본기록

연도	경기	선발	QS	승	패	세이브	BS	홀드	이닝	피안타	피홈런	4사구	삼진	피안타율	WHIP	피 OPS	ERA	WAR
2023	0	0	0	0	0	0	0	0	0.0	0	0	0	0	0	-	-	-	-
2024	0	0	0	0	0	0	0	0	0.0	0	0	0	0	0	-	-	-	-
2025	0	0	0	0	0	0	0	0	0.0	0	0	0	0	0	-	-	-	-
통산	-	-	-	-	-	-	-	-	-	-	-	-	-	-	-	-	-	-

정현우

13

팀	키움	**생년월일**	2006-04-13			
포지션	P	**투타**	좌투좌타	**신장**	181	**체중** 91
연봉	0-3000-4000		**지명순위**	25 키움 1라운드 1순위		
학교	홍제초-서대문구리틀-충암중-덕수고					

빅파크피처

초구S버프

과대평가? 2024년 열린 드래프트 전체 1순위로 키움에 지명됐다. 시범경기에서 11이닝 평균자책점 0.82를 기록한 뒤 전 구단 신인 중 유일하게 개막전 선발 로테이션에 포함됐다. 3월 26일 데뷔전에서 승리를 따내며 뉴스를 장식했다. 하지만 무려 122구를 던진 혹사였다. 역대 고졸 신인 2위. 그리고 5이닝 동안 주자 15명을 내보냈다. 첫 6경기 평균자책점 2.67은 대단해 보였다. 하지만 주자를 너무 자주 내보냈다. 7월 이후 평균자책점은 7.76이었다. 고교 시절 최고 시속 152km를 찍은 걸로 유명했다. 하지만 프로 첫 시즌 평균 구속은 시속 141.2km에 불과했다. 네 가지 구종을 던지지만 스플리터를 제외한 세 개가 피치밸류 마이너스. 이 공도 CSW율이 22.2%에 그쳤다. 하지만 데뷔전 혹사 이후 어깨 통증을 겪었다는 점은 고려해야 한다. 여전히 기대주다.

기본기록

연도	경기	선발	QS	승	패	세이브	BS	홀드	이닝	피안타	피홈런	4사구	삼진	피안타율	WHIP	피 OPS	ERA	WAR
2023	0	0	0	0	0	0	0	0	0.0	0	0	0	0	0	-	-	-	-
2024	0	0	0	0	0	0	0	0	0.0	0	0	0	0	0	-	-	-	-
2025	18	18	3	3	7	0	0	0	81.1	92	8	54	55	0.287	1.72	0.807	5.86	-0.26
통산	18	18	3	3	7	0	0	0	81.1	92	8	54	55	0.287	1.72	0.807	5.86	-0.26

조영건

20

팀	키움	**생년월일**	1999-02-04
포지션 P		**투타** 우투우타	**신장** 180 **체중** 85
연봉 4000-3800-6700		**지명순위** 19 넥센 2차 2라운드 14순위	
학교 대전신흥초-충남중-백송고			

빠른승부

8월 주승우가 부상을 당한 뒤 키움 마무리를 맡았다. 8월 14일 문학 SSG전에서 처음 마무리로 등판해 주자 두 명을 내보냈지만 첫 세이브를 따냈다. 커리어 1호이기도 했다. 이후 시즌 9번 세이브 기회에서 8번 성공했다. 시즌 초반 조영건의 투구에서는 마무리 전환을 예상하기 어려웠다. 롱릴리버로 나선 3월 22일 개막 삼성전에서 포심 평균구속은 시속 141.6km에 그쳤다. 5월에 선발로 기용됐지만 평균자책점이 8.31에 달했다. 그런데 불펜으로 돌아온 6월 6일 LG전에서 구속이 시속 146.0km로 올라갔다. 이후 시속 147km, 시속 148km를 잇따라 돌파한 뒤 7월 22일 롯데전에서 시속 149.2km를 찍었다. 이례적인 시즌 중 구속 향상이었다. 좋은 공을 갖고 있지만 구위를 오래 유지하기 어렵다. 전력을 다해 짧게 던지는 마무리가 천직인지도 모른다.

기본기록

연도	경기	선발	QS	승	패	세이브	BS	홀드	이닝	피안타	피홈런	4사구	삼진	피안타율	WHIP	피 OPS	ERA	WAR
2023	6	0	0	0	0	0	0	1	7.2	5	0	2	7	0.200	0.91	0.499	0.00	0.36
2024	25	3	0	2	1	0	1	1	39.1	51	7	25	31	0.304	1.91	0.888	8.01	-0.60
2025	51	6	0	5	5	8	2	7	77.2	84	12	42	47	0.275	1.57	0.818	5.68	-0.51
통산	104	20	0	10	10	8	3	9	170.1	191	27	105	112	0.280	1.68	0.834	5.97	-0.79

하영민

50

팀 키움	**생년월일** 1995-05-07		
포지션 P	**투타** 우투우타	**신장** 183	**체중** 74
연봉 8000-16500-21000	**지명순위** 14 넥센 2차 1라운드 4순위		
학교 수창초-진흥중-진흥고			

지난해 14패는 리그 최다였다. 하지만 2년 연속 팀 내 투수 WAR 3위로 키움의 내국인 에이스 역할을 했다. 평균자책점 4.99는 100이닝 이상 던진 투수 38명 중 34위. 하지만 수비 요인을 제거한 FIP는 3.79는 20위로 준수했다. 다만 WAR은 2.7승에서 1.4승으로 절반 가까이로 줄었다. '좋은 스트라이크'를 더 자주 잡아냈다. CSW율 29.4%로 커리어 처음으로 리그 평균보다 좋았다. 주무기는 스플리터. 지난해 커터를 레퍼토리에 추가하며 변화를 줬다. 커터 자체는 대단한 위력이 아니었고, 2024년 가장 좋았던 슬라이더 위력이 떨어졌다. 하지만 포심 피치밸류가 2024년 -11.6점에서 9점 향상됐다. 병역 의무를 잘 치렀다. 소집해제 뒤 첫 시즌인 2022년 포심 구속은 직전 시즌 대비 시속 4.7km 향상됐다. 2023년엔 시속 148.0km로 다시 시속 2.2km 상승.

기본기록

연도	경기	선발	QS	승	패	세이브	BS	홀드	이닝	피안타	피홈런	4사구	삼진	피안타율	WHIP	피 OPS	ERA	WAR
2023	57	0	0	3	1	0	2	5	52.1	67	4	26	51	0.309	1.76	0.819	4.64	-0.76
2024	28	28	9	9	8	0	0	0	150.1	168	8	63	101	0.280	1.50	0.741	4.37	2.73
2025	28	28	14	7	14	0	0	0	153.1	169	13	50	134	0.278	1.37	0.730	4.99	1.41
통산	234	75	28	31	35	0	3	9	582.2	683	55	252	425	0.294	1.57	0.796	5.05	3.90

김건희

12

팀	키움	생년월일	2004-11-07		
포지션	C	투타	우투우타	신장	186	체중	96
연봉	3200-5200-6200			지명순위	23 키움 1라운드 6순위
학교	대전신흥초-온양중-원주고				

스프레이히터

추가진루

R-편식

지난해 KBO 리그에서 도루를 시도하는 주자를 가장 많이 잡아냈다. 도루저지율 34.1%는 200이닝 이상 출장 포수 중 김형준(35.6%)에 이어 2위. 어깨가 강해 투수 2023년 데뷔 시즌에는 투수 전향 시도도 했다. 블로킹에는 어려움을 겪었다. 90이닝당 폭투와 패스트볼 비율이 0.603으로 세 번째로 높았다. 2024년 0.542보다 크게 올라갔다. 포수 탓만은 아니다. 지난해 키움 투수진은 존 안 투구 비율이 리그 최저였다. 타격에선 OPS가 100포인트 이상 떨어졌다. 콘택트율은 44.4%→65.9%→72.0%로 매년 나아지고 있다. 반대급부인지 볼넷/타석 비율이 3.8%까지 떨어졌다. 순수장타율(장타율-타율)도 0.161에서 0.103으로 하락. 후반기에 더 나은 타격을 했다는 점은 다행이다. 우투 상대 타율 0.271로 준수했지만, 좌투엔 0.177에 그쳤다.

기본기록

연도	경기	타석	타수	안타	2루타	3루타	홈런	타점	득점	볼넷	사구	삼진	도루	타율	출루율	장타율	OPS	WAR
2023	9	13	11	2	0	0	0	0	0	2	0	4	0	0.182	0.308	0.182	0.490	-0.22
2024	83	283	261	67	15	0	9	38	27	18	0	82	0	0.257	0.300	0.418	0.718	0.22
2025	105	344	322	78	20	2	3	25	24	13	0	102	2	0.242	0.270	0.345	0.615	0.30
통산	197	640	594	147	35	2	12	63	51	33	0	188	2	0.247	0.284	0.374	0.658	0.31

김동헌

팀	키움	**생년월일**	2004-07-15
포지션 C		**투타** 우투우타	**신장** 182 **체중** 91
연봉 4000-3800-4300			**지명순위** 23 키움 2라운드 12순위
학교 영문초-영등포구리틀-충암중-충암고			

44

2S내성

2023년 19세 루키로 522이닝 동안 포수 마스크를 쓰며 주목받았다. 아시안게임과 아시아프로야구챔피언십 국가대표로도 발탁됐다. 2년차 시즌에 기대가 컸지만 2경기만 뛰고 팔꿈치 부상을 당했다. 지난해 복귀 시즌에는 49경기 출장에 그쳤고, 포수로는 185이닝만 나섰다. 23번 도루 시도에서 단 한 번 잡아냈다. 2024년 베이스 크기 확대 이후 리그 도루성공률이 높아지는 가운데 약점이 더 두드러졌다. 2023년 도루 저지율은 30.0%. 부상 전 기량을 되찾아야 한다. 9이닝당 폭투+패스트볼은 0.34개로 김건희와 김재현보다 더 좋았다. 2022년 박동원 트레이드 때 KIA에서 받아온 드래프트 2라운드 지명권으로 뽑은 선수. '제2의 박동원'을 기대했지만 통산 순수장타율 0.061로 파워는 비교되기 어렵다. 지난해 1, 2군 통틀어 182타석에서 홈런을 하나도 치지 못했다.

기본기록

연도	경기	타석	타수	안타	2루타	3루타	홈런	타점	득점	볼넷	사구	삼진	도루	타율	출루율	장타율	OPS	WAR
2023	102	242	211	51	5	2	2	17	22	17	8	55	0	0.242	0.318	0.313	0.631	0.62
2024	2	7	5	1	0	0	0	1	0	1	1	0	0	0.200	0.429	0.200	0.629	-0.09
2025	49	91	82	22	3	0	0	8	8	7	1	23	0	0.268	0.330	0.305	0.635	0.40
통산	153	340	298	74	8	2	2	26	30	25	10	78	0	0.248	0.323	0.309	0.632	0.93

박주홍

57

팀	키움	**생년월일** 2001-04-16		
포지션 LF	**투타** 좌투좌타	**신장** 187	**체중** 87
연봉 3600-3700-5500		**지명순위** 20 키움 1차	
학교 덕풍초-하남시리틀-건대부중-장충고			

©키움 히어로즈

멀티포지션

24세던 지난해 처음으로 1군 풀타임 시즌을 보냈다. 4월 5일 NC전에선 입단 6년 만에 커리어 첫 홈런을 날렸다. 2020년 입단 당시엔 파워히터 유망주로 평가됐다. 하지만 호쾌한 스윙이 사라졌다. 워낙 공을 못 맞췄기 때문이다. 2023년 57타석에선 콘택트율이 54.9%에 그쳤다. 스윙 절반은 허공을 갈랐다는 얘기. 이해 리그 평균인 80.5%에 턱없이 못 미쳤다. 지난해 이 수치는 75.7%로 커리어 최고였다. 그러면서 땅볼 비율은 2021년 이후 가장 낮은 46.7%로 떨어졌다. 자기 스윙을 만들어가고 있다. 그래서 더 성장할 가능성이 있다. 후반기 활약이 그 증거다. 올스타전 이후 콘택트율을 80%대로 끌어올렸다. 전반기 0.501이던 OPS는 0.740까지 올라왔다. 장타도 늘어났다. 2024년까지 도루시도 6회에서 네 번 성공했다. 지난해엔 12시도 11성공이었다.

기본기록

연도	경기	타석	타수	안타	2루타	3루타	홈런	타점	득점	볼넷	사구	삼진	도루	타율	출루율	장타율	OPS	WAR
2023	27	57	49	6	0	1	0	2	5	5	0	26	1	0.122	0.196	0.163	0.359	-0.69
2024	25	59	49	5	2	0	0	1	5	10	0	17	2	0.102	0.254	0.143	0.397	-0.26
2025	102	283	248	56	11	3	3	23	33	30	1	72	11	0.226	0.310	0.331	0.641	0.19
통산	211	537	466	89	18	5	3	33	51	63	1	164	15	0.191	0.287	0.270	0.557	-1.32

브룩스

22

팀	키움	**생년월일**	1995-07-03
포지션	LF	**투타**	좌투좌타	**신장**	180	**체중**	88
연봉	0-0-$700000		**지명순위**	26 키움 자유선발
학교	Granite Hills HS-University of Nevada		

땅볼러

지난 두 시즌 메이저리그에서 37경기 72타석을 기록한 뒤 한국 프로야구에 도전장을 냈다. 메이저리그에 공격력은 wRC+ 기준 리그 평균의 22% 수준. 하지만 AAA에선 지난 두 시즌 32%, 11% 나은 타자였다. 선구안이 최대 강점이다. AAA 통산 출루율은 0.382로 타율(0.279)보다 1푼 이상 높았다. 지난 두 시즌 볼넷/삼진 비율은 퍼시픽코스트리그(PCL) 2위. KBO리그에서 ABS존으로 볼넷과 삼진에서 가장 큰 수혜를 입은 집단은 외국인 타자다. 외국인 타자가 과거 알게 모르게 판정 불이익을 받아왔다는 의미로도 해석된다. 인간 심판 편향에서 자유로운 ABS존은 선구안이 좋은 타자에게 더 유리할 수 있다. 배트 스피드가 느리다는 건 약점이다. 그래서 장타력은 다른 외국인 타자에 비해 떨어진다. 지난해 고척돔은 잠실 다음으로 홈런에 불리한 구장이었다.

기본기록

연도	경기	타석	타수	안타	2루타	3루타	홈런	타점	득점	볼넷	사구	삼진	도루	타율	출루율	장타율	OPS	WAR
2023	0	0	0	0	0	0	0	0	0	0	0	0	0	-	-	-	-	0.00
2024	0	0	0	0	0	0	0	0	0	0	0	0	0	-	-	-	-	0.00
2025	0	0	0	0	0	0	0	0	0	0	0	0	0	-	-	-	-	0.00
통산	-	-	-	-	-	-	-	-	-	-	-	-	-	-	-	-	-	0.00

안치홍

9

팀 키움	**생년월일** 1990-07-02		
포지션 1B	**투타** 우투우타	**신장** 178	**체중** 97
연봉 50000-50000-20000		**지명순위** 09 KIA 2차 1라운드 1순위	
학교 구지초-구리리틀-대치중-서울고			

지난해 2차 드래프트 전체 1순위로 키움에 지명됐다. 안치홍은 2루수 골든글러브를 세 차례 수상한 거물. 하지만 지난 두 시즌 한화에서 지명타자와 1루수로 더 많이 뛰었다. 지난해 2루수로는 딱 11경기에 선발 출장했을 뿐이다. KIA 시절인 2017년 이후 안치홍은 2루 수비로 높은 평가를 받아본 적이 없다. 하지만 지난해 키움 2루 포지션 득점 생산력은 10개 구단 중 최하위였다. 2루수 8명 전원이 WAR 마이너스였다. 안치홍은 지난해 최악의 타격 부진에 시달렸다. WAR -1.3승은 KIA 박재현에만 앞선 꼴찌 바로 위. 하지만 2024년에는 타율 0.300에 13홈런을 때려냈다. 안치홍은 2023년 시즌 뒤 한화와 4+2년 최대 72억 원에 FA 계약을 했다. 하지만 +2년을 제외한 다음 두 시즌 키움은 최대 11억 원(연봉 7억 원+옵션 4억 원)만 지불하면 된다.

기본기록

연도	경기	타석	타수	안타	2루타	3루타	홈런	타점	득점	볼넷	사구	삼진	도루	타율	출루율	장타율	OPS	WAR
2023	121	494	425	124	20	1	8	63	57	49	10	53	3	0.292	0.374	0.400	0.774	2.38
2024	128	533	473	142	21	0	13	66	64	49	6	70	3	0.300	0.370	0.427	0.797	1.38
2025	66	196	174	30	4	0	2	18	9	16	1	39	3	0.172	0.245	0.230	0.475	-1.34
통산	1814	7186	6324	1859	349	25	155	927	906	617	77	958	139	0.294	0.360	0.431	0.791	39.13

임병욱

17

팀	키움	생년월일	1995-09-30				
포지션	CF	투타	우투좌타	신장	187	체중	94
연봉	7000-6000-5800			지명순위	14 넥센 1차		
학교	신곡초-배명중-덕수고						

©키움 히어로즈

빅파크배터

초구선호

초구S내성

L-편식

상무에서 제대한 뒤 2023년 223타석에서 wRC+ 88.1로 나쁘지 않은 1군 복귀 시즌을 보냈다. 하지만 wRC+ 기준 득점생산력은 2024년 리그 평균의 58%, 지난해엔 62% 수준으로 떨어졌다. 선구안이 떨어지는 게 최대 약점. 존을 벗어나는 공에 44.4% 확률로 스윙을 했다. 그래서 삼진이 많고, 볼넷은 적다. 존을 넓게 쓰면서도 콘택트가 뛰어난 타자는 있다. 하지만 임병욱과는 무관하다. 평균적인 KBO 리그 타자는 스윙의 80.5%를 콘택트로 연결한다. 임병욱은 지난해 68.8%고, 통산 기록도 67.9%에 그친다. 20대 초반엔 20도루가 가능하다는 평가를 받았지만 지난 두 시즌엔 도루 하나씩만 성공시켰다. 외야 수비도 지난해 떨어졌다. 하지만 임병욱의 빠른 배트 스피드를 주목하는 이가 있다. 바로 메이저리그로 떠난 송성문이다.

기본기록

연도	경기	타석	타수	안타	2루타	3루타	홈런	타점	득점	볼넷	사구	삼진	도루	타율	출루율	장타율	OPS	WAR
2023	80	223	208	54	11	1	6	36	30	10	1	75	4	0.260	0.293	0.409	0.702	0.32
2024	42	92	87	21	3	0	3	10	14	4	0	32	1	0.241	0.272	0.379	0.651	-0.15
2025	52	140	133	31	4	3	2	13	12	5	0	33	1	0.233	0.259	0.353	0.612	-0.66
통산	602	1725	1585	408	83	14	34	200	240	105	13	498	56	0.257	0.307	0.392	0.699	2.10

이주형

2

팀 키움	**생년월일** 2001-04-02		
포지션 CF	**투타** 우투좌타	**신장** 181	**체중** 80
연봉 6600-11000-13500		**지명순위** 20 LG 2차 2라운드 13순위	
학교 송수초-해운대리틀-센텀중-경남고			

광역수비

2023년 이주형은 엄청났다. LG에서 최원태의 맞상대로 트레이드된 이후 51경기에서 OPS 0.911을 때려냈다. 이정후(0.861)와 김혜성(0.842)을 앞선 팀 내 1위였다. 다음 두 시즌은 리그 평균적인 타자 수준으로 떨어졌다. 지난해 WAR 2.9승은 송성문(8.6)에 이은 팀내 야수 뒤, 전체 선수 3위로 제 몫은 했다. 강한 타구를 날릴 힘이 있다. 재도약을 위해서는 콘택트율을 높여야 한다. 지난해 75.0%로 규정타석을 채운 타자 43명 중 37위에 그쳤다. 2024년까지 통산 11도루에 그쳤지만 지난해 15개를 성공시켰다. 성공률은 93.8%에 달했다. 중견수 수비는 리그 정상급으로 올라섰다. 리그 평균 대비 5.58점을 더 막아냈다. 외야수 중 박해민과 에레디아에 이어 3위. 부상이 잦은 선수. 그래서인지 두 시즌 연속으로 후반기에 타격이 큰 폭으로 하락했다.

기본기록

연도	경기	타석	타수	안타	2루타	3루타	홈런	타점	득점	볼넷	사구	삼진	도루	타율	출루율	장타율	OPS	WAR
2023	69	243	215	70	13	4	6	36	32	19	5	53	3	0.326	0.390	0.507	0.897	2.13
2024	115	537	473	126	19	3	13	60	82	49	14	119	6	0.266	0.352	0.402	0.754	2.03
2025	127	514	446	107	22	1	11	45	55	37	28	115	15	0.240	0.337	0.368	0.705	2.93
통산	325	1313	1150	305	54	8	30	141	172	106	48	294	26	0.265	0.351	0.404	0.755	7.03

이형종

36

팀	키움	**생년월일**	1989-06-07
포지션	RF	**투타**	우투우타	**신장**	183	**체중**	87
연봉	68000-60000-60000		**지명순위**	08 LG 1차
학교	화곡초-양천중-서울고			

©키움 히어로즈

풀히터

어느새 이형종도 '노장' 대열에 합류했다. 유망주 투수에서 임의탈퇴, 재입단을 거쳐 타자 전향. 타자로서 1군 데뷔는 27세인 2016년에야 했다. 전성기인 2018~2020년 LG에서 OPS가 가장 높았던 타자는 김현수(0.906), 그다음이 이형종(0.846)이었다. 2023년 지금은 사라진 퓨처스 FA제도의 사실상 유일한 수혜자가 됐다. 4년 20억 원 계약의 마지막 해를 맞는다. 앞 세 시즌 이형종의 WAR 합산은 0.4승에 그쳤다. 세 시즌 동안 후반기 타율은 0.147에 홈런은 하나도 없었다. 그래서인지 지난해엔 후반기 3타석 기회만 받았다. 시즌 타율 0.200 으로 커리어로우였다. 콘택트율이 앞 시즌 73.2%에서 66.1%로 급감했고, 삼진율 26.8%는 개인 통산 가장 높 았다. 도루는 키움 이적 뒤 딱 두 개만 했다. 올해가 마지막 시즌이 될 수 있다는 각오를 다졌다.

기본기록

연도	경기	타석	타수	안타	2루타	3루타	홈런	타점	득점	볼넷	사구	삼진	도루	타율	출루율	장타율	OPS	WAR
2023	99	374	316	68	22	1	3	37	35	39	14	78	0	0.215	0.326	0.320	0.646	-0.12
2024	35	126	102	22	3	0	4	19	19	22	1	27	1	0.216	0.360	0.363	0.723	0.37
2025	33	82	70	14	3	0	2	6	4	9	1	22	1	0.200	0.300	0.329	0.629	0.19
통산	791	2797	2424	648	132	6	72	316	344	264	66	516	30	0.267	0.353	0.416	0.769	12.19

임지열

팀	키움	**생년월일**	1995-08-22
포지션	LF	**투타** 우투우타	**신장** 180　**체중** 94
연봉	7200-5800-11000	**지명순위**	14 넥센 2차 2라운드 22순위
학교	신흥초-건대부중-덕수고		

29

©키움 히어로즈

광역수비

노림수

초구B버프 **B**

서른 살 나이에 처음으로 주전 시즌을 보냈다. 11홈런은 앞 6시즌보다 4개가 더 많았다. 300타석 이상 타자 86명 중 삼진율(26.6%)은 9번째로 높았다. 하지만 준수한 볼넷률(10.1%)과 장타 능력을 갖추고 있다. 전반기 OPS 0.746으로 선전했지만, 후반기 0.673으로 부진한 점은 아쉽다. 하지만 '중요한 상황'에서 타격은 후반기가 더 좋았다. 스플리터에 매우 취약했다. 이 공 상대 타율은 0.043에 그쳤다. 하지만 커브에는 0.406을 때려냈다. 늘어난 건 홈런만이 아니었다. 지난해까지 통산 2도루에 그쳤지만 지난해 13개를 성공시켰다. 다만 한 베이스를 더 가는 러닝에선 기여도가 -1.21점이었다. 수비에서는 좌익수를 주로 맡았다. 중견수와 우익수 수비는 좋았다고 보기 어렵다. 하지만 좌익수로는 평균보다 3.63점을 더 막아냈다. 전체 좌익수 중 4위.

기본기록

연도	경기	타석	타수	안타	2루타	3루타	홈런	타점	득점	볼넷	사구	삼진	도루	타율	출루율	장타율	OPS	WAR
2023	72	246	212	55	8	0	5	35	22	28	3	64	1	0.259	0.352	0.368	0.720	0.24
2024	22	57	49	5	0	0	1	5	4	7	0	16	0	0.102	0.211	0.163	0.374	-0.82
2025	102	417	369	90	14	2	11	50	51	42	2	111	13	0.244	0.322	0.382	0.704	1.04
통산	267	917	802	192	29	2	18	108	99	92	9	251	15	0.239	0.322	0.348	0.670	0.25

최주환

팀 키움	**생년월일** 1988-02-28		
포지션 1B	**투타** 우투좌타	**신장** 177	**체중** 73
연봉 65000-30000-30000	**지명순위** 06 두산 2차 6라운드 46순위		
학교 광주학강초-광주동성중-광주동성고			

53

©키움 히어로즈

헛타석버프

풀히터

R-편식

37세 나이에 팀 내 3위인 506타석에 출장했다. wRC+ 기준 리그 평균보다 11% 높은 득점생산력을 보였다. 2차 드래프트로 키움에 입단한 2024년에는 86%였다. 연봉은 6억 5000만 원에서 3억 원으로 삭감됐지만 더 뛰어난 활약을 했다. 두 자릿수 홈런을 치는 타자지만 삼진을 잘 당하지 않는다. 많은 나이에도 불구하고 배트 컨트롤이 뛰어나기 때문이다. 지난해 콘택트율 87.8%는 전체 7위(이하 규정타석 기준)였다. 주자를 홈으로 불러들일 것이라는 믿음을 준다. 지난해 주루플레이 도움 없이 타격으로만 올린 타점은 62점. 총 주자 대비로는 18.2%다. 리그에서 8번째로 높았다. 물론 타점에는 운이 작용한다. 하지만 최주환의 통산 기록은 16.7%로 지난해 리그 평균(13.7%)을 크게 웃돌았다. 4시즌 연속 도루 제로로 주자로는 유능하지 않다. 수비도 마찬가지.

기본기록

연도	경기	타석	타수	안타	2루타	3루타	홈런	타점	득점	볼넷	사구	삼진	도루	타율	출루율	장타율	OPS	WAR
2023	134	478	426	100	24	0	20	63	48	44	4	94	0	0.235	0.310	0.432	0.742	1.00
2024	130	544	482	124	23	1	13	84	49	47	6	92	0	0.257	0.325	0.390	0.715	-0.03
2025	120	506	459	126	31	1	12	74	45	36	5	66	0	0.275	0.330	0.425	0.755	0.56
통산	1518	5306	4702	1298	264	26	140	752	607	451	68	757	14	0.276	0.344	0.433	0.777	20.56

김선기

팀	키움		생년월일	1991-09-01	
포지션	P	투타	우투우타	신장 187	체중 98
연봉	7000-8400-8400		지명순위	18 넥센 2차 1라운드 8순위	
학교	석교초-세광중-세광고				

지난해 팀 내 다섯 번째로 많은 78이닝을 던졌다. 34세 시즌에 개인 최다 이닝과 등판(44) 기록을 새로 썼다. WAR이 마이너스였다는 점은 유감이다. 9이닝당 볼넷은 4.96개. 8시즌 동안 가장 낮은 기록이 4.50개. 패스트볼 구위가 떨어지는 게 문제. 피치밸류가 -11.4점에 달했다.

기본기록

연도	경기	선발	QS	승	패	세이브	BS	홀드	이닝	피안타	피홈런	4사구	삼진	피안타율	WHIP	피 OPS	ERA	WAR
2023	17	7	1	1	3	1	0	0	43.2	56	2	16	29	0.309	1.63	0.817	5.98	-0.83
2024	42	6	1	6	4	0	0	0	76.1	91	13	36	43	0.292	1.59	0.833	5.54	0.15
2025	44	8	0	1	7	0	0	2	78.0	96	6	58	43	0.305	1.83	0.823	5.65	-0.29
통산	203	36	6	17	19	2	2	10	355.2	413	35	201	219	0.290	1.63	0.799	5.54	-0.93

김성민

팀	키움		생년월일	1994-04-26	
포지션	P	투타	좌투좌타	신장 181	체중 90
연봉	9000-11000-9000		지명순위	17 SK 2차 1라운드 6순위	
학교	옥산초-경복중-상원고				

팀 내 왼손 구원투수로는 두 번째로 많은 이닝을 소화했다. 병역 의무를 마치고 복귀한 2024년 시즌부터 포심을 버리고 투심(싱커) 투수로 변신했다. 커브 슬라이더 체인지업을 14~16% 비율로 고루 던진다. 구속이 느린 투심 피치밸류가 2024년 5.2점에서 -1.9점으로 하락한 게 문제였다.

기본기록

연도	경기	선발	QS	승	패	세이브	BS	홀드	이닝	피안타	피홈런	4사구	삼진	피안타율	WHIP	피 OPS	ERA	WAR
2023	0	0	0	0	0	0	0	0	0.0	0	0	0	0	-	-	-	-	-
2024	46	0	0	3	4	0	4	14	45.2	45	5	18	34	0.273	1.36	0.727	4.34	0.51
2025	29	0	0	0	3	0	1	1	25.0	25	1	18	18	0.272	1.52	0.789	4.68	-0.25
통산	276	16	3	14	14	1	9	37	333.0	359	31	178	267	0.278	1.53	0.771	4.49	3.11

김연주

25

팀	키움	생년월일	2004-02-27		
포지션	P	투타	우투우타	신장 175	체중 75
연봉	3000-3800-4500		지명순위	24 키움 3라운드 29순위	
학교	대전신흥초-충남중-세광고				

두 번째 시즌에 처음으로 선발 기회를 잡았다. 선발(8회)과 구원(12회) 모두에서 피OPS가 0.930 이상이었다. 8이닝당 홈런 1.74개는 30+이닝 기준 리그 최다. KIA 상대로 8⅓이닝 동안 네 개를 맞았다. 세컨 피치인 슬라이더가 약점이다. 224구만 던지고도 피치밸류 -10.2점으로 최하위였다.

기본기록

연도	경기	선발	QS	승	패	세이브	BS	홀드	이닝	피안타	피홈런	4사구	삼진	피안타율	WHIP	피 OPS	ERA	WAR
2023	0	0	0	0	0	0	0	0	0.0	0	0	0	0	0	-	-	-	-
2024	34	0	0	1	1	0	2	1	31.1	34	5	22	18	0.272	1.63	0.850	6.61	-0.17
2025	20	8	0	1	3	0	0	0	51.2	67	10	31	28	0.316	1.78	0.937	6.62	-0.52
통산	54	8	0	2	4	0	2	1	83.0	101	15	53	46	0.300	1.72	0.905	6.61	-0.69

김재웅

28

팀	키움	생년월일	1998-10-22		
포지션	P	투타	좌투좌타	신장 171	체중 86
연봉	19000-0-19000		지명순위	17 넥센 2차 6라운드 57순위	
학교	금교초-남양주리틀-자양중-덕수고				

2026년 키움 불펜의 희망. 2022년 리그 전체 구원 WAR 3위에 올랐다. 지난해 12월 상무에서 전역했다. 5월 팔꿈치 뼛조각 제거 수술을 받아 몸은 더 좋아졌다. 포심 수직 무브먼트는 리그 최고 수준. 릴리스포인트가 낮아 존 상단 진입 각도도 좋다. 174cm 단신을 장점으로 만들었다.

기본기록

연도	경기	선발	QS	승	패	세이브	BS	홀드	이닝	피안타	피홈런	4사구	삼진	피안타율	WHIP	피 OPS	ERA	WAR
2023	67	0	0	2	3	6	3	18	59.2	56	2	24	46	0.252	1.34	0.652	4.22	1.15
2024	26	0	0	0	2	0	1	7	23.2	24	2	13	19	0.261	1.52	0.729	3.42	0.45
2025	0	0	0	0	0	0	0	0	0.0	0	0	0	0	0	-	-	-	-
통산	252	7	0	6	12	20	6	65	259.0	232	20	129	219	0.240	1.36	0.678	3.58	5.37

박윤성

팀	키움	생년월일	2004-02-08
포지션 P	투타 우투우타	신장 183	체중 96
연봉 3000-3500-6000		지명순위 23 키움 3라운드 26순위	
학교 수영초-개성중-경남고			

입단 3년차에 팀 내 2위인 54경기에 등판했다. 첫 시즌은 토미존 수술로 등판이 없었다. 2024년에 힘 있는 포심이 좋은 평가를 받았다. 지난해엔 커맨드 문제를 겪으며 이 공 피치밸류가 2.8점에서 -8.5점으로 급전직하했다. CSW율은 20%에도 미치지 못했고, 0.180이던 피안타율은 0.313가 됐다.

기본기록

연도	경기	선발	QS	승	패	세이브	BS	홀드	이닝	피안타	피홈런	4사구	삼진	피안타율	WHIP	피 OPS	ERA	WAR
2023	0	0	0	0	0	0	0	0	0.0	0	0	0	0	0	-	-	-	-
2024	17	0	0	0	0	0	0	1	18.2	14	5	9	14	0.200	1.23	0.774	5.79	0.05
2025	54	0	0	0	5	1	3	6	51.2	55	9	20	40	0.271	1.43	0.799	4.53	-0.73
통산	71	0	0	0	5	1	3	7	70.1	69	14	29	54	0.253	1.38	0.792	4.86	-0.68

박주성

팀	키움	생년월일	2000-11-09
포지션 P	투타 우투우타	신장 180	체중 90
연봉 0-3700-4700		지명순위 19 넥센 1차	
학교 경동초-성동구리틀-건대부중-경기고			

2019년 1차 지명 투수. 지난해 처음으로 선발 등판 기회를 잡았다. 1군 20이닝 이상 투구도 처음. 하지만 선발과 구원에서 모두 부진했다. 프로 3년차 시즌부터 포심 구속 하락을 겪었다. 상무에서 제대한 지난해 제1구종을 포심에서 투심으로 교체했지만 역시 위력이 약했다. 컨트롤은 나아졌다.

기본기록

연도	경기	선발	QS	승	패	세이브	BS	홀드	이닝	피안타	피홈런	4사구	삼진	피안타율	WHIP	피 OPS	ERA	WAR
2023	0	0	0	0	0	0	0	0	0.0	0	0	0	0	0	-	-	-	-
2024	0	0	0	0	0	0	0	0	0.0	0	0	0	0	0	-	-	-	-
2025	18	6	2	2	3	0	0	1	52.0	63	9	19	26	0.300	1.52	0.852	6.58	-0.51
통산	49	6	2	3	5	0	0	1	89.1	107	15	49	48	0.296	1.66	0.854	6.35	-0.90

박진형

팀 키움		**생년월일** 1994-06-10	
포지션 P	**투타** 우투우타	**신장** 181	**체중** 77
연봉 8600-5600-5600		**지명순위** 13 롯데 2라운드 13순위	
학교 영랑초-경포중-강릉고			

키움은 지난해 11월 2차 드래프트에서 가장 많은 선수 네 명을 지명했다. 그만큼 전력에 빈 곳이 많았다. 4라운드에서 뽑은 포크볼러 박진형에게는 불펜 강화를 기대한다. 하지만 전성기와 거리가 너무 멀다. 2017년 WAR 1.7승을 거둔 뒤 줄곧 부진했다. 지난 두 시즌 1군에서 11⅔이닝만 던졌다.

기본기록

연도	경기	선발	QS	승	패	세이브	BS	홀드	이닝	피안타	피홈런	4사구	삼진	피안타율	WHIP	피 OPS	ERA	WAR
2023	0	0	0	0	0	0	0	0	0.0					-	-	-	-	-
2024	7	0	0	0	0	0	0	0	6.1	6	0	2	4	0.286	1.11	0.681	4.26	0.18
2025	7	0	0	0	0	0	0	0	5.1	9	1	3	5	0.346	2.25	0.991	8.44	-0.10
통산	229	23	4	18	14	7	14	36	306.0	350	33	170	307	0.291	1.62	0.832	5.47	2.80

원종현

팀 키움		**생년월일** 1987-07-31	
포지션 P	**투타** 우언우타	**신장** 182	**체중** 88
연봉 50000-50000-50000		**지명순위** 06 LG 2차 2라운드 11순위	
학교 중앙초-군산중-군산상고			

2025년 키움에서 가장 많은 61경기에 등판했다. WAR -1.7승은 10개 구단 최저였다. 역대 투수 중에서도 1982년 인호봉(−2.4), 1985년 장명부(−2.1), 2020년 장현식(−1.9)에 이어 네 번째로 낮다. 구속을 되찾았다는 건 긍정적. 토미존 수술 복귀 시즌인 2024년보다 시속 5km 가량 올라왔다.

기본기록

연도	경기	선발	QS	승	패	세이브	BS	홀드	이닝	피안타	피홈런	4사구	삼진	피안타율	WHIP	피 OPS	ERA	WAR
2023	20	0	0	1	1	0	4	6	18.2	24	3	6	17	0.304	1.55	0.893	5.79	-0.26
2024	4	0	0	0	0	0	0	0	3.2	4	0	3	4	0.267	1.91	0.722	4.91	0.08
2025	61	0	0	2	4	5	6	11	54.1	68	5	21	40	0.313	1.58	0.807	6.13	-1.66
통산	586	0	0	30	33	87	44	103	596.0	613	48	226	509	0.267	1.35	0.705	4.27	5.63

윤석원

95

팀	키움	생년월일	2003-07-04		
포지션	P	투타	좌투좌타	신장 185	체중 81
연봉	4300-6000-6500		지명순위	22 키움 2차 4라운드 36순위	
학교	대연초–개성중–부산고				

키움 불펜의 왼손 에이스였다. 팀 내 WAR 순위는 8위. 하지만 3년 연속 마이너스를 찍었다. 커브 비중을 낮추고 사실상 포심+슬라이더 투 피치 투구를 했다. 컨트롤은 좋지만 구위가 떨어진다. 시속 130km대던 포심 구속을 시속 140km대로 끌어올렸지만 리그 평균과는 시속 3.2km 차이가 있었다.

기본기록

연도	경기	선발	QS	승	패	세이브	BS	홀드	이닝	피안타	피홈런	4사구	삼진	피안타율	WHIP	피 OPS	ERA	WAR
2023	21	0	0	2	0	0	0	2	24.0	29	2	8	8	0.302	1.54	0.766	4.50	-0.28
2024	11	1	0	0	1	0	0	0	17.1	31	3	9	1	0.413	2.19	1.140	11.42	-0.65
2025	37	0	0	1	1	0	1	8	37.1	41	3	14	27	0.285	1.42	0.797	5.54	-0.15
통산	69	1	0	3	2	0	1	10	78.2	101	8	31	36	0.321	1.63	0.870	6.52	-1.08

이강준

11

팀	키움	생년월일	2001-12-14		
포지션	P	투타	우투우타	신장 180	체중 80
연봉	0-3200-4000		지명순위	20 KT 2차 3라운드 22순위	
학교	서당초–설악중–설악고				

조상우의 등번호 11번을 물려받은 사이드암 파워피처. 주무기인 투심은 2024년 퓨처스에서 시속 160km를 찍었다. 2020년 데뷔 시즌 평균 구속은 시속 140.5km였지만 지난해 키움에선 시속 152.0km였다. 컨트롤이 약점. 통산 48⅓이닝 동안 4사구 62개를 내줬다. 토미존 수술로 8월 이후 복귀 예정이다.

기본기록

연도	경기	선발	QS	승	패	세이브	BS	홀드	이닝	피안타	피홈런	4사구	삼진	피안타율	WHIP	피 OPS	ERA	WAR
2023	0	0	0	0	0	0	0	0	0.0	0	0	0	0	0	-	-	-	-
2024	0	0	0	0	0	0	0	0	0.0	0	0	0	0	0	-	-	-	-
2025	29	0	0	0	3	0	0	2	24.2	29	3	19	26	0.296	1.86	0.849	6.57	-0.33
통산	61	0	0	1	3	0	0	3	48.1	58	6	62	39	0.304	2.32	0.917	8.01	-0.90

김재현

팀	키움	**생년월일**	1993-03-18
포지션 C		**투타** 우투우타	**신장** 178 **체중** 90
연봉 5500-10000-10000		**지명순위** 12 넥센 8라운드 76순위	
학교 진북초-전라중-대전고			

김건희의 백업으로 3530이닝 동안 포수 마스크를 썼다. 도루저지율 27.9%는 48경기 이상 출장 포수 중 5위였다. 블로킹 능력은 상대적으로 떨어진다. 타격은 김재현의 장기가 아니다. 지난해 wRC+ 19.5는 100타석 이상 출장한 리그 타자 중 가장 낮았다. 통산 기록(38.60의 절반 수준이었다.

기본기록

연도	경기	타석	타수	안타	2루타	3루타	홈런	타점	득점	볼넷	사구	삼진	도루	타율	출루율	장타율	OPS	WAR
2023	8	10	9	1	0	0	0	0	0	0	0	3	0	0.111	0.111	0.111	0.222	-0.42
2024	110	326	288	70	11	0	0	26	27	14	10	63	1	0.243	0.297	0.281	0.578	-0.07
2025	62	128	120	25	5	0	0	5	12	1	3	31	1	0.208	0.234	0.250	0.484	-0.56
통산	580	1081	971	213	41	0	7	86	88	44	25	244	2	0.219	0.269	0.283	0.552	-3.01

김태진

팀	키움	**생년월일**	1995-10-07
포지션 3B		**투타** 우투좌타	**신장** 169 **체중** 73
연봉 11000-9000-10500		**지명순위** 14 NC 2차 4라운드 45순위	
학교 수유초-신일중-신일고			

유틸리티맨. 2022년 박동원 트레이드로 이적한 뒤 4년 연속 키움에서 200타석 이상을 기록했다. 지난 시즌엔 처음으로 외야수 출장 없이 내야 세 포지션에서 뛰었다. WAR이 마이너스였다는 점은 앞 세 시즌과 달라지지 않았다. '몽당연필' 스윙을 버리면서 지난해 순수장타율은 데뷔 이후 최고였다.

기본기록

연도	경기	타석	타수	안타	2루타	3루타	홈런	타점	득점	볼넷	사구	삼진	도루	타율	출루율	장타율	OPS	WAR
2023	74	212	200	55	5	0	0	16	17	5	1	23	0	0.275	0.292	0.300	0.592	-0.69
2024	81	202	189	42	6	3	0	10	26	7	0	27	0	0.222	0.249	0.286	0.535	-0.04
2025	94	304	279	65	11	2	5	25	27	20	0	53	1	0.233	0.281	0.341	0.622	-0.47
통산	653	2127	1976	512	58	17	13	179	228	104	4	314	30	0.259	0.295	0.325	0.620	-1.18

박찬혁

43

팀	키움	생년월일	2003-04-25				
포지션	LF	투타	우투우타	신장	181	체중	87
연봉	4000-0-4000			지명순위	22 키움 2차 1라운드 6순위		
학교	대전유천초-대전서구-한밭중-북일고						

지난해 상무에서 타율 0.332에 8홈런을 쳤다. 통산 퓨처스 타율은 0.314. 입대 전까지 1군 통산 OPS 0.580에 불과했다. 하지만 복귀 시즌에 기대를 모은다. 빠르고 부드러운 스윙을 가진 파워히터 우타자다. 19세 신인으로 홈런 다섯 개를 때려낸 2022년 4월을 기억하는 키움 팬이 많다.

기본기록

연도	경기	타석	타수	안타	2루타	3루타	홈런	타점	득점	볼넷	사구	삼진	도루	타율	출루율	장타율	OPS	WAR
2023	48	167	154	31	7	0	1	8	13	10	3	41	0	0.201	0.263	0.266	0.529	-0.78
2024	0	0	0	0	0	0	0	0	0	0	0	0	0	-	-	-	-	0.00
2025	0	0	0	0	0	0	0	0	0	0	0	0	0	-	-	-	-	0.00
통산	100	342	315	65	12	0	7	25	26	19	8	108	0	0.206	0.269	0.311	0.580	-1.46

송지후

86

팀	키움	생년월일	2005-01-08				
포지션	2B	투타	우투우타	신장	175	체중	74
연봉	3000-3000-3600			지명순위	24 키움 6라운드 59순위		
학교	광주수창초-진흥중-광주제일고						

2024년 데뷔 시즌엔 1군 1타석에 나서는 데 그쳤다. 지난해 기회를 더 받았지만 타율은 0.175에 그쳤다. 롯데 상대로는 0.385였다. 퓨처스에선 3할 타자가 되며 첫 시즌(0.221)보다 훨씬 나았다. 타격 준비에서 눕혔던 상체를 세우는 변화를 줬다. 시즌 뒤 어깨 수술을 했다.

기본기록

연도	경기	타석	타수	안타	2루타	3루타	홈런	타점	득점	볼넷	사구	삼진	도루	타율	출루율	장타율	OPS	WAR
2023	0	0	0	0	0	0	0	0	0	0	0	0	0	-	-	-	-	0.00
2024	2	1	1	0	0	0	0	0	1	0	0	0	0	0.000	0.000	0.000	0.000	-0.05
2025	33	86	80	14	3	0	1	8	5	3	2	18	0	0.175	0.221	0.250	0.471	-0.34
통산	35	87	81	14	3	0	1	8	6	3	2	18	0	0.173	0.218	0.247	0.465	-0.39

어준서

팀	키움	생년월일	2006-11-27		
포지션	3B	투타	우투좌타	신장 183	체중 87
연봉	0-3000-5000			지명순위	25 키움 3라운드 21순위
학교	수유초-자양중-경기고				

3월 19일 첫 퓨처스 경기에서 6타수 4안타를 쳤다. 3월 25일 1군 데뷔전에선 홈런을 때려냈다. 첫 네 경기 타율은 4할. 이후 고전했지만 구단 사상 두 번째로 300타석을 넘어선 고졸 신인이 됐다. 첫 번째는 2017년 이정후였다. 29실책은 역대 고졸 야수 1위. 종전 기록 보유자의 이름은 장종훈이다.

기본기록

연도	경기	타석	타수	안타	2루타	3루타	홈런	타점	득점	볼넷	사구	삼진	도루	타율	출루율	장타율	OPS	WAR
2023	0	0	0	0	0	0	0	0	0	0	0	0	0	-	-	-	-	0.00
2024	0	0	0	0	0	0	0	0	0	0	0	0	0	-	-	-	-	0.00
2025	116	360	324	77	9	1	6	27	48	30	2	75	1	0.238	0.305	0.327	0.632	-0.81
통산	116	360	324	77	9	1	6	27	48	30	2	75	1	0.238	0.305	0.327	0.632	-0.81

여동욱

팀	키움	생년월일	2005-11-10		
포지션	2B	투타	우투우타	신장 180	체중 90
연봉	0-3000-3200			지명순위	25 키움 3라운드 27순위
학교	남도초-경복중-상원고				

키움이 2024년 김휘집 트레이드로 얻은 3라운드 지명권으로 뽑은 신인. 1군 타율 0.132, 퓨처스 0.206으로 프로 투수들을 상대하는 데 어려움을 겪었다. 즉, 기대할 게 많은 유망주. 파워는 고교 시절 최고라는 평가를 받았다. 첫 시범경기에서 홈런을 쳤다. 3루 수비는 범위가 넓지만 실수가 가끔 나온다.

기본기록

연도	경기	타석	타수	안타	2루타	3루타	홈런	타점	득점	볼넷	사구	삼진	도루	타율	출루율	장타율	OPS	WAR
2023	0	0	0	0	0	0	0	0	0	0	0	0	0	-	-	-	-	0.00
2024	0	0	0	0	0	0	0	0	0	0	0	0	0	-	-	-	-	0.00
2025	28	61	53	7	1	0	2	2	6	7	0	21	0	0.132	0.233	0.264	0.497	-0.37
통산	28	61	53	7	1	0	2	2	6	7	0	21	0	0.132	0.233	0.264	0.497	-0.37

오선진

6

팀	키움	생년월일	1989-07-07		
포지션	3B	투타	우투우타	신장 178	체중 80
연봉	10000-4000-8000	지명순위	08 한화 2차 4라운드 26순위		
학교	화곡초-성남중-성남고				

내야 전 포지션을 커버한 유틸리티. 2022년부터 매년 유니폼을 갈아입었다. FA 신청과 계약, 2차 드래프트, 방출 등 이적 경로도 다양했다. 지난해 WAR 0.06은 키움 야수 중 11위. 연봉 4,000만 원 값은 하고도 남았다. 유격수로 나선 6월 18일 SSG전 8회에 팀의 6연패를 끊는 다이빙 캐치를 해냈다.

기본기록

연도	경기	타석	타수	안타	2루타	3루타	홈런	타점	득점	볼넷	사구	삼진	도루	타율	출루율	장타율	OPS	WAR
2023	90	199	165	38	6	0	0	14	17	24	5	34	2	0.230	0.342	0.267	0.609	-0.04
2024	26	29	20	4	1	0	0	0	0	2	2	8	0	0.200	0.333	0.250	0.583	0.17
2025	99	163	143	34	8	0	1	19	15	12	3	45	0	0.238	0.308	0.315	0.623	0.06
통산	1234	3152	2775	667	102	6	19	248	290	214	62	562	49	0.240	0.308	0.302	0.610	-0.60

원성준

33

팀	키움	생년월일	2000-03-31		
포지션	CF	투타	우투좌타	신장 181	체중 80
연봉	3000-4000-3700	지명순위	24 키움 육성선수		
학교	고명초-서울이수중-경기고-성균관대				

드래프트 세 번 미지명 끝에 육성선수로 키움에 입단했다. 2024년 6월 7일 삼성 전에서 프로 첫 안타를 홈런으로 장식했다. 지난해엔 출장 기회가 절반으로 줄어들며 고전했다. 헛스윙/스윙률이 24.7%에서 38.0%로 급증한 게 가장 큰 문제. 퓨처스에선 타율 0.308로 가능성을 보여줬다.

기본기록

연도	경기	타석	타수	안타	2루타	3루타	홈런	타점	득점	볼넷	사구	삼진	도루	타율	출루율	장타율	OPS	WAR
2023	0	0	0	0	0	0	0	0	0	0	0	0	0	-	-	-	-	0.00
2024	51	125	112	28	5	0	2	11	12	10	0	36	2	0.250	0.306	0.348	0.654	-0.21
2025	24	53	46	8	1	0	2	4	5	7	0	18	0	0.174	0.283	0.326	0.609	-0.03
통산	75	178	158	36	6	0	4	15	17	17	0	54	2	0.228	0.299	0.342	0.641	-0.24

전태현

97

팀	키움	생년월일	2006-03-02
포지션	2B	**투타** 우투좌타	**신장** 180 **체중** 82
연봉	0-3000-3500	**지명순위**	25 키움 5라운드 41순위
학교	양덕초-마산동중-용마고		

데뷔 시즌에 1군 207타석 출장했다. 19세 선수로는 프랜차이즈 역대 5위 기록. 개막전부터 출장하며 3월에 18타수 10안타라는 화끈한 스타트를 했다. 이후엔 고전했지만 가능성을 보여줬다. 첫 시즌 장타율은 0.258에 그쳤다. 하지만 고3 시절 유격수 최다인 홈런 다섯 개를 친 파워가 있다.

기본기록

연도	경기	타석	타수	안타	2루타	3루타	홈런	타점	득점	볼넷	사구	삼진	도루	타율	출루율	장타율	OPS	WAR
2023	0	0	0	0	0	0	0	0	0	0	0	0	0	-	-	-	-	0.00
2024	0	0	0	0	0	0	0	0	0	0	0	0	0	-	-	-	-	0.00
2025	77	207	182	42	5	0	0	10	20	20	0	59	4	0.231	0.304	0.258	0.562	-0.23
통산	77	207	182	42	5	0	0	10	20	20	0	59	4	0.231	0.304	0.258	0.562	-0.23

주성원

25

팀	키움	생년월일	2000-08-30
포지션	RF	**투타** 우투우타	**신장** 182 **체중** 95
연봉	3500-3800-5000	**지명순위**	19 넥센 2차 3라운드 24순위
학교	부산대연초-남구리틀-신정중-개성고		

병역 의무를 마친 이듬해인 2023년 1군 데뷔를 했다. 지난해 처음으로 100타석을 넘겼다. WAR 0.13승은 팀내 9위. 콘택트율이 2023년 70.3%에서 지난해 79.0%로 상승하며 가능성을 보였다. 라인드라이브율은 21.4%로 송성문(19.3%)을 앞선 팀내 1위. 송성문의 표현에 따르면 "고점이 높은 타자".

기본기록

연도	경기	타석	타수	안타	2루타	3루타	홈런	타점	득점	볼넷	사구	삼진	도루	타율	출루율	장타율	OPS	WAR
2023	25	72	69	15	2	1	0	2	7	1	0	18	0	0.217	0.225	0.275	0.500	-0.43
2024	27	62	55	11	1	0	1	5	7	6	0	18	0	0.200	0.279	0.273	0.552	-0.13
2025	58	174	156	39	6	0	1	12	21	13	4	45	4	0.250	0.322	0.308	0.630	0.13
통산	110	308	280	65	9	1	2	19	35	20	4	81	4	0.232	0.291	0.293	0.584	-0.42

김동규 99

포지션	P	투타	우투우타	신장	194	체중	100	생년월일	2004-07-09
연봉	3100-3100-3500		지명순위	23 LG 2라운드 17순위					
학교	서울청구초-영남중-성남고								

김성진 21

포지션	P	투타	우투좌타	신장	183	체중	77	생년월일	1997-11-14
연봉	0-0-6000		지명순위	21 키움 2차 3라운드 29순위					
학교	율하초-포철중-부산정보고-계명대								

박정훈 94

포지션	P	투타	좌투좌타	신장	192	체중	103	생년월일	2006-03-23
연봉	0-3000-3300		지명순위	25 키움 3라운드 28순위					
학교	삼일초-매향중-비봉고								

박지성 37

포지션	P	투타	우투우타	신장	190	체중	93	생년월일	2007-03-16
연봉	0-0-3000		지명순위	26 키움 3라운드 21순위					
학교	도곡초-대치중-서울고								

배동현 61

포지션	P	투타	우투좌타	신장	183	체중	83	생년월일	1998-03-16
연봉	0-3400-3400		지명순위	21 한화 2차 5라운드 42순위					
학교	판곡초-양평리틀-언북중-경기고-한일장신대								

이준우 42

포지션	P	투타	우투우타	신장	183	체중	93	생년월일	2001-03-02
연봉	0-3000-3300		지명순위	25 키움 육성선수					
학교	문현초-해운대구리틀-센텀중-경남고-동의대(중퇴)								

이태양 66

포지션	P	투타	우투우타	신장	180	체중	80	생년월일	2007-03-03
연봉	0-0-3000		지명순위	26 키움 5라운드 41순위					
학교	동막초-상인천중-인천고								

임진묵 69

포지션	P	투타	우투우타	신장	181	체중	85	생년월일	2006-04-23
연봉	0-3000-3100		지명순위	25 키움 9라운드 81순위					
학교	천안청룡초-상명중-경기상고								

전준표 62

포지션	P	투타	우투우타	신장	186	체중	90	생년월일	2005-05-07
연봉	3000-3200-3500			지명순위	24 키움 1라운드 8순위				
학교	잠일초-강동구리틀-잠신중-서울고								

정다훈 45

포지션	P	투타	우투우타	신장	183	체중	85	생년월일	2006-07-06
연봉	0-0-3000			지명순위	26 키움 4라운드 31순위				
학교	백운초-현도중-청주고								

정세영 64

포지션	P	투타	좌투좌타	신장	177	체중	82	생년월일	2006-09-23
연봉	0-3000-3100			지명순위	25 키움 8라운드 71순위				
학교	서울학동초-언북중-경기상고								

김병휘 23

포지션	2B	투타	우투우타	신장	177	체중	79	생년월일	2001-02-16
연봉	3300-3500-3400			지명순위	20 키움 2차 4라운드 37순위				
학교	효제초-홍은중-장충고								

김웅빈 10

포지션	1B	투타	우투좌타	신장	182	체중	97	생년월일	1996-02-09
연봉	5000-4000-4200			지명순위	15 SK 2차 3라운드 27순위				
학교	서라벌초-울산제일중-울산공고								

김지석 26

포지션	3B	투타	우투좌타	신장	185	체중	83	생년월일	2007-02-19
연봉	0-0-3000			지명순위	26 키움 2라운드 11순위				
학교	인천첨단초-연수구리틀-동인천중-인천고								

박성빈 56

포지션	C	투타	우투우타	신장	177	체중	94	생년월일	2004-04-21
연봉	3000-3000-3100			지명순위	23 키움 7라운드 66순위				
학교	한밭초-계룡시리틀-충남중-대전고								

박수종 87

포지션	CF	투타	우투우타	신장	178	체중	82	생년월일	1999-02-25
연봉	4000-4500-4000			지명순위	22 키움 육성선수				
학교	도신초-강남중-충암고-경성대								

박한결 

포지션	2B	투타	우투좌타	신장	180	체중	79	생년월일	2007-12-05
연봉	0-0-3000			지명순위	26 키움 1라운드 10순위				
학교	진북초 – 전라중–전라BC–전주고								

서건창 

포지션	2B	투타	우투좌타	신장	176	체중	84	생년월일	1989-08-22
연봉	5000-12000-12000			지명순위	08 LG 신고선수				
학교	송정초–충장중–광주제일고								

양현종 

포지션	2B	투타	우투우타	신장	177	체중	84	생년월일	2006-08-15
연봉	0-3000-3100			지명순위	25 키움 6라운드 51순위				
학교	옥산초–경복중–대구고								

염승원 

포지션	SS	투타	우투좌타	신장	180	체중	78	생년월일	2006-03-20
연봉	0-3000-3100			지명순위	25 키움 2라운드 11순위				
학교	고명초–휘문중–휘문고								

이용규 

포지션	LF	투타	좌투좌타	신장	170	체중	74	생년월일	1985-08-26
연봉	20000-20000-12000			지명순위	04 LG 2차 2라운드 15순위				
학교	성동초–잠신중–덕수정보고								

최재영 

포지션	3B	투타	우투우타	신장	183	체중	85	생년월일	2007-01-08
연봉	0-0-3000			지명순위	26 키움 4라운드 40순위				
학교	강남초–강남중–휘문고								

추재현 

포지션	RF	투타	좌투좌타	신장	178	체중	85	생년월일	1999-02-22
연봉	0-6000-0			지명순위	18 넥센 2차 3라운드 28순위				
학교	서울경수초–성동구리틀–건대부중–6000								

키움 히어로즈	왼쪽 폴	좌중	중	우중	오른쪽 폴	펜스 좌측	펜스-좌중	펜스-중	펜스-우중	펜스-우	잔디	최대관중(명)
고척 스카이돔	99	-	122	-	99	4	4	4	4	4	인조	16,000

김도영 ⓒKIA 타이거즈

3월

일	월	화	수	목	금	토
1	2	3	4	5	6	7
8	9	10	11	12	13	14
15	16	17	18	19	20	21
22	23	24	25	26	27	28 KT : LG [잠실] KIA : SSG [문학] 롯데 : 삼성 [대구] 두산 : NC [창원] 키움 : 한화 [대전]
29 KT : LG [잠실] KIA : SSG [문학] 롯데 : 삼성 [대구] 두산 : NC [창원] 키움 : 한화 [대전]	30	31 KIA : LG [잠실] 키움 : SSG [문학] 두산 : 삼성 [대구] 롯데 : NC [창원] KT : 한화 [대전]				

4월

일	월	화	수	목	금	토
			1 KIA : LG [잠실] 키움 : SSG [문학] 두산 : 삼성 [대구] 롯데 : NC [창원] KT : 한화 [대전]	**2** KIA : LG [잠실] 키움 : SSG [문학] 두산 : 삼성 [대구] 롯데 : NC [창원] KT : 한화 [대전]	**3** 한화 : 두산 [잠실] SSG : 롯데 [사직] 삼성 : KT [수원] NC : KIA [광주] LG : 키움 [고척]	**4** 한화 : 두산 [잠실] SSG : 롯데 [사직] 삼성 : KT [수원] NC : KIA [광주] LG : 키움 [고척]
5 한화 : 두산 [잠실] SSG : 롯데 [사직] 삼성 : KT [수원] NC : KIA [광주] LG : 키움 [고척]	**6**	**7** 키움 : 두산 [잠실] 한화 : SSG [문학] KT : 롯데 [사직] LG : NC [창원] 삼성 : KIA [광주]	**8** 키움 : 두산 [잠실] 한화 : SSG [문학] KT : 롯데 [사직] LG : NC [창원] 삼성 : KIA [광주]	**9** 키움 : 두산 [잠실] 한화 : SSG [문학] KT : 롯데 [사직] LG : NC [창원] 삼성 : KIA [광주]	**10** SSG : LG [잠실] NC : 삼성 [대구] 두산 : KT [수원] 롯데 : 키움 [고척] KIA : 한화 [대전]	**11** SSG : LG [잠실] NC : 삼성 [대구] 두산 : KT [수원] 롯데 : 키움 [고척] KIA : 한화 [대전]
12 SSG : LG [잠실] NC : 삼성 [대구] 두산 : KT [수원] 롯데 : 키움 [고척] KIA : 한화 [대전]	**13**	**14** 롯데 : LG [잠실] 두산 : SSG [문학] KT : NC [창원] 키움 : KIA [광주] 삼성 : 한화 [대전]	**15** 롯데 : LG [잠실] 두산 : SSG [문학] KT : NC [창원] 키움 : KIA [광주] 삼성 : 한화 [대전]	**16** 롯데 : LG [잠실] 두산 : SSG [문학] KT : NC [창원] 키움 : KIA [광주] 삼성 : 한화 [대전]	**17** KIA : 두산 [잠실] 한화 : 롯데 [사직] LG : 삼성 [대구] SSG : NC [창원] 키움 : KT [수원]	**18** KIA : 두산 [잠실] 한화 : 롯데 [사직] LG : 삼성 [대구] SSG : NC [창원] 키움 : KT [수원]
19 KIA : 두산 [잠실] 한화 : 롯데 [사직] LG : 삼성 [대구] SSG : NC [창원] 키움 : KT [수원]	**20**	**21** 한화 : LG [잠실] 두산 : 롯데 [사직] SSG : 삼성 [대구] KIA : KT [수원] NC : 키움 [고척]	**22** 한화 : LG [잠실] 두산 : 롯데 [사직] SSG : 삼성 [대구] KIA : KT [수원] NC : 키움 [고척]	**23** 한화 : LG [잠실] 두산 : 롯데 [사직] SSG : 삼성 [대구] KIA : KT [수원] NC : 키움 [고척]	**24** LG : 두산 [잠실] KT : SSG [문학] 롯데 : KIA [광주] 삼성 : 키움 [고척] NC : 한화 [대전]	**25** LG : 두산 [잠실] KT : SSG [문학] 롯데 : KIA [광주] 삼성 : 키움 [고척] NC : 한화 [대전]
26 LG : 두산 [잠실] KT : SSG [문학] 롯데 : KIA [광주] 삼성 : 키움 [고척] NC : 한화 [대전]	**27**	**28** 삼성 : 두산 [잠실] 키움 : 롯데 [사직] KIA : NC [창원] LG : KT [수원] SSG : 한화 [대전]	**29** 삼성 : 두산 [잠실] 키움 : 롯데 [사직] KIA : NC [창원] LG : KT [수원] SSG : 한화 [대전]	**30** 삼성 : 두산 [잠실] 키움 : 롯데 [사직] KIA : NC [창원] LG : KT [수원] SSG : 한화 [대전]		

5월

일	월	화	수	목	금	토
					1 NC : LG [잠실] 롯데 : SSG [문학] 한화 : 삼성 [대구] KT : KIA [광주] 두산 : 키움 [고척]	**2** NC : LG [잠실] 롯데 : SSG [문학] 한화 : 삼성 [대구] KT : KIA [광주] 두산 : 키움 [고척]
3 NC : LG [잠실] 롯데 : SSG [문학] 한화 : 삼성 [대구] KT : KIA [광주] 두산 : 키움 [고척]	**4**	**5** 두산 : LG [잠실] NC : SSG [문학] 키움 : 삼성 [대구] 롯데 : KT [수원] 한화 : KIA [광주]	**6** 두산 : LG [잠실] NC : SSG [문학] 키움 : 삼성 [대구] 롯데 : KT [수원] 한화 : KIA [광주]	**7** 두산 : LG [잠실] NC : SSG [문학] 키움 : 삼성 [대구] 롯데 : KT [수원] 한화 : KIA [광주]	**8** SSG : 두산 [잠실] KIA : 롯데 [사직] 삼성 : NC [창원] KT : 키움 [고척] LG : 한화 [대전]	**9** SSG : 두산 [잠실] KIA : 롯데 [사직] 삼성 : NC [창원] KT : 키움 [고척] LG : 한화 [대전]
10 SSG : 두산 [잠실] KIA : 롯데 [사직] 삼성 : NC [창원] KT : 키움 [고척] LG : 한화 [대전]	**11**	**12** 삼성 : LG [잠실] NC : 롯데 [사직] SSG : KT [수원] 두산 : KIA [광주] 한화 : 키움 [고척]	**13** 삼성 : LG [잠실] NC : 롯데 [사직] SSG : KT [수원] 두산 : KIA [광주] 한화 : 키움 [고척]	**14** 삼성 : LG [잠실] NC : 롯데 [사직] SSG : KT [수원] 두산 : KIA [광주] 한화 : 키움 [고척]	**15** 롯데 : 두산 [잠실] LG : SSG [문학] KIA : 삼성 [대구] 키움 : NC [창원] 한화 : KT [수원]	**16** 롯데 : 두산 [잠실] LG : SSG [문학] KIA : 삼성 [대구] 키움 : NC [창원] 한화 : KT [수원]
17 롯데 : 두산 [잠실] LG : SSG [문학] KIA : 삼성 [대구] 키움 : NC [창원] 한화 : KT [수원]	**18**	**19** NC : 두산 [잠실] KT : 삼성 [대구] LG : KIA [광주] SSG : 키움 [고척] 롯데 : 한화 [대전]	**20** NC : 두산 [잠실] KT : 삼성 [대구] LG : KIA [광주] SSG : 키움 [고척] 롯데 : 한화 [대전]	**21** NC : 두산 [잠실] KT : 삼성 [대구] LG : KIA [광주] SSG : 키움 [고척] 롯데 : 한화 [대전]	**22** 키움 : LG [잠실] 삼성 : 롯데 [사직] NC : KT [수원] SSG : KIA [광주] 두산 : 한화 [대전]	**23** 키움 : LG [잠실] 삼성 : 롯데 [사직] NC : KT [수원] SSG : KIA [광주] 두산 : 한화 [대전]
24 키움 : LG [잠실] 삼성 : 롯데 [사직] NC : KT [수원] SSG : KIA [광주] 두산 : 한화 [대전]	**25**	**26** KT : 두산 [잠실] 삼성 : SSG [문학] LG : 롯데 [사직] 한화 : NC [창원] KIA : 키움 [고척]	**27** KT : 두산 [잠실] 삼성 : SSG [문학] LG : 롯데 [사직] 한화 : NC [창원] KIA : 키움 [고척]	**28** KT : 두산 [잠실] 삼성 : SSG [문학] LG : 롯데 [사직] 한화 : NC [창원] KIA : 키움 [고척]	**29** KIA : LG [잠실] 두산 : 삼성 [대구] 롯데 : NC [창원] KT : 키움 [고척] SSG : 한화 [대전]	**30** KIA : LG [잠실] 두산 : 삼성 [대구] 롯데 : NC [창원] KT : 키움 [고척] SSG : 한화 [대전]

6월

일	월	화	수	목	금	토
31 KIA : LG [잠실] 두산 : 삼성 [대구] 롯데 : NC [창원] KT : 키움 [고척] SSG : 한화 [대전]	**1**	**2** 한화 : 두산 [잠실] 키움 : SSG [문학] NC : 삼성 [대구] LG : KT [수원] 롯데 : KIA [광주]	**3** 한화 : 두산 [잠실] 키움 : SSG [문학] NC : 삼성 [대구] LG : KT [수원] 롯데 : KIA [광주]	**4** 한화 : 두산 [잠실] 키움 : SSG [문학] NC : 삼성 [대구] LG : KT [수원] 롯데 : KIA [광주]	**5** 키움 : 두산 [잠실] KT : SSG [문학] 한화 : 롯데 [사직] LG : NC [창원] 삼성 : KIA [광주]	**6** 키움 : 두산 [잠실] KT : SSG [문학] 한화 : 롯데 [사직] LG : NC [창원] 삼성 : KIA [광주]
7 키움 : 두산 [잠실] KT : SSG [문학] 한화 : 롯데 [사직] LG : NC [창원] 삼성 : KIA [광주]	**8**	**9** SSG : LG [잠실] 두산 : 롯데 [사직] 삼성 : KT [수원] NC : 키움 [고척] KIA : 한화 [대전]	**10** SSG : LG [잠실] 두산 : 롯데 [사직] 삼성 : KT [수원] NC : 키움 [고척] KIA : 한화 [대전]	**11** SSG : LG [잠실] 두산 : 롯데 [사직] 삼성 : KT [수원] NC : 키움 [고척] KIA : 한화 [대전]	**12** 롯데 : LG [잠실] SSG : 삼성 [대구] NC : KT [수원] 두산 : KIA [광주] 한화 : 키움 [고척]	**13** 롯데 : LG [잠실] SSG : 삼성 [대구] NC : KT [수원] 두산 : KIA [광주] 한화 : 키움 [고척]
14 한화 : 키움 [고척] 롯데 : LG [잠실] SSG : 삼성 [대구] NC : KT [수원] 두산 : KIA [광주]	**15**	**16** KT : 두산 [잠실] 롯데 : SSG [문학] 키움 : 삼성 [대구] 한화 : NC [창원] LG : KIA [광주]	**17** KT : 두산 [잠실] 롯데 : SSG [문학] 키움 : 삼성 [대구] 한화 : NC [창원] LG : KIA [광주]	**18** KT : 두산 [잠실] 롯데 : SSG [문학] 키움 : 삼성 [대구] 한화 : NC [창원] LG : KIA [광주]	**19** 두산 : LG [잠실] SSG : NC [창원] KIA : KT [수원] 롯데 : 키움 [고척] 삼성 : 한화 [대전]	**20** 두산 : LG [잠실] SSG : NC [창원] KIA : KT [수원] 롯데 : 키움 [고척] 삼성 : 한화 [대전]
21 롯데 : 키움 [고척] 두산 : LG [잠실] SSG : NC [창원] KIA : KT [수원] 삼성 : 한화 [대전]	**22**	**23** 삼성 : LG [잠실] NC : 롯데 [사직] SSG : KT [수원] KIA : 키움 [고척] 두산 : 한화 [대전]	**24** 삼성 : LG [잠실] NC : 롯데 [사직] SSG : KT [수원] KIA : 키움 [고척] 두산 : 한화 [대전]	**25** 삼성 : LG [잠실] NC : 롯데 [사직] SSG : KT [수원] KIA : 키움 [고척] 두산 : 한화 [대전]	**26** KIA : 두산 [잠실] 한화 : SSG [문학] LG : 롯데 [사직] KT : 삼성 [대구] 키움 : NC [창원]	**27** KIA : 두산 [잠실] 한화 : SSG [문학] LG : 롯데 [사직] KT : 삼성 [대구] 키움 : NC [창원]
28 KIA : 두산 [잠실] 한화 : SSG [문학] LG : 롯데 [사직] KT : 삼성 [대구] 키움 : NC [창원]	**29**	**30** 롯데 : 두산 [잠실] 삼성 : NC [창원] SSG : KIA [광주] LG : 키움 [고척] KT : 한화 [대전]				

7월

일	월	화	수	목	금	토
		1 롯데 : 두산 [잠실] 삼성 : NC [창원] SSG : KIA [광주] LG : 키움 [고척] KT : 한화 [대전]	**2** 롯데 : 두산 [잠실] 삼성 : NC [창원] SSG : KIA [광주] LG : 키움 [고척] KT : 한화 [대전]	**3** 한화 : LG [잠실] 삼성 : SSG [문학] 롯데 : KT [수원] NC : KIA [광주] 두산 : 키움 [고척]	**4** 한화 : LG [잠실] 삼성 : SSG [문학] 롯데 : KT [수원] NC : KIA [광주] 두산 : 키움 [고척]
5 두산 : 키움 [고척] 한화 : LG [잠실] 삼성 : SSG [문학] 롯데 : KT [수원] NC : KIA [광주]	**6**	**7** SSG : 두산 [잠실] KIA : 롯데 [사직] LG : 삼성 [대구] 키움 : KT [수원] NC : 한화 [대전]	**8** SSG : 두산 [잠실] KIA : 롯데 [사직] LG : 삼성 [대구] 키움 : KT [수원] NC : 한화 [대전]	**9** SSG : 두산 [잠실] KIA : 롯데 [사직] LG : 삼성 [대구] 키움 : KT [수원] NC : 한화 [대전]	**10**	**11**
12	**13**	**14**	**15**	**16** KT : LG [잠실] KIA : SSG [문학] 롯데 : 삼성 [대구] 두산 : NC [창원] 키움 : 한화 [대전]	**17** KT : LG [잠실] KIA : SSG [문학] 롯데 : 삼성 [대구] 두산 : NC [창원] 키움 : 한화 [대전]	**18** KT : LG [잠실] KIA : SSG [문학] 롯데 : 삼성 [대구] 두산 : NC [창원] 키움 : 한화 [대전]
19 KT : LG [잠실] KIA : SSG [문학] 롯데 : 삼성 [대구] 두산 : NC [창원] 키움 : 한화 [대전]	**20**	**21** NC : LG [잠실] SSG : 롯데 [사직] 두산 : KT [수원] 한화 : KIA [광주] 삼성 : 키움 [고척]	**22** NC : LG [잠실] SSG : 롯데 [사직] 두산 : KT [수원] 한화 : KIA [광주] 삼성 : 키움 [고척]	**23** NC : LG [잠실] SSG : 롯데 [사직] 두산 : KT [수원] 한화 : KIA [광주] 삼성 : 키움 [고척]	**24** 삼성 : 두산 [잠실] NC : SSG [문학] KT : 롯데 [사직] 키움 : KIA [광주] LG : 한화 [대전]	**25** 삼성 : 두산 [잠실] NC : SSG [문학] KT : 롯데 [사직] 키움 : KIA [광주] LG : 한화 [대전]
26 삼성 : 두산 [잠실] NC : SSG [문학] KT : 롯데 [사직] 키움 : KIA [광주] LG : 한화 [대전]	**27**	**28** 키움 : LG [잠실] 두산 : SSG [문학] KIA : 삼성 [대구] KT : NC [창원] 롯데 : 한화 [대전]	**29** 키움 : LG [잠실] 두산 : SSG [문학] KIA : 삼성 [대구] KT : NC [창원] 롯데 : 한화 [대전]	**30** 키움 : LG [잠실] 두산 : SSG [문학] KIA : 삼성 [대구] KT : NC [창원] 롯데 : 한화 [대전]	**31** LG : 두산 [잠실] 삼성 : 롯데 [사직] KIA : NC [창원] 한화 : KT [수원] SSG : 키움 [고척]	

8월

일	월	화	수	목	금	토
						1 LG : 두산 [잠실] 삼성 : 롯데 [사직] KIA : NC [창원] 한화 : KT [수원] SSG : 키움 [고척]
2 SSG : 키움 [고척] LG : 두산 [잠실] 삼성 : 롯데 [사직] KIA : NC [창원] 한화 : KT [수원]	**3**	**4** NC : 두산 [잠실] LG : SSG [문학] 키움 : 롯데 [사직] 한화 : 삼성 [대구] KT : KIA [광주]	**5** NC : 두산 [잠실] LG : SSG [문학] 키움 : 롯데 [사직] 한화 : 삼성 [대구] KT : KIA [광주]	**6** NC : 두산 [잠실] LG : SSG [문학] 키움 : 롯데 [사직] 한화 : 삼성 [대구] KT : KIA [광주]	**7** KIA : LG [잠실] 두산 : 삼성 [대구] SSG : NC [창원] 롯데 : KT [수원] 키움 : 한화 [대전]	**8** KIA : LG [잠실] 두산 : 삼성 [대구] SSG : NC [창원] 롯데 : KT [수원] 키움 : 한화 [대전]
9 KIA : LG [잠실] 두산 : 삼성 [대구] SSG : NC [창원] 롯데 : KT [수원] 키움 : 한화 [대전]	**10**	**11** 한화 : 두산 [잠실] 롯데 : SSG [문학] KT : NC [창원] 삼성 : KIA [광주] LG : 키움 [고척]	**12** 한화 : 두산 [잠실] 롯데 : SSG [문학] KT : NC [창원] 삼성 : KIA [광주] LG : 키움 [고척]	**13** 한화 : 두산 [잠실] 롯데 : SSG [문학] KT : NC [창원] 삼성 : KIA [광주] LG : 키움 [고척]	**14** SSG : LG [잠실] NC : 롯데 [사직] 한화 : 삼성 [대구] 키움 : KT [수원] 두산 : KIA [광주]	**15** SSG : LG [잠실] NC : 롯데 [사직] 한화 : 삼성 [대구] 키움 : KT [수원] 두산 : KIA [광주]
16 SSG : LG [잠실] NC : 롯데 [사직] 한화 : 삼성 [대구] 키움 : KT [수원] 두산 : KIA [광주]	**17**	**18** KT : LG [잠실] 키움 : 롯데 [사직] SSG : 삼성 [대구] 두산 : NC [창원] KIA : 한화 [대전]	**19** KT : LG [잠실] 키움 : 롯데 [사직] SSG : 삼성 [대구] 두산 : NC [창원] KIA : 한화 [대전]	**20** KT : LG [잠실] 키움 : 롯데 [사직] SSG : 삼성 [대구] 두산 : NC [창원] KIA : 한화 [대전]	**21** 롯데 : 두산 [잠실] KT : SSG [문학] 삼성 : NC [창원] KIA : 키움 [고척] LG : 한화 [대전]	**22** 롯데 : 두산 [잠실] KT : SSG [문학] 삼성 : NC [창원] KIA : 키움 [고척] LG : 한화 [대전]
23 KIA : 키움 [고척] 롯데 : 두산 [잠실] KT : SSG [문학] 삼성 : NC [창원] LG : 한화 [대전]	**24**	**25** NC : LG [잠실] 한화 : SSG [문학] 두산 : KT [수원] 롯데 : KIA [광주] 삼성 : 키움 [고척]	**26** NC : LG [잠실] 한화 : SSG [문학] 두산 : KT [수원] 롯데 : KIA [광주] 삼성 : 키움 [고척]	**27** NC : LG [잠실] 한화 : SSG [문학] 두산 : KT [수원] 롯데 : KIA [광주] 삼성 : 키움 [고척]	**28** 키움 : 두산 [잠실] LG : 롯데 [사직] KT : 삼성 [대구] SSG : KIA [광주] NC : 한화 [대전]	**29** 키움 : 두산 [잠실] LG : 롯데 [사직] KT : 삼성 [대구] SSG : KIA [광주] NC : 한화 [대전]

9월

일	월	화	수	목	금	토
30 키움 : 두산 [잠실] LG : 롯데 [사직] KT : 삼성 [대구] SSG : KIA [광주] NC : 한화 [대전]	**31**	**1** LG : 두산 [잠실] 롯데 : 삼성 [대구] KIA : NC [창원] 한화 : KT [수원] SSG : 키움 [고척]	**2** LG : 두산 [잠실] 롯데 : 삼성 [대구] KIA : NC [창원] 한화 : KT [수원] SSG : 키움 [고척]	**3** LG : 두산 [잠실] 롯데 : 삼성 [대구] KIA : NC [창원] 한화 : KT [수원] SSG : 키움 [고척]	**4** 삼성 : LG [잠실] 두산 : SSG [문학] 한화 : 롯데 [사직] KT : KIA [광주] NC : 키움 [고척]	**5** 삼성 : LG [잠실] 두산 : SSG [문학] 한화 : 롯데 [사직] KT : KIA [광주] NC : 키움 [고척]
6 삼성 : LG [잠실] 두산 : SSG [문학] 한화 : 롯데 [사직] KT : KIA [광주] NC : 키움 [고척]	**7**	**8**	**9**	**10**	**11**	**12**
13	**14**	**15**	**16**	**17**	**18**	**19**
20	**21**	**22**	**23**	**24**	**25**	**26**
27	**28**	**29**	**30**			

2025시즌 KBO 어워즈 신인왕 안현민 ⓒKT 위즈

2025시즌 KBO 어워즈 MVP 코디 폰세 ⓒ한화 이글스

프로야구 스카우팅 리포트 2026

2026년 3월 18일 1판 1쇄 인쇄 | 2026년 3월 31일 1판 1쇄 발행
지은이 송민구 신동윤 심진용 이용균 최민규
발행인 황민호 | **사업본부장** 박정훈 | **편집기획** 김선림 최경민 윤혜림
마케팅 이승아 | **제작** 최택순 성시원 진용범
발행처 대원씨아이(주) | **주소** 서울특별시 용산구 한강로 3가 40-456
전화 (02)2071-2018 | **팩스** (02)749-2105 | **등록** 제3-563호 | **등록일자** 1992년 5월 11일

사진

LG 트윈스 한화 이글스 SSG 랜더스 삼성 라이온즈 NC 다이노스
KT 위즈 롯데 자이언츠 KIA 타이거즈 두산 베어스 키움 히어로즈
n2shot Gettyimages.com 헬로아카이브

www.dwci.co.kr
ISBN 979-11-423-4636-1 13690